U0899120

丛书主编 ▸ 李 铁

城市发展研究与城乡规划实践探索

URBAN DEVELOPMENT RESEARCH AND PRACTICES OF URBAN-RURAL PLANNING

沈 迟 张国华◎编

图书在版编目（CIP）数据

城市发展研究与城乡规划实践探索/沈迟，张国华编．—北京：中国发展出版社，2016.6

（城镇化与社会变革丛书/李铁主编）

ISBN 978-7-5177-0455-3

Ⅰ.①城…　Ⅱ.①沈…　②张…　Ⅲ.①城市经济—经济发展—研究—中国②城乡规划—研究—中国　Ⅳ.①F299.21　②TU984.2

中国版本图书馆 CIP 数据核字（2016）第 007862 号

书　　名：城市发展研究与城乡规划实践探索
主　　编：沈　迟　张国华
出版发行：中国发展出版社
（北京市西城区百万庄大街 16 号 8 层　100037）
标准书号：ISBN 978-7-5177-0455-3
经 销 者：各地新华书店
印 刷 者：北京市密东印刷有限公司
开　　本：700×1000mm　1/16
印　　张：31
字　　数：585 千字
版　　次：2016 年 6 月第 1 版
印　　次：2016 年 6 月第 1 次印刷
定　　价：75.00 元

联系电话：（010）88919581　68990692
购书热线：（010）68990682　68990686
网络订购：http：//zgfzcbs.tmall.com//
网购电话：（010）88333349　68990639
本社网址：http：//www.develpress.com.cn
电子邮件：370118561@qq.com

“城镇化与社会变革”丛书

编委会名单

总 序

中央政府又一次把城镇化作为拉动内需和带动经济增长的引擎，使得城镇化问题再次成为社会关注的热点。巧合的是，两次提出城镇化问题都和国际金融危机有关，上一次是亚洲金融危机，而这一次是全球金融危机。作为长期从事城镇化政策研究的团队，我们的研究积累对于中国的城镇化问题应该有着清醒的认识，但是对于社会，对于各级政府、企业家、学者和媒体人来说，如何去理解城镇化问题，就涉及将来可能出台什么样的政策，以及相关政策如何落实。因此，我们决定把多年的研究成果公诸于世，以“城镇化与社会变革”系列丛书的形式出版。丛书之所以以改革为主题，就是要清楚地表明，未来推进城镇化最大的难点在于制度障碍，只有通过改革，才能破除传统体制对城乡和城镇间要素流动的约束和限制，城镇化带动内需增长的潜力才能得到真正释放。

丛书出版之际，出版社邀请我作序，一方面希望从宏观的角度来评价十八大以来的城镇化政策要点，另一方面希望对国家发改委城市和小城镇改革发展中心（以下简称“中心”）从事城镇化政策研究的历程做一个简要的回顾。毕竟我全程参与了中心的组建和发展，也基本上经历了从城镇化政策研究到一系列政策文件出台的过程。其实，我内心的想法，无论目前把城镇化政策提到怎样的高度，毕竟与可操作的政策出台以及贯彻落实都还有很长的距离。我能更多地体会到，这项研究，凝聚着许多长期从事农村政策研究和城镇化研究的领导和专家的心血，也汇集了一些地方基层政府的长期实践。我们只是作为一个团队集中了所有的智慧，利用我们的平台优势把这些成果和资料积累下来。

1992 年，我在国家体改委农村司工作，有一次参加国土经济学会在新华社举办的关于小城镇问题的研讨会，原中央农研室的老领导杜润生先生发言，提到小城镇对于农村乡镇企业发展和农村资源整合的重要意义，回来后感受颇深。在年底农村司提出 1993 年度研究课题重点时，把小城镇和城镇化问题作为六个重点研究课题的选题之一，报告给了时任国家体改委副主任马凯同志。我记得其他选题还有农村税费改革、城乡商品流通和土地问题等等。马凯副主任只是在小城镇这个课题上画了一个圈，要求我们重点进行研究。这一个圈就决定了我后半生的命运，至今已经20年了。当时马凯同志分管农村司工作，他之所以要求我们从事小城镇和城镇化问题的研究，他的基本论断是“减少农民，才能富裕农民”。

在后来的城镇化研究中，很多人不理解，为什么当时中央提出“小城镇，大战略”？特别是一些经济和规划工作者，他们认为城镇化政策重点不应该是积极发展小城镇，而应该是发展大城市，可是谁也不去追问。当时城镇化的提法还是禁忌，户籍问题更是没人敢提。几千年来确保农产品供给问题似乎成为一种现实的担忧；已经形成的城乡福利上的二元差距，更是各级城市政府不愿意推进户籍管理制度改革的借口。只有在小城镇，因为福利差距没有那么大，基础设施和公共服务条件没有那么好，与农村有着天然的接壤和联系，而且许多乡镇企业又直接办在小城镇，在这里实现有关城镇化的一系列体制上的突破，应该引起的社会波动比较小。1993~1995年，在马凯同志的直接领导下，我们开始了小城镇和城镇化的研究。马凯同志亲自带队到各部委征求意见，1995年4月，协调国务院十一个有关部、委、局制定并印发了《全国小城镇综合改革试点指导意见》，这是第一个从全方位改革政策入手，以小城镇作为突破口，全面实行综合改革试点的指导性意见。其中涉及的内容包括户籍管理制度、土地流转制度、小城镇的行政管理体制、地方财税管理体制、机构改革和乡镇行政区划调整、基础设施的投融资改革、统计制度等多方面。

1998年国务院机构改革，国家体改委和国务院特区办合并为国务院经济体制改革办公室，原来的16个司局缩编成6个司局，涉及大量的司局级干部重组和自寻出路。为了坚持小城镇和城镇化的政策研究，把试点工作持续下去，在各方面的支持下，我放弃了留在机关内工作的机会。1998年6月，经中编委批准，以原国家体改委农村司为主体成立了小城镇改革发展中心。从此我开始了漫长而又寂寞的城镇化政策研究之路。

1997年的亚洲金融危机，我国的外向型经济受挫，很多专家提出扩大内需的思路，城镇化和小城镇终于第一次走上了政府宏观政策的台面。

1998年十五届三中全会开始提出“小城镇，大战略”。1999年，时任国务院副秘书长的马凯同志和中农办主任段应碧同志，把起草向中央政治局常委汇报的“小城镇发展和城镇化问题”的任务交给了国务院体改办。之后，我们又在国务院体改办副主任邵秉仁同志的领导下，直接参与起草了2000年6月中共中央、国务院颁布的《关于促进小城镇健康发展的若干指导意见》。这个文件下达之后，户籍管理制度原则上在全国县级市以下的城镇基本放开，农村进城务工人员只要在城里有了住所和稳定的就业条件，就可以办理落户手续，而其在农村的承包地和宅基地仍可保留。根据中央有关文件精神，2000年第五次全国人口普查后，我国把进城务工的农民第一次统计为城镇人口，我国的城镇化率一下子从原来的29%提高到36%。

2002年，党的十六大报告第一次写进了有关城镇化的内容，其中把“繁荣农村经济，加快城镇化进程”写到一起，这充分说明了城镇化对于“三农”问题的重要性。值得特别提出的是，我们的城镇化研究也从小城镇开始深入到进城的农民工，中心全体研究人员就农民工问题进行了大量的调查研究。2002年，根据马凯副秘书长和段应碧主任的安排，由中心组织人员起草了2003年国务院办公厅1号文件《关于做好农民进城务工就业管理和服务工作的通知》。

2003年，中心被并入了国家发改委，城镇化的研究工作转向了深入积累阶段。原来曾经全方位开展的改革试点工作虽然还在进行，但是实质性内容越来越少。在这一阶段反思城镇化，站在农村的角度去推进城市的各项相关改革，看来是越来越难了。中国的体制，城市实际上是行政管理等级的一个层面，而不是西方国家那种独立自治的城市。中国城市管理农村的体制，使得从农村的角度提出任何问题都是带有补贴和扶助的性质。而实际上，由于利益格局的确立，城市仍然没有摆脱依赖于从农村剥夺资源，来维持城市公共福利的积累和企业成本降低的局面。原来简单明了的城乡二元结构，已经被行政区的公共福利利益格局多元化了，因此要改革的内容已经远远超出了20世纪90年代凸显的城乡二元结构的范畴。原来长期研究农村改革、试图解决农村问题，现在成为城镇化出发点的思路，肯定也要相应地转型，使我们的研究团队站在城市的决策角度考虑问题。2009年，我们开始把中心研究的重点彻底地转向城市，单位的名称也同时作出了调整，改为“城市和小城镇改革发展中心”。这种转型的最大效果就是可以更多地偏重于决策者的思维，了解决策阶层所更关注的城市角度，有利于提出更好的政策咨询建议。

中心成立15年来，我和同事们到20多个省（直辖市、自治区）的数千个不同类型、不同规模的城镇调研，积累了大量的材料，并为一批城镇特别制定了发展规划。

我们所理解的城镇化政策是改革，这也是我们长期和社会上的一些学者，甚至包括政府决策系统的部分研究人员在观点上的一些重要分歧。因为城镇化要解决的是几亿进城农民的公共服务均等化问题，关系到利益结构的调整，所以必须通过改革来解决有关制度层面的问题。仅靠投资是无法带动城镇化的，否则只会固化当地居民和外来人口的福利格局。只有在改革的基础上，打破户籍、土地和行政管理体制上的障碍，提高城镇化质量，改善外来人口的公共服务，提升投资效率才能变为可能。

幸运的是，从2012年起，中央领导同志对于城镇化的重视达到了前所未有的高度。在国家发改委副主任徐宪平同志的支持下，我们终于把多年的研究积累作为基础性咨询，提供给政策研究和制定的部门。虽然关于城镇化所涉及的改革政策的全面铺开还需要时日，还需要观点上进一步的统一，但无论怎样，问题提到了台面，总会有解决的办法，任何事情都不能一蹴而就，但毕竟有一个非常好的开始。

同事们提议，是不是可以把这些年我们团队有关城镇化的研究成果出版成书？我同意了。2013年是全国深入贯彻落实十八大精神的开局之年，是一个好时候，全社会都在关注城镇化进程。此举可以把我们的观点奉献给社会，以求有一个更充分的讨论环境，寻求共识，推进城镇化改革政策的持续出台。

国家发改委城市和小城镇改革发展中心主任

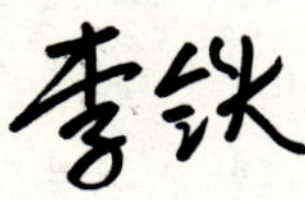

2013年3月

自　序

距上次“城镇化与社会变革”系列丛书出版已经三年了。我们对中国城镇化的认识在不断深化，对于中国城市的发展规律也不断地探索。总结下来有几点深刻的体会。

城镇化的红利期虽然尚未终结，但也取决于改革的深化。与发达国家城镇化进程已经出现饱和期不同，我们的城镇化率才刚过半。如果按照户籍口径计算，城镇化率还不到40%。农村人口向城镇转移还蕴含着巨大的消费和投资的空间。土地要素的流转也会推动人口的城镇化，甚至会释放出海量的潜力，既可以约束政府过度耗费土地资源的行为，也可以激发中小投资者的信心，还可以降低企业的发展成本。行政管理体制的改革，至少可以释放中小城市和特大镇的活力。因此，在推动经济增长方面，我们坚定不移地相信，城镇化红利期的释放还会为经济增长带来利好。

城镇化的行政推动所带来的收益已经走到尽头。各级城镇政府通过限制人口进城落户来降低公共服务成本的行为已经不可持续，因为没有消费人口的进入，很难去寻找新的替代要素刺激消费。继续通过土地出让的方式获得城镇基础设施建设资金来源的模式，也已经遭遇严峻的挑战。住房的过度供给导致土地出让的预期呈现断崖式下滑，致使城镇政府财政的压力加大，继续投资的能力严重下降，原有的债务负担得不到缓解，政府的执政能力面临挑战。

推进城镇化改革的难度在加大。长期以来形成的户籍、土地以及行政管理体制，在经济持续几十年增长的环境下，附加了太多的利益，而这种利益格局的固化，加剧了利益结构调整的困难。例如在经济发展越发达的地方，户籍管理制度改革越难以破除体制性障碍。最近，在一些一线城市实施的所谓户籍制度改革方案，明显与中央城镇化发展的文件精神相悖，但是仍然堂而皇之地进入了未来政策规划的篮子。在一些特大镇，我们试图进行设市的尝试，调查后发现，所有改革政策还停留在二十年前设计的综合改革试点的阶段，甚至还在倒退。土地制度改革更是切中地方政府财政来源的命根子，在打着耕地保护的旗号下，实行的指标分配的计划用地管理体制，对城市发展带来的负面作用也日益凸显。

对城市发展的规律认识严重滞后。仅仅三十年的城镇化高速发展期，城市管理者在现行干部管理体制下频繁的流动，所谓“铁打的衙门流水的官”，使得我们很难有时间思考自身对于城市的认识。同时，在赶超思想和追求政绩的双重影响下，城市管理者更希望在较短的执政期间内使城市面貌发生根本性的变化；而土地出让制度和强有力的行政推动机制，客观上也助长了短期行为，保障了其得到顺利落实。然而在各种短期行为和主观意志的支撑下，城市发展速度远远超出了世人的想象，并取得了惊人的成就。但资源配置效率的低下、粗放的发展模式、管理水平的严重滞后，也为未来城市资源再配置埋下了隐忧。所谓“重数量、轻质量”、“重短期、轻长远”、“重表面、轻内在”的各种城市发展弊病，已经浮出水面。我们看到的各种病态的城市发展结果，实际上也都是高速城镇化进程中的并发症。

传统的中国特色的城市发展路径已经影响到了未来的经济增长预期，例如房地产过热后，地方政府土地财政的断崖式下跌，从消费和投资两头遏制了国民经济增长的势头；以城市房地产为主导的产业链条的断裂，也引发了能源、钢铁、水泥等产业的下滑。我们注意到，宏观层面的政策研究者们往往把更多的焦点关注到货币、金融以及财政等政策，但对城镇化发展中微观层面出现的问题，并没有引起足够重视，因此开出的药方往往错位。

中国经济增长的重心已经在城市，因为农业创造的增加值占国内生产总值的比重仅有9.2%，农民收入的增长更依赖于非农就业带来的收益。特别是近期国际农产品价格的下跌，更加依赖于财政对农产品价格进行补贴，确保农民来源于农业的收入不致严重下滑。在当前的宏观经济格局下，只有认真地研究城市，研究以工业和服务业为基础的城市，才能深入了解中国城镇化发展的规律，才有可能对目前面临的困境得出相对准确的答案。但是，经济学家和政策研究者似乎是耻于微观问题的研究，往往把结论性的重点建立在宏观层面理论上的务虚。因此，虽然我们对城镇化问题的所谓重视已经达到了前所未有的高度，但是真正试图发现城镇化问题的本质，特别是研究中国制度条件下城镇化的演变规律，研究城市的运行机制会对经济产生什么样的影响等关键问题上，却往往被忽视。

我们的团队已经为城镇化问题辛苦耕耘了将近二十年。已经出版了一套系列丛书，试图去对中国城镇化问题进行解答，并尝试提出政策性的解决方案。但是，我们深深感觉到，研究还是不够深入，与宏观政策的结合度还面临着现实的挑战。特别是如何把城镇化问题和宏观经济决策问题有机地结合起来，对于城镇化进程中的规律性认识是否能够系统全面地剖析和解答，对于城市发展相关的问题是否能够进行整合研究，如何把改革和发展、传统和现代、制度层面和新技术层面等融合在一起，显然还有太多的事情要做，还有太多的课题等待研究。

我们的团队面临着研究的压力，既要完成政策咨询报告，还要等待决策者的认同，同时还要帮助地方城镇政府矫正发展思路和观念，这几点的难度几乎是同等。我们也在通过务实推动，力图在一些试点城市进行改革和发展的尝试，试图通过企业和市场的力量，从微观层面拉动城市发展模式的转变。当然，也在充分利用国家发改委的大平台和后盾，从宏观和国际两个方面尽全力地施展身手。目前的大背景已经提供了非常好的平台和机会，特别是国家发展改革委领导和有关部门的支持，使我们已经在一些研究领域和务实推动方面取得了有限的进展。但是我们看重的是预期，是未来对于共识和认可的预期。我记得一位领导同志曾经讲过，在中国很多事情是要靠倒逼才能实现转型。前些天在一个企业家交流的平台上，我听到了一个企业家说的实话："如果两年前您讲这些发展理念，我们不可能听进去，因为那时候我们日子过得很好。但是现在我们要听进去，是因为形势逼得我们不得不转型。"最近，上到市长下到企业家，类似于这样的话经常被说起，但是实际的推动难度还是超出我们的想象。

我还是有很多遗憾，就是许多想法只是通过讲话、论坛发言的形式积累成册，并不能踏踏实实坐下来，系统性地整理和分析。所以展现出来的所谓著作，只是碎片化的灵光一现的组合。我期待着自己也要发生转变，能够有时间向所有关心城镇化的读者奉献出系统性的研究成果。

感谢我们团队中每一个成员所做出的努力，特别是政策研究和试点指导处在基础调查搜集资料方面所发挥的作用。特别要感谢的是徐勤贤和钟笃粮，徐勤贤女士在百忙之中，帮助我查询资料、编辑PPT，她和钟笃粮先生不辞辛苦地对我在各种不同场合的讲话进行了录音整理，耗费了大量的时间和精力。对他们在本书中所作的贡献，我表示充分的敬意。

每本书都有遗憾，虽然我总是希望可以做得更好。不过希望还是在未来，我将尽快把我关于中国城市发展和城镇化的系统的想法和思路呈献给读者。

李铁

2015年12月14日

目录 >>> CONTENTS

第一篇　城乡规划探索

第二篇　综合交通规划研究

第三篇　城镇发展研究

第四篇 体制机制改革

第五篇 低碳生态与智慧城市建设

第六篇　海外经验借鉴

第一篇

城乡规划探索

我国“多规合一”的难点及出路分析

沈　迟

[**摘要**] 我国目前各类规划繁杂，相互矛盾由来已久。通过分析多规之间的矛盾及多规不协调的根源，对我国“多规合一”和“几规合一”的实践探索进行了总结，本文指出，当前“多规合一”的工作可以解燃眉之急，但是从根本上对现有规划的编制、审批以及技术方法进行改革和创新，才是最终出路。

[**关键词**] 多规合一；改革；空间管控；规划体系

2014年，国家发改委、国土部、环保部和住建部四部委联合下发《关于开展市县“多规合一”试点工作的通知》，“多规合一”试点是深化改革的一项要务，旨在推动国民经济和社会发展规划、城乡规划、土地利用规划、生态环境保护规划等多个规划的相互融合。这项试点如果广泛推进，有望强化政府空间管控能力，实现国土空间集约、高效、可持续利用。

一、多规矛盾由来已久

据城市规划学会统计，目前我国有法定依据的各类规划就有80多种，非法定规划更是不计其数。从分类上看，有综合性规划，如发展规划；有建设计划型的规划，如交通运输规划、产业规划；有控制性规划，如环境保护规划、生态规划等。政府、企业的各类建设、管控和治理行为，绝大多数都先编制规划，规划的重要性不言而喻。

在各类规划中，发展规划以及一些地方重要的战略规划是由政府甚至是党代会提出；城市总体规划由地方政府编制、通过人大审查、再经过有审批权的上级政府组织各相关部门联合审查后审批；控制性详细规划由城乡规划管理部门组织

沈　迟：中国城市和小城镇改革发展中心总规划师、规划院院长。

编制，当地人民政府负责审批；土地利用规划、环境保护规划则由行业主管部门主持编制和审批。由于各类规划在实际编制过程中，出发点、实施人、监督者不同，规划之间的矛盾由来已久。不同规划之间的矛盾中，城市规划和土地利用规划在对城市发展应该占用的土地大小、位置的矛盾最为明显；此外，环境保护规划和产业规划之间、水（利）系统规划和生态保护规划之间、交通系统规划和城市规划之间也都存在或多或少的矛盾等。不同地区规划之间也存在矛盾，例如京津冀规划之间的矛盾等。

由于各种显性的、隐性的矛盾和法定的、非法定的规划之间的矛盾，使各实施主体“选择性”实施规划的自由裁量权过大，使矛盾规划所消耗的成本太高。为此，国家发改委于2004 年就提出在江苏省苏州市、福建省安溪县、四川省宜宾市等六个市县开展“三规合一”（发展规划、城市规划、土地利用规划）试点工作，由于当时规划在资源空间配置上的矛盾不甚彰显，上级政府、人大对规划执行的监督不够严格，使得试点工作并未得到全面推行。直到现在各种规划之间的矛盾，尤其是各种涉及空间的规划之间的矛盾愈演愈烈，成为各地发展建设的普遍障碍。2014 年中央新型城镇化工作会议和新型城镇化规划再次提出要开展“多规合一”，在中央高层的重视之下，发改委、住建部、国土部和环保部联合发文在全国28 个市县开展“多规合一”试点，各地积极响应，“多规合一”的工作才如火如荼地展开。

二、“多规合一”的新探索和成效

上海、广州、厦门：几规合一初见成效。

（1）上海实践的核心是将国土局和规划局合并，成立规划和国土资源管理局，并由其组织编制土地利用规划，实现“两规合一”，确保土地利用规划和城市规划的衔接。按照坚持城市总体规划确定的城市发展方向、空间结构、城镇布局和重大市政基础设施安排基本不变的总体思路，依据国家下达的新一轮土地利用总体规划指标，同步实现规划建设用地和基本农田保护任务落地。

（2）广州“三规合一”初衷是解决规划实施层面的问题，以区为单位进行“三规合一”编制，由广州市统筹。依据发改委确定的建设项目排序，布局建设用地，确定“三规合一”的建设用地规模控制线及相关控制线，形成“三规合一”最终成果。

（3）厦门则由市主要领导亲自任组长、组织协调各相关部门梳理调整了现有的各个涉及空间界限的规划，逐一协调修改实现各类界限的重合，不仅释放了

50多平方公里的“沉淀”建设用地指标，还进一步结合行政审批制度的改革，实现了从项目立案到规划许可证阶段的审批时间由53个工作日缩减到10个工作日，用地许可阶段申报材料由25项减少至6项，大大提高了行政效率。

各地目前的普遍做法：目前主要关注空间界限的整合，通过各种手段把各种规划的界限统一起来，实现空间一张图管理。武汉通过规划和国土局的合并，实现了“规”、“土”在编制机构内部的合一。广东顺德则是合并了发改委、规划和统计局及国土、城建和水利局，再通过完善规划编制组织、统一技术方法和规划逻辑基础来实现“三规合一”。多数地方还是靠成立“多规合一”的领导小组，协调各部门职能所涉及的空间管理界限，实现“一个规划、一张图”。这样做最明显的成效，一是目前所有涉及空间界限的规划不“打架”了；二是因为规划统一了，原有“沉淀”的建设用地指标被盘活了，这是各地最希望得到的效果；三是结合行政审批改革，提高办事效率有了现实基础。

三、对“多规合一”前景的未雨绸缪思考

(1) 城、土、环合一，“沉淀”的土地用完后怎么办?

把因为城、土、环不一致而沉淀的用地潜力挖掘出来是目前大多数城市推进“三规合一”工作最大的动力。“多规合一”实现以后，今后的建设用地指标在土地利用规划中仍然紧缺，因为仅仅是规划同时乃至统一编制，并不能解决根本问题。

(2) 如何应对不同规划的不同弹性?

土地规划当中的建设用地指标由国家分配到省以后，国土部还有一定的指标以备急用；而省国土部门给各地分配指标时大多也留15%左右的机动指标。但城市在编制总体规划时到某个规划期用地规模是定量，在国土管理部门自上而下确定的规模限定下，城市规划还要确定每一块土地的具体用途。城市规划的刚性如何应对土地利用规划的弹性仍有待解答。

(3) 不同主管部门的规划主次如何区分?

城市规划、土地利用规划的编制都提出要相互协调，但又都有一个谁先谁后、谁实际上服从谁的问题。一般后编制的规划都要把现在已经有的经过协调和批准的规划作为前置条件。一个规划因客观条件发生了变化需要修改，而属于不同部门主管的其他规划大多时候不可能同时修编的，要求经修改（编）的新规划服从一个将来也要修编但目前还没有修编的既有规划，显然也是不合

理的。

（4）多规不协调的根源是什么？

不同部门编制规划的出发点和目标的不同是多规不协调的根源。

国民经济和社会发展规划由政府的发改部门负责编制，是对地区重大建设项目、生产力分布和国民经济重要比例关系等作出5年计划规划，为国民经济发展远景规定目标和方向。

城乡规划由政府城乡规划管理部门负责，主要是为了规范城市规划区内的建设活动。

土地利用规划则是为了落实土地宏观调控和土地用途管制；其主要任务是确定耕地保护底线、占保平衡原则、建设用地范围和规模，是自上而下的严格的管控规划。

城乡规划、土地利用规划编制办法的上位规划法《城乡规划法》和《土地管理法》都提到这两个规划需要以国民经济和社会发展为依据，而这两个规划的编制办法却没有明确这点。

环境保护规划只是在《环境保护法》第13条里提到，“国务院环境保护主管部门会同有关部门，根据国民经济和社会发展规划编制国家环境保护规划，报国务院批准并公布实施。县级以上地方人民政府环境保护主管部门会同有关部门，根据国家环境保护规划的要求，编制本行政区域的环境保护规划，报同级人民政府批准并公布实施。”虽没有编制办法出台，但不少地方在2年前已经开始试行。

其他行业规划多数也是以各自为政，比较典型的是原铁道部“十二五”规划，在预计“到2015年我国城镇化率将达到51.5%”的情景下做出了超乎寻常的铁路建设规划。

由于“经、城、土、环”四个规划的内容涉及发展整体部署，范围覆盖行政管辖地区，实施采用“政府负责、部门落实”的垂直管理方式，受编制内容、审批机构和监督方式等环节的影响，容易造成规划内容交叉、标准矛盾、实施分割、沟通不畅等“失衡”或“打架”的现象。

上述四个规划如果还不抛弃部门管理的狭隘概念，综合规划就难以真正做到统揽全局，部门的行业的规划难以做到服从整体，规划“打架”的情景将会再次重演。

四、变革与创新是“多规合一”的根本出路

（1）树立系统全局思维，建立国家空间规划体系

目前我国尚未建立全面的国家空间规划体系加重了各类规划依据打架、目标打架、标准打架等现象。国家的整体目标、近期目标和地方的分区目标都没有建立一个完整的体系，各项规划即便想找到依据也很难。因此，“多规合一”的顺利实施还有待建立国家空间规划体系，树立系统的全局思维，解决各项规划无据可依的现实需求。

（2）各类规划要摆正位置，各司其职

在发展规划方面：《宪法》中明确了国民经济和社会发展规划的最高规划地位，但由于下位规划在制定目标时普遍参照上位规划平均目标层层加码，其科学性（尤其是各地和各行业的规划，如前面提到的原铁道部“十二五”规划）广泛受到质疑，对各类规划的指导和衔接也很有限，各地发展规划内容和深度也没有明确的标准。因此，需要补充空间规划内容，加强科学性论证，真正起到统领全局、指导分区和行业规划的作用。

城市规划要在如何既有刚性又有弹性，增加科学性，减少主观性方面下功夫。

土地利用规划本是行业规划，层层指标叠加的做法看似严密却禁不住拷问。如2000年以后，进入城镇化快速发展阶段，尽管城市建设用地和农村宅基地占用农田地面积大幅增长，但粮食产量已经实现了“十一连增”，仅仅从节约土地、保住耕地面积底线的原则出发编制的规划难以服众；并且建设用地指标的分配一般掌握在上级政府手中，难免出现以偏概全、不合理地分解指标的现象。一旦如此，其他规划如何与之衔接而又保持科学性呢？

目前，各地的环境保护规划还是由各地自行组织编制，除了涉及生态红线、环境分区界限以外尚未和其他规划有其他交叉，但实际上并非如此。例如环境保护目标的确定，就不能从当前的水平推导是不是继续改善，而要以经济社会发展目标出发预测未来可能的碳耗、污染物排放等，环境保护规划如果不结合发展规划，环境保护目标可能就是一句空话。一旦用环境目标反馈到发展规划，则产业负面清单的编制可能就随着发展规模的扩大而更加严格，这样又会影响到城市的产业结构，要求其他规划调整发展速度或结构。

其他行业，如水利规划、交通规划等不仅要考虑本行业的发展，更应该考虑投入与收益、社会与生态的正负效益之比，以及与当时地方的发展水平匹配的问

题。此外，各类规划技术和方法也要进行大幅度创新，弥补各自的不足。

五、结　语

当前，“多规合一”虽然取得了良好的开局，但仅仅靠近期空间上的统一解决不了根本问题，尤其是城市建设用地不足的问题。5 年后，甚至不到 5 年，老的问题依旧会重复产生。真正的“一本规划”不仅仅是“一张图”，而是成系统地对未来的不断修正的、进步的、细化的谋划。

参考文献

[1] 徐祥民. 从立法目的看我国环境法的进一步完善 [J]. 晋阳学刊，2014 (6)

[2] 朱冬奇. 基于“两规合一”的上海浦东新区土地利用总体规划编制 [J]. 上海国土资源，2012 (4)

（本文原载于《环境保护》2015 年第 1 期）

“多规合一”的目标体系与接口设计研究

——从“三标脱节”到“三标衔接”的创新探索

沈 迟 许景权

[摘要] 构建新型规划衔接与协调机制，突破技术瓶颈与体制约束，是当前“多规合一”理论研究与实践探索的热点、焦点领域。“多规”之所以不协调，相当程度上源于多部门规划中的“三标”——目标体系、指标体系和空间布局坐标体系之间严重缺乏衔接，导致各类规划自成体系、内容冲突和不衔接不协调等问题，而当前相关研究极少真正涉及这一关键领域。研究分析了“三标脱节”的表现及其根源，提出在“多规合一”中实现“三标衔接”，构建全新的规划目标体系，并强调通过接口设计指导“多规”衔接，探索“多规合一”背景下构建规划衔接与协调机制的有效路径。

[关键词] 多规合一；目标体系；接口设计；三标衔接；规划衔接与协调机制

一、引 言

构建新型规划衔接与协调机制，突破技术瓶颈与体制约束，是当前“多规合一”理论研究与实践探索的热点和焦点领域。问题在于：构建“多规合一”背景下的新型规划衔接与协调机制，最重要的突破口在哪里？笔者认为，实现从过去的“三标脱节”[①]到未来的“三标衔接”，重构目标体系，为“多规”衔接提供“接口设计”，是实现“多规合一”和“一本规划、一张蓝图、规划衔接协调”的关键前提。研究规划衔接与协调机制中的“三标脱节”、“三标衔接”、“接口设计”等问题，必须首先对既有相关研究与探索进行回顾和评价。总体来

沈 迟：中国城市和小城镇改革发展中心规划院院长。

许景权：中国城市和小城镇改革发展中心规划院发展所所长。

①“三标”指目标体系、指标体系及空间布局坐标体系。

看，国家层面对“多规合一”的推动，经历了从十年前“应者寥寥”到如今“一呼百应”的过程；地方层面对“多规合一”的推动，则直接体现了地方政府的现实需求，直接暴露了我国现有规划体系与规划衔接和协调机制存在的缺陷。

二、回顾与评价：现行机制与体制下的艰难突围

1. 国家层面高度重视，从“应者寥寥”到“一呼百应”

从国家层面看，“多规合一”工作历来受到高度重视。2004 年，国家发展和改革委员会（以下简称“发改委”）曾提出在江苏省苏州市、福建省安溪县和四川省宜宾市等6 个市县开展“三规合一”试点工作，实际上试点工作并未得到全面推行。在当时不同的规划和实施权分离、土地资源约束压力不大的背景下，地方政府普遍对“三规合一”的实际需求还并不强烈，缺乏真正的动力与积极性，全面开展“三规合一”工作的时机尚不成熟。

与十年前的“应者寥寥”相比，虽然在2014 年8 月由国家发改委、国土资源部、环境保护部及住房和城乡建设部（以下简称“住建部”）四部委联合下发的《关于开展市县“多规合一”试点工作的通知（发改规划［2014］1971 号）》（以下简称《试点通知》）仅仅确定了28 个试点市县，但大量未进入国家“多规合一”试点名单的市县政府也积极响应，主动尝试开展“多规合一”工作，可谓“一呼百应”。

四部委积极推进“多规合一”工作，在很大程度上缘于党的十八大、十八届三中全会和中央城镇化工作会议以来中央政府旗帜鲜明的推动。2014 年3 月，《国家新型城镇化规划（2014—2020）》正式发布，明确提出“推动有条件地区的经济社会发展总体规划、城市规划、土地利用规划等‘多规合一’”。2014 年5 月，国务院批转发改委《关于2014 年深化经济体制改革重点任务的意见（国发［2014］18 号）》，提出“落实国家新型城镇化规划，推动经济社会发展规划、土地利用规划、城乡发展规划、生态环境保护规划等‘多规合一’，开展市县空间规划改革试点，促进城乡经济社会一体化发展”。国家层面的推动，极大地鼓励了地方政府对“多规合一”的积极探索，在全国渐成热潮。“多规合一”虽然涉及面广，但主要矛盾在“三规”上，即国民经济和社会发展规划（以下简称“经规”）、城乡规划（以下简称“城规”）和土地利用规划（以下简称“土规”），因此本文主要讨论“三规合一”问题。

国家层面之所以大力推动“多规合一”，其主要目的在《试点通知》中已得

到阐述："开展市县'多规合一'试点，是解决市县规划自成体系、内容冲突、缺乏衔接与协调等突出问题，保障市县规划有效实施的迫切要求；是强化政府空间管控能力，实现国土空间集约、高效、可持续利用的重要举措；是改革政府规划体制，建立统一衔接、功能互补、相互协调的空间规划体系的重要基础，对于加快转变经济发展方式和优化空间开发模式，坚定不移实施主体功能区制度，促进经济社会与生态环境协调发展都具有重要意义"。

2. 机制与体制缺陷下的规划冲突，地方政府自发探索"多规合一"

与中央政府自上而下推动"多规合一"的系列目标相比，过去 10 年中地方政府开展的"多规合一"工作，多数具有"自下而上、需求驱动、聚焦土地"等特点。我国迄今尚未建立严格意义上的国家空间规划体系，现有空间规划体系总体庞杂而不健全、各成体系、缺乏衔接与协调。随着经济社会的发展，空间规划体系的缺失逐渐引发诸多问题，尤其是规划衔接与协调机制的缺乏，导致各类规划之间相互冲突、部门规划各自为政，在很大程度上制约了经济社会的健康、可持续发展。我国规划衔接与协调机制的不完善，其负面影响已经越来越多地在市县层面的规划实践中集中显现出来。

在土地指标普遍紧缺的重压下，有些地方政府难以容忍因"规划打架"而造成的土地指标"沉淀"问题。因此，积极主动开展"多规合一"，协调规划差异，盘活土地，支撑城市发展，成为一些地方政府在现有体制下寻找到的开拓发展空间的重要抓手。从具体实践探索看，近 10 年来，上海、武汉、深圳、浙江和广州等省市分别开展了"两规合一"、"两规衔接"、"三规合一"的规划实践，引起各界的广泛关注。通过开展"多规合一"这种非法定规划的形式，协调经规、城规、土规和环境保护规划等多个规划之间的矛盾，既释放了因规划不一致而"沉淀"的发展空间，又能够大大提高项目审批的效率，改善投资环境，提升城市政府的治理能力。

3. 不触及现行机制与体制的艰难突围，成绩与不足并存

过去 10 年中在"多规合一"领域的理论研究与实践探索经历了从"两规衔接（合一）"（即城规和土规）到"三规合一"（即经规、城规和土规），再到"多规合一"（即经规、城规、土规和环境保护规划）的过程。相关理论与实践的成果主要体现在多规异同的各方面比较分析、部门合并调整、多规差异分析及协调、"一张图"管理、信息管理平台建设、审批效率提升和政策建议等方面。受限于现行规划机制与体制，国内各地开展的"多规合一"实践在取得巨大成

绩的同时，难免有其局限性。这表现在往往较多关注“协调”，较少关注“统领衔接”；较多关注“土地”，较少关注“全面”；较多关注“近期”，较少关注“长远”。例如，因为全国范围内新一轮的城规、土规编制尚未正式启动，所以以2030年为目标年的规划内容在“两规合一”或“三规合一”实践中显得“意义不大”。于是，大多地方政府“务实地”把关注点放在对2020年已有法定规划内容的协调，尤其是对“两规”的规模与布局协调方面。在具体操作中，往往以土规所确定的2020年城镇建设用地规模保持不变为前提，开展工作以协调“两规”在布局上的差异，达到“两规”在规模与布局上的一致后，将成果在城规与土规中分别表达，以求满足现行规划机制与体制的管理要求。

客观而言，此前的相关实践探索大多在现行机制与体制下实现了“暂时的”多规协调，由于深层次的根源性矛盾难以破除（地方政府既没有能力，又不愿触及这些矛盾），没有建立动态的弹性应对协调机制，当新的“不符合规划的项目用地需求”再度出现时，此前建立的“暂时的协调与平衡”很容易被打破，这种“终极蓝图式”的“一张图”很难适应城市发展需求的动态变化。

三、“三标脱节”：规划缺乏衔接与协调的关键因素

有些学者将各部门对空间规划的主要事权特点总结为“发改管目标、国土管指标、住建管坐标”。事实上，发改部门所确定的目标体系包含相当数量的控制指标；国土部门的土规也包含各类用地坐标；住建部门的城规包含众多规划指标；环保部门的环境保护控制指标、环境功能区划也有坐标等。笔者认为，目前“三标”在各地的规划中普遍是相互脱节、缺乏联动的，“三标脱节”是规划缺乏衔接与协调，进而导致“规划打架”的关键因素。

1. “三标脱节”表现之一：无据可依

《宪法》赋予各级人民代表大会审查和批准经规的权力，而经规则由各级政府编制与执行。《城乡规划法》第五条、《土地管理法》第十七条和《环境保护法》第十三条①分别规定其规划编制要以“经规”（指经济社会发展规划，下同）为依据。然

① 《城乡规划法》第五条规定：“城市总体规划、镇总体规划以及乡规划和村庄规划的编制，应当依据国民经济和社会发展规划，并与土地利用总体规划相衔接。”《土地管理法》第十七条规定：“各级人民政府应当依据国民经济和社会发展规划、国土整治和资源环境保护的要求、土地供给能力以及各项建设对土地的需求，组织编制土地利用总体规划。”《环境保护法》第十三条规定：“国务院环境保护主管部门会同有关部门，根据国民经济和社会发展规划编制国家环境保护规划，报国务院批准并公布实施。”

而，由于经规在规划期限、编制原则与依据、内容和深度方面的局限性，并不能为城规、土规和环境保护规划等统一提供充分的规划依据，造成“无据可依”的局面。

具体而言，发改部门通过经规所确定的目标体系，并没有为国土、住建和环保等部门提供完整的对应规划期限、对应空间范围和对应统计口径的规划指标作为依据。经规中的指标体系通常由约束性与预期性两种指标组成，具体可包括经济发展、社会民生和人口资源环境等分类指标，主要侧重于经济、社会及资源环境等指标，而对城规和土规的核心规划指标通常并不直接涉及，如规划中心城区常住人口、规划城市建设用地规模和永久基本农田面积等指标在经规中一般不予给出，结果是城规和土规最需要的核心依据难以在经规中找到，只能自行研究确定。同时，由于各个规划的规划期限不一致，分别按照 5 年、10 年、15 年和 20 年等不同的目标年限确定相应的规划内容，也会导致规划“无据可依”的尴尬。

2. “三标脱节”表现之二：有据不依

发改部门通过经规确定的目标体系，相关指标本应作为其他规划的依据，却未得到有效执行。例如，生产总值年均增长率、工业园区单位土地产值等指标，可结合规划人口规模、城市规模等指标，大致测算出对应规划年限的产业发展用地规模，以此作为“城、土、环”等规划的依据，控制地均产出水平，避免某些地方政府以“优惠”的招商引资条件为名，造成严重的土地粗放型使用。事实上，市县层面的城规在制定过程中，一般是以中心城区规划常住人口乘以人均城市建设用地水平，得到规划城市建设用地规模，而工业用地的规模往往是按照规范，在允许调整的范围内进行确定，较少以“生产总值年均增长率”和工业园区单位土地产值等作为直接依据，这也是长期以来城市建设用地粗放利用的重要原因。而土规则更多的是在现有基础上自上而下分配基本农田和建设用地等指标，作为稀缺资源的各类建设用地指标在权力的掌控下，在效率与公平间寻找平衡，经规早就被忘到一边去了。至于部门规划，经规及其他相关规划接近于一种摆设。例如，原铁道部公布的《国家铁路“十二五”发展规划》在发展形势中专门写到，“到 2015 年我国城镇化率将达到 51.5%”，显然估计不足，也没有和其他相关规划相协调。

3. “三标脱节”表现之三：内容不衔接

“三标”内容不衔接，包括目标提法与城市性质的过大差异、“指标”与“坐标”的不衔接等，后者往往为地方政府普遍重视，即城规和土规在规模与布局上的不协调问题。以浙江省 A 市为例，该市于 2006 年同步编制了《A 市市域城市总体规划（2006—2020）》和《A 市土地利用总体规划（2006—2020）》两个规划，当时“两规”衔接的工作也取得了一定成绩，但对比后可以看到，“两规”在规划数据上衔接较好，规划建设用地布局差异却较多（图 1）。

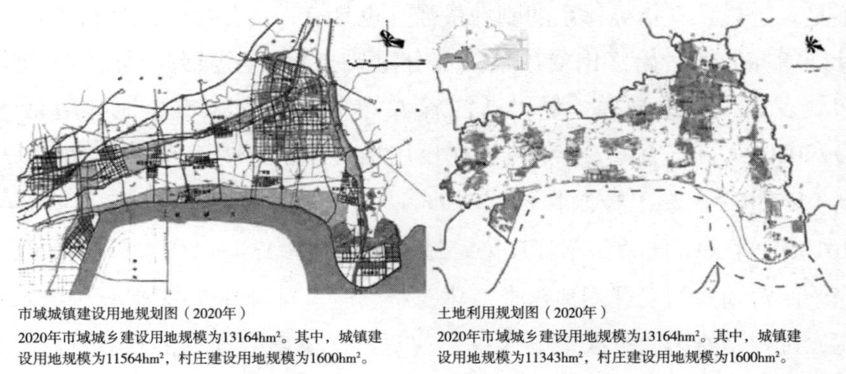

市域城镇建设用地规划图（2020年）
2020年市域城乡建设用地规模为13164hm²。其中，城镇建设用地规模为11564hm²，村庄建设用地规模为1600hm²。

土地利用规划图（2020年）
2020年市域城乡建设用地规模为13164hm²。其中，城镇建设用地规模为11343hm²，村庄建设用地规模为1600hm²。

图 1　浙江省 A 市市域城规与土规总图及主要规划建设用地指标对比图

通过叠加 2006 版 A 市市域城规与土规（二者的目标年限均为 2020 年）进行分析（图 2），发现该市“两规”中一致的城镇建设用地面积仅为 7179hm^2，仅占规划 2020 年城镇建设用地总量的 63.3%。其中，城规为城镇建设用地、土规为非城镇建设用地的差异图斑面积为 6396hm^2，而城规为非城镇建设用地、土规为城镇建设用地的差异图斑为 4249hm^2。各地方城规和土规的差异普遍存在。例如，由于各个规划在空间上的叠合不一致，造成福建省某市约 55km^2、广东省某市约 128km^2 的建设用地指标被“沉淀”。

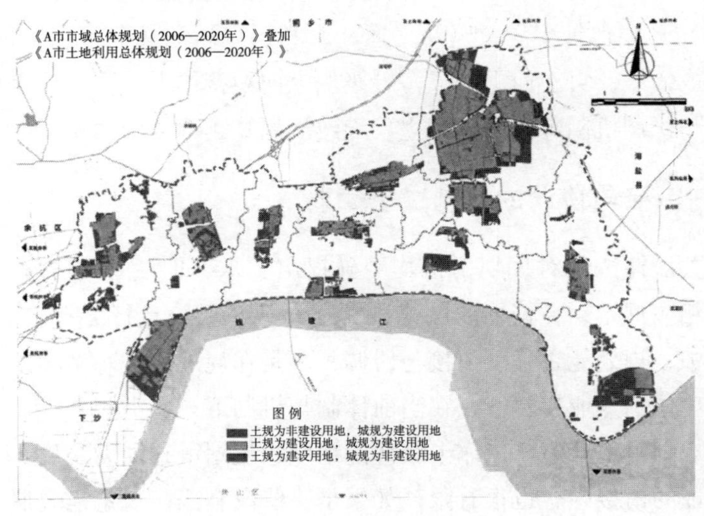

图 2　浙江省 A 市“两规”中城镇建设用地差异分析图

4. “三标脱节”表现之四：多规的刚性与弹性不一致

从规划的编制与实施看，经规及其目标体系虽然较为灵活、有弹性，但刚性相对不足。土规及其指标体系的刚性最强，也具有一定弹性，但其自上而下逐层分解计划指标的做法始终饱受争议；部分重要指标过于强调指导性而约束力不够，如城乡建设用地规模。仍以浙江省 A 市为例，《A 市土地利用总体规划(2006—2020)》确定到 2020 年城乡建设用地规模为 13164hm^2，然而 2013 年底已达到 19372hm^2，超出控制指标 6208hm^2，村庄用地规模由 2005 年的 8444hm^2 增至 2013 年的 10071hm^2，不降反增。城规的用地布局刚性较强，但弹性应对能力不佳，面对动态的发展用地需求变化，难以通过自身弹性的展现加以应对，往往只能通过频繁修编、修改规划来被动应对，严重影响规划的权威性和严肃性。“三标”各自具有不同的弹性内容和程度，却没有形成协调一致的弹性控制体系和效果，加剧了整个规划体系的脱节现象。

三、造成规划缺乏衔接与协调的其他因素

1. 多部门规划并存，缺乏有效衔接与协调的空间规划体系

我国目前涉及空间的规划系统较为庞杂，多个部门的多种类型规划同时并存。主要包括发改系统的经规、国土资源部门的土规、住建部门的城规、环保部门的（生态）环境保护规划，以及交通、水利、海洋和林业等多个部门的规划。各类规划自成体系，自上而下形成多层级的纵向衔接体系，但各个部门规划之间的横向衔接与协调机制却未真正建立，导致规划缺乏衔接与协调。

2. 规划衔接与协调的机制过于薄弱

尽管相关法律法规对规划衔接均明确提出要求，但法律对“不衔接”的情况没有作出相应规定，在精炼的法律条文之外缺乏系统且行之有效的配套机制。在实际运作中，规划能否实现衔接与协调，一是在规划编制环节，依靠编制组织机构、编制单位的专业自觉性，在当前体制与机制下，各类规划编制当中很难做到；二是在规划审批环节，依靠上级部门组织的规划审查联席制度，而这种联席审查所能保证的衔接内容也很有限。如果是一些没有法律规定需要联合审查的非法定规划，这种协调机制往往连“虚设”的都没有。

3. 各部门规划之间的衔接与协调存在一定技术障碍

要实现“多规”之间的充分衔接协调，目前仍存在一定的技术障碍，包括“多规”开展编制的基础资料来源不一致、基础数据统计口径不一致、用地分类体系和标准不一致、技术方法和路线不一致等。例如，住建部门的城规在统计现状城市建设用地与人口时，通常以自行划定的中心城区范围或其他范围作为统计边界，按照人地对应原则，确定现状城市建设用地与人口规模，作为规划编制的重要基础数据；而国土部门的土规是以实际成为城市建设用地或已办理了建设用地手续的用地作为现状城市建设用地；而发改部门提出的规划常住人口，通常是指全市域的人口数量，不能直接作为城规和土规的中心城区规划人口的依据。“多规”在数据统计范围、统计口径和用地分类标准等方面存在的差异，客观上给实现规划衔接与协调带来一定技术障碍。

四、“多规合一”背景下构建规划衔接与协调体制的路径

“多规合一”已是大势所趋，构建规划衔接与协调机制，应在重构地方规划体系、加强“三标”衔接、消除“多规”技术壁垒障碍和完善法律法规等方面入手，强化接口设计，合理设定刚性与弹性，实现“多规”之间的充分衔接与协调。

1. 构建“多规合一”下的“1+3”地方规划体系

构建规划衔接与协调机制，必然以合理的空间规划体系为前提。从地方规划体系的变革方向看，将由目前的“庞杂、群龙无首、各成体系”变革为“统一衔接、功能互补、相互协调”的新型空间规划体系。笔者认为，应致力于构建“1+3”的地方规划体系：“1”是指“多规合一”与“经、城、土、环”的其中之一合并，成为统领性的“市（县）发展总体规划”，“3”为另外3个规划。

由于《城乡规划法》、《土地管理法》和《环境保护法》都规定其规划编制要以经规为依据，因此改革和创新经规，使之能够真正担当其他规划的依据就显得尤为重要。2014年11月，国家发改委发布的《关于“十三五”市县经济社会发展规划改革创新的指导意见》已经明确提出“将经济社会发展与优化空间布局融为一体，编制出一个统领市县发展全局的总体规划”，“要健全规划衔接与协调机制，强化市（县）发展总体规划的龙头地位，为城乡、土地、环保、交通等规划编制提供依据”，提出将市县“十三五”规划与空间规划相结合，编制市（县）发展总体规划（图3）。

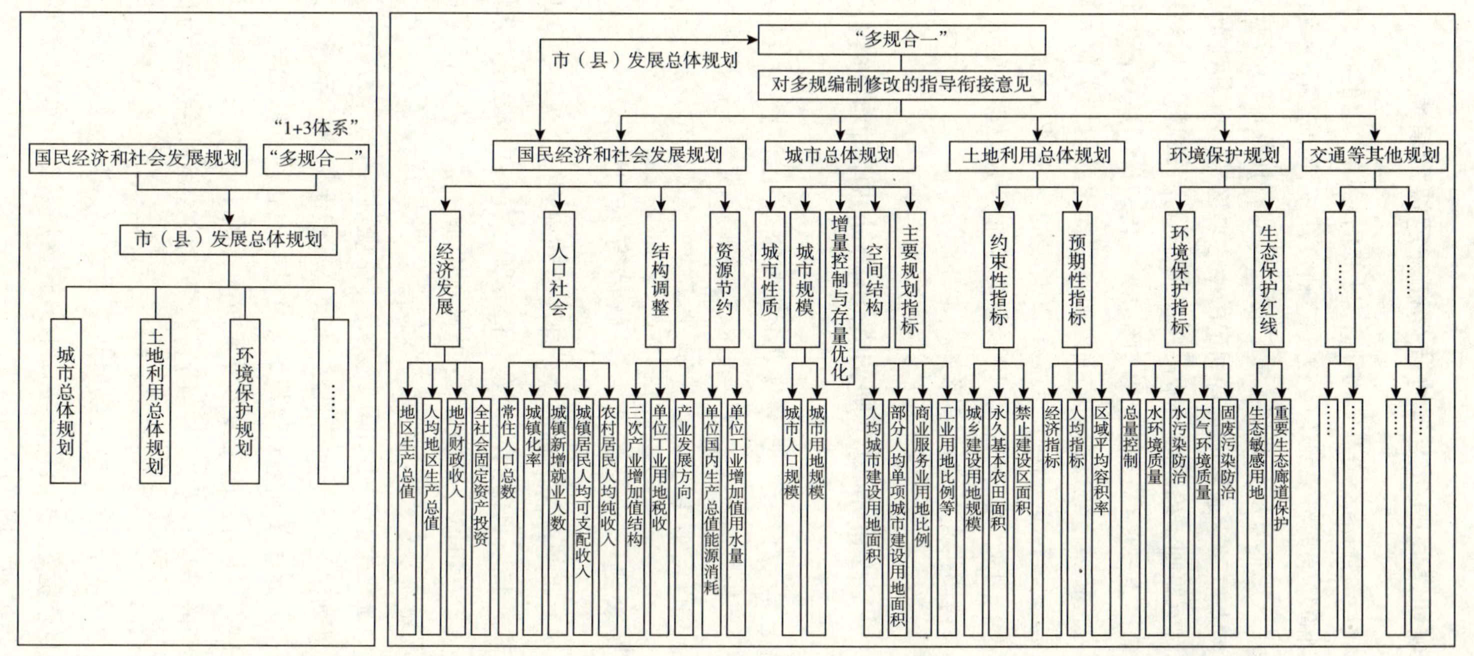

图3 “1+3”地方规划体系（左）与浙江省A市市（县）发展总体规划（右）中的接口设计示意图

按照“1 + 3”体系，城规、土规和环境保护规划，以及其他专项规划，如交通规划、产业规划和市政工程规划等，其编制实施必须以“1”即市（县）发展总体规划为上位规划，以其作为编制依据。

2. 强调接口设计的“三标衔接”，以“多规合一”统领各类规划

“三标衔接”是指在“多规合一”中提出相对系统完整、但不追求面面俱到的目标体系，避免前文提到的“无据可依”现象。“多规合一”的目标体系由规划发展目标及其指标体系组成，与这一体系对应的接口设计，就是指“多规合一”对各类规划的控制接口，在内容与深度的设定上，要避免过深或过浅的极端化选择，因此笔者认为目标体系应只控制经规、城规、土规和环境保护规划各自最核心的规划内容。例如，对于城规，控制其城市性质、城市规模（规划常住人口规模、规划城市建设用地规模）和主要用地规划指标等内容；对于土规，控制其永久基本农田面积、城乡建设用地规模和禁止建设区面积等内容。由此，通过强调接口设计的“三标衔接”，明确核心控制手段，以“多规合一”统领各类规划。

3. 加强“多规”技术对接，消除技术壁垒

针对相关技术壁垒，如“多规”的基础资料来源不一致、基础数据统计口径不一致、用地分类体系和标准不一致及技术方法和路线不一致等问题，应结合“一本规划、一张蓝图”，“划定城镇、农业、生态三大空间”和“划定城市开发边界、永久基本农田、生态红线”等目标要求，充分加强多规技术对接，在“多规合一”中采用统一来源、统一口径的基础资料与数据，对接用地分类体系和标准，统一技术方法和路线，夯实规划衔接与协调机制的技术基础。

4. 推动法律法规完善，保障“多规”充分衔接与协调

新型规划衔接与协调机制的建立，少不了相关法律法规的修改与完善。应进一步明确“多规”在各个层次与“多规合一”（或合并后的市县经济社会发展总体规划）的法定依据关系，避免“有据不依”，明确“多规合一”在地方规划体系中的上位规划地位，用法规和制度的形式将“多规”的接口设计与弹性控制范围确定下来。完善相关法律法规，健全配套机制与体制，对人为造成规划不衔接与不协调的情况作出相应的惩罚规定，保障“多规”的充分衔接与协调。

五、结　语

综上所述，从“三标脱节”走向“三标衔接”，是在“多规合一”时代构建新型规划衔接与协调机制的关键环节，是从“形式上衔接”走向“内涵衔接”的核心内容。为此，未来应在“1+3”的地方规划体系下，努力消除“多规”之间的既有技术壁垒障碍，紧紧围绕“三标衔接”，构建全新的“多规合一”的规划目标体系，并通过接口设计来指导“多规”衔接，进而完善相关法律法规及配套机制，保障“多规”之间实现充分的衔接与协调，探索构建新型规划衔接与协调机制。

参考文献

[1] 蔡玉梅，陈明，宋海荣. 国内外空间规划运行体系研究述评［J］. 规划师，2014（3）

[2] 赖寿华，黄慧明，陈嘉平，等. 从技术创新到制度创新：河源、云浮、广州“三规合一”实践与思考［J］. 城市规划学刊，2013（5）

[3] 谭都. 资源紧约束条件下的新型城市化道路探索——广州“三规合一”规划研究［C］//2013 中国城市规划年会论文集，2013

[4] 汤海孺. 资源短缺条件下的规划创新［J］. 城市规划，2007（11）

[5] 上海市发展和改革委员会. 上海市国民经济和社会发展第十二个五年规划纲要［Z］. 2011

[6] 林坚，陈霄，魏筱. 我国空间规划协调问题探讨—空间规划的国际经验借鉴与启示［J］. 现代城市研究，2011（12）

[7] 蔡云楠. 新时期城市四种主要规划协调统筹的思考与探索［J］. 规划师，2009（1）

（本文原载于《规划师》2015 年第 2 期）

快速城镇化过程中的规划问题

文　辉　张晓明　王大伟

规划在城市发展建设中的龙头作用已经被广泛认可并成为各级政府的共识，中央对规划的重要作用给予了足够的重视，地方各级城镇也都编制了各类规划并建立了滚动修编规划的机制。然而，当前我国城市发展建设中出现的盲目扩张、低效开发、浪费土地、贪大求洋、千城一面、形象工程、政绩工程等问题并不是因为没有规划而导致的，相反，很多问题恰恰是在规划的指导下产生的，都有规划作为“依据”和“支撑”，规划对当前城市发展建设中出现的种种乱象甚至起到了“推波助澜”的作用，应该对此进行反思。值得注意的是，作为城市建设依据的“模板”和“蓝图”，当前的规划无论是技术成果的制作还是宣传展示的途径，已经变质为一种新的形象工程，很多出自著名规划师和知名规划机构的规划为其他形象工程得以“合理合法、符合科学”提供了背书。

一、当前规划中存在的乱象和问题

归结起来主要有以下几个方面。

1. 规划编制脱离发展实际

规划编制过程中不考虑当地经济发展阶段、社会发展水平、历史发展脉络和资源环境承载力等基础和约束条件，在发展目标制定、参照标准选取、产业选择、设施建设等方面脱离当地发展实际。在规划发展目标方面，一些地方在潜意识里存在着“为了实现跨越式大发展必须先做大规划”的思维，人口规模、用

文　辉：中国城市和小城镇改革发展中心规划院副院长。
张晓明：中国城市和小城镇改革发展中心规划院发展所主任工程师。
王大伟：中国城市和小城镇改革发展中心政策研究和试点指导处处长。

地规模的设定一味求大，而不考虑所在地区人口基数和迁徙趋势。例如自2006年开始建设的东北某市新城，规划面积22平方公里，规划到2010年人口达到15万，2015年人口达到20万，但是经过7年的发展，到2013年新城实际居住人口不足10万人，远未达到规划预期。规模预测和设定的不合理也带来设施建设的浪费，有些基础设施因需求不足而中断建设，有些建成了也难以维持运营。例如由于新城发展规模不如预期，原本计划2012年底竣工、2013年初通车的沈铁城际铁路2012年起已暂停建设，并且尚无开工的时间表。在参照标准的选取上，很多规划不顾当地实际情况，盲目以国外知名城市、大城市为目标案例，一些中小城市的规划也都以纽约、东京、新加坡为参照，而罔顾它们之间在经济社会方面存在的巨大差异。在产业选择方面也是“一窝蜂”，不顾当地产业发展基础和资金、技术、土地、劳动力等要素水平以及资源环境条件，例如近年来全国各地都提出发展光伏产业、新能源产业等。

2. 规划过度追求标新立异

一些地方政府迷信请大规划院、国外著名规划机构编制规划，追求按“国际标准”发展建设，而一些规划编制机构以概念为噱头，通过华丽的技术包装和空中才能看见的美丽图案吸引眼球、打动地方政府。两方面一拍即合，共同助长了当前规划过度追求标新立异的风气。在城市总体发展层面，“立体城市”、“紧凑城市”、“文化城市”、“绿色城市”等各种概念轮番登场且都慢慢沦为“短命”概念，据不完全统计，近年来流行的类似城市概念达四十余种；在城市局部建设层面，各种概念“指引”下的城市设计也层出不穷；建筑规划和设计则攀比求高，目前全球排名前十位的建成高楼中，我国有5座，正在规划建设的高楼高度也“屡创新高”，建筑外观上求新求奇，我国城市成为外国建筑师“新理念”、“新风格”的试验场。

3. 规划为形象工程提供依据

目前城市发展建设中普遍存在的形象工程问题，如新城新区、CBD（中央商务区）、宽马路、大广场、豪华办公楼、体育场馆、歌剧院等都有规划作为依据。例如，山东某县级市，城市新建道路宽度基本在30米以上，道路两侧还设有5～10米的绿化带，不仅要付出高额的建设费用，而且还要负担每年的养护费用。规划没有发挥集约节约资源、提高发展效率的应有作用，反而沦为为这些形象工程浪费资金、土地提供合法依据的工具。而一些不计成本的形象工程更对整个城市发展产生深远影响，例如山西省某市城市改造规划从2008年开始实施，到

2012 年城市建设累计投入资金达 1000 多亿元（其中政府投入五六百亿元，而某市一般财政预算收入仅有六七十亿元），2013 年起由于城市主要领导人的变化，更由于巨大的财政压力，城市改造计划陷入较大困境。

4. 规划本身成为形象工程

规划越来越脱离指导发展、规范建设的本职功能，而沦为对外宣传展示的工具，到各地考察时听规划汇报、参观规划展览馆已成为一种固定模式。近年来全国各级城镇都开始建设规划展览馆，而且存在竞相攀比的现象，地级市建规划展览馆耗费上亿、县城规划展览馆投资上千万已是常态。例如，2011 年某省规定 78 个市县都要建规划展示馆，该省某市财政收入仅 120 多亿元，为建成 1.88 万平方米的规划馆就投资了 1.3 亿元。各地规划展览馆竞相通过大型沙盘模型、4D 展示片等声、光、电技术追求对外、对领导展示当地政府宏大战略蓝图的效果。而另一方面，由于运营维护成本高，很多规划展览馆限制一周中开放的天数，有领导考察时则临时开启，所谓对市民开放以增强当地居民市民意识的作用仅存在于理想中。规划，借由其宣传展示手段，已经成为一种新的成本与社会收益不相称的形象工程。

二、原因分析

之所以在规划领域产生上述诸多乱象，最主要的原因是多年来对规划本身存在的问题没有给予足够重视，没有进行认真审视，而规划在思维、方法、利益机制、学科、体制机制等方面存在的问题则是当前规划乱象的直接原因，主要在于：

1. 规划思维方式仍停留在计划经济时代

发展规划和土地利用规划仍然以计划经济按计划层层分配指标和目标的机械思维为主导，而空间规划则局限于建设部门的工程技术规划方法，规划设计不考虑经济社会成本，热衷于建立和套用全国统一的规范和标准。例如，国民经济和社会发展五年规划，每级政府都不甘落后，产业目标求全求新，经济指标机械按照中央标准层层加码来进行“落实”：国家提出“十二五”期间 GDP 增长 7% 的预期指标，31 个省、市、自治区提出的指标则无一低于 8%，其中目标设定为 10% 以下的只有 7 个；江苏省设定了“十二五”期间 10% 的 GDP 增长目标，省内 13 地市设定的指标除无锡与全省目标相同外，其他全部高于全省目标。土地利用规划恰恰相反，成为逐级落实上级下达指标的工具，例如，吉林省某市在规划研究阶段提出全市建设用地总量在2005～2020年期间增加10万公顷，但上级实际分配的指标仅4万公顷，最后规划编制过程演变为落实上级下达指标，并进一步向区县分解指标的博弈过程。

2. 规划编制机构对经济利益的追求

规划编制机构多为自收自支的事业单位，有些已经完全市场化成了企业，在市场经济中有着自身的经济利益诉求，同时还面临着激烈的市场竞争。而目前规划收费又主要以规划面积和人口规模为依据，因此努力做大城市规模成为规划编制机构和希望“以地生财”、彰显政绩的地方政府之间共同的追求。例如西部某省会城市提出规划建设3个新区（规划人口总计700万，规划用地总面积为860平方公里）和5个新城（规划人口总计280万，规划用地总面积为407平方公里），新区新城总规划建设总面积达1267平方公里，而2011年该市建成区面积仅162平方公里，总人口439万。在这样的“大规划”中，规划编制机构出于对经济利益的诉求，没有能够提出或坚持理性判断，没能起到为政府正确决策提供专业意见的应有作用。

3. 规划资质垄断和规划学科封闭

我国对城市规划、土地利用规划等规划编制单位实行资质管理，一般分为甲、乙、丙三个级别。目前，全国共有城市规划甲级资质机构230家，土地利用规划甲级资质机构220多家，环评甲级资质机构189家，这些甲级机构基本垄断了全国相关规划的主要市场。但业务的积压使这些甲级资质机构无暇对其规划的城市进行认真细致的研究，运用网络技术、信息技术拷贝、拼凑出一个规划的现象时有发生，按照这样的规划指导发展建设其结果可想而知。在规划学科方面，形成了一个个封闭的学科话语圈，无论哪个学科主导的哪类规划，首先考虑的是自己学科的专业性和前沿性，往往“高深”到其他学科学者都无法参与，更遑论公众参与。例如城乡规划领域普遍重工科轻文理，过于重视技术应用、过度强调专业化，根据全国高等学校城市规划专业指导委员会的网站资料，对239所开办城市规划专业院校的学科背景进行了统计，发现建筑以及土木、交通工程类院校仍占大多数，特别是在高等学校城市规划专业指导委员会和通过评估院校（代表行业话语权和认同度）中的比例更大，分别达到73.9%和84.4%，不利于学科封闭的破除。而同时以经济、管理类学科背景开设城市规划专业的院校则尤其缺乏，这也是造成目前规划不考虑成本、不考虑城市实际运行的原因之一。

4. 规划评审流于形式

规划成果的审查有很多步骤，这里只讲规划评审中的问题。规划理应由地方和专家共同来评定，而现实中只要是地方没有意见，规划评审也就变成“走程序”，规划方案大多都能通过评审，专家没有发挥提出专业意见的作用。规划评审会逐渐演变成一种公共关系平台：一些评审专家由规划编制机构邀请，自然存在说好话的现象；大多参与评审的专家既是裁判员又是运动员，自身也从事规划工作，要与地方建立良好的合作关系，不敢也不愿得罪地方；参与评审的专家都有专家费，存在“拿人手短，吃人嘴软”的问题。另外，规划评审会的专家构成过于单一，同行之间的评审造成大家一团和气、谁也不愿得罪谁，这也不利于从综合性的角度审查规划中存在的问题。

5. 规划决策机制和责任追究机制不健全

地方政府和规划编制机构之间的关系没有理顺。目前，规划决策权在地方政府，而编制机构只有建议权，这样的规划体制再加上行政和经济因素的影响，导致规划编制机构常屈服于长官意志，规划编制过程盲从于领导意愿，部分规划完全沦为领导决策的工具，而忽视了城市居民的需求。同时，多年来对规划本身的问题没有引起重视，对规划领域产生的诸多乱象没有从规划自身找问题，没有建立相应的责任追究机制，几乎没有规划机构或个人因其所编制的规划造成严重浪费或重大经济后果而承担过相应的经济责任或法律责任。例如，2008 年河南某县投资 1000 余万元规划建设了城北公园，作为入城景观规划的核心部分，到 2011 年，公园中部分用地被规划修改为建设用地，并先后有 200 余亩土地被公开出让用于商品住宅和五星级酒店建设。这类现象基本无人拷问决策机制，更遑论追究责任。更为极端的情况是领导意志的盛行使规划编制机构有时也无所适从，某省会城市进行新区总体规划招标，三家国内规划编制机构入围，却在将近提交技术成果日期时接到通知，由于主管市长认为没有国外机构入围不足以体现新区的重要性，招标工作就此停止。

三、建立科学规划的政策建议

1. 提高认识，转变观念，加强对规划问题的研究和科学引导

第一，要确立科学规划理念。重视调查研究，摸清城市发展实际，规划要符

合地方发展实际水平，并尽可能体现地方特色。尊重城市发展规律，尊重经济发展规律，多一点常规发展，少一点跨越式发展。根据地方的发展阶段、区位条件等来制定规划标准，避免搞“一刀切”。

第二，要树立以人为本的规划原则和理念。规划一定要关注弱势群体，考虑农村居民、外来人口以及中低收入人群的权益和发展机会；城市的规划建设是要给人用而且要用得方便，而不仅是给人看。

第三，要扭转计划经济的思维模式。建立与社会主义市场经济相适应的规划体制，更加尊重市场规律，发挥市场在配置资源中的决定性作用。更加合理配置公共资源，提高资源利用效率。完善政府官员、专家、公众共同参与的规划民主决策机制。

2. 建立多学科、多部门的规划编制体系

第一，要打破规划的部门垄断，逐步取消各类规划机构资质资格许可和认定，强化个人专业资质和法律责任。完善规划体系，建立健全“多规融合”的体制机制，促进各类规划在部门和机构上的融合。在县市及以上层面，鼓励地方开展“多规融合”的实践探索。

第二，要打破学科封闭，开门编规划，促进多学科融合的规划学科体系建设。综合运用经济学、社会学、生态学、环境科学等多学科的方法，改变以工程技术学科为主的规划编制模式。

第三，要完善规划的公众参与程序，把公众参与纳入到规划编制、审批、实施和评价的全过程。

3. 建立规划的责任追究机制，调整利益结构和机制

第一，要建立规划责任跟踪追究机制。对超越发展阶段、脱离城镇发展实际、规划目标与发展实际严重不符的规划并造成严重损失的机构或个人要取消资质或从业资格，依法承担经济赔偿责任。建立规划终身责任机制，对造成资源严重浪费的，要追究法律责任。

第二，要调整利益结构和机制。建立对规划编制机构的利益约束机制。完善对规划的科学评价体系，尝试按照规划编制质量和实施效果来确定收费标准，破除盲目按照人口、面积来确定规划收费的既有规则。

4. 推广好的规划经验和典型案例

在规划领域大力推广一批好的经验和典型案例。总结交流各地城镇规划实

践经验，组织现场观摩学习，加强宣传推广。鼓励规划创新，包括规划编制机构在规划方法、内容等方面的创新和规划实施机构在规划实施管理方面的创新等。

（本文原载于《中国投资》2014 年第 2 期）

做好地方新型城镇化规划的三个关键

荣西武

十八大以来，新型城镇化已成为时下曝光率最高的词汇之一。从中央到地方，从官员到专家学者、再到普通百姓，从各类会议论坛到街头巷尾，“城镇化”已经成了一个谁都绕不开的话题。尽管在宏观上大家对什么是新型城镇化、制约新型城镇化体制机制障碍、城镇化路径等正在逐步形成共识，然而，城镇化能否落到实处，关键在地方各级政府，仅仅有这些共识还远远不够。不同区域有不同的资源条件，不同层级政府面临着不同的城镇化压力，有着不同的改革权限，这也就要求我们必须针对不同资源条件、不同等级城镇特点，为其量身定做城镇化发展规划，通过科学规划来明确其推进城镇化的路径和着力点。

新型城镇化规划是一种新规划，是一种探索性规划，虽然从“城镇化”到“新型城镇化”仅仅是两字之差，但却反映了我国城镇化道路的实质性调整，对地方政府如何推进城镇化工作也提出了更多、更高的要求。基于自己在编制新型城镇化规划过程遇到的一些问题和思考，浅谈几点关于编制新型城镇化规划的粗浅认识。

一、合理界定城镇化终极状态

一般意义上说，城镇化是指农村人口不断向城镇转移，第二、第三产业不断向城镇聚集，从而使城镇数量增加、规模扩大的一种历史过程。它主要体现在随着生产力的发展、科学技术的进步以及产业结构调整，农村人口居住地点向城镇的迁移和农村劳动力从事职业向城镇第二、第三产业的转移的过程。然而，我国幅员辽阔，每个地方的地形地貌、资源条件、产业基础、区位条件等千差万别，城镇化发展的最终状态也应该不同。

荣西武：中国城市和小城镇改革发展中心规划院产业所所长。

究竟什么样的状态才算真正实现了城镇化？或者说“就业、居住、生活”等方面实现了什么样的转变才是真正实现了城镇化，在做城镇化规划时需要给地方一个清晰的描绘，并作为规划愿景，根据现状基础、发展条件等设计通向城镇化最终理想状态的几个方案。“农地向规模经营集中、工业向园区集中、农民向城镇集中、公共服务向社区集中”等并不完全适合所有区域，也未必从事农业的人口就一定不是城镇化人口。

在山区等地形条件复杂的地区，有些乡镇、村庄的人口容易集中，有些则很难集中。比如：受地形条件的制约，农地很难大规模经营，相对分散的经营需要相对较多的农业服务人口；有些地方旅游资源丰富，旅游服务发展本身需要一定数量的旅游服务人口。对于这些区域而言，城镇化就不能一味地搞集中，其集聚程度要因地制宜，最好是按照大的“产城融合”概念，按照“大集中、小分散”相结合的方式来设计该地区的城镇化终极状态，要结合农业、旅游业服务人口和旅游景区配套等需要，配置一定的城市功能，使这些人口在不改变就业和居住状态的前提下，通过生活环境、生活方式的改变从而能和城镇居民一样平等地分享现代文明成果。

二、以“人口”主线贯穿始终

城镇化的核心是人的城镇化，而不是土地的城镇化，因此，在“现状问题、空间格局、产业发展、公共服务、配套体制机制改革”等几个环节中，我们都必须围绕“人”的需求来分析。

首先，要客观分析面临的突出问题。从农业转移人口对城镇化的贡献、教育、社保、医疗、城镇保障房等公共服务享受情况，到城镇化人口来源及动力源、城镇化经济支撑，再到城镇化过程中的土地集约利用情况等几个方面，都需要围绕“人”的需求展开，准确认识地方面临的关键问题，准确判断地方城镇化、工业化、城乡建设等处于什么样的发展阶段，以及地方政府亟须解决的关键问题和解决这些问题的有利和不利条件，为合理制定规划方案奠定基础。

其次，要以就业需求和就业岗位的提供为目标，系统分析现状产业吸纳就业的能力和潜力，未来农业产业化经营或者农场化经营后需要多少从业人口等，明确未来农业还会释放多少富余劳动力，合理确定未来就业岗位的需求总量，并结合就业岗位阶段需求总量等，综合确定未来地方产业发展的方向。同时，还要根据国家产业政策、地方产业基础、税收贡献情况等并结合地方发展定位，明确地方不适合发展或者有条件的允许发展的产业，以及政府在这些产业发展过程中需要提供的配套服务，以期为地方城镇化健康、快速推进提供可持续的经济支撑。

第三，要结合人口分布现状、就业岗位分布特点、各乡镇的发展现状基础、条件和趋势（包括人口总量变化趋势，迁移方向等）、自然生态条件，并适当考虑农业经营等所需人口，合理确定不同城镇化发展阶段的人口分布格局。明确未来人口集聚的主要区域、不同阶段的建设重点，并从财政资源配置、土地指标供给、公建设施配备等多个方面给予倾斜，不断完善重点建设城镇的城市功能，并以此吸引农业转移人口向这些重点城镇、社区集中，最终实现城镇化空间格局的优化。

第四，要结合城镇化人口构成和政府财政能力，科学分析实现公共服务全覆盖的途径和时序。在这里，我们一方面要通过对地方可获取数据的分析和计算，确定每一个农业转移人口市民化（区分外来人口和本地户籍）的综合成本，要考虑到教育、社保、医保、住房等重要影响因素，要用正确计算方法，通过不断地与地方探讨、沟通来校核数据；另一方面，根据综合成本、财政能力以及需要解决的动态人口数量，设计分期、分批解决方案，逐步解决农业转移人口的市民待遇问题，最终实现基本公共服务向城镇常住人口的全覆盖。

第五，要科学分析城镇承载人口的综合能力，换一句话说，就是根据城镇、社区集聚的人口规模，合理配备与之相适应的教育、医疗卫生、城市交通、市政等设施。同时，还要适当考虑随着生活水平的提高，在居民需求层次、需求种类等方面产生的一些新变化。在规划中，一方面要确保城镇居民不因城镇人口规模扩大而导致生活质量下降，另一方面要能满足城镇居民对生活品质的追求。

第六，要客观分析制约地方城镇化发展的障碍。不同区域面临的体制机制方面的问题千差万别，在户籍制度、土地制度、行政区划管理、资金等一系列问题中，究竟哪些才是制约地方城镇化的关键障碍，需要我们在规划中因地制宜地去分析，不同人口构成、不同城镇化动力机制的城镇，在户籍制度改革、土地制度改革、保障房制度改革等方面诉求不同、面临的压力不同，不能一概而论。只有找到地方体制机制障碍方面的核心因素，我们改革方案才能更有针对性和实效性。

三、客观分析地方政府改革权限

“促进城镇化健康发展，需要着力加强制度顶层设计”，国家发改委主任徐绍史在向全国人大常委会作关于城镇化建设工作情况的报告时说，推进城镇化要统筹人口管理、土地管理、财税金融、城镇住房、行政管理、生态环境等重要领域的体制机制改革。然而，与中央层面不同，也有别于专家学者的学术研究，国家层面的城镇化规划、体制机制改革顶层设计等可以是方向性的，可以很宏观，然而，对于地方政府而言，市域、县域等地方政府层面的城镇化规划是一个实施性的规划，必须可操作。所以，省、市、县、镇在推进城镇化配套体制机制改革方面的权限有哪些，在编制城镇化发展规划时必须明确，尤其是在编制县域城镇化发展规划时，我们必须告诉地方政府，哪些是可以马上改的，哪些是需要更高层级政府出台配套政策后才可以改的，哪些是需要经济发展到一定阶段才可以启动的，还有哪些是根本没法突破的。同时，在地方有权限的体制机制改革领域，我们还需要就某一项改革的基本路径、改革所衍生出来的一系列问题做出统筹的安排。比如人口管理制度改革：中小城镇放开户籍限制没有问题，可是接纳农业转移人口带来的城镇化成本谁来承担？怎样才可以建立一个可持续的城镇公共财政体系和投融资机制，为城镇推行基本公共服务向常住人口全覆盖，为城镇基础设施建设提供可靠的资金保障等，需要我们在规划中给出相应的规划策略；还有城镇住房、行政管理、生态环境、教育、社会保障等，在每个方面我们都需要根据地方权限客观地分析其改革的突破点和路径，合理确定配套体制机制改革的内容与深度，只有这样，我们的规划才能真正为地方城镇化的健康快速推进提供有实质意义的帮助。

（本文原载于《中国投资》2014 年第 3 期）

推进新型城镇化要遏制“千城一面”

荣西武

随着我国城镇化进程不断加快，大规模城市建设和旧城更新也在如火如荼的进行中，耀眼的玻璃幕墙、宽阔的街道……城市的打扮越来越时髦。但是，随之而来的是城市形象的“统一化”倾向，南方北方、大城小城、城里城外等都在趋于统一，这是我国城建、城改之悲。不仅如此，这种现象正在向乡村蔓延，遏制“千城一面”态势、延续城市文脉，已经成为城镇化进程中必须严肃面对的课题。

一、“千城一面”的影响

“北京的四合院、上海的石库门……这些传统建筑越来越少，倒是山寨型的标志性建筑、欧陆风情大行其道，导致城市个性丢失、品位低下”，国家发改委城市和小城镇改革发展中心副主任乔润令直言，目前城市居民小区已成为流水线上批量生产的产品，城市特色难以寻觅。“我们的人均住房面积提高了、生活条件改善了，而城市却失去了自己的文化与传统，难觅心灵归宿”，尽管各地有着各自的人文风俗，但其城市面貌却越来越相似，“千城一面”已是无可辩解、必须承认的现实。

城镇化的快速发展使我国城市面貌发生了翻天覆地的变化，繁华的商业街、高耸林立的写字楼、纵横交错的立交桥、气势恢宏的大广场等，比比皆是，令人目不暇接。然而，与之相伴的是城市传统特色风貌逐渐消逝，很多城市越来越像“一母同胞”，失去了个性和灵魂。这无疑是一种缺憾。很多城市对“国际化大都市”形象的追求，使这种缺憾更加突出，呆板的、毫无生气的、火柴盒般的水泥森林不断涌现，“千城一面”现象日趋严重。

荣西武：中国城市和小城镇改革发展中心规划院产业所所长。

一位美国规划专家在游览了厦门、珠海、深圳、广州、青岛、大连后感叹说："这些城市已经让我认不出哪个城市是哪个城市了，除了它们的名字为厦门、珠海、深圳、广州、青岛、大连外，城市已经分辨不出哪个城市是哪个城市了，这样的城市我不想再来第二趟……"

二、"千城一面"的成因

谁制造了"千城一面"？有人说是城市主政者的政绩冲动，也有人说是建筑技术的进步与局限，貌似上述说法都有道理，但如果把原因全归结为这两个因素，那就错了，这些仅仅是表面原因，更关键的原因存在于规划及其标准方面。

（1）执行规划标准"一刀切"

保护性开发旧城区就是保留特色，旧城保护不好的关键原因之一就在于新的规划标准的"一刀切"以及对城镇建设尺度的放大。我国现行的《城市用地分类与规划建设用地标准》、《城市道路交通规划设计规范》等颁布于20世纪90年代，这些标准不仅过分强调城镇的功能分区，而且所确定的用地标准、街道广场尺度等比传统老城区、特色风貌街区、传统建筑形式等有较大的提高。在现实的政绩考核、交通压力、利益驱动等条件下，这些标准、规范就成了支撑地方政府、规划机构拆旧建新的宝典，由于一味地、教条式地执行新标准，城市的历史积淀消失，"千城一面"出现了。

（2）"特色和传统风貌"认定标准缺失

我国《城乡规划法》第一章第四条、第三章第三十条和第三十一条等都对历史文化遗产及保持地方特色、民族特色和传统风貌提出了明确要求，但是，究竟什么是"历史文化遗产、地方特色、民族特色和传统风貌"，怎么界定？目前还缺乏行之有效的认定标准，尽管《中华人民共和国文物保护法》以及2008年4月国务院公布的《历史文化名城名镇名村保护条例》和文化部于2009年10月公布的《文物认定管理暂行办法》等，对历史文化名城、名镇、名村的认定和保护起到了一定效果，但是，有些方面还是显得过于笼统，而且仅仅是对文物的认定和保护，对于什么是地方特色、民族特色和传统风貌没有提及。

由于特色和传统风貌认定标准的缺失和观念的误导，承载城市记忆的特色和风貌缺乏必要的保护手段。一谈城市建设的成绩，总少不了"面貌一新"，以为凡是"新"的就是好的，以至于具有独特历史文化韵味的古建筑群被推倒，具有地方传统风味的文化名街被拆除，大量见证中国近代发展史的工业文化遗存更是"在劫难逃"。

经济社会发展了，城市面貌日新月异本无可厚非，但是，在城市更新过程中，尤其是在拆除那些能反映时代的特点或者地域特色或风貌的传统建筑、街区时，是不是需要为后人留下点什么，值得我们思考。这些经历过岁月洗礼的传统建筑、街区、景观灯已经镌刻上时代特点或地域特色的烙印，如婺源油菜花、南京的法梧桐等如同城市符号一样的人为景观，都具有鲜明的地域特色，但在法律上，它们还不够“规格”。如果他们在城镇化快速推进过程被拆除了，就意味着他们所承载的历史和文化基底等历史记忆的遗失，而且是永远不可复生的。这种背景下，出现“千城一面”就不奇怪了。

（3）规划师责任意识不强

每一座城市都有自己的历史和特点，如何让一座城市既具有发展性又有着鲜明的历史传承性，且符合全体市民的意愿，是城市规划机构、规划人员必须面对的问题。如果规划机构不对自己的产品严格把关，不根据地域特点塑造城市特色，很容易使城市建设落入雷同的窠臼。

令人尴尬的是，很多规划人员在设计城市发展蓝图时，往往会受到“效率就是金钱”等观念支配，特色塑造和传统风貌的保护等被忽视了，于是乎，不同机构、不同区域之间的城市规划和建设就变成了一个简单的抄袭过程，不论什么城市，都一味追求所谓的国际化、都市化风格，每个城市都规划了宽阔的广场、道路、摩天大楼，完全不考虑城市特色。画家齐白石曾对自己的学生说：学我者生，似我者死。城市建设莫不如此。先进的、带有规律性的东西，可以借鉴，但这决不等于一味的简单模仿，否则只能导致城市建设的雷同、刻板与僵化，无异于走进城市建设的死胡同，城市规划莫不如此。

（4）开发商项目的照抄照搬

很多开发商正在大举异地扩张，他们深谙“熟能生巧”的赚钱之道，与其每个城市的每个项目重新花气力设计打造，不如自己抄自己。据说某著名开发商内部规定：严格按产品管理模块复制，创新只控制在15%之内，谁想自搞一套，谁创新谁滚蛋！还有的开发商，与当地政府接洽土地时，更是按图索骥，面积最好多大、地块形状如何等，按既定方针全盘推出，以便照葫芦画瓢。大企业做得，小企业为何做不得？于是，大小企业模仿自己或模仿他人，城市面貌随之“夫妻相”横行，“全家福”比比皆是。这在客观上为全国性“千城一面”起到了推波助澜的作用。例如：我国某知名集团在全国已拥有50余座以自己名字命名的某某广场，最近两年还计划再开业上百家，该集团建设的广场就像是孪生兄弟遍布全国，该集团董事长称，仅仅在某直辖市，5年内要建10个某某广场。著名导演冯小刚曾炮轰：“房地产商没文化，加上一些所谓的建筑学家的掺和，北京才出现那么多的破楼！”这种说法不无道理。

(5)“千城同业”的产业定位

全国政协常委、原工信部部长李毅中曾表示，全国100多个城市都把风电设备制造和光伏产业作为支柱产业，钢铁、电解铝等高耗能企业也在很多不同城市陆续上马，导致不同区域城市之间的产业雷同，不仅仅导致产能严重过剩，而且加剧了“千城一面”问题。

翻翻各个城市的规划，软件城、光伏基地、总部经济、金融中心……以类似产业定位的城市比比皆是。“业”不仅有工业，而应是横跨多个产业层次、多个产业门类的“业”，对一个城市来说，合适的产业才能是最好的，所谓“合适”就是各地应该从资源禀赋、环境容量、市场条件、产业基础来选好自己有比较优势和地方特色的产业，充分利用当地的资源，差别化发展，逐步形成本地的主导产业。一座城市如果能专心经营几个甚至一个特色产业，做出比较优势，足以支撑城市发展。如：意大利小城格雷韦因基安蒂的“旧书产业”吸纳了全市100%的就业人口。如果城市不顾自身资源禀赋，一味模仿跟风，只会导致“千城一面”。

三、遏制“千城一面”的几点建议

当前我国处于城镇化快速发展时期，也是文化遗产、城市特色保护最紧迫、最关键的历史阶段。如果不遏制住“千城一面”这种不正常现象，原本个性迥异、风格多样的城市将会伴随城镇化进程，迅速地埋葬在“水泥森林”中。希望有关部门能尽快开展城市特色和城市印记的保护工作。

(1) 构建因地制宜的规划标准体系

在完善现行全国性规划标准的基础上，鼓励民族地区、特色风貌集中地区逐步制订与地方特点相结合的地方标准，避免在城市用地指标、道路广场设计、城市设计等适用各种规范时的“一刀切”。尤其是在进行旧城改造时，要坚持保护性开发的原则，尽量保留能记忆城镇历史风貌和特色的建筑等。

(2) 制订特色和传统风貌认定标准

在我国，很多新中国成立后发展起来的城市、街区、建筑等都承载了不同时期的历史印记。如何认定他们是不是需要保护、应该如何保护，我们需要有一个科学的认定标准。同时，应该成立专门机构，依照认定标准主动开展对城镇超过一定年限的建筑、街区等是否值得保留的认定工作，确保传承城镇历史文脉，体现特色风貌的建筑或者街区不被破坏。

（3）强化规划机构传承城市特色的责任

把城市历史文化传承、特色塑造等明确为城市总体规划中的强制性规划内容，并将其作为规划能否通过评审的关键性指标；将塑造城市特色，传承城市文脉等内容充实在规划教学、实践的各个环节。

（4）赋予开发商塑造城市特色的责任

引导和鼓励开发商根据不同城市的人文特色、资源条件等，构建具有民族特色、地域特色的商业街区、居住小区、城市综合体等，禁止或者限制开发商在不同区域布局风格相近、复制照搬或者与地方风貌特征相去甚远的项目。

（5）引导不同城市产业的互补发展

省（市、县）政府要统筹考虑辖区产业布局，要依托各个城市的产业基础、资源禀赋，引导不同城镇之间产业的互补、互促发展；规划机构要站在区域全局的角度，系统分析每个城市的资源特点和区域发展需要，合理选择城市的产业定位。

城镇化是城市建设的重要推动力，但是我们要时刻谨记，每个城市都有自己的特色文化内涵，每个区域的特色资源都应得到有效发掘，每座城市积淀下来的文化都应继续传承流淌。我们应该尊重并记住每一座城市的昨天、今天，并努力营造一个继往开来、独具魅力的城市的明天。

（本文原载于《中国投资》2014 年第 9 期）

参与式城市规划的冷思考

胡天新

[摘要] 针对参与式规划当前发展态势，本文对参与式规划之不足进行了梳理。理论基础上，交往理论对社会沟通交往的结果过于乐观，在实践中参与式规划也多不能达到理想预期，城市规划者要对参与式规划中的问题有准备和防范。另外，在现行机制下，参与式规划存在追逐形式的趋势，易对公共治理带来危害。本文还阐述了与参与式规划的有效性密切相关的条件，如外部市民社会的成熟程度、社区能力、法治条件、规划师的组织沟通能力等。规划参与的程度和方法应根据参照条件的差异性，进行有效设计，不应套用单一方法。

[关键词] 参与式规划；规划参与；交往理论；赋权；市民社会；社区能力

自“规划选择理论”和“倡导型规划”等规划理论于20世纪60年代出现，公众参与在西方城市规划界也已成为显学，公共参与实践也愈来愈普遍。城市规划为反映不同人群的不同价值观，为不同利益群体提供技术援助，趋于将公共参与纳入到规划过程中。与此同时，规划参与也可以克服规划师的有限理性、价值不中立等问题（Long，2008），使规划编制和实施更有效（World Bank，1994）。

规划参与的意义不仅体现在规划层面，还涉及更广泛的公共治理层面。根据国内外经验，城市规划是社区居民普遍喜欢参与的公共事务，参与式城市规划不仅使市民管控自己的生活和环境，还可以改善公共治理水平。如：改善行政部门作风，使政府官员积极回应各种基层意见；提升不同群体之间的理解和互助，使少数群体的意见得以被包容；通过集思广益，为基层问题的解决提供更多新办法；提升行政效率（梁鹤年，1999）。同时，参与过程本身也是个体认同公共利益的社会行动，是公众美德的认同过程。透过各种参与方式，市民可以培养和他人的友谊，有助于凝聚共同体的社群意识，并从中体现个人的主体性与尊重他人

胡天新：中国城市和小城镇改革发展中心规划院副总规划师。

的民主素养，培育良好的参与态度。参与能够保证公民权的实现，利用参与活动的正面教育功能，使公众了解个人的社会定位，以及权利义务，养成负责任的社会行动，并自觉地履行公众责任，营造可持续发展的生活共同体。这也有利于社会的稳定和善治的实现（Long，2008）。

“参与式规划”在发展中国家也迅速开展，按理应反映着社会经济活动中市场和政府力量之外的“第三力量”逐步崛起，以及政治生活和政治结构的多元化趋势。但是，总体而言，包括中国在内的发展中国家，虽然参与式规划也有出现，却不代表着市民社会成熟。已经出现的参与式规划也多不是通过社区自发组织，而多由政府城市规划部门自上而下推动，或者由国际组织推动。

随着学界将参与式规划被视为灵丹妙药和“政治正确”的代表，一些国内规划项目也尝试将参与引入实践，取得了一些富有意义的成果，但是其中的问题也值得冷静思考。如：对参与中出现问题缺少预判和有效解决方法；参与式规划实践中，存在重名义而轻实质的“伪参与”之风，许多规划参与甚至仅仅是走过场；参与的方法和程序设计过于简单化和模式化，未能反映主客体条件之差异等。具体论述如下。

1. 参与式规划的效果易被高估

有学者认为，规划参与只是一种理想的期待，与现实有较大差距。参与式规划的理论基础之一来自于哈贝马斯的“交往行动理论”。交往理性主张在生活世界中通过对话、交流和沟通，使人们相互理解、相互宽容，在思想上达成一致，在行动上建立合作关系。哈贝马斯认为，交往行动通过话语建立一系列人们共同遵守的规则，因为只有符合与其他人达成相互理解的必要条件时，某种事物才是合理的（Habermas，1981）。哈贝马斯强调“相互理解”是世俗生活的特征，但这种观点常被批评为“天真烂漫的理想主义”①，因为忽视了这个竞争和等级的社会中人与人之间的胁迫和操纵。

在此基础上建立起来的参与式规划也有可能过于理想化，在实践中难以取得所想象的效果。首先，人的理性是不完全的，在众多利益群体的博弈中，各方都以利益最大化为目标，在规划参与过程中市民期望和目标不断提升，而且组织的规模越大、人员越多，为实现集体利益而采取统一行动的可能性就越小，冲突就越多。冲突的结果有可能导致多数人对少数人的排斥，如富人区不愿意接纳低收

---

① 吉姆·麦圭根（著），何道宽（译）：《重新思考文化政策》，中国人民大学出版社2010年版，第69页。

入居民，进而低收入者被排斥。另外，参与者怀着个体利益最大化的原则进行参与，很难导致集体利益最大化的结果，规划互通过程实际上鼓励了各自为己的“山头主义”，激化彼此之间的矛盾，增加参与者间的竞争和不和。特别当参与式规划的行动计划不周密时，甚至会带来规划参与机会间不平等，这无形中反而会制造和激化矛盾，令参与者对组织者产生不信任。即使参与各方能达成相互妥协，所选中的规划方案对局部有利，但对全局并不一定不利（梁鹤年，1999）。例如，对于邻避效应（NIMBY），并非依靠参与就能有效解决。例如，在2009年我们对宁波大学建筑学院所开展的宁波旧城社区的规划参与项目进行调研时发现，社区居民都认为社区内需要建设公共厕所，但每家都拒绝将公共厕所建在离自己近的地方，反复协商也难以解决这种“邻避现象”，互动沟通陷入“死结”，最后只好放弃。

参与式规划不仅仅面对沟通上的问题，难以达成相互妥协的结果，在效率上也存在严重问题。参与式规划需要大量时间、人力、物力和财力，会降低政府的效能。即使参与式规划最终能达成相互妥协的结果，实现公平原则，但因为费时过长，规划本身的时效性已经大大丧失了（梁鹤年，1999）。

2. 规划参与易成为形式化的过场

“参与”的概念，并没有在规划学界达成一致。最简单的定义是指，让人们参加到规划决策过程中的行为。按此定义，参与是在规划中包容不同意见、调解各方不同利益、对决策不断进行适应性调整的过程（Long，2008；Rahnema，1992）。然而这种简单定义只强调“发生行为”，并没有涉及参与方法的有效性和技术合理性，也没有涉及参与的结果是否真正反映了参与者愿望等。这种简单的定义在实践中加重了规划参与的“形式化”趋向。20世纪60年代后，西方学界认识到，真正的实质性参与不再仅是参与行为本身，而更强调参与的影响力（Friedmann，1987），即在参与过程中市民对决策能达到真正控制的程度。Amstein（1969）进一步用参与的梯度理论来揭示真正的参与必须与赋权相结合。这进一步暗示，没有赋权的参与实际只是形式上的参与①。公共管理学里有个有趣的研究结论：越限制市民的参与程度，市民就越会站在政府对立面；只有放开他们的参与度，他们才会有更多的建设性意见（Long，2008）。在这种理念下，规划参与程度越高，就越代表“政治正确”的价值观。

---

① 虽然，Burns（1995）认为参与与赋权间并不存在简单线性关系，他认为，如果建立了有效的参与机制，如建立监督委员会对参与过程进行有效监督，那么仍然能取得不错的参与程度。但是，普遍观点认为，如果规划参与程度不足，根本就没有向参与者赋权，参与式规划就很可能仅仅是走过场。

在发展中国家，参与更多是自上而下发动的。靠权力层强推的“参与”有时更多“走形式”。例如，地方政府将行政手段作为规划参与的主要推动力，把居民作为动员的对象而非参与的主体看待，所提供的规划参与制度化环境不完善。因此为参与式规划组织者更重“名义参与”而轻“实质参与”。这种形式上参与，其目的并非为使参与者得到更多实惠，更不是为了挑战现体制下权力格局，使参与机会平等化。而往往通过获得“参与”的符号意义，令偏向强势利益集团的规划成果披上一层“合法”和“合理”外衣。正如 Cooke & Kothari (2001) 指出，这种形式化参与只给参与者带来口舌之惠，实际只是一种新形式的“暴政”。

在一些国际组织所组织的规划参与项目中，他们更重社区参与形式和参与意识的培育，轻规划实质。更让人感觉是做花样文章。由于不是真的想让公众参与，所以民众觉得是被摆布的。德国技术合作公司（GTZ）在南非主持的“基于社区视角的规划”项目中，南非的规划“参与者”就普遍抱怨，他们的参与是因被哄骗，而非自愿。整个过程中，他们自我感觉就像试验场中的试验品一样，有很强烈的挫折感。于是，组织者们为了吸引他们“参与”，甚至要向参与者提供金钱以推动规划参与①。

在中国规划实践中，形式上的参与并不少见。现有的城市规划参与行为常常是以一种零散的、不统一的进行。即使一些被认为是规划程度较高的规划，其编制阶段的“公众参与”也因为需要现状的调研才召集，目的仅仅是帮助规划师了解现状。在参与式规划中，规划知识培训在内的互动沟通式参与是很重要的。但形式上参与式规划恰恰很忽视对市民的培训；而且在参与中，市民并不被要求对规划的预期想法提出意见，即使市民有这方面的要求，也无从验证这些想法有多少最终被纳入规划，因为市民并不跟踪规划的全过程，法律和政府也不给予公众群体规划后期的决策权。

形式上的“参与式规划”不仅仅反映在效果和程序上，也反映在规划参与的组织者的工作态度上。当组织者与参与者进行互动时，双方往往存在沟通的问题，组织者如果缺乏耐心的解释，就不会取得参与者的充分信任，被认为是来做公关工作的。

3. 规划参与存在外部条件限制

成熟的市民社会可增加规划参与的有效性。西方国家经过多年来的累积发

---

① 见：http：//unpan1. un. org/intradoc/groups/public/documents/cpsi/unpan019290. pdf

展，社会组织不断发育，形成了有系统、有组织、成规模的足以对抗市场与政府的重要力量，在对抗市场经济的负面影响以及追求社会平等的社会救济和福利运动中，已经由政府与市场的二元结构转向为政府、市场、公众的三元结构。这种较为成熟的市民民社会对参与程度较高的沟通规划有推动作用。如：公民意识强有利于参与者建立社会责任意识；公共形象良好的第三方（如NGO组织）介入规划，更有助于这个规划参与的公共平台的搭建。而参与主体（各级政府、选区委员会、社区代表、NGO、CBO等）相互合作的平台，对于参与式城市规划过程中非常重要，有助于提升规划合作的有效性（王凯，2005）。

中国市民社会也已经逐渐成形，社会群体日益壮大，对公共管理也提出了社会化的要求。政府的一些社会公共事务治理权力也随之出现了调整态势，如社区治理已出现自治化趋向，由政府独揽基层管理权，到与社会组织和市场组织合作分享。这些使得中国城市规划也必然要面对市民社会所崇尚的一些准则，即“公平、平等、参与、协商”和“尊重社会生活的多样性、差异性”等。同时也要将社会对话、公开讨论和公众参与纳入到规划过程中。中国在内的大多数发展中国家，社会力弱、公民意识弱，对政府的依赖性心理致使自主性不强，社区组织力量薄弱，NGO、居民的志愿性社团、利益团体和公众自发组织起来的运动比较薄弱，不仅使得规划参与的中介方缺失，参与途径不畅，而且也不利于公民精神的培育，不利于社区意识和归属感。市民社会发育不够，为规划参与带来障碍。但是，在国内规划参与性较强的玉树规划（胥明明，2011）和交道口的规划（张纯、吕斌，2009）经验看，在未成熟的市民社会里，建立在沟通基础上的参与式规划虽然未必不可行，但规划师只要花费更多精力在沟通、组织和培训上，这种组织和培训也有助于市民社会力量的成长。

参与式规划也并非社会参与力度越高，绩效就越好，与规划的类型和范围有关。随着社会阶层级别的逐级降低，公众参与城市规划的积极性亦逐级降低，而且越来越局限于参与和切身利益相关的规划，参与的内容一般限于小规模议题。针对人们熟悉的局部生活环境的规划，采用公众参与的形式可收到较为明显的效果，而对涉及重大主题的战略规划及专业技术比较复杂的重点项目、工程等，居民参与兴趣小。另外，在实际操作过程中，公众参与行为更多是反映感性的问题，而缺乏全局的技术的观点。例如，关注绿地面积，却很少考虑单纯的增加绿地会引起的房价、容积率、建筑密度、市政管线等问题，而这恰恰是规划和政府部门必须要考虑的问题。

参与式规划也与社区能力有关。市民对城市规划的想象力也有限，有些只是天马行空地把自己的幻觉做为愿景。缺乏规划知识也是制约市民参与规划的重要限制性因素。就市民本身而言，由于缺乏相应的规划知识，无法对相应的城市现象进行理性分析，很容易出现主观臆断，因此适当的规划知识培训是必要的。在旧城区，居民间差异较小，社区较为稳定，行政上社区单位可成为公众参与社区治理网络组织的基本单位，并为社区居民自治奠定了较好的基础。在这类社区中可倡导公众自治，逐渐限制政府组织和技术官僚的自由裁量权，同时要重视非政府组织的作用。公众可在社区政府组织的引导下，通过社区居民委员会、中介组织等公众自治组织参与规划。

根据发达国家经验，建立公众参与城市规划过程的法规体系应该具有层次性、相互衔接性和可操作性，同时也要具有一定的弹性，内容应包括国家及地方级的公众参与相关法，作为公众参与的主要依据。以立法形式，确定公众参与在公共政策决策、管理中的法律地位。国家级的城市规划相关法律、法规，作为公众参与城市规划过程的主干法，需对公众参与规划的过程进行详细的规定和说明，包括界定政府、开发主体和第三方利益人的权利和义务等实体性内容、规定审批过程中公众参与的流程等程序性内容、详细界定规划执法过程中的公众监督的组织形式和技术方法等、详细规定在规划评估过程中公众参与的程序。地方级的城市规划相关法律、法规，与上级类似，只是中央与地方层次上的差异，会根据地方情况对国家级的城市规划相关法律、法规进行细化，是公众参与城市规划过程的具体实施依据。其必须确定利益方的权利义务，进一步细化各环节的参与流程。实施细则的制订过程应该全面公开，多方征集意见，重大条款应该进行公众听证，实施细则颁布后应予以公布。

需要说明的是，规划参与的制度化缺失使得市民即使有参与的愿望也无法实现；即使能参与，参与的效果也要大打折扣。各地在《城乡规划法》的指导下，虽纷纷制定地方城市规划实施管理办法，逐渐将公众参与纳入城市规划体系之中考虑[①]，但是我国的城市规划过程中的公众参与体系还相当不健全，地方政策和行业规范标准中还缺乏对公众参与的体系中具体的参与程序进行详细的设计。公众在城市规划编制、审批和实施各个环节中的知情权和监督权都难以保证，更别

① 我国的《城市规划法》的第 10 条、第 28 条都对公众参与城市规划作了规定，但是缺乏可供操作的程序性规范，如公众参与的范围、参与方式、参与途径及其保障等。《规划法》的第 10 条强调的是任何单位和个人（公众）有权对违反城市规划行为进行检举和控告，公众拥有的权利只是对违反已经制定完成了的或正在实施的城市规划的行为进行检举和控告。第 28 条规定更是明确公众参与行为发生在规划完成之后，其目的不是让公众参议规划或更高层次的决策规划，而仅仅是局限在了解规划城市发展目标，提高公众参与城市规划实施的积极性和主动性。公众参与城市规划决策的行为面临法理依据的缺失。由于公众参与城市规划的行为，特别是参与规划决策行为是一件不受法律保护的事情，则其可以成为一件提到政府工作日程上也可以不被提到政府工作日程上的可有可无的事情。

提决策权了。一般市民只有被告知权和执行权，公众又是被动的。只有当实施的规划出现严重的侵权行为，市民才会去反映情况，以致提出行政诉讼。

规划师的沟通能力和组织参与能力对参与式规划非常重要。与基层的沟通对于基于社区视角规划非常重要。构建公开、平等、自由的沟通环境和方式是规划规划成功的基础。沟通的基本方式就是交谈。交谈的目的是了解对方的利益诉求、价值观、感受等，同时让对方了解规划师的想法和基本的规划知识。在沟通过程中，语言组织能力、表情和语调，以及外表和行为举止，都会直接地影响到沟通的效果。

根据玉树的参与式规划经验（胥明明，2011）在参与式规划中，规划师需要参加各参与主体之间的“对话交流、交往和沟通”。但专业人员与普通公众的知识结构与专业素养的客观差异又使交流受到很多制约，这在参与具体规划讨论环节中尤其明显。为了使规划内容更具有可理解性和直观性，需缩小普通公众与专业技术人员间的沟通障碍。除了前述的公众参与组织的建立，另外还从交流技巧的运用和新的制度的确立等方面进行探讨。

在运用多种交流技巧方面，可以用简明的符号或图画表达，也可以制作工作模型（工作模型不同于项目成果阶段的展示模型，它主要被用在设计构想阶段，帮助人们理解空间与形体的关系）。这种模型允许人们自己动手对规划建筑的体块进行自由组合和定位，以直接表达自己的意图，简单明了，可降低因专业知识及语言造成的隔阂。

综上所述，在规划实践中，规划师需要以实事求是的务实心态面对规划参与，而不是基于空洞的理论教条。提倡规划参与，绝对不是希望为规划参与而参与，也不该仅仅是为规划合法化所披的一件外衣。

参考文献

[1] Amstein S. A Ladder of Citizen Participation. *Journal of the American Institute of Planners*, 1969, 35 (4): 216 ~ 224

[2] Burns D., Hambleton R. and Hoggett P. The Politics of Decentralization: Revitalizing Local Government [M]. Palgrave: Macmillan, 1995

[3] Cook B. & Kothari U. Participation: the New Tyranny? London: Zed Books, 2001

[4] Long M. E. Paradox of Participation: Citizen Participation in Urban Planning in Colon Banama [D]. Tulan University, 2008

[5] Habermas J. The Theory of Communication Action, Vol. 1: Reason and the Rationalisation of Society [M]. Cambridge: PolicyPress, 1981

[6] Healey P. Building Institutional Capacity Through Collaborative Approaches to Urban Planning [J]. Environ-

ment and Planning A，1997，30：1531 ~1546

[7] Rahnema M. Participation. n W. Sachs，ed. The Development Dictionary. London：Zed Books. 1992

[8] 梁鹤年．公众（市民）参与：北美的经验与教训［J］．城市规划，1999（5）

[9] 孙柏瑛．公民参与形式的类型及其适用性分析［J］．中国人民大学学报，2005（5）

[10] 谭纵波．国外当代城市规划技术的借鉴与选择［J］．国外城市规划，2001

[11] 胥明明．沟通式规划在玉树地震灾后重建中的应用研究［D］．中国城市规划设计研究院硕士论文，2011

[12] 张纯，吕斌．合作型和谐社区规划途径——北京市东城区交道口的实践案例［J］．城市发展研究，2009（4）

（本文原载于《中国城市规划年会论文集》2014 年）

基于遗址保护背景下的村庄规划建设探索

——以呼和浩特新城区大窑村村庄规划项目为例

姜 鹏 姜 珊

文化是民族的血脉，是人类的精神家园。“看得见山，望得见水，记得住乡愁”在中央城镇化工作会议上提出后，关于村庄特色的营造与文化底蕴的探寻提上了新农村规划的日程。2012 年，呼和浩特市全面推进大青山前坡生态保护综合治理工程，围绕绿化美化、村庄改造、旅游发展等，实施重点工程，推进项目建设，努力实现生态、文化、休闲观光与旅游融合发展，力争把大青山前坡打造成呼和浩特市乃至自治区一流的新农村建设示范区、生态旅游观光区。其中，邻近国家级大窑遗址的大窑村，区位独特、交通便利、资源丰富，因而备受关注，也承载着更多的期盼。

一、大窑村的发展思考

大窑村位于大青山前坡东端，距呼和浩市中心约 33 公里，邻近 105 省道与京新高速，地理位置优越，交通便利。全村有六个自然村，村域总人口 1337 人。主要企业有影视城、大窑生态果蔬主题公园等。村民就业方式主要是种地、打工和养殖。

1. 一个遗址，一种文化

大窑遗址位于大窑村南部山坡上，1988 年列为全国重点文物保护单位；1996 年大窑遗址被确认为已知的国内外面积最大的古人类石器制造场。大窑遗址有着突出的自然景观与人文资源。

姜 鹏：中国城市和小城镇改革发展中心规划院。

姜 珊：城镇规划设计研究院有限责任公司。

第一，年代久远。大窑文化遗址距今70万年，是我国罕见的大型旧石器时代晚期遗址，它的发现在旧石器时代考古学上有重要意义，证明了北方阴山之南也已有原始人活动。他们与北京周口店人共存。1979年国家文化部命名为“大窑文化”。大窑遗址的发现，对研究呼和浩特地区及祖国北疆古老经济、文化的发展以及研究民族起源都提供了新的史料和充分的证据。

第二，出土石器。遗址内广泛分布太古代花岗片麻岩、燧石，并发现了很厚的石片石渣层，反映了石器制造场的遗物特点。在大窑遗址出土的石器中，以龟背形刮削器为特殊，用石块磨成，形制较固定，主要用于剥兽皮、加工皮革等。石器原料开采以及比较固定的石器制造场的出现，是社会生产力发展的标志。

第三，地理区位。大窑遗址位于兔儿山、骆驼山和凤凰山三座山的山坡上，属于阴山山脉大青山支脉，山下分布有溪水。背山面水的独特区位，以及完整保留的台地地形，使得大窑地区成为原始人制造石器及居住的最佳选择，体现了远古人类的选址原则，也为后人关于制器厂乃至住所的选择提供了借鉴。

第四，文化资源。大窑遗址占地面积约2平方公里，依据《内蒙古自治区大窑遗址保护规划》，建设了大窑遗址公园，其中大窑八景是文化遗址内的重要代表：无字天书、磨光巨石、凤凰展翅、双龙戏珠、莲花并蒂、百米古洞、登临远眺、遗迹斑斑。成吉思汗主题影视城位于大窑村北部，拥有塞北自然环境，建筑风格独特，是旅游观光和影视拍摄的理想之地；依托大青山形成的青山人文区，位于大窑村东部，规划为中国高端艺术墓园。

依据《内蒙古自治区大窑遗址保护规划》，大窑村属建设控制地带，其控制要求为：不得发展任何工业企业；严格控制村落发展方向，引导以公路为界向东发展；居民用房不超过两层为宜，建筑外装饰避免使用反光耀眼材料。此外，上位规划及相关规划对于大窑村提出的功能定位要求，也具有一定的指导和借鉴意义。

2. 现状旅游业发展方向解析

大窑村周边自然及人文旅游资源丰富，但发展带动不足。对于现状旅游业的发展应基于现状资源利用，开拓多元化“资源展示”模式。

第一，大窑文化遗址年代久远，是旧石器时代晚期的文化遗址，它丰富的地质条件与独特的地理位置决定其成为很好的古人类石器加工场所。这种遗址场所精神本身就加深了现代人对遗址本身的了解，具有浓厚的旧石器晚期文化氛围。

第二，石器时代是人类发展史上一个重要的时期。洞穴文化、社会构成等慢慢的进化而成为最原始的人类世界观。其中，石器起着原始文化不可忽视的重要承接者与参与者。原始人类通过一系列打磨、加工、雕刻，丰富了器具的种类，为开辟更广阔的活动地区打下了良好的基础。在大窑文化遗址的体验中，融入石器元素，增强人类感知与认同，丰富了遗址所具备的独特意义。

第三，自然、人文旅游资源丰富。除文化遗址外，大窑村村域内主要旅游资源还有成吉思汗主题影视城、大窑生态果蔬主题公园等。各类旅游资源应与文化遗址一起开发，联动反应，合理组织旅游线路，形成集自然、人文、历史观光游一起的遗产地文化旅游态势。

二、村庄特色的塑造与借鉴

村庄特色通过村落文化来体现。村落文化泛指人类聚落（村、镇、城）所体现的独特的风俗文化与聚落景观。规划借鉴了三处案例，为大窑村的未来发展提供指引。

1. 木屋小镇——欧洲铁器时代发祥地哈尔施塔特

哈尔施塔特（Hallstatt）小镇位于奥地利，1997 年被列为世界文化遗产，每年有近 80 万游客来到这个仅有 900 多居民的镇参观。“哈尔施塔特”另一重意思即“铁器时代早期”，这里因发掘出两千五百年以前的重要文物，而被确定为欧洲铁器时代的发祥地。

这里曾发现大量史前古墓遗迹——哈尔施塔特史前文明古迹。最古老的墓穴是公元前 800 年的，出土了铜或铁质的砍刀，还有哈尔施塔特之剑。最有价值的是一具在盐矿中发掘的古尸“盐中人”，证明了欧洲的古老文明。在小镇里，一排排临湖而建的木屋格外引人注目，墙壁、窗户、阳台等都是木头。每家每户还会在屋形、色彩上表现自己的风格。

这里的居民个个都是艺术家，每户展示出售他们自制的手工艺品、陶制品，以及最吸引人的木雕艺术品。小镇居民爱木头，各种各样的木头路标、每户门前堆着的木条，木头建造的码头、车站，木雕装饰的教堂、木艺学校等彰显了小镇的特色。

2. 图腾之城——浓烈印第安味道的加拿大邓肯

邓肯是原住民海岸赛利希人的传统家园。1985 年，这里开始雕刻原始图案图腾柱，小镇内共有超过 80 种精美图案的图腾柱，它们诠释了原住民的传统文化。

1985 年，为庆祝第一民族的历史传统，邓肯开始建各种原始图腾柱，以现代手法诠释传统文化。这些图腾柱反映了印第安民族优良的传统文化背景，是加拿大原住民文化的重要象征。火车站、市政厅、公园广场等地方有多达40多根造型各异的印第安图腾柱，述说着印第安的历史、文化与传说。

在这里，印第安音乐烘托着土著气氛，游客们可以实地参观图腾柱制作雕刻过程及织毛衣表演，购买雕刻品及装饰品，参观各式展厅与民居，享受礼品店及自助餐馆。

3. 壁画之都——起死回生的加拿大彻梅纳斯

彻梅纳斯距城市30公里，人口六百人，原是伐木业小镇，20世纪70年代伐木场关闭陷入危机。居民自谋出路，成功让因产业衰竭、人口减少而濒临消失的村镇起死回生。

起先，居民请艺术家们在墙上创作壁画，记录当地历史和现状。随着壁画规模群越来越大，博物馆、礼品店、艺术家工作坊、露天新鲜有机农产品集市等不断聚集，小镇慢慢地转型成为一个颇有特色的旅游景点。游览壁画小镇，可以徒步、搭乘马车或者小蒸气汽车。壁画反映了小镇的传统遗产，还反映了很多生活场景。每年7月第一个周末举行的“茜美纳斯嘉年华会”，是小镇夏季最盛大的活动。

三、基于遗址保护的特色旅游业发展探索

第一，本土式旅游。通过建筑的统一、标识的使用、吸引游客发展文化艺术创作，借助呼和浩特的高校和科研机构及其他艺术家们进行创意活动；运用本地资源，营造本土化、原始化氛围，构建村庄特色景观文化；鼓励当地居民建造符合遗址氛围的建筑与标识。

第二，体验性参观。所谓“体验式旅游”，是指“为游客提供参与性和亲历性活动，使游客从中感悟快乐。”大窑遗址丰富的制器原材料保证了石器时代的多样化发展。旅游产业可借助于遗址的原本用途，充分挖掘大窑特色，发展民俗文化展示、教育科普、生态旅游等参与性强的旅游项目，使游客更好地理解遗址本身的历史文化价值。

第三，景区化发展。大窑遗址位于大窑村南山坡上，北部为大青山风景名胜区，自然旅游资源丰富。大窑村的旅游开发可以采用更为公众化的平台，借助已经形成的影视产业、遗址博物馆等设施，发扬大窑遗址中的石器文化。可以借助大青山塑造大窑生态公园，与遗址公园共同进行规划，设定参观路线，充分展示文化遗址的区域空间形态和自然与人文景观。

第四，整体性保护。观光设施农业的发展影响着大遗址旅游业的整体发展。首先，农田景观构成了遗址重要景观之一；其次，农田景观的塑造也是给遗址保护提供了一个最为经济的保护途径。农田景观的完整性在一定程度上保证了遗址的完整性。

四、协同与共赢目标引导下的行动应对

通过分析，大窑村旅游业发展主要是依托大窑文化遗址为基础，建设独具特色的历史文化体验与旅游接待名村；以慢文化为理念，着力发展相关文化产业与文化旅游，建立一个慢行休闲、人居和谐、环境优美、蕴含历史文化底蕴的宜居宜游特色文化生态休闲村。

1. 特色产业定位

产业发展定位思路为整合区域内旅游资源，加强各主题之间的联系，形成共赢。以大窑文化为主体建设遗址公园，发展历史风貌体验、文化艺术创作为主体的旅游业；以成吉思汗主题影视城为基础，利用村域自然文化资源，建设多主体的影视拍摄基地；结合大窑村村庄规划建设，发展旅游接待服务，打造以乡土建筑为特色的艺术区，提升服务配套水平，丰富旅游产品。大窑文化遗址公园周边以设施观光农业、林业为主，主要发展采摘体验区、特色林果区、青山人文区、经济林区等。

2. 慢生活・磨时光

近年来，“悠客”成了网络中的新名词。这些“慢生活”的崇尚者们，让人们不断思考自己的生活。慢生活尊重历史与自然环境，强调生活质量，注重优雅舒适的生活品质。

第一，大窑慢生活・衣。大窑村是多民族组成的村庄，每个民族都有自己的特色服饰，尤其是古代服饰，需要手工制作，从服饰到头饰、装饰，慢慢缝制才能制作出精致的服饰。可以以此为基础在大窑村中开设制衣作坊和饰品作坊，让游客体验衣饰上的慢生活。

第二，大窑慢生活・食。大窑村中蒙古族食品都是地地道道的手工制作，从原料到制作、成品，没有添加剂，醇香、味美。以此为基础，开设食品作坊和农家乐，也可邀请游客自行制作食物来体验食品中的慢生活。

第三，大窑慢生活・住。在慢生活中，房子不再只是一个睡觉的场所，而是

让自己彻底放松休闲的地方。大窑村拥有几十万年的大窑遗址文化和民族文化，经历岁月的洗礼，繁华褪尽，只听从自己内心的呼唤，细细体会生活的品质。

第四，大窑慢生活 · 行。大窑村地势平坦，村庄规划用地约 25 公顷，适宜建立步行为主的慢行交通系统；西边有河流经过，周边有草场，自然风光优良，适宜发展徒步旅游。在行走中体验慢生活。

通过在保护控制范围外设置以旧石器体验与打磨的体验工厂，可以让游客亲身体验旧石器的文化魅力；通过手工制作特色旅游商品，还可以避免游客由于好奇，在保护区内自行打磨石头遗迹，造成文物资源的破坏。

3. 历史之眼

大窑遗址是旧石器时代的石器制造场，打制石器是人类跨入物质文明阶段的标志。以“历史之眼”为思路构建村庄布局，希冀唤起居民及游人的共鸣，融入大窑慢生活，关注大窑历史与自然，畅快的旅游与生活。

基于大窑文化遗址定位，大窑村将依托大窑文化遗址的文化氛围，建设“大窑现代乡土艺术群落”，承担艺术文化交流、主题客栈、文化展示等旅游功能。

4. 特色空间规划

大窑村总平面采取中心式布局，在沿河区块设计对外服务接待、景观休闲空间，景观网络结构清晰有序。北部的步行街对原有空间基底进行了再表达，勾勒一条充满生活气息的步行流线。以水廊、绿环营造生机盎然、自然静谧又不失商业活力的慢生活休闲度假村庄。

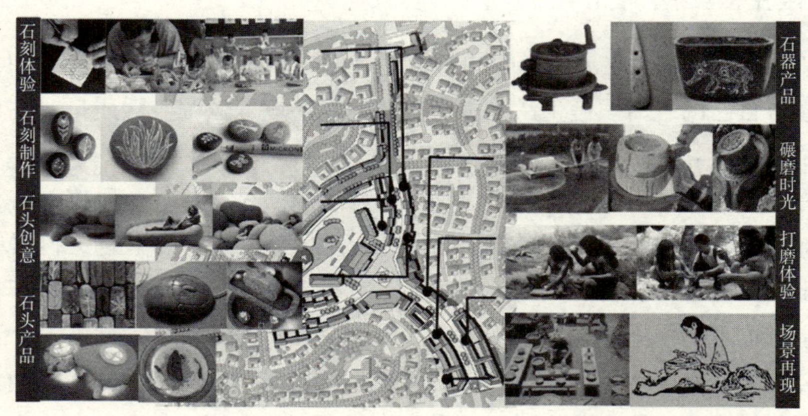

图 1　慢生活石器体验带业态意向

规划慢生活石器体验带，主要分为两个区——旧石器文化体验区和新石器文化体验区。以大窑遗址为基础，从南往北，让人们恍如穿越时空，在历史的眼睛里，感受石器和生活的变迁，放下脚步，打磨时光，体味生活。

图 2　慢生活商业服务区业态意向

规划慢生活商业服务区，主要包括慢服务、慢文化、慢体验三大区块。规划以慢文化为载体，布局了各类慢生活体验休闲场所，让游客参与其中，制作各种生活用品，从而感受大窑村的特色慢文化和慢生活。如规划民俗文化体验馆、创意手工作坊，体现大窑历史文化、民俗生活、传统手艺和农事的展示体验功能；规划乡村餐厅、土特产品超市，使游客在村内游览之余可来此歇脚小憩；参观传统食品的制作工艺，不仅可以直接购买，也可以参与制作过程，增加游客的参与和存在感。

五、结　语

大窑文化遗址是大窑村的核心资源，其文化挖掘对于大窑村的旅游发展及定位十分重要。本次规划探索营造慢生活的文化氛围，通过挖掘大窑遗址的打制石器文化内涵，融合历史与自然，贯穿旅游与生活，打造高品质的慢生活特色休闲村。不仅为城市居民提供一个特色的放松休闲度假场所，同时创建一个农村休闲度假产业链，提升农村居民的生活和生产水平。

（本文原载于《小城镇建设》2015 年 5 期）

多规融合导向的村域单元规划编制探索

姜　鹏　王　璐

［**摘要**］我国现行的乡村规划地位较低，编制体系也不健全，容易引发了村庄建设与村域发展的脱节，弱化了村庄规划的实施效力。以呼和浩特市水磨村村域规划为例，以多规融合理念为导向，探索自下而上的规划编制方法。水磨村作为自治区重点项目，涉及规划多，实际情况复杂，建设难度大；规划以土地利用为前提，合理整合了产业经济发展、村庄布点调整、空间景观建设、基础设施配套及资金平衡创新等要素，创造了“1＋3”的规划编制体系，顺畅指导了水磨区域的相关建设，推动了村庄旅游发展，实施效果较好。

［**关键词**］多规融合；乡村规划；乡村旅游；美丽乡村

一、引　言

长期以来，我国城乡规划呈现城镇与乡村两元分化的编制格局。《城乡规划法》颁布以后，乡村规划的地位有所提升，但相关的研究与进展仍显不足。很多学者认为，乡村规划体系存在缺失和不健全，容易引发诸多问题，譬如：重城镇规划，轻村庄规划；重村庄建设，轻村域统筹；各层次及相关规划缺乏衔接等。为此，部分学者认为在现行规划体系框架下无法解决诸多村庄规划的问题，建议创新规划体系以便应对。一些学者建议，乡村规划应该从个体“点规划”转向乡村地域的“面规划”；还有一些学者提出，单一规划难以解决多方面的经济和社会发展目标，未来规划体系的重点将是各类规划间的协调和配合。

《城乡规划法》第一章第五条明确提出：城市总体规划、镇总体规划以及乡规划和村庄规划的编制，应当依据国民经济和社会发展规划，并与土地利用总体

姜　鹏：中国城市和小城镇改革发展中心规划院。

王　璐：城镇规划设计研究院有限责任公司。

规划相衔接。而在实际规划建设中，相应的衔接总是流于表面，实难落地。因此，自2000年左右起，国家与地方都开始探索“多规融合”或者“多规合一”，尝试规划改革。而在乡村规划领域，许多学者也尝试突破城乡规划固有的编制框架，统筹其他部门规划，在横向的村域层次实现整合。如考虑村庄规划与土地利用规划、产业规划及农村综合开发等的配合进行；如提出将乡村建设规划与土地利用规划、产业规划、生态及环境保护等规划四规合一，实行乡村一体化规划等，其目的都是想要将乡村地区的发展目标和用地指标落实到具体的乡村空间坐标中。

鉴于各地经验的借鉴及自我规划过程的摸索，我们在编制呼和浩特市水磨村规划时，也贯彻和实践了多规融合的规划编制方法。水磨村是位于呼和浩特市大青山前坡的城市近郊行政村，在呼和浩特市全面推进大青山前坡生态保护综合治理工程的背景下，水磨沟成为先期建设的新农村示范区和生态旅游观光区，样板意义重大。我们在规划编制中尝试以土地利用规划为前提，充分融合多个相关规划的内容，推动形成一本规划、顺畅建设的水磨沟模式，取得了较好的实施效果。现将规划方法和内容要点成文如下，供各位同行交流与指正。

二、立意项目背景的解读

由于气候变化、水源枯竭以及人为破坏等原因，呼和浩特大青山前坡的沙漠化情况严重，植被退化很厉害，很多耕地已难耕种，生态安全问题突出，严重影响了两个乡镇、十几个村子、几万老百姓的生产生活。为保护大青山、改善生态环境，在发展旅游产业、改善人民生活的同时防止过度建设与破坏性开发，呼和浩特开展了大青山生态保护综合治理工程，统筹规划退耕还林、旅游发展、新农村建设、生态保护和山前土地指标调整等重大问题，并作为十二五期间呼和浩特市施政纲领的重要组成部分贯彻至今。

水磨村属呼和浩特市新城区保合少镇管辖，位于大青山前坡中央地带，距呼和浩特市中心18公里，面积约24平方公里，共34个自然村，总人口577人。中心村水磨村共139户、326人，处于村域中央南北向延伸，面积约3平方公里。名为水磨沟的狭长带状沟域地带，沟域中轴是水系，外围是大青山自然保护区。水磨沟周边山体景观秀美，空气清新，生态环境良好，加上交通便利、区位优越等原因，一直是呼和浩特市民周末出游的热点地区，旅游业发展状况良好。

基于对现行村庄规划编制方法的研究，以及水磨村新农村建设和水磨沟旅游开发实际情况的综合把握，我们会同市、区、乡镇三级政府、村民组织以及开发建设单位一起，充分借鉴其他地区的规划建设经验，贯彻和实践了多规融合的规划编制方法，研究和制定了针对性的规划建设方案，努力将水磨沟建设成呼和浩特市近郊休闲天堂和市民休闲的好去处，推动水磨乡村改革，实现广大农民受惠。

三、明晰多规融合的思路

国内的多规合一探索一般都是基于现实需求与地方实际，像浙江安吉、临安两地探索过土地规划、城乡规划、产业发展布局规划和林地保护利用规划的深度融合，而北京朝阳研究过人口、产业、空间、土地利用的“四规合一”，还有河南开封探索过城市总规、土地总规、产业集聚区发展规划和保障性住房建设用地布局规划的“四规合一”等。而近年来的多规合一探索也开始注重跨部门统一平台和接口的建设，或者更加直接地从体制机制的改革入手。这些经验都可以充分吸收。结合本地实际，借鉴各方经验，我们尝试从体制创新和编制理念两个方面入手，推动在水磨村的多规融合探索。

首先，体制创新特别是组织架构是保障多规融合顺畅开展和实现落地的前提条件，体现在三个方面。第一，注重克服部门条块分割的不利影响，构建以大青山生态治理办公室为龙头，区、镇政府相关部门领导直接参与的专门领导小组，全程跟踪规划编制与实际建设，避免规划衔接不利、建设管控缺位等问题，强化了规划建设督导，缩短了规划审批流程。第二，规划充分尊重村民意愿，严格遵照《城乡规划法》的规定，在调研、编制和报批的全过程，主动征求村民意见，积极解答村民问题，合理满足村民需求，并将各阶段的规划成果提交村民代表会议讨论并表决通过，保证了规划建设自下而上的顺畅衔接。第三，规划全程积极对接规划建设单位，注重吸纳他们的合理意见，切实消除实际建设过程中的落地难，有利于充分调动和发挥市场的力量，保障后续建设实施的高效顺畅。

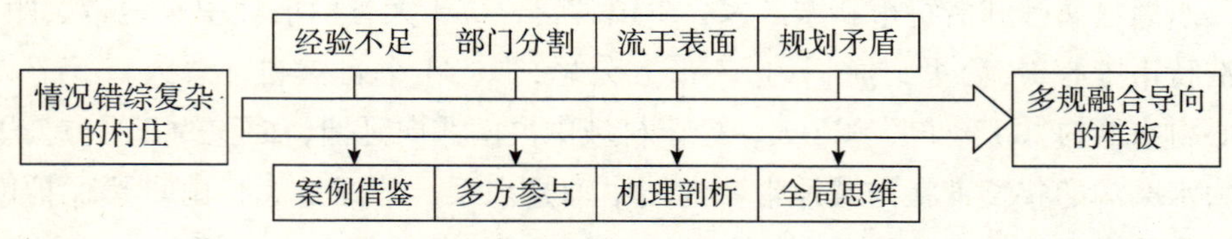

图1　多规融合的规划思路

其次，为防规划陷入表面化、模式化的套路，编制理念的探索和优选也变得十分关键，本次规划着重从三个方面进行考虑。第一，尝试从更大区域审视、研究水磨村域的发展问题，充分发挥规划对村域地区的组织作用，而不是局限于传统规划突出村庄本身的做法；紧密结合现有实际情况和未来发展可能，认证研究“人”、“地”、“财”在村域范围的叠加聚变，分析其作用机理及时空变化趋势，科学合理地预测村庄未来，实现规划在多规融合模式下的统筹布局。第二，树立全局思维，理清各类矛盾，统一相应口径，充分衔接上位规划和相关规划，尝试先行理顺土地规划、村镇体系规划、旅游规划、生态治理规划等不同类型规划的编制目的、规划目标、空间规则，正确对待各种显性或隐性矛盾，合理处理法定或非法定规划的矛盾，限制不同实施主体的自由裁量权，强化监管和责任主体，严格保证规划的精准落实和贯彻实施。第三，树立正确的发展观，创建宜居、宜业、宜游的“美丽乡村”，突出本地性，倡导低成本开发模式，实现新农村建设理念、内容和水平的全面提升；把生态文明建设放在突出位置，贯彻绿色健康发展理念，正确处理保护与开发的关系，统筹经济、文化、社会等各方面的建设活动，限制大范围的土地开发；注重综合效益平衡，避免单一利益导向，特别注重各方合理利益的保障，合理选取低阻力的推进策略。

在理顺了体制创新、明确了编制理念之后，我们开始着手设计符合水磨实际情况、具备可操作性的村庄规划编制框架。

四、创新规划编制的框架

现行的规划法规体系中，涉及村庄规划的国家级法规只有《村庄和集镇规划建设管理条例》及《村镇规划编制办法（试行）》两个文件。按照这两个文件的指导，村庄规划一般应参照村镇规划的相关内容进行编制，分为总体规划和建设规划两个阶段。而在实际的操作过程中，很多地区通常会把两个层面的规划合并编制，统称为“村庄规划”进行编制，试图提高规划效率，便于操作实施。

而在水磨村域，情况异常复杂，涉及土地利用调整和生态环境保育、居民点调整和新农村改造、河道防洪和配套设施建设、旅游产业发展和资金综合平衡等方方面面的问题，很难实现一个规划解决所有问题。同时，由于临近自治区七十年大庆，规划和建设都异常紧迫，无法按部就班地按顺序编制。因此，没有采取把村庄总体规划与建设规划合并编制的方法，也没有简单地将村庄总体规划与建设规划分开，即采用“1+1”的常规模式，而是创造性地设计了“1+3”的新型编制方法，最终顺畅地指导了水磨村域的规划建设。

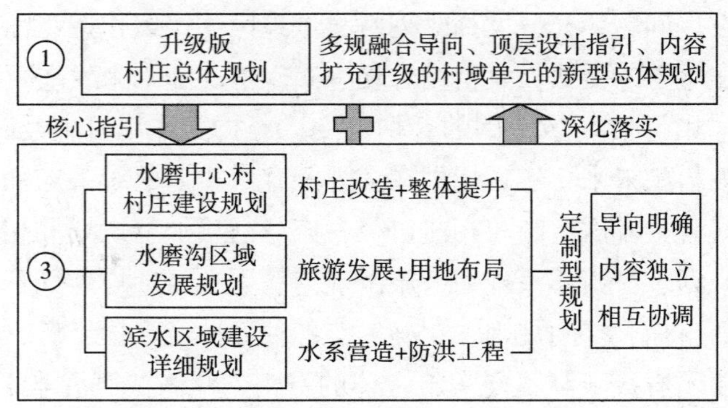

图 2 “1 +3”规划编制方法创新

“1 +3”即一主三副、直接关联的 4 个独立规划，同期编制，相互印证。“1”即升级版的“村庄总体规划”，是在传统村庄总体规划的基础上，充分统筹吸纳其他 3 个下一层次规划的核心内容，并尝试对土地利用规划、旅游发展规划、城乡规划、生态治理规划和防洪规划的相关目标、内容和项目进行融合协调，形成一个多规融合导向、顶层设计指引、扩充升级版本的村域单元新型“总体规划”，目的是统筹研究重点问题，尽快达成各方共识，先行完成报审，加速实施进程，实现一本规划，顺畅建设。“3”即落实和细化上面那个“1”的三个后续建设或专项规划，分别是中心村村庄建设规划、水磨沟区域发展规划和滨水区域详细规划，可以视为“1”的子集规划。

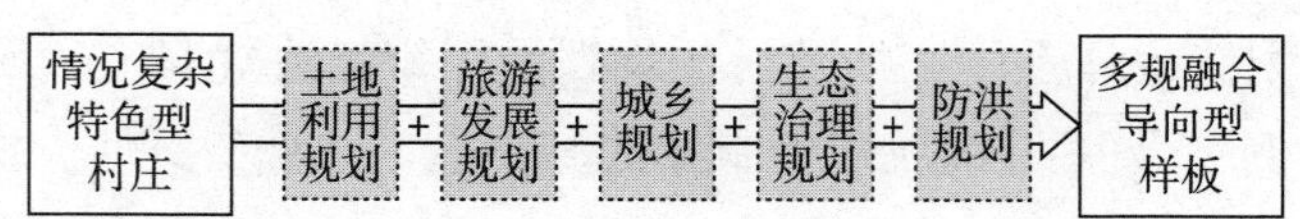

图 3 “1”中的多规融合体系架构

需要说明的是，三个子集规划并不是常规的某一专业的专项规划，而是根据水磨村实际情况以及开发建设需求，进行了内容优化、扩充和调整，而形成的三个目的清晰明确、内容独立完整，相互充分协调的定制型规划。第一，中心村村庄建设规划的主要目的是建设高品质的特色文化旅游名村，规划特别强调建筑文脉的延续和场所空间的营造，并在尊重村民意愿的前提下制订了详尽的户型改造和安置补偿方案，最终较好地实现了民宅改建、旅游设施配建和景观风貌提升。第二，水磨沟区域发展规划的主要目的是统筹指导村域旅游产业发展，规划科学地确定了村域旅游发展的目标定位和产品策划，并在兼顾保护与开发的原则下，提出了详细的业态组织、设施配建标准、各类用地布局和重点项目的建设指引。第三，滨水区域详细规划的主要目的是改造现有水系、修筑防洪堤坝和建设配套设施，规划中结合水系空间营造和生态堤坝建设，合理划定了周边产业发展空间和各类设施用地的控制边界，并提出了具体的建设控制要求，直接推动和指导了实际工程建设的有序开展。最终，3 个子集规划在村庄建设、产业发展和工程建设等方面，很好地实现了对“1”的深化和支撑，也印证了“1 +3”编制框架的科学性和实效性。

五、统合指标，有序管控

本次规划尝试在传统村庄总体规划的基础上，充分统筹吸纳其他 3 个下一层次规划的核心内容，实现对土地利用规划、旅游发展规划、城乡规划、生态治理规划和防洪规划相关目标、内容和项目的融合协调，主要体现在目标统合、空间整合和时序安排三个环节。

1. 目标统合

努力消除既有技术壁垒障碍，统一技术方法和路线，从“形式衔接”走向“内涵衔接”，构建统一的规划目标体系，是实现“多规融合”的首要前提。本次规划首先从土地规划、旅游规划、城乡规划、生态治理规划和防洪规划的核心控制内容入手，通过梳理上位规划在这五方面的相关要求，并结合下一层次三个子集规划的研究要点，特别注重内容与深度的设定，尽量避免过于极端化的选择，努力明确核心的控制手段，切实推动各类规划在“村庄总体规划”中的“融合”。

2. 空间整合

规划编制期间，正值《新城区土地利用总体规划（2009—2020 年）》进行调整，调整目的是为了实现退耕还林，防止过度开发与破坏性开发，更好地实现大青山前坡的生态治理，这也是 2020 年之前最后一次大规模的土地指标调整。

本次规划按照“一本规划、一张蓝图”的思路，以村庄总体规划为平台，加强“多规”技术对接，在统一的目标体系指引下，统一基础数据口径和来源，对接用地分类体系和标准，统一规划技术方法和路线，夯实规划衔接与协调机制的技术基础，积极协调各类规划的用地规模和空间布局，并积极反馈给正在修编调整的土地利用规划；具体项目的用地指标按照轻重缓急，进行分期报批和落实。

表1　　　　多规融合的目标统合体系

<table>
<tr><th></th><th>上位规划相关要求</th><th>“3”
子集规划研究要点</th><th>“1”
村庄总体规划目标体系</th></tr>
<tr><td rowspan="2">土地规划</td><td rowspan="2">《新城区土地利用总体规划（2009—2020年）》：水磨沟区域主要为风景旅游用地，可通过生态移民和土地复垦，新增部分腾退指标用于产业发展</td><td>《水磨沟区域发展规划》：水磨村产业发展用地总面积18.8公顷</td><td rowspan="9">发展定位：
田园休闲度假、乡村文化体验、农业观光采摘、自驾车露营为主的呼和浩特市近郊区特色民俗文化旅游村
居民点调整：
尊重村民意愿，保留水磨、黄花，引导少于20人的村庄搬迁，给予住宅和就业支持
人口及设施配置：
水磨360人，黄花50人，旅游常态人口300～500人/日，依此核算和配置各类设施
土地：
水磨村5.73公顷，黄花1公顷，对迁移居民点、无人居民点土地进行复垦，集约土地58公顷，其中用于产业发展的用地不超过三分之一
民宅：
处理手法分新建、整治、改造和拆除四种
防洪：
整体防洪标准10年一遇，靠水磨村一侧修建防洪堤，使其达到20年一遇防洪标准
旅游服务设施：
建设游客中心，分级配建旅游服务设施，营造休闲水景</td></tr>
<tr><td>《中心村村庄建设规划》：水磨中心村建设用地面积5.73公顷</td></tr>
<tr><td rowspan="2">旅游规划</td><td>《呼和浩特市新城区旅游发展总体规划（修编）（2012—2021）》：“活力新城”片区重要的旅游服务节点，发展民俗文化体验游，建立自驾车营地</td><td rowspan="2">《水磨沟区域发展规划》：面向城区游客大力发展假日休闲度假游，构建自治区生态康体健身基地、市郊自驾旅游目的地、大青山民俗文化体验游重要节点。年游客量预测：近期3万～5万，远期10万～20万</td></tr>
<tr><td>《大青山国家登山步道规划》：依托小井生态园，建设国家登山步道项目</td></tr>
<tr><td rowspan="2">城乡规划</td><td>《新城区保合少镇总体规划（2013—2020）》：基层村，人口360人，省道两侧15米为禁止建设区</td><td rowspan="2">《中心村村庄建设规划》：改造80户、新建56户，提供3农家乐户型和4自主户型，建筑风格为白墙灰瓦的中式民居</td></tr>
<tr><td>《呼和浩特市大青山南坡生态治理规划》：就近、就地安置村庄，标准控制在建设用地204平方米/户，1～2层院落式布局</td></tr>
<tr><td rowspan="2">生态治理规划</td><td rowspan="2">《呼和浩特市大青山南坡生态治理规划》：通过土地梳理，在不突破现状建设用地的前提下，逐步恢复生态用地、改善村民居住环境、改造破坏的地形，形成田园风光的理想场所</td><td>《水磨沟区域发展规划》：通过农村集体建设用地整理复垦，按比例折算产业用地，平衡村庄改造资金</td></tr>
<tr><td>《滨水区域详细规划》新建堤坝和停车场注重生态性与美观性</td></tr>
<tr><td>防洪规划</td><td>《新城区保合少镇总体规划（2013—2020）》：设防标准为10年一遇</td><td>《滨水区域详细规划》：加大河道整治，提高行洪能力，中心村一侧修建堤坝，按20年一遇设防</td></tr>
</table>

严格落实规划理念和控制要求，积极培育和适时建设四个特色发展区。其

中，生态保育区特别强化生态环境保护，严格控制各类开发建设；而民俗体验旅游、科普教育旅游和生态运动休闲三个片区则注重适度发展旅游产业，配套建设相应设施。这三个区的空间结构和用地布局，是按照上位规划和相关规划的要求，结合水磨村实际情况，在一定的弹性范围内进行优化调整，并满足生产生活需求和各项工程建设要求的结果，水磨村域的主要项目和建设用地也都集中在这里。

3. 时序协调

水磨村的规划建设采取“政府监督、企业主导、村民参与”的形式，具体开发采取“核心项目先行建设 + 功能性项目定制自建”的模式，以核心项目为引爆点，带动各片区高效有序开发。在注重整体保护的前提下，分近、远期引导建设，水磨中心村、滨水景观带及水磨沟南部率先发展，中部及北部区域远期启动。

表 2　　多规融合的开发时序协调

层级	规划名称	近期 2015 重点	远期 2020 重点
“1”	村庄总体规划	村庄整治、用地调整	塑造特色，打造品牌
“3”	中心村村庄建设规划	建房通路、环境改善，完成游客中心建设	公共空间场所营造，塑造环境景观精品
	水磨沟区域发展规划	打造滨水景观带，完成南部旅游服务中心建设	中部户外运动基地及北部旅游服务设施
	滨水区域详细规划	完成南段水系改造和堤坝、广场、停车场建设	完成北段水系改造和游览服务设施建设

六、小　结

水磨村特色突出，地位重要，相关的规划建设要求很高，我们在实际工作中，创新了“1 + 3”的乡村规划编制方法，取得了良好的实施效果。在村庄总体规划层面，我们引入了“多规融合”的顶层思维，形成横向扩展、纵向延伸的升级版新型村域单元“总体规划”，制订了系统的指标控制体系，提出了可行的实施建设模式，顺畅指导了下位规划的有序编制，切实保障了实际建设的快速开展。

好的规划离不开切实可行的保障措施。水磨村的规划建设始终注重规划监督、政策保障和资金保障三个方面。第一，充分调动和发挥社会各方面的力量，建立多部门联合办公的规划建设推动制度，严格执行建设审批程序，协调村域建设，控制开发时序；充分尊重村民意愿，坚持村民委员会审议通过制度，建立农民利益补偿机制，切实保护村民利益；采取各级政府财政拨款及企业合资、集资等多种方式，实现投融资主体多元化、资金来源多渠道和投资方式多样化。

在国家深化改革与推进新型城镇化的大背景下，“多规融合”正在成为城乡规划的未来方向。解决多规矛盾，科学谋划开发格局，可以降低城乡发展成本，提高行政单元的空间利用效率和整体竞争能力。而在村级单元，由于规划费较低、关注度不高等原因，探索践行更为艰难。我们在水磨村进行的尝试，正是自下而上的努力，具体工作之中还有很多不够完善的地方，希望各位同行不吝指正。

（本文原载于《上海城市规划》2015 年 4 期）

内生型小城镇发展规划研究与实践
——以山东省济南市平阴县孔村镇为例

白　玮　文　辉

小城镇是吸纳农业转移人口的重要载体，是实现新型城镇化发展和促进城乡经济社会一体化发展的重要平台。随着新型城镇化研究和探索实践的深入，中央提出要“增强中小城市和小城镇产业发展、公共服务、吸纳就业、人口集聚功能”，“构建科学合理的城市格局，大中小城市和小城镇、城市群要科学布局”等决策，小城镇发展迎来了新的机遇和空间。我国目前有 2 万多个建制镇，在经济基础、区位条件、发展驱动力等方面存在差异性。有一类小城镇，交通区位优势不明显，通过利用本地资源培植主导产业，人口流动性不强，城镇发展动力以内生因素为主，走常规性发展的城镇化道路。此类城镇在我国具有一定的普遍性，仍将承担重要的产业发展、人口集聚和公共服务功能，需要规划的合理引导和政策支持来促进发展。城市发展中心课题组于 2012 年 9 月对山东省济南市平阴县孔村镇进行了为期一周的调研，以孔村镇为案例对内生型小城镇发展进行了研究和思考，并提出孔村镇发展战略和重点任务。对于内生型小城镇而言，发展的重点仍然是依靠内生的城镇化机制，充分重视并发挥本地各种资源的综合效用，创新培育新的经济社会发展动力，逐步实现城镇化水平和质量的提升。

一、内生型小城镇的定义与特征

针对农村城镇化的动力机制而言，每个城镇的发展离不开外部因素与内部因素两种作用力，通常将促进城镇化发展的主要因素存在于本地社会体系内部称为内生因素，存在于体系之外称为外生因素。内生型小城镇是指小城镇经济社会发

白　玮：中国城市和小城镇改革发展中心规划院产业所副所长。

文　辉：中国城市和小城镇改革发展中心规划院副院长。

展的重要基础以及未来城镇化发展的主要动力来自于城镇自身资源的利用与开拓，而非来自于外部因素。内生型小城镇具有以下几个基本特征：一是指缺少邻近中心城市的区位优势，虽然小城镇整体对外交通联系条件有所改善，但小城镇与中心城市经济、交通等联系松散，周边中心城市对其辐射带动影响力弱；二是产业特色显著，尤其是第一产业充分利用本地资源条件并形成特色品牌，主导产业根植于本地，具有一定的发展历史和基础，重点企业在原省属或市属企业和乡镇企业通过现代企业制度改造发展起来；三是外来人口较少，常住人口以户籍人口为主，人口流动性不强，农业劳动力转移以本地就业为主；四是由于人口规模有限，三产服务业规模小而分散，服务水平难以满足群众需求，教育、医疗等公共服务设施集中于镇区，农村基础设施配套相对较差。

二、孔村镇基本情况及存在问题

孔村镇位于山东省济南市平阴县东南部，与泰安、聊城相邻，距济南市约85公里，济荷高速公路和105国道贯穿镇域南北。孔村镇地名与孔子讲学的孔子山有关，历史悠久，文化底蕴深厚，名胜古迹众多，有省、市两级非物质文化遗产5项。孔村镇第二产业占绝对优势，占GDP比重约高达80%。主导产业为碳素产业，在孔村镇已有20余年的发展历史。孔村镇是全国重点碳素生产基地之一，产能占全国总产能的六分之一，享有全国“碳素工业第一镇”的称号。2011年孔村镇地区生产总值约为20亿元，财政收入4400万元，农民人均纯收入达到8490元，高于山东省平均水平。孔村镇第一产业份额偏低，但利用本镇地形地貌特点，形成了蔬菜、食用菌和中药材等特色品牌和产品。根据第六次人口普查数据，2010年孔村镇常住人口43812人，其中户籍人口40555人，城镇人口约1.6万人，就业人口集中在第二产业。孔村镇以强镇富民为目标，形成了工业经济基础雄厚、农业产业特色明显、城镇建设突飞猛进和社会事业和谐发展的良好局面。

孔村镇面临内生型城镇的发展难题，具体表现为以下三个方面。

一是区位条件有限，外部借力不足。孔村镇远离济南市中心城区，济南市自身发展还处在极化的过程，产业、人口等要素向外围转移的趋势尚不明显；其次，平阴县发展在济南都市圈的位次并不靠前，而孔村镇是平阴县经济实力最强的乡镇，是平阴县域经济的重要支撑，因此，平阴县对孔村的发展支持也是心有余而力不足。

二是产业发展受限，发展动力不足。孔村镇第一产业特色鲜明，但受到土地流转困难、农业种植周期长、融资困难等因素的影响，第一产业仍停留在生产环节，缺乏品牌意识和农产品加工环节的带动，产品附加值低。孔村镇碳素产业面临市场竞争加剧、成本增加和利润率降低、环保监管严格和治理成本高等问题，急需在管理、技术、人才、品牌和市场方面进行调整。孔村镇全镇总人口 4. 2 万人，外来人口微乎其微。受到人口规模的限制，孔村镇第三产业以个体零售、餐饮业为主，镇区商业气氛冷清，产值和结构比例较低。

三是城乡统筹任务重，资金财力不足。孔村镇农业户籍人口约 3. 5 万人，占总人口的 83%；农村环境面貌较差，配套相对不足，农民群众对改善公共服务的需求急剧增长。孔村镇基础设施和公共服务设施多集中于镇驻地和大型社区，目前，村庄和人口布局分散的现实情况制约了镇域农民享受均等化、高效优质的公共服务。人口向镇区集中、居住向社区集中是解决公共服务配套的唯一途径，但政府财力有限，难以支撑统筹城乡发展的巨大资金投入。

三、孔村镇战略发展总体思路

2012 年，孔村镇列入“山东省百镇建设示范镇”，同时成为济南市突破平阴发展战略的重点，为孔村镇城镇化发展创造了良好的环境。但在一定时期内，孔村镇城镇化发展仍以内生型和常规性发展为主，继续发挥孔村镇现有的产业、资源和文化的内生优势，挖掘自身潜力，同时借助外部和新兴项目支撑，培育新的发展方向和动力，提高小城镇自我发展能力。孔村镇新型城镇化发展的总体战略发展思路是树立“整合、挖潜、创新”的发展理念，以城乡一体化发展为目标，坚持就地城镇化为原则，通过调整镇域内部要素结构，优化土地资源，产业等资源布局，以产业向园区集中、人口向镇区集中、居住向社区集中为手段，激发服务业等新兴业态发展，充分挖掘自身历史文化资源特色，发展文化创意产业等，完善基础设施和公共服务水平，将孔村镇建设成为经济发展有活力、社会管理有创新、产业发展有特色、城镇布局有功能、生态环境有保障的宜居宜业小城镇。

四、孔村镇发展的重点任务

围绕孔村镇战略发展目标和总体思路，孔村镇应做好产业、人口就业和用地空间三个方面的转型。产业转型是城镇发展的核心和基础，产业转型带动人口分布和就业方式的转变；用地空间转型则是产业和人口转型的平台和手段，三个转型要相互衔接、相互协调。

1. 促进产业转型升级

围绕农业特色产品，延长产业链，增加农产品附加值和农民收入；以工业园区为载体，促进主导产业技术创新、产品升级，培育符合地方发展实际的新兴产业；结合人口和村庄集聚，优化三产服务业布局，提升城镇服务业水平。

（1）提高农业产业化水平

以现有特色农产品为基础，积极培育新特色农产品，扩大农产品种植规模，扩大孔村镇特色农产品知名度，走规模经营和特色发展的道路；培育农产品加工龙头企业，延伸农业产业链条，提高农产品附加值和农业生产经营效益。

（2）巩固提升第二产业

发挥碳素企业和机械铸造企业的技术优势和规模优势，坚持自主创新，重点开发技术含量更高的深加工产品，推动碳素和机械铸造产业转型升级发展；加快建设碳素为主的物流配送网络，延伸物流、技术培训等生产性服务业，拓宽市场，完善产业体系。

（3）提升商贸服务业水平

结合镇域和镇区社区建设，以完善和提高商贸服务水平为目标，促进商贸服务业与人口集聚区相融合，打造城镇核心功能的商贸服务业集聚区，加强对零售业、餐饮业的服务监督和管理，提升商贸服务等生活性服务业水平。

（4）培育文化创意产业

充分发挥孔村镇历史文化深厚，生态环境良好的特点，深入发掘孔村镇历史、文化资源，融合孔村镇自然风光、儒家文化、宗教文化、特色产业等于一体，多角度、全方位打造孔村镇特色。加大对地方历史、文化资源保护的投入，扩大历史文化资源的宣传、传承；引入各类开发主体，对历史和文化资源进行保护性开发，加强历史文化资源的生命力；充分利用孔村镇的生态资源，培育文化创意产业。

2. 优化空间布局

以促进产业集聚、人口集聚、城镇服务功能和生态环境保护相协调为原则，按照“产业向园区集中、人口向镇区集中、居住向社区集中”的思路，将镇域居住、产业、生态、基础设施等功能区域有机融合，对城镇空间和镇区空间进行合理布局优化，为孔村镇发展创造良好的空间。

（1）镇村体系布局

按照统筹规划、合理布局、适度超前的原则，以完善功能、突显特色、提升品位、优化环境、产业集聚、人口集中、辐射带动为目标，逐步形成以镇驻地为核心，社区、基层村有机结合、等级层次分明、规模序列完善、职能分工互补、空间布局合理的镇村体系。重点任务是根据村庄和镇中心区空间位置和人口分布情况，有序推进自然村落归并和宅基地置换，逐步引导人口向其他人口规模较大、发展条件较好的中心村或基层村转移，形成具有一定规模、配套相对完善的新农村居民点。以实施城乡建设用地增减挂钩试点为契机，采取村并村、镇并村、旧村提升三种方式，加快建设农村新型社区建设，配套完善学校、卫生、文化、健身等公益设施和各类基础设施，提升中心村公共服务水平。整合资源，拓展镇区发展空间，围绕工业、商贸、居住、文体“四区”功能完善，加大投入和开发力度，填充城镇框架。

（2）镇区空间优化

以提升城镇规模和功能为宗旨，合理优化镇区商贸服务业、居民社区、工业园区、文化活动区的布局，有效配置各类公共服务资源，增强镇区的服务和承载能力，发挥镇区辐射和集聚效应。

3. 提升城镇服务功能

坚持以人为本的原则，结合产业发展和空间布局，充分尊重居民选择和需求，完善基础设施和公共服务设施建设，提高公共服务水平，努力促进城乡基本公共服务均等化。由于孔村镇人口规模有限，人口向镇区集中，居住向社区集中是促进土地集约、完善公共服务的重要途径。因此要重视向镇区转移人口的居住和公共服务问题。在城乡建设规划一体化的前提下，优化城镇功能区布局，按照因地制宜、集约节约的原则，规范开展城乡建设用地增减挂钩，稳妥推进村庄集聚和土地整治工作，促进农村居民点集中和新型社区建设。完善新型农村社区的基础设施和公共服务配套，多渠道收集社情民意，重视由于村民生产生活条件变化而增加的教育、医疗、社会保障等公共服务需求，努力为社区居民提供优质、高效的公共服务。

在完善公共服务的同时，注重提升进入城镇生活人口的就业能力和收入水平，结合孔村镇产业发展需求，推动农村土地规模经营，扩大特色农产品市场规模和知名度，发展农产品深加工行业，增加农业生产收入；做好农业劳动力职业培训和就业支持工作，发挥以工促农的作用，促进农村劳动力转移，增加工资性收入。

对于仍将选择在农村生活的居民，要加强对保留村庄农村居民点垃圾、污水处理、农村道路等基础设施建设，提高农村教育、医疗等基本公共服务质量，促进公共资源均衡配置，缩小城乡公共服务差距。

五、孔村镇规划实施保障措施

规划目标和任务的完成需要各方面政策的支持。从地方层面而言，上级政府要为内生型城镇发展和规划实施提供项目、用地指标和资金方面的政策，具体包括：一是建立与孔村镇经济社会发展相适应的财政保障机制。将地方小税种全部留在孔村镇，延伸到镇的城市基础设施由市、县负责统一规划、建设。镇域内土地出让金的净收益、城镇基础设施配套费、社会抚养费等非税收入全部返还镇。二是给予孔村镇发展项目、资金和土地指标等方面的支持，并严格按照规划确定的功能定位、空间布局和发展重点，选择和安排建设项目。

对于孔村镇政府而言，除积极争取发展政策之外，最重要的是创造良好的经济发展环境和平台，除完善城镇基础设施建设和公共服务水平之外，重点应做好本地农业人口和外来人口融入城镇的工作。政府加大力度改善外来务工人员的就业条件和生存状态，严格监督企业用工制度，促使企业努力改善外来务工人员的劳动就业环境和生活待遇；加强企业和本地成人教育学校的合作，针对企业要求和农民就业意愿开展针对性的技能培训，提高务工人员技能水平，促进企业劳动力素质提高。大力宣传构建文明社区、和谐社区的理念，增进本地居民与外来务工人员的融合发展，将孔村镇建设成为产业繁荣、服务完善、生活富裕、生态文明、社会和谐的新市镇。

（本文原载于 2015 年《小城镇建设》第 5 期）

浅议镇（乡）域规划的目标体系和规划策略

张晓明　汪　淳　王　丰

2010年11月4日，住房和城乡建设部通过“建村〔2010〕184号文”发布《镇（乡）域规划导则（试行）》（以下称为《导则》），标志着镇（乡）域规划作为一种特殊的规划形式已引起城乡规划主管部门的重视，并将其作为响应中央关于推进农村管理制度改革的重要措施和统筹引导新农村建设工作的重要手段。

《导则》在总则部分明确了镇（乡）域规划“适应我国农村发展需要，促进镇（乡）经济、社会和环境的协调发展”的总体目标，以及“全域统筹、注重发展、节约用地、因地制宜”、“体现地域特色、乡村特色和民族特色，尊重农村地区的多样性和差异性”等原则。可见，《导则》秉承了城乡规划经济、社会、环境等多元目标统筹兼顾的基本理念，同时对农村地区的多样性和差异性具有充分的认识。

然而，在编制镇（乡）域规划的实践过程中，笔者发现镇（乡）域不同于大尺度区域，在多元目标统筹的大原则下，具体乡镇由于资源禀赋、发展水平的不同，在某个特定阶段很有可能是不同的单目标导向的。而同时由于镇（乡）域规划强调对乡镇全域的山、水、林、田、路、房进行统筹规划，规划涉及要素大大多元化，在不同的规划导向目标情况下，规划内容的排列组合、先后顺序也有很大不同，也就是说在具体实践中需要采用不同的规划策略。

为此，本文将结合实践研究对镇（乡）域规划的多元目标体系、镇（乡）域规划表现出单目标导向的原因、既定导向目标下的规划策略制定进行探讨。

张晓明：中国城市和小城镇改革发展中心规划院。

汪　淳：北京清华同衡规划设计研究院有限公司。

王　丰：河南省城市规划设计研究院有限公司。

一、镇（乡）域规划的目标体系及其内涵

通过对村镇规划实践发展历程、理论和政策研究的梳理，结合镇（乡）域规划全域、全要素统筹的特点，笔者提出镇（乡）域规划的目标体系包括生态、经济和社会三个方面，各方面目标的内涵可概括为生态环境保护、乡村发展引导和社会公平重建。具体内涵如下。

1. 生态环境保护

贯彻以生态本底、自然要素为本的规划理念，在规划空间范围方面实现对乡镇行政地域范围的全覆盖，在规划要素方面加强对自然生态要素和非建设环境的管制，保护乡村生态环境，从而使农村保障粮食安全、生态安全和环境安全的三大安全功能得以实现。

2. 乡村发展引导

整合农村城镇化过程中的政府力、市场力和内驱力，寻求乡村发展并围绕发展安排空间。为乡村经济产业发展提供路径指引和生产空间支撑，挖掘和整合乡村生产要素，并通过推动要素资本化来促进农业和农村发展；为农村生活空间的合理调整提供科学引导。

3. 社会公平重建

遏制资金、土地、劳动力等要素及其价值从农村不断流失，特别是保证土地增值收益及其承载的发展权益留在“三农”，优先为乡村经济产业发展提供空间保障。促进乡村基础设施建设和公共服务配给，提高农民生活质量。从发展权益和公共服务两方面实现城乡社会公平的重建。

二、镇（乡）域及其规划目标的特殊性

镇（乡）域不同于镇（乡）居民点（及其体系），从空间范围的角度来看，其具有区域的属性。然而，镇（乡）域与大尺度区域又有很大不同。正是这种差异使镇（乡）域规划的规划目标在特定乡镇、特定阶段很可能表现为单目标导向的特征。

1. 镇（乡）域作为区域的特殊性

传统的区域研究和区域规划中，乡镇只是作为一个“点”而出现，很可能还是一个看不见的“点”，而将乡镇作为一个“区域”进行研究和规划，必须注意到这种尺度上的巨大差距以及由此带来的一系列差别。镇（乡）域与大尺度区域在规模和尺度上的差距将带来两者在自治性、自主性、稳定性、多样性等各个方面的一系列差别（表1）。

表1　　镇（乡）域和大尺度区域的差异分析

	镇（乡）域	大尺度区域
自洽性	非自洽的系统，生产、生活资料依赖工农业商品交换，要依靠与外部环境的交换才能维持其平衡和发展	基本能够维持自洽，虽然有对外联系和交换，但整个区域的生产能基本满足自身的各种需要
自主性	由于不能实现自身的供需平衡，在市场竞争中与外部环境存在着巨大的体量差别，在行政权力方面又处于底层，自主性较弱	能在内部完成基本的供需平衡，外部因素很难通过市场手段影响其整体发展走向，而在行政权力方面本身层级较高，具有较强的自主性
稳定性	由于在产品市场和消费需求两方面都高度依赖外部环境，因此外部环境的变化将带来直接的影响，同时由于规模和体量小，外部作用的相对效果就大得多，因而总体稳定性较差	由于规模大又是自洽的，因而受到外部环境变化的影响较小，或者说外部环境对其作用的深度较小、周期较长，因此总体比较稳定
多样性	在资源环境、城镇体系、产业体系等方面往往只占据一个或几个环节，加之本身数量众多、观察尺度趋于微观，因而表现千差万别，呈现出丰富的多样性	在资源环境、城镇体系、产业体系等各方面拥有较为完整的体系和结构，在一定客观规律的作用下，从宏观尺度观察，相互之间存在较大的相似性，多样性表现不明显

2. 镇（乡）域规划目标体系的特征和应对

镇（乡）域作为区域的特殊性，其规划目标体系具有以下两方面的重要特征：①镇（乡）域由于体量小，某一阶段的发展很可能是单目标导向的，同时由于乡镇具有丰富的多样性，这给镇（乡）域规划内容体系的组织带来了难度；②镇（乡）域相对于大尺度区域的非自主性和不稳定性使乡镇的发展存在较大的不确定性，即镇（乡）域的发展目标容易受外部环境的影响而变化，具有阶段性的特征。

针对镇（乡）域规划在具体实践中表现出的单目标导向倾向和阶段性特征，需要在具体的规划内容体系保持稳定的前提下，重视镇（乡）域规划中确定规划目标并根据目标制定规划策略、组织规划内容的环节，以增强镇（乡）域规划对规划目标变化和乡镇多样性的适应能力。

三、基于既定目标的规划策略制定

规划策略制定是镇（乡）域规划适应农村地区多样性和发展不确定性的重要环节，也是规划弹性的重要体现。

在面对具体乡镇个体时，需要通过具体问题具体分析界定乡镇发展的主导目标，在此基础上，通过镇（乡）域规划的规划策略制定环节安排各规划内容组合的技术路线，根据既定的主导目标确定各项具体规划内容的优先顺序、逻辑顺序。下文将分别对生态目标导向、经济目标导向和社会目标导向下镇（乡）域规划的规划策略进行探索，并结合规划案例进行说明。

1. 生态目标导向的规划策略

生态目标导向的规划策略即以生态环境保护为镇（乡）域规划的主要目标，优先解决镇（乡）域中的生态问题或保护其中的重要生态资源，并以此为依据展开其他规划内容。

（1）概述

生态目标导向的规划策略一般适用于镇（乡）域内包含或涉及重要生态资源或者所处地区自然生态环境有特殊限制的情况。

生态目标导向的规划策略需要以生态资源的保护或灾害性生态环境的改造为首要或关键任务，首先通过景观生态格局规划和空间管制规划确定镇（乡）域内的禁建区和限建区；其次根据空间管制和生态保护要求，调整居民点体系布局，确定产业发展方向和产业布局；然后在严格限定产业发展方向的基础上进行镇（乡）域内的非建设用地规划和建设用地规划，特别强调非建设用地上的产业发展生态化；最后配置相应的交通体系、公共服务设施和基础设施，并重点强化非建设用地生态化发展的设施规划，如渠道、道路的布置等（图1）。

（2）案例

《河南省鲁山县昭平台库区乡乡域规划（2010—2030）》是住房与城乡建设

部研究课题《镇乡域规划编制导则研究》的规划编制试点项目之一，是较为典型的以生态目标为导向的规划案例。

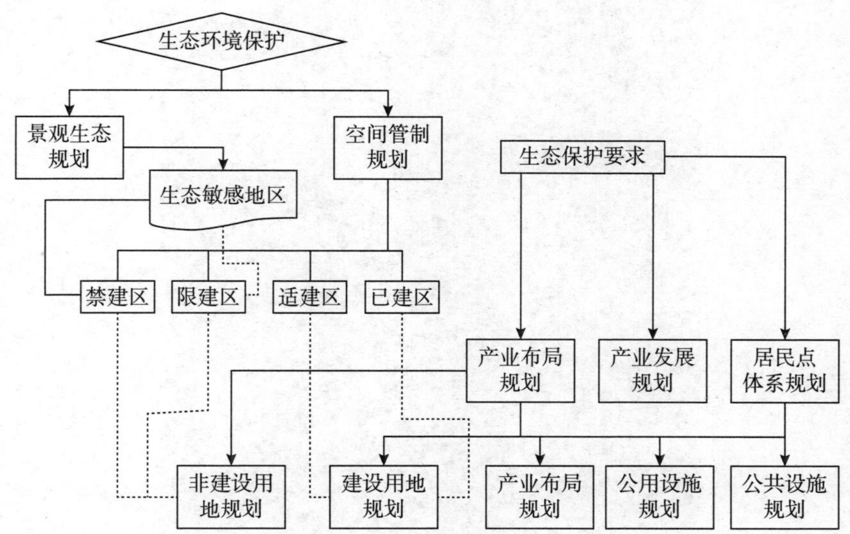

图1　生态目标导向的规划策略示意图

注：图中箭头表示各规划内容在具体规划中的先后顺序，直线表示相关关系（下同）。

昭平台库区乡环昭平台水库而建（图2、图3），并因此而得名。昭平台水库水域面积35.5平方公里，约占乡域总面积的一半。昭平台库区乡特殊的生态本底条件决定了水库生态环境的保护是乡域规划的首要目标。

昭平台库区乡乡域规划围绕构建“生态昭平台库区”，从空间管制、居民点体系调整和产业发展控制等方面实现对昭平台水库生态环境的保护。首先，规划进行了生态环境敏感性分析，划出生态资源敏感区、文化景观敏感区和生产性资源敏感区3类生态环境敏感区域。在此基础上，划定乡域禁建区、限建区和适建区的空间范围（图4）。其次，重点进行了乡域居民点体系调整，规划根据村庄相对昭平台水库的区位差异，制定了不同的居民点调整思路：位于水库防洪范围的村庄向安全地段搬迁；北部水库周边的村庄进行较大力度的迁并；南部村庄考虑耕作半径迁并力度较小；中心村周边的自然村适当向中心村集中；集镇规划控制范围内的村庄向集镇集中（图5）。最后，规划结合水库及其周边生态环境保护要求，对生态农业和生态旅游业的发展和空间布局做出了指引。

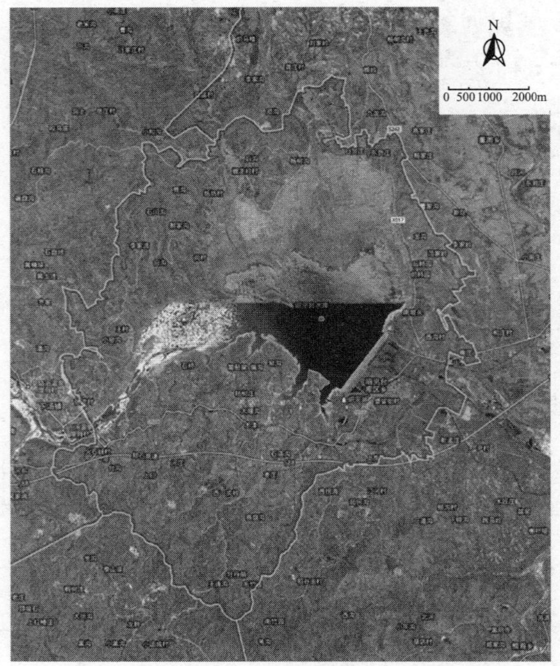

图 2　昭平台库区乡乡域遥感影像图

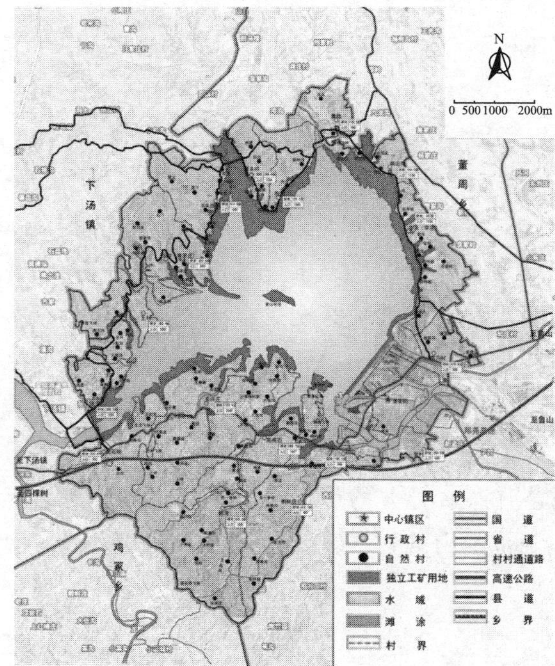

图 3　昭平台库区乡乡域发展现状图

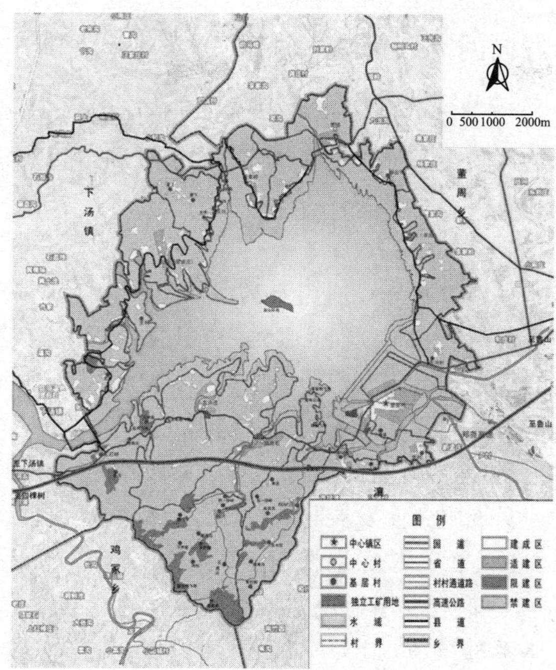

图4 昭平台库区乡乡域空间管制规划图

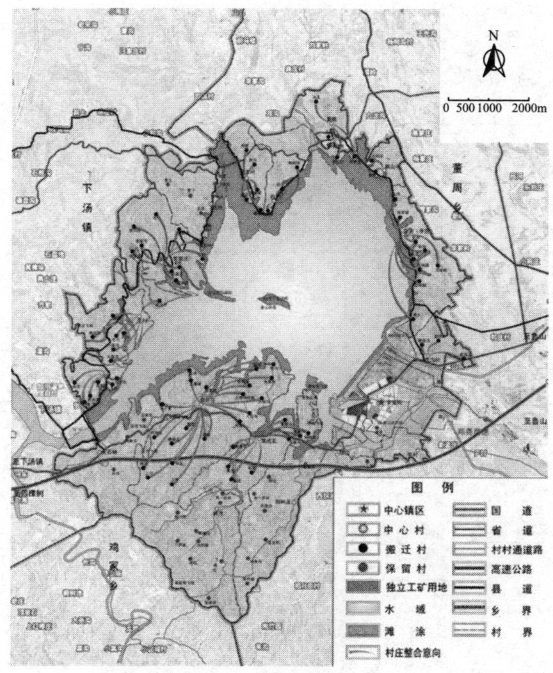

图5 昭平台库区乡乡域村庄迁并指引

2. 经济目标导向的规划策略

经济目标导向的规划策略即以乡镇经济产业的全面、优化发展为镇（乡）域规划的主要目标，强调规划对产业发展的方向引导和空间引导，从促进经济产业发展的角度展开其他规划内容。

（1）概述

经济目标导向的规划策略一般适用于具备一定乡镇工业基础和城镇化基础，但进一步发展面临各种制约和瓶颈而需要通过规划整合资源、实现突破的情况。

经济目标导向的规划策略应以产业结构调整、产业链延伸和产业水平提升等产业发展的关键目标为中心，从以下几个方面组织规划内容：①通过居民点体系调整实现对镇（乡）域建设用地的整理，为工业集中发展提供空间；②与居民点体系规划相结合，实现服务业发展与农村城镇化的相互促进，并与公共设施规划相协调；③农业发展方面，按照生态化、高效化、链条化和适度规模化的发展思路，与镇（乡）域内非建设用地规划相结合；④在保证各产业发展空间的基础上，结合居民点体系进行镇（乡）域建设用地规划和非建设用地规划，并与空间管制、景观生态规划相协调；⑤根据用地规划，协调交通体系和各项公用设施的规划布局（图6）。

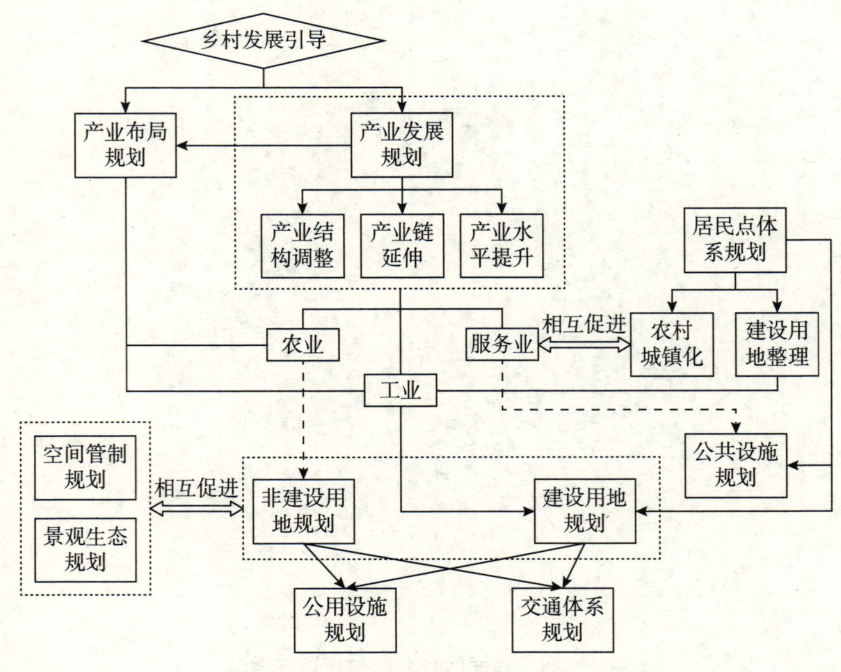

图6 经济目标导向的规划策略示意图

（2）案例

《靖江市新桥镇总体规划（2010—2030）》是较为典型的以乡村发展引导为主要目标的镇域规划案例。

新桥镇地处经济发达的长江三角洲地区北翼。通过分析发现，新桥镇未来发展在乡镇工业后续发展、三次产业协调发展和农村城镇化质量提升方面面临一系列问题和挑战，不利于其可持续发展和在市场竞争力。因此，引导乡村经济进一步发展是新桥镇规划中的主要矛盾，需要镇域规划提供路径指引和空间引导与支撑。

新桥镇镇域规划以乡村产业经济的发展引导和空间支撑为核心，重点从产业体系发展、产业布局和城镇化发展等方面实现规划的导向目标。首先，对镇域产业发展进行了系统设计，并对三次产业的协调发展做出了规划指引。其次，以工业布局为重点，规划镇域范围内的集聚发展空间，并以此为依据调整居民点体系，使居民点体系发展与产业布局相协调（图7、图8）。第三，根据城镇化集聚发展的空间布局，结合公共服务设施的配置，规划服务业发展内容和布局，在规划中突出服务业的高端化和集聚化发展理念（图9、图10）。

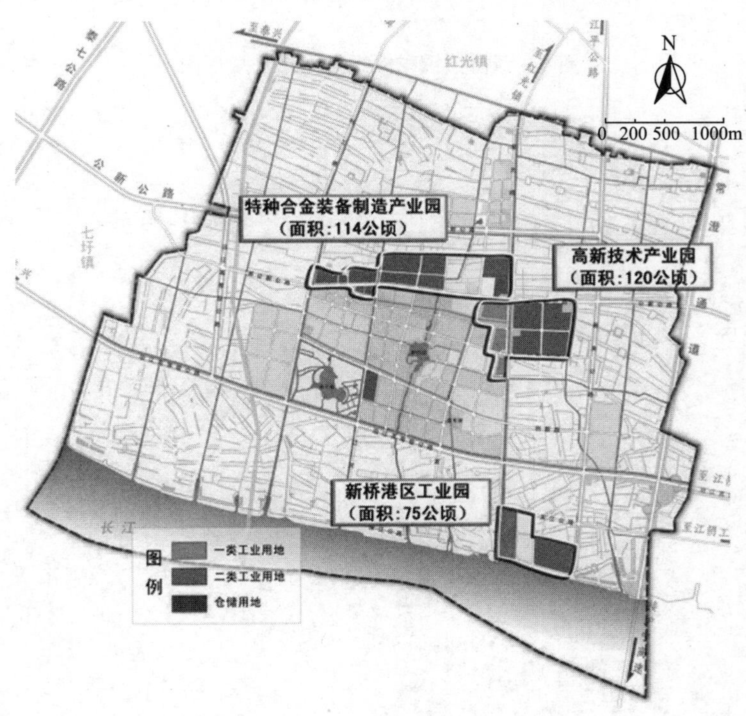

图7 新桥镇镇域工业园区规划

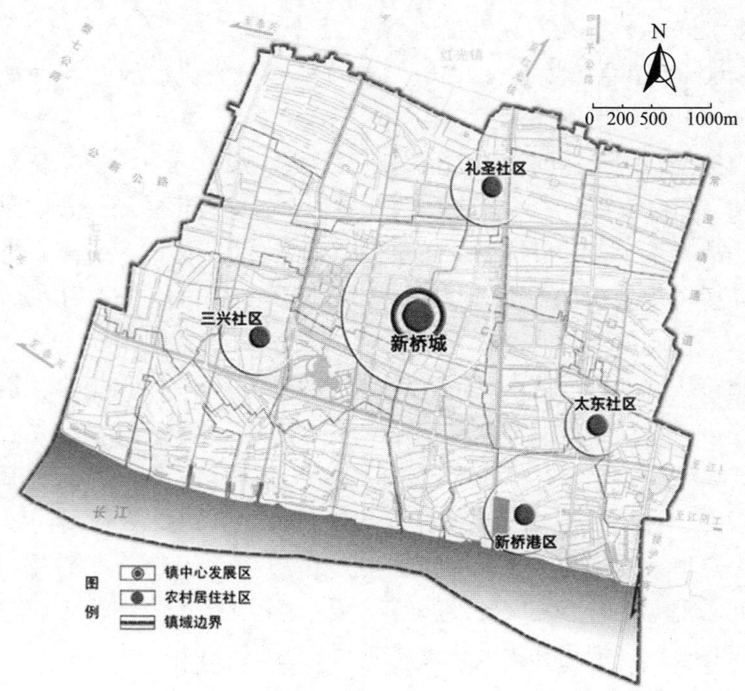

图 8　新桥镇镇村体系空间结构规划图

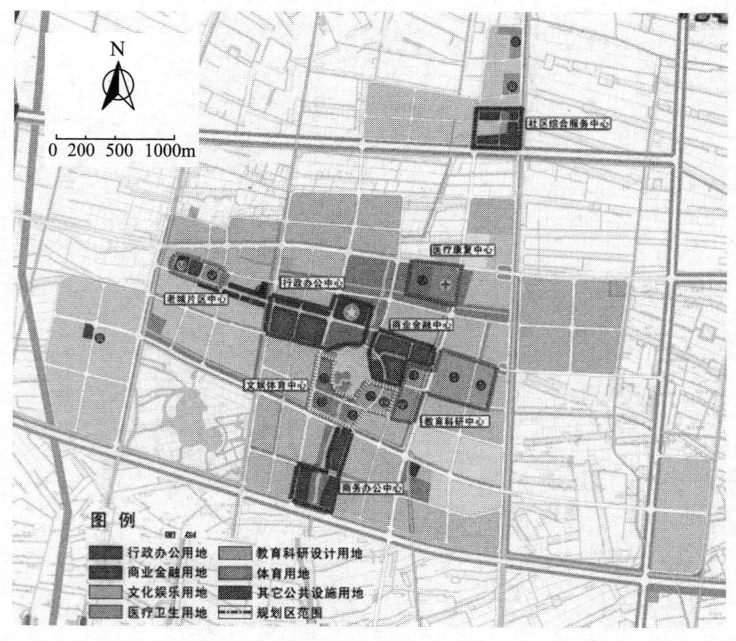

图 9　新桥镇服务业布局规划图

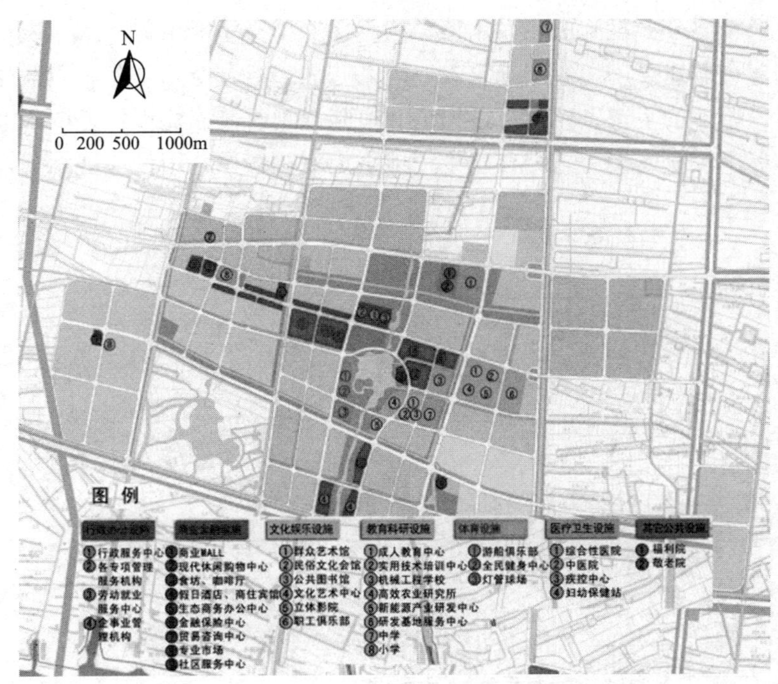

图 10　新桥镇公共设施项目配置图

3. 社会目标导向的规划策略

社会目标导向的规划策略即以实现城乡社会公平为镇（乡）域规划的主要目标，从公共服务和发展权益两方面对乡镇进行保护和引导，以镇（乡）域内部调整和要素资源整合为线索展开各项规划内容。

（1）概述

社会目标导向的规划策略一般适用于乡镇经济社会发展基础较差、内部发展诉求得不到有效满足和规划支持、镇（乡）域发展条件显著恶化而导致乡村衰退等情况。

社会目标导向的规划策略应在分析导致乡镇衰退的原因及其传导机制的基础上，以促进城乡公共服务均等化、引导和组织乡镇发展诉求为两条线索，从按以下思路组织规划内容：①对居民点体系进行调整，并根据调整后的居民点体系规划结构清晰、覆盖全面的公共服务设施体系；②通过发掘和引导镇（乡）域内部的发展诉求，提出产业发展的思路，并结合居民点体系规划对镇（乡）域的建设用地进行整理，为基于内部诉求的工业和服务业发展提供空间；③归纳工业和服务业发展布局、居民点体系规划和公共设施布局，进行镇（乡）域建设用地规划，对重要公共设施的建设用地进行直接安排；④提出提高农业发展水平的思路，并通过非建设用地规划确定农业规划布局，结合空间管制和景观生态规划改善非建设用地的生态条件，通过渠道和道路规划改善非建设用地的农业生产设施条件，促进农业发展；⑤结合建设用地规划安排各项公用设施规划（图11）。

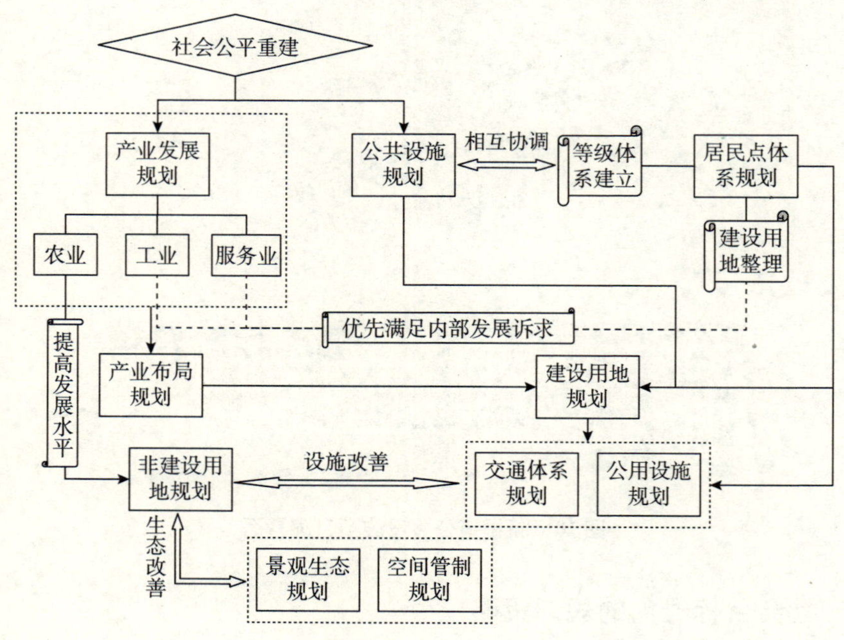

图11　社会目标导向的规划策略示意图

（2）案例

《河北省曲阳县产德乡乡域规划》是住房与城乡建设部研究课题《镇乡域规划编制导则研究》的规划编制试点项目之一，是较为典型的以城乡社会公平为导向的乡域规划案例。

产德乡地处太行山麓，是传统的农业乡镇，经济发展水平比较落后，80%以上的村是省级重点贫困扶持村，“三农”问题突出。经过调研发现，产德乡问题的根源在于城乡社会公平的缺失，以外源性因素导致的生态环境退化①为起点，形成了“由外源性因素导致的生态环境退化——农业产出效率低导致劳动力流失

① 外源性因素导致生态环境退化主要是指产德乡上游水库修建和防渗加固造成的产德乡水资源量减少，土壤种植条件退化。产德乡地表水以沙河为主，而沙河流域的水源——王快水库被选定作为南水北调工程（保定 - 沧州 - 北京段）北京供水水源地之后，坝体进行了防渗处理。流经产德乡的沙河因此水位下降，表层失水，使产德乡水资源量大大减少，生态环境大幅改变：渔业减产，种植业产出效率降低，林果业果品数量减少、品质下降。

严重、公共服务缺失与农村空心化陷入恶性循环——建设用地及其发展权益面临流失风险、乡村发展诉求得不到有效满足”的乡村衰退机制，生态环境和乡村发展方面的问题与城乡社会公平的缺失都有着逻辑关系（图12）。因此，产德乡乡域规划的主要目标是通过规划引导和控制实现城乡社会公平的重建。

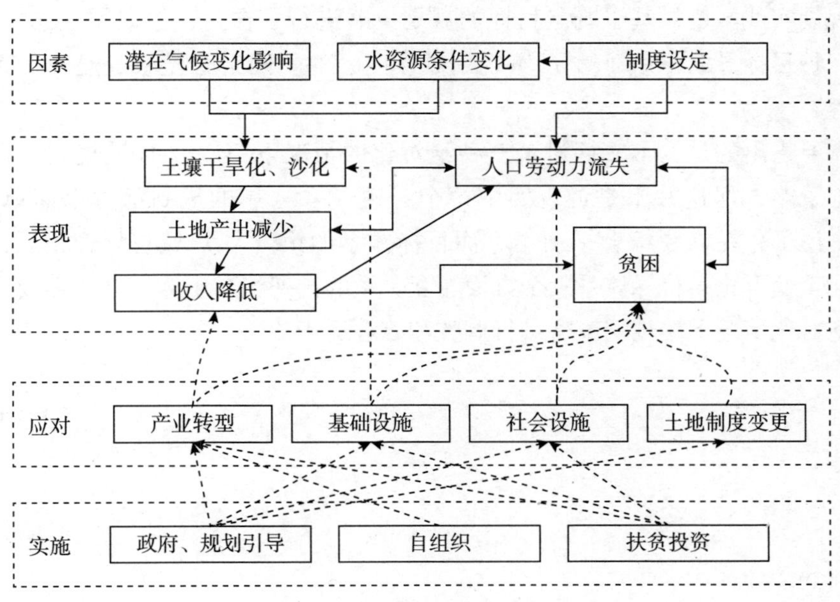

图12　产德乡乡域规划总体思路

注：实线箭头表示逻辑关系，虚线箭头表示支撑和应对。

产德乡乡域规划以乡村衰退问题为突破口，提出管制土地要素、促进乡村发展、减少劳动力流出的总体目标，从产业转型、基础设施、社会设施和土地制度变更等方面入手制订应对措施，重建城乡社会公平，制订了如下规划策略：首先，以城乡公共服务均等化为目标，规划形成等级结构清晰的居民点体系，并根据居民点体系结构配置完善乡域公共服务设施；其次，通过调研发掘乡域内部的发展诉求，并加以总结和引导，以农业产业链延伸和生态化、循环化发展为重点提出乡域产业发展的设想；第三，结合居民点体系调整，通过建设用地规划实现对土地要素的管制，并结合产业发展规划对内部发展诉求的引导，使存量建设用地优先满足本地村民的发展需求；最后，通过非建设用地规划应对生态环境变化，引导扶贫投资，改善乡域非建设用地的生态条件和设施条件，提高农业生产效率。

四、结　语

本文对镇（乡）域规划目标体系的内涵和特征进行了分析，并在此基础上结合规划实践案例对基于既定目标的规划策略进行了探讨，给出了生态、经济、社会三种目标导向下镇（乡）域规划具体内容的不同组合模式、逻辑关系和关键内容。

需要指出的是，本文探讨了三种绝对化的情况下镇（乡）域规划可以采取的规划策略，但这并不是说现实中每个对镇（乡）域的规划都可以简单套用，也不是说不存在需要综合平衡三方面目标体系的镇（乡）域规划；相反，现实的情况千变万化，目标体系三个方面相互关系的排列组合十分复杂，需要在实践中对绝对化情况下的规划策略进行调整和综合运用。

（2013 年）

市县级“多规合一”规划指标体系的构建

白　玮

[摘要] 市县级规划存在种类繁多，自成体系，内容冲突，缺乏有效衔接等问题，促进“多规合一”是规划改革的方向和路径。指标体系作为规划实施管理的龙头，集中体现规划特点和核心任务，将规划内容具体化和数量化，为规划实施、评估和发展建议提供依据。研究“多规合一”目标，合理确定指标体系是“多规合一”试点和改革的重要内容。应在明确“多规合一”规划内涵和功能的基础上，坚持宏观性、系统性、适应性、简明性和有效性的原则，构建涵盖经济发展、社会民生、资源环境、土地利用控制和城镇建设领域的“多规合一”指标体系。

[关键词] 多规合一；指标体系；构建

一、市县级“多规合一”规划的内涵及功能

市县级“多规合一”规划的内涵是以规划期市县经济社会发展战略和重点任务为基础，以空间布局协调一致为重点，促进主要规划和各专项规划发展目标和空间布局的协同，实现资源优化配置和行政效率提升的目标。市县级“多规合一”规划具有战略性、宏观性和政策性的特点，同时强调经济、社会、生态、文化等规划任务在空间上的落实，具有管理性和实施性的特点。

1. 强调“多规”协同

“多规合一”规划的核心是促进各类规划的协调和衔接，而非新设立的、独立的规划类型。市县级规划具有政策性和管理性的特点，在规划体系中发挥承上启下的作用。“多规合一”首先应强调经济社会发展战略规划的统领性地位，充

白　玮：中国城市和小城镇改革发展中心规划院产业所副所长。

分发挥各类规划的优势，理清各类规划的重要内容和核心任务，确定规划在“多规合一”体系中的地位、责任和分工，对内容重合和冲突的规划要进行精简和调整。

2. 构建空间规划协调机制

“多规合一”重点解决发展空间矛盾和规划间空间布局冲突，在协调数据分类标准和基础数据的基础上，对现有空间和规划问题进行梳理，基于发展战略，优先考虑资源环境承载能力和生态保护要求，划分城镇、农业和生态空间，构建全域空间开发保护格局；划定城市开发边界、基本农田红线和生态保护红线，明确“三区三线”的管理主体、控制措施，构建空间规划协调机制。

3. 提高资源配置效率

“多规合一”规划的重要功能在于形成统一的发展思路，在科学制定发展战略和重点任务的基础上，促进经济社会和生态环境保护协调发展，强调国土资源节约集约利用，不盲目开发、占用、浪费资源，根据“多规合一”规划内容，合理安排资金、用地指标、公共服务和基础设施项目等资源，提高资源配置效率。

4. 促进政府职能转变

树立简政放权和发挥市场资源配置作用的理念，通过“多规合一”实现规划间内容协调一致，理顺政府部门职能关系，构建业务协同平台，优化审批流程，提升审批效率。

二、市县级“多规合一”指标体系设置思路

1. 体现宏观和战略要求

指标体系是规划管理和实施评估的重要依据，是规划核心思想和重点任务的定性或定量体现。“多规合一”作为综合性和战略性的规划，要有战略高度，体现宏观背景下对经济社会发展的要求。当前我国进入了经济发展新常态，处于增长速度换挡期、经济结构调整期和前期刺激政策消化期，消费成为我国经济增长的主要动力，创新将成为驱动经济增长的新引擎，同时提出加快生态文明建设，促进经济社会可持续发展，走以人为本的新型城镇化道路等要求，“多规合一”

指标应结合发展环境和本地发展需求，体现中央的战略发展要求和部署。

2. 体现主要规划的要求和特点

“多规合一”重点是对经济社会发展规划、土地利用规划、城市总体规划和环境保护规划的协同和完善。经济社会发展规划和城市总体规划指标设置较为全面，涵盖经济发展、社会民生和资源环境等方面，同时部分具体指标存在重复，如服务业增加值占 GDP 比重、高中阶段教育毛入学率等。经济社会发展规划、城市总体规划和环境保护规划均设置了资源环境类指标，虽然具体指标选择略有不同，但总体的方向和目标基本一致，矛盾冲突不明显。城市总体规划和土地利用总体规划的矛盾冲突较为突出，主要集中在建设用地指标和空间布局方面。从指标设置来看，城市总体规划用地规模以人口规模和人均建设用地指标为标准，由于对人口规模预测值较为宽松，造成城镇建设用地规模超过土地利用规划的控制指标。

“多规合一”指标体系要体现规划的要求和特点，发挥经济社会发展规划对经济发展和社会民生方面的统领作用，突出土地利用规划对全域土地资源的利用和管理，强化耕地和基本农田保护，严格控制建设用地和提高土地集约利用水平的要求。精简城市规划在经济、社会方面的指标内容，突出城市建设区和规划区的用地布局与安排，以及城镇公共服务和基础设施建设方面的要求。资源环境类指标尊重环境保护规划指标体系设置要求，与国家对环境保护和生态文明建设要求保持一致。

3. 强调空间协调和管控要求

土地利用规划出于耕地保护和基本农田保护的要求，在空间上与城镇空间扩张冲突集中。指标体系应体现空间规划的核心任务，完善土地利用和城镇用地控制的规划目标，同时应解决规划空间冲突的问题，根据规划特点和核心任务，设置目标，如城镇用地控制方面重点依据原有的城市总体规划的控制指标控制土地利用规划的控制指标。指标体系制订要充分考虑指标内在的联系和指标的层次性，不设置重合和内容冲突的指标，针对地方规划和发展问题，有效解决规划冲突。

4. 符合地方发展实际

“多规合一”规划指标内容要切实体现地方发展的阶段特点和发展要求，一切从人的需求和城乡发展需要出发，体现针对性和地方适宜性，规划目标值制订要科学可行，不盲目、不盲从制订不符合地方发展实际的指标体系。如以矿产资源开发利用为主导产业的市县，要充分考虑矿产资源利用水平和对环境破坏的控制，对于生态敏感脆弱地区，要充分认识生态环境的承载能力，经济发展目标和人口目标要适当可行。

三、市县级“多规合一”指标体系的框架和内容

1. 构建原则

（1）宏观性原则。指标体系要体现宏观性、战略性和政策性的要求。

（2）系统性原则。综合考虑主要规划类型的核心任务，筛选关键指标，剔除重复指标，优化设置相关性强的指标，对指标体系进行科学系统的设计。

（3）适应性原则。充分将宏观环境与地方发展实际相结合，因地制宜设置指标体系，目标值测算要尊重科学发展规律，多一些常规发展，少一些跨越式发展。

（4）简明性原则。指标体系设置简洁明了，指标概念内涵清晰，应从总量、结构、效率等不同角度体现发展和规划要求，删繁就简，力求以少数指标体现全面要求。

（5）有效性原则。将指标属性界定为预期性和约束性，加强实施指导，尽量选取能定量化的指标，指标统计口径、内涵与统计部门的数据保持一致，有可靠的数据来源和统一规范的计量计算方法，确保能用于实施评估。

2. 框架和内容

按照上述“多规合一”指标体系构建的思路和原则，参照经济社会发展规划、土地利用总体规划、城市总体规划和环境保护规划的指标设置要求，结合地方“多规合一”规划编制实践，初步构建了涵盖经济发展、社会民生、资源环境、土地控制和城镇建设五个方面的指标体系，具体指标如下。

（1）经济发展指标。综合反映我国当前经济新常态背景下，不盲目追求GDP增长，体现以人为本的科学发展，促进经济结构调整和产业转型升级的要求。选取人均GDP、第三产业增加值占GDP比重、R&D费用占GDP比重和单位建设用地面积二、三产业增加值。

（2）社会民生指标。反映城乡居民生活水平和质量的基本情况，综合反映科技、教育、卫生等各项社会事业以及社保、就业的发展状况。主要包括城镇化

率、公共财政投入占财政总支出的比例、年平均新增就业人数、城镇居民可支配收入、农民人均纯收入、城乡居民社会养老和医疗保险参保率等指标。由于城镇化率指标与常住人口关系紧密，同时常住人口是各类专项规划目标制定的重要依据，将全市常住人口数作为社会民生类指标。

（3）资源环境保护。综合反映生态文明建设要求，经济社会与人口、资源、环境的协调以及可持续发展状况，由森林覆盖率、单位 GDP 综合能耗、主要污染物排放总量减少、主要水体达标率等指标构成。同时，地方可针对自身生态脆弱和敏感性因素，有针对性地设置指标。

（4）土地利用控制。反映土地资源对经济社会发展的综合支撑能力，突出耕地保护和土地用途管制的核心任务，加强对城市盲目开发的控制力。土地利用控制指标包括耕地保有量、永久基本农田面积、城乡建设用地总规模、新增建设占用耕地面积以及单位新增工业用地投资强度。指标从总量、增量和效率三个层面反映土地利用管理要求。

（5）城镇建设管理。反映对城镇规划区用地规模的控制和提升城镇基础设施和建设水平的要求。由于全市常住人口和城镇化率共同体现城镇常住人口，因此城镇建设管理的指标重点考虑全市域城镇建设用地和中心城区。指标包括城镇建设用地规模、中心城区常住人口、中心城区建设用地规模、城镇建设用地中绿地比例、城镇固体废弃物处理率和城镇污水处理率。

表　　市县级“多规合一”规划指标体系的框架和内容

	指标	单位	指标属性
经济发展	人均 GDP（以常住人口核算）	元	预期性
	第三产业增加值占 GDP 比重	%	预期性
	R&D 经费占 GDP 比重	%	预期性
	单位建设用地面积二、三产业增加值	万元/公顷	预期性
社会民生	全市常住人口	万人	预期性
	城镇化率	%	预期性
	城镇居民可支配收入	元	预期性
	农民人均纯收入	元	预期性
	年平均新增城镇就业	万人/年	预期性
	城乡居民社会养老保险参保率	%	预期性
	城乡居民医疗保险参保率	%	预期性
	公共服务支出占财政总支出的比重	%	预期性

续表

	指标	单位	指标属性
资源环境	单位 GDP 能源消耗降低	%	约束性
	单位 GDP 二氧化碳排放降低	%	约束性
	主要污染物排放总量减少	%	约束性
	主要河流和重点水库水质达标率	%	约束性
	林草覆盖率	%	约束性
土地利用控制	耕地保有量	公顷	约束性
	永久基本农田保护面积	公顷	约束性
	城乡建设用地规模	平方公里	预期性
	新增建设占用耕地面积	平方公里	约束性
	单位新增工业用地投资强度	万元/公顷	约束性
城镇建设	中心城区常住人口规模	万人	预期性
	中心城区城市建设用地规模	平方公里	预期性
	人均城镇建设用地面积	平方米/人	约束性
	城镇建设用地中的绿地比例	%	预期性
	城镇固体废弃物处理率	%	约束性
	城镇污水达标处理率	%	约束性

（2015 年）

县辖镇级市市域公共服务设施配置规划研究

张晓明　汪　淳　李明玉

2014 年 3 月 16 日发布的《国家新型城镇化规划（2014—2020）》提出城镇化在实现现代化、保持经济持续健康发展、加快产业结构转型升级、解决农业农村农民问题、推动区域协调发展、促进社会全面进步等各个方面都具有重大意义，推进新型城镇化是我国未来发展的一个核心问题。新型城镇化的核心是人的城镇化，重点是农业转移人口的市民化，需要通过户籍制度改革以及相配套的公共服务和社会保障制度改革得以实现。从 2013 年中央城镇化工作会议提出的“以城市群作为城镇化宏观布局的主体形态”和同年中央农村工作会议提出的“三个一亿人”具体任务可以看出，在农业转移人口难以承受大城市高昂生活成本的情况下，小城镇将成为未来我国城镇化发展增量部分的主要载体。通过对具有一定规模和实力的强镇进行简政放权，促进其实现由小城镇向小城市的转变，成为县辖镇级市，有利于实现新型城镇化过程中规模效益和低成本的统一，也有利于充分发挥镇对周边农村地区的服务带动作用，为更多的农业转移人口和周边农村人口提供更好的公共服务。本文以青岛小城市培育试点的平度市南村为例进行县辖镇级市市域公共服务设施规划研究。

一、县辖镇级市市域公共服务设施规划原理

1. 县辖镇级市设置的趋势和模式

由于我国县级市政府配置为城市区域结合型政府，而县政府也具有强烈的驻

张晓明：中国城市和小城镇改革发展中心规划院。

汪　淳：北京清华同衡规划设计研究院有限公司。

李明玉：北京天一博城市规划设计院有限公司。

地意识，因此现有县级政府事权模式对县（市）域内的非城关镇发展是不利的，常会形成县级市和县城关镇对县（市）域其他乡镇的抽血机制，即集全县（市）之财力物力重点建设县级市和县城关镇。浙江、江苏等地试行的“强镇扩权”也发生政府事权下放和回收的反复而收效甚微。对此，本轮新型城镇化发展的相关政府文件提出了改革的方向：十八届三中全会《中共中央关于全面深化改革若干重大问题的决定》提出“对吸纳人口多、经济实力强的镇，可赋予同人口和经济规模相适应的管理权”；《国家新型城镇化规划（2014—2020）》将“建立创新行政管理、降低行政成本的设市设区模式”作为需要深入研究解决的难点问题之一。因此，县辖镇级市是未来改革中需要探索解决的问题，研究者对这一小城镇设市模式的利弊和可能出现的问题也进行了较为充分的讨论。

关于如何赋予大镇强镇同人口和经济规模相适应的管理权，已经有过一些讨论，概括而言，在几个关键问题上的不同选择将演化出不同的改革路径。

一是是否实现县级政府区域管理事权与城市管理事权的分离，也就是参照中国台湾、日本的模式，由县政府负责管理县域事务，县辖市市政府仅负责管理城市社区事务。应该说，这样的改革思路有利于破解现行体制带来的低行政等级城镇发展机遇和权利受限的问题，同时能保持县级建制数量的相对稳定，但问题是改革的幅度和实施的难度都比较大。

二是是否增设县级市的问题，如人口5万~10万的镇可以设为县辖镇级市，超过10万人的可设县级市等。这一改革路径是城镇发展规模、潜力与行政等级相配套的现有思路的延续，实施难度相对较小，但问题在于将由此带来县级建制数量的不稳定。同时，这一思路还存在现有县（市）政府的阻力问题。如果这一思路强制执行，超过10万人就设县级市，那么将带来“儿子大了一定要分家”的局面，除了现状已符合条件的镇，其他的镇特别是经过几年发展很有可能符合条件的镇，很可能将受到更多的限制，而不强制执行则政策意义又不大。

三是设立县辖镇级市是否调整行政区划而与周边乡镇进行适度合并的问题。应该说调整行政区划设县辖镇级市的操作方法在现实中大量存在，只是有些是在探索设立县辖镇级市之前就进行了一轮乡镇撤并，有些则是在设立县辖镇级市过程中从带动县域整体发展和给予一定腹地的角度对周边乡镇进行合并管理。需要指出的是，合并乡镇设立县辖镇级市和区域管理事权与城市管理事权相分离之间存在着改革逻辑上的不相容，也就是说，合并乡镇设立县辖镇级市本身就是一种城市区域结合型政府的设置思路。

可以看到，在上述问题的选择上并不会两两交叉形成很多种模式的局面。本文无意于评论新一轮行政区划改革的方向，也不讨论县级市的发展问题，仅就设置县辖镇级市的两种模式——原范围设置（按照特大镇的原有行政区划范围）和扩范围设置（撤并周边乡镇）——进行讨论。

2. 县辖镇级市设置模式对其市域居民点体系特征的影响

县辖镇级市的两种设置方法将对其市域居民点体系的特征产生不同的影响。一般而言，一般镇的居民点体系是一种较为松散的结构，镇区的首位度不高（图1a），而原范围设置的县辖镇级市将形成比较明显的核心－边缘结构（图1b上半部分），由于县辖镇级市市区的集聚发展，表现出在市域居民点体系中强烈的支配地位，而市域内居民点可根据与市区距离的远近分为周边、近郊和远郊三类，其发展方向、设施配套等受到市区不同程度的影响。

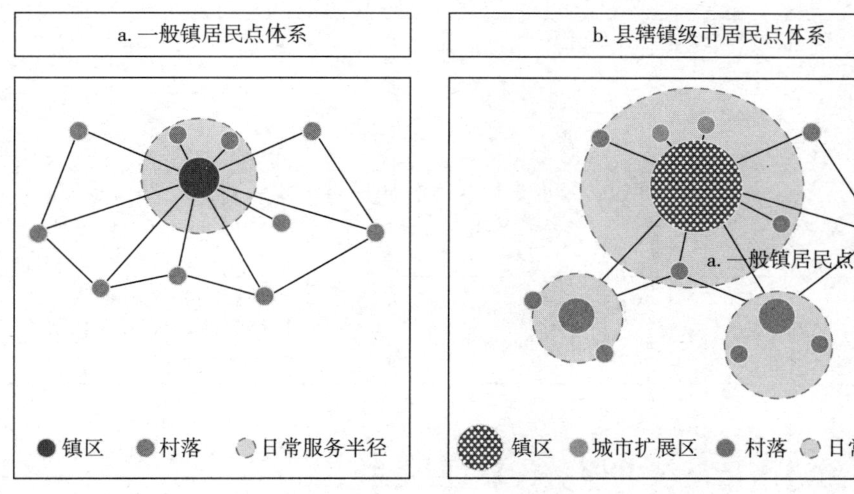

图1 设置县辖镇级市带来的市域居民点特征转变

扩范围设置的县辖镇级市则还面临着撤并前镇区（乡政府驻地）对市域居民点体系影响的问题。这些原镇区通常在规模和基础上明显强于市域其他农村居民点，会形成一定范围内的市域副中心，对上述核心－边缘结构产生影响（图1b）。也就是说，部分处于县辖镇级市远郊的居民点，其发展方向、设施配套等可能主要受这些原镇区的影响，而与县辖镇级市市区联系相对较少；而一些处于县辖镇级市市区与原镇区之间的近郊居民点，则可能同时受到两者的影响，发展方向和获得服务的途径比较多样，需要灵活掌握。

3. 县辖镇级市市域公共服务设施的规划应对

针对不同的县辖镇级市设置模式，在市域公共服务设施方面需要采取不同的应对方法。对于原范围设置的县辖镇级市，要考虑公共服务设施适度向市区集中，并考虑市区公共服务设施中服务市域居民点的容量，通过集聚发展提升公共服务的品质，同时促进市区的发展。对扩范围设置的县辖镇级市，要合理布局市域中心村体系，通过中心村向远郊基层村提供较高质量的公共服务，同时要注意撤并前的原镇区（乡政府驻地）与一般规划中心村的区别，充分利用其公共服务设施基础。

表1　县辖镇级市设置模式与市域公共服务设施规划应对

		原范围设置	扩范围设置
设置模式的含义		在原有镇的行政管辖范围上设置县辖镇级市	合并周边乡镇，在合并后的行政管辖范围上设置县辖镇级市
适用改革思路	区域管理事权与城市管理事权分离	是	否
	按人口规模增设县级市	是	是
市域居民点体系特征		县辖镇级市市区与乡村居民点形成显著的“核心－边缘”模式	实际上形成“市区－撤并前镇区－中心村－基层村”四级居民点体系结构
市域公共服务设施规划要点		公共服务设施适度向市区集聚，预留向市域服务的设施容量	合理布局中心村体系，利用撤并前镇区的公共服务设施基础并进行改进

二、县辖镇级市市域公共服务设施规划的原则

1. 提升市域城乡居民的公共服务水平

无论哪种模式设置的县辖镇级市，都是在原有的大镇、强镇基础上进行设置的，应该具有相应的财政能力为城乡居民提供优于一般镇的公共服务。因此县辖镇级市市域公共服务设施规划应以提升市域城乡居民公共服务水平为原则，在现有标准规范的基础上适当提高公共服务设施的配置标准，特别是考虑到扩范围设置的县辖镇级市中原镇区的发展基础，可以重点提高规划中心村的配置标准。

2. 充分发挥市区公共服务设施的作用

县辖镇级市都具有强大的发展核心——市区，而设置县辖镇级市的目标之一

就是提高城镇的公共服务能力，实现从小城镇向小城市的转变，因此县辖镇级市市区具有较为完备和高水平的公共服务设施是必然的。在市域公共服务设施规划中，要充分考虑市域居民点与市区的空间关系，可以通过市区向外辐射解决的公共服务在市域中就不必按照标准规范重复设置。

三、县辖镇级市市域公共服务设施的配置标准

按照上述规划原则，县辖镇级市公共服务设施配置标准应在一般镇规划标准的基础上提高配建标准、加强资源整合（齐立博等，2008）。考虑到标准的一致性和可比性，建议县辖镇级市公共服务设施仍按“市区－中心村（社区）－基层村（社区）”三级配置。在市域层面，对于原范围设置的县辖镇级市，重点通过中心村建设加强对远郊居民点的公共服务供给，适当放宽市区周边和近郊基层村的公共服务设施配置标准，鼓励通过改善交通条件向提升市区公共服务辐射能力和范围；对于扩范围设置的县辖镇级市，重点在于增强中心村公共服务设施配置标准的兼容性，以便在规划实践中兼顾在原镇区基础上建设的中心村与一般中心村。总体而言，需要提高中心村公共服务设施配置标准，而放宽基层村公共服务设施配置要求（表 1），在具体规划中根据居民点现有基础和实际情况灵活掌握，进行统筹配置。

表 2　　县辖镇级市公共服务设施的配置标准

类别	项目名称	市区	中心社区	基层社区
一、行政管理	1. 党、政府、人大、政协、团体	●	—	—
	2. 法庭	○	—	—
	3. 各专项管理机构	●	—	—
	4. 居委会、警务室	●	—	—
	5. 村委会	○	●	●
二、教育机构	6. 专科院校	○	—	—
	7. 职业学校、成人教育及培训机构	○	—	—
	8. 高级中学	○	—	—
	9. 初级中学	●	○	—
	10. 小学	●	●	○
	11. 幼儿园、托儿所	●	●	○

续表

类别	项目名称	市区	中心社区	基层社区
三、文体科技	12. 文化站（室）青少年及老年之家	●	●	○
	13. 体育场馆	●	—	—
	14. 科技站、农技站	●	○	—
	15. 图书馆、展览馆、博物馆	○	—	—
	16. 影剧院、游乐健身场所	●	○	○
	17. 广播电视台（站）	●	—	—
四、医疗保健	18. 计划生育站（组）	●	○	—
	19. 防疫站、卫生监督站	●	—	—
	20. 医院、卫生院、保健站	●	●	●
	21. 休疗养院	○	—	—
	22. 专科诊所	○	○	—
五、商业金融	23. 生产资料、建材、日杂商品	●	○	○
	24. 粮油店	●	●	—
	25. 药店	●	○	—
	26. 燃料店（站）	●	—	—
	27. 理发馆、浴室、照相馆	●	○	—
	28. 综合服务站	●	○	○
	29. 物业管理	●	○	—
	30. 农产品销售中介	○	○	—
	31. 银行、信用社、保险机构	●	—	—
	32. 邮政局	●	○	—
六、社会保障	33. 残障人康复中心	●	—	—
	34. 敬老院	●	○	—
	35. 养老服务站	●	●	—
七、集贸设施	36. 蔬菜、果品、副食市场	●	○	—
	37. 粮油、土特产、市场畜禽、水产市场	●	○	—
	38. 燃料、建材家具、生产资料市场	○	—	—

注：“●”表示必须设置；“○”表示可以选择设置；“—”表示可以不设置。

四、南村市域公共服务设施规划案例研究

青岛市平度南村是2013年青岛市委市政府进行小城市培育试点的首批5个

镇之一，其市域公共服务设施是按照县辖镇级市进行规划的。南村在小城市培育试点前不久合并了周边的郭庄镇和兰底镇，可以归入扩范围设置的情况。在具体规划实践中，扩范围设置的县辖镇级市情况比原范围设置的更为复杂，在居民点体系结构变化方面也相当于涵盖了原范围设置的情况，因此在案例研究部分选择了扩范围设置的案例进行说明，原范围设置的情况则不再赘述。

1. 撤并前镇区公共服务设施的利用和提升

规划保留了原兰底、郭庄镇区的中小学、敬老院、医院、集贸批发市场等公共服务设施，并在此基础上对两个镇区的用地布局进行了调整：对于迁入南村市区工业区的工业用地和将来要撤销的行政机关办公用地进行梳理，优先安排敬老院、市场等公共服务设施用地（图 2、图 3）。

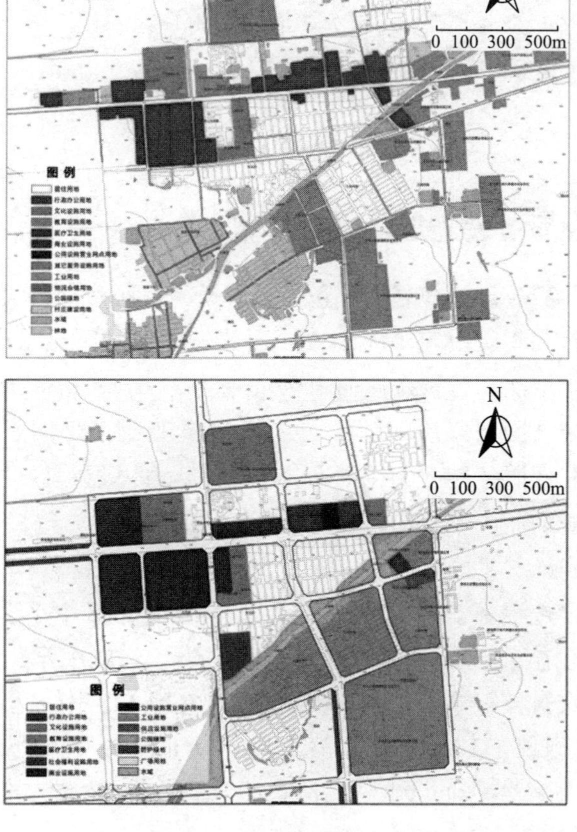

图 2　兰底建设用地调整示意图

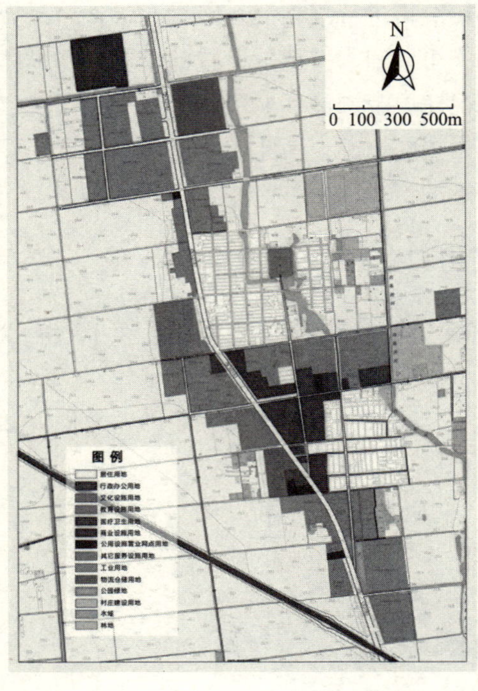

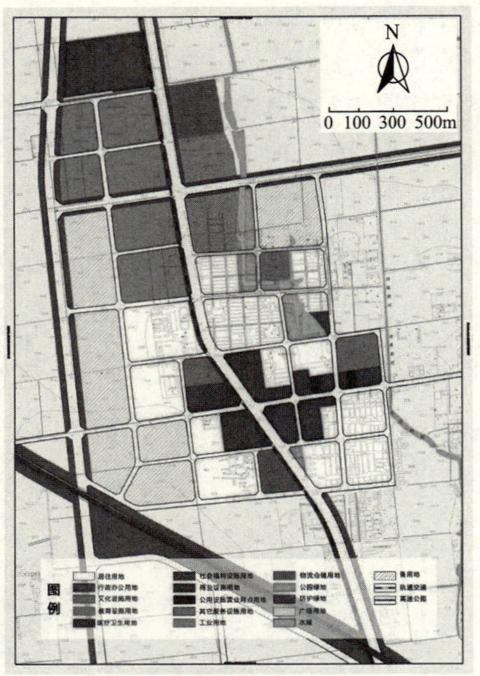

图 3　郭庄建设用地调整示意图

2. 市域公共服务设施规划

南村市域公共服务设施规划主要包括教育设施、医疗保健设施、文体科技设施、社会保障设施和集贸设施等 5 个方面。首先考虑居民点与市区的空间关系，将市域划分为 3 个层次，分别按照与市区及原兰底、郭庄镇区的空间关系考虑市域其他居民点的公共服务来源问题（图 4）。在此基础上，按照基本公共服务均等化和提高中心社区服务能力的原则，分中心社区和基层社区两级对各项公共服务设施分别进行规划。

（1）教育设施

教育设施主要包括中学、小学和幼儿园。除南村市区中小学、幼儿园外，规划南村市域教育设施如下：①保留原有兰底中学、郭庄中学，共 2 所，为纯初中；②规划保留农村社区小学 12 所，新建庞戈庄小学、南埠小学，均按完小设置，共 14 所；③规划在 18 个农村社区各配置幼儿园 1 所，全部按一类园建设；保留刘家西埠、大李戈庄幼儿园，新建姚丘、柴家洼幼儿园，按二类园建设；共设幼儿园 22 处（表 3、图 5）。

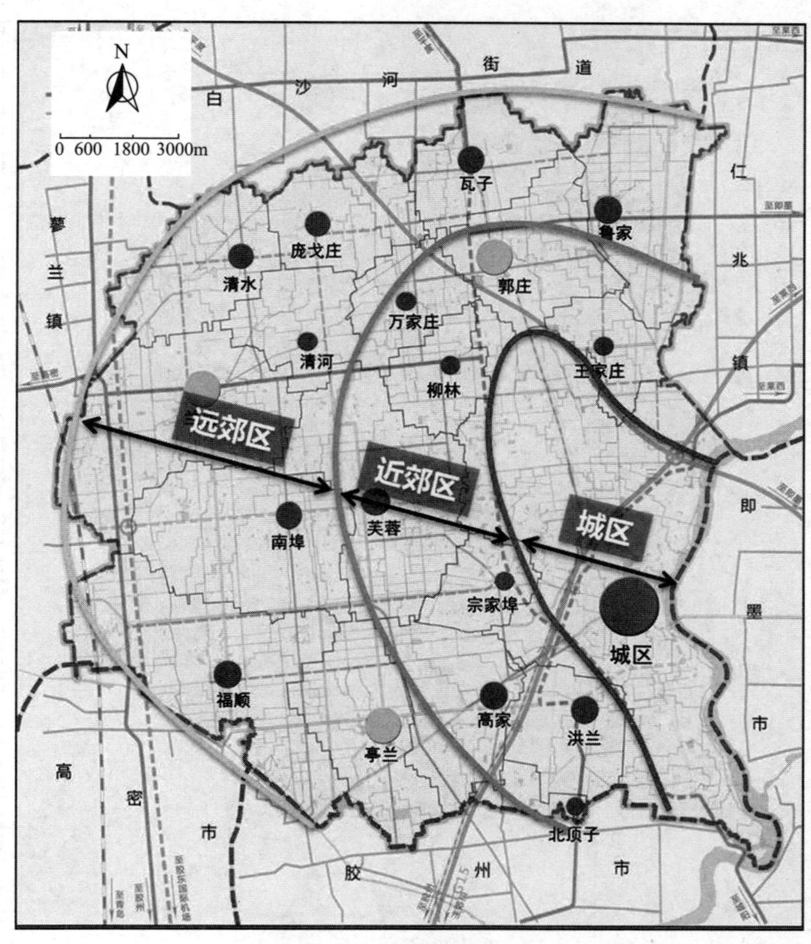

图 4 南村市域空间层次图

表 3 南村市域规划农村社区教育设施一览表

<table>
<tr><th>类型</th><th>标准</th><th>个数</th><th>所在农村社区</th></tr>
<tr><td>中学</td><td>初中</td><td>2</td><td>兰底、郭庄</td></tr>
<tr><td>小学</td><td>完小</td><td>14</td><td>亭兰、洪兰（北顶子）、高家、宗家埠、兰底（清河）、福顺、芙蓉、南埠、郭庄、瓦子丘、鲁家丘、王家庄、柳林（万家庄）、庞戈庄（清水）</td></tr>
<tr><td rowspan="2">幼儿园</td><td>一类园</td><td>18</td><td>亭兰、洪兰、北顶子、高家、宗家埠、兰底、清河、福顺、芙蓉、南埠、郭庄、瓦子丘、鲁家丘、王家庄、柳林、万家庄、庞戈庄、清水</td></tr>
<tr><td>二类园</td><td>4</td><td>刘家西埠、大李戈庄、姚丘、柴家洼</td></tr>
</table>

注：小学括号“()”内为该小学服务的其他农村社区。

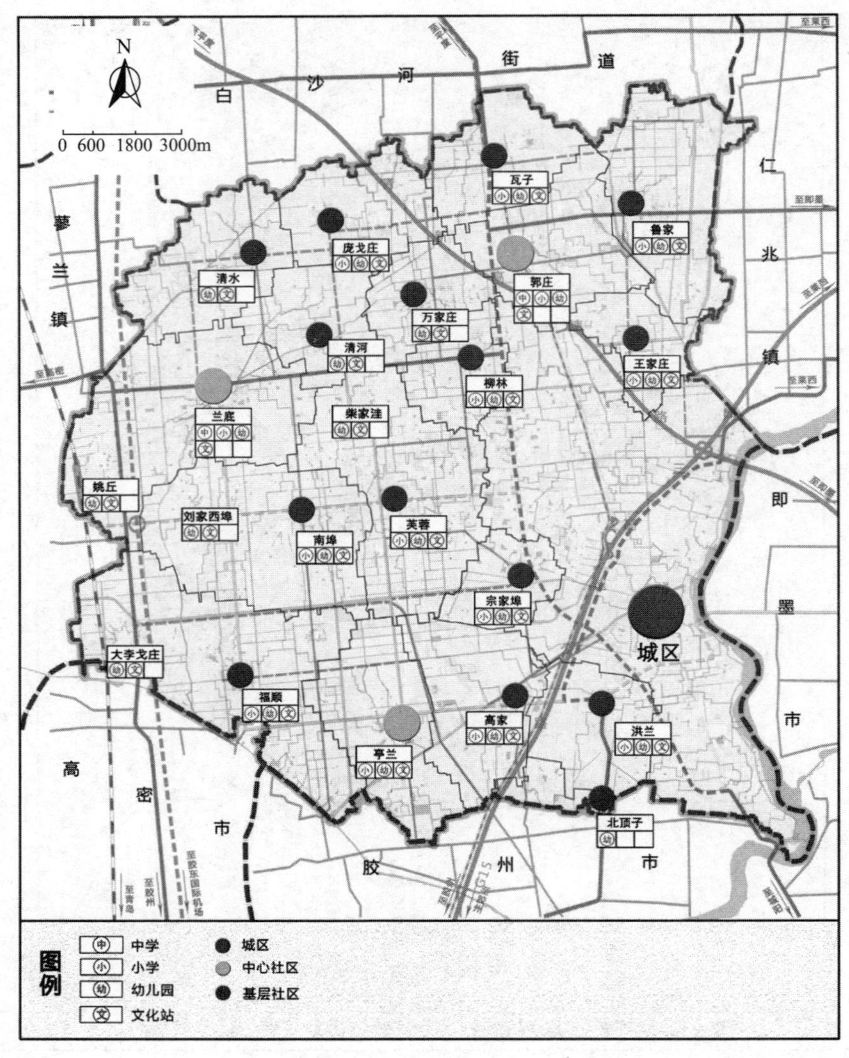

图5　南村市域教育文化设施规划图

（2）文体科技设施

规划南村市域18个农村社区每处设置文化站一处，并提高兰底、郭庄、亭兰文化娱乐设施发展水平，保留姚丘村、刘家西埠、大李戈庄文化站，增设柴家洼文化活动站，共设文化站22处（图5）；规划在兰底、郭庄、福顺、高家各设置一处农技站，共4处。

（3）医疗保健设施

除南村城区医院外，规划保留兰底医院、郭庄医院，增设亭兰医院；其余15个基层社区每处配置卫生室一处，根据服务人口规模提高人员、设施配置标准；保留姚丘村、刘家西埠、大李戈庄卫生室，增设柴家洼卫生室；共设置卫生室19处（图6）。

（4）社会保障设施

南村市域社会保障设施按敬老院和养老服务站两级配置。规划保留亭兰敬老院，并在兰底、鲁家各建设一处敬老院，共3处；规划在高家、郭庄、瓦子、南埠、庞戈庄、福顺、庙东、芙蓉、清水各配置一处养老服务站，共9处（图6）。

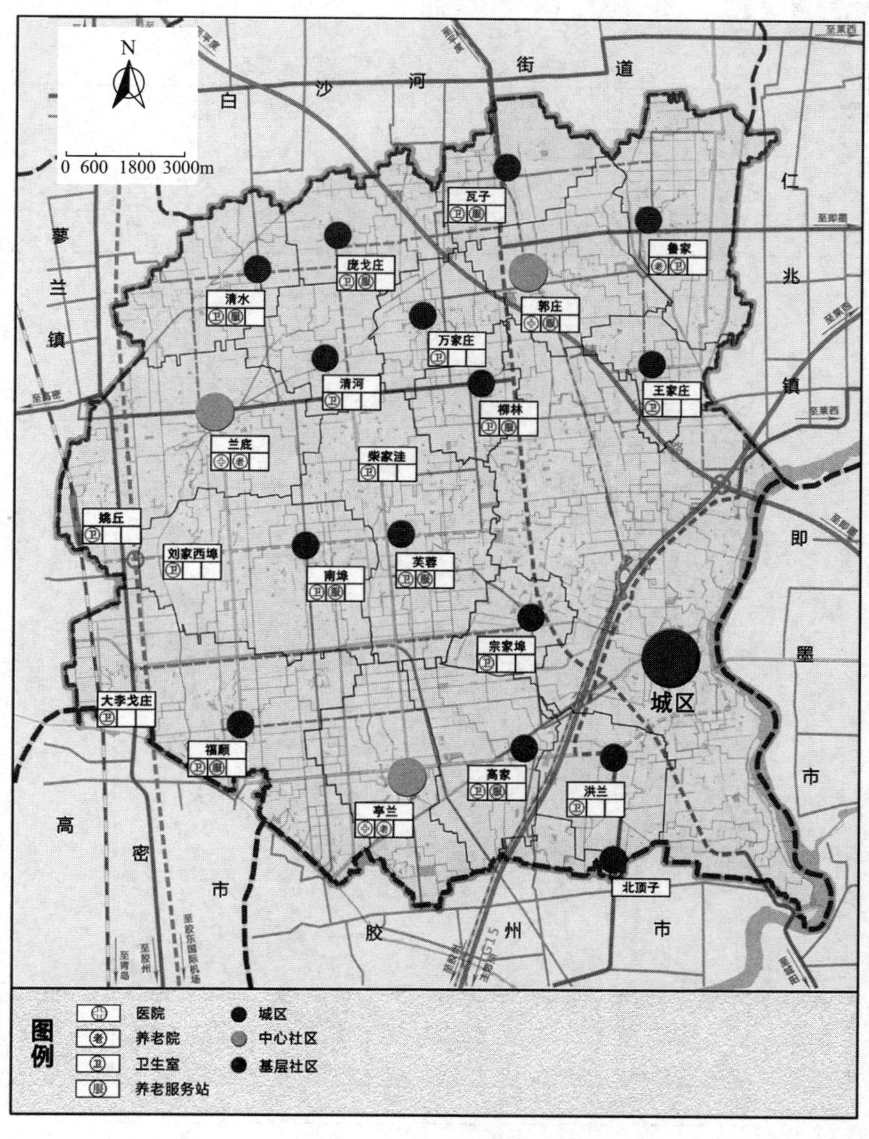

图6 南村市域医疗保健设施和社会保障设施规划图

（5）集贸设施

南村市域集贸设施主要指农村社区集贸市场，综合考虑南村城区建设、居民点体系职能结构规划、农村社区交通条件和集贸市场辐射半径，规划扩建兰底、瓦子丘、福顺、芙蓉等集贸市场，取消洪兰中村、前吕家村、钟楼埠村等现有的用地规模较大的农村集贸市场，将其集贸功能分别就近并入城区、郭庄和鲁家丘集贸市场，最终在南村市域农村社区内形成大型集贸市场5处、中型集贸市场3处、小型集贸市场6处（表4、图7）。

表4　　南村市域规划农村社区集贸市场一览表

类型	占地面积	个数	所在农村社区
大型	$10000m^2$ 以上	5	兰底、亭兰、郭庄、鲁家丘、瓦子丘
中型	$5000 \sim 10000m^2$	3	高家、芙蓉、福顺
小型	$5000m^2$ 以下	6	柳林、南埠、庞戈庄、清水、清河、洪兰

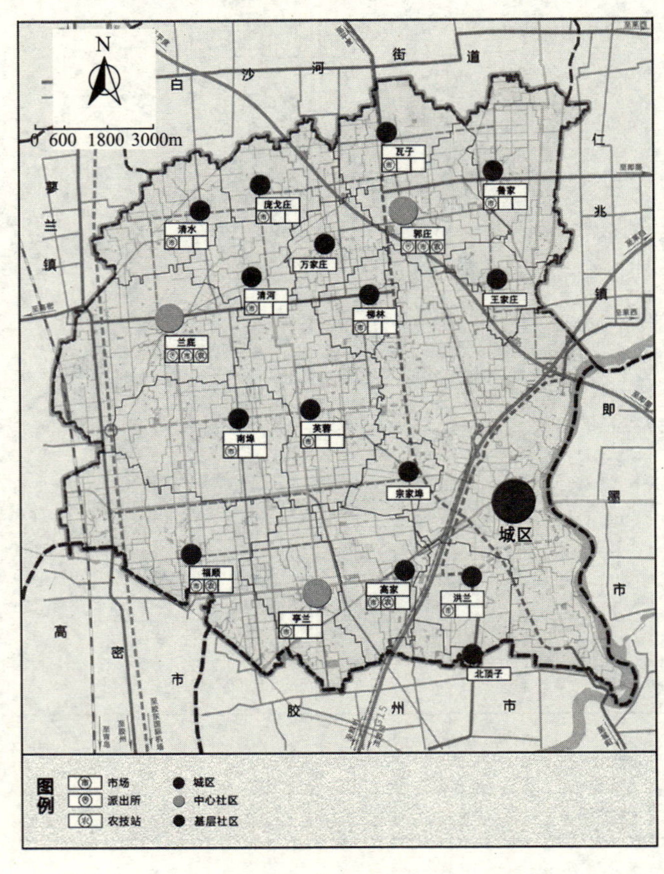

图7　南村市域集贸设施和农技设施规划图

五、讨论和结论

本文讨论了县辖镇级市设置的趋势，并从不同设置模式影响下市域居民点体系的特征入手，讨论了县辖镇级市市域公共服务设施规划的应对思路，认为县辖镇级市市域公共服务设施规划的关键在于：①提升市域城乡居民公共服务水平，以较高标准配置市区和中心村（中心社区）的公共服务设施；②充分发挥市区公共服务设施的集聚效应和服务辐射作用，相应放宽市区周边基层村公共服务设施配置要求。应该说，本文的研究相对于我国小城镇面广量大、区域差异显著的现状来说还是十分粗浅的。同时，本文对县辖镇级市市域公共服务设施规划的讨论是基于将市域居民点默认为传统农村居民点这一前提的，然而随着城镇化的发展和农村土地流转的展开，小城市市郊农村的人口结构将会发生很大的变化，住在农村并从事农业劳动的人口将大大减少，相应市郊农村居民对公共服务的需求也会产生变化，这需要在将来的研究中讨论相应的规划应对办法。

（本文原载于《规划师》2014 年第 5 期）

新形势下县域城乡空间差异化发展路径

——以襄城县城乡一体化规划为例

张晓婧　刘克芹

随着“十八大”、“新型城镇化”概念的提出，《国家新型城镇化规划(2014—2020 年)》的出台，新型城镇化试点相继颁布，当前各城市都在积极探索如何走一条新的城镇化道路，而新型城镇化主要关键问题集中在“人到哪里去、地该怎么用、钱从哪里来”三大方面，尤其是积极引导有意愿进程的农民转化为市民，并享受城乡一体化的公共服务。由于发展条件等因素不同，不同地区城镇化发展阶段不同，本文从“人的城镇化”出发，对不同区域提出“人、地、财”三大方面差异化的城镇化发展指引。

一、研究对象及方法

1. 研究对象

由于县域是城乡结合最直接、城乡关系最密切的地区。以近期参与“襄城县城乡一体化规划”项目作为研究基础。

襄城县隶属于河南省许昌市，地处中原腹地，是传统农业大县，面积约 920 万平方公里，总人口 85. 81 人。襄城县现有 8 个镇（城关镇、库庄镇、王洛镇、十里铺镇、颖回镇、颍阳镇、紫云镇、麦岭镇）、8 个乡（茨沟乡、汾陈乡、双庙乡、姜庄乡、范湖乡、丁营乡、山头店乡、湛北乡）。

襄城县的社会发展与经济特点：一是经济起步晚、增速快，煤炭行业一家独大。襄城县是传统农业地区，90 年代以前以第一产业为主，随着西南部煤炭资

张晓婧：中国城市和小城镇改革发展中心规划院。

刘克芹：中国经济体制改革研究会。

源的开采，2002 年以后经济进入飞速发展阶段。在全省 2011 年综合实力排序中，由 2008 年的 27 位上升到 23 位，曾连续两次进入全省“县域经济发展十快县”序列。二是农业发展方式粗放，农业机械化水平较低。三是城镇发展不足，劳动力外流比例高，常年近四分之一人口外出。

在新形势下，襄城县城镇化过程不能走传统的城镇化的模式，必须探索一条适合中原传统农区的新型城镇化道路。

2. 研究方法

目前，传统城乡空间划分，注重以经济发展为主要考虑因素，自上而下推动城镇化发展。在新型城镇化推进下，本文形成“充分尊重群众意愿”的县域城镇化动力综合评价。在此基础上，研究如何围绕以人的城镇化与城乡空间发展匹配。构建差异化空间分区，形成“人、地、财”三大方面差异化发展路径。改变现有城乡二元关系，缩小城乡差距，促进城乡一体化协调发展。

二、县域城镇化发展动力评价体系构建

1. 评价体系构建的原则

除了科学性、可操作性、数据的可获得性等构建基本原则外，与传统指标体系构建不同点还有以下几点。

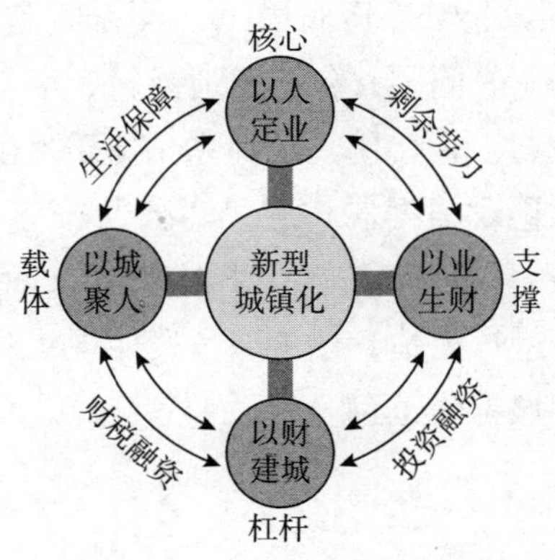

图 1 新型城镇化核心内容图解

(1) 从重经济发展转变为综合评价

传统乡镇发展潜力评价以经济条件评价权重系数过高，社会条件等其他因素

往往评价权重系数较低，造成以单一的经济发展条件评判城镇化发展情况。而新型城镇化涉及人口、土地、资金、就业等方面，需要形成涉及各方面综合的评价指标，形成新型城镇化发展路径方向。

（2）从重视物质空间布局评价转变为以人为本

传统规划侧重于土地资源配置、基础设施空间布局，即是否满足具体配套指标；关注公共服务需求少，缺少人文关怀。而以人为本的城镇化，应将持续提高人民的生活水平、满足人的多元化需求作为城镇化发展的出发点。故评价中需要综合加入对城乡公共服务意愿的调研评价，提高城镇化质量，实现均等化的基本服务。

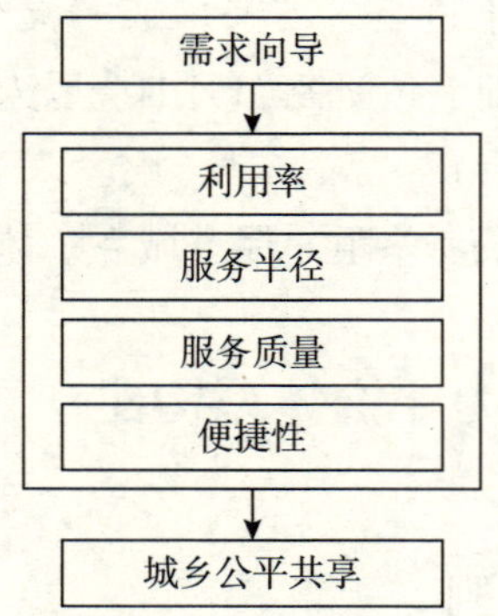

图 2　以人为本引导下的城乡公共服务评价

（3）从只重视城镇转变为重视乡村发展

“人的城镇化”一方面主要是指农民工的问题，包括公共服务均等化、就业、居住等；另一方面是三农问题，包括土地流转、空心村治理等。可见“人的城镇化”关键聚焦点在农村。而传统评价体系中缺乏反映农村土地及农民意愿的评价。需要尊重村民的意愿。根据农村居民对公共服务、经济发展、土地流转、农村社区建设等多个方面的评价和需求，以及正在进行的城中村改造、小城镇建设、新型农村社区建设等进行评估，评价城乡发展现状及城镇化发展动力，从而形成可供农村居民选择的城镇化道路。

2. 评价体系构建

选取反映“人、地、财”的三大方面与新型城镇化关系密切的指标—社会发展、经济发展及土地发展。每个方面均从统计数据定量分析和问卷调查定量分析两个方面双重评价，互相验证，既通过统计数据评估乡镇发展动力，又通过问卷调查，了解农村居民意愿，综合引导城镇化发展空间分区。（具体技术

路线如下图）

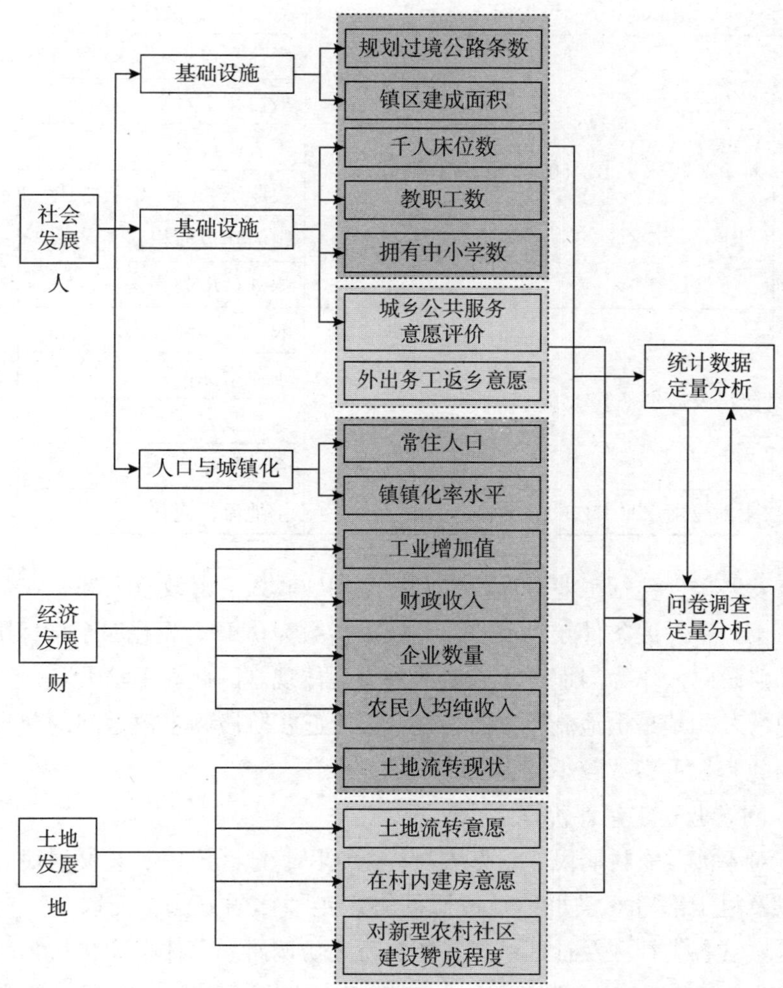

图3　襄城县城镇化发展空间分区引导评价技术路线图

（1）统计数据定量评价体系构建

选取人口规模、城镇化、千人床位数、工业增加值、农民人均纯收入等作为指标选择依据，分别反映社会发展（人）、经济发展（财）、土地发展水平（地）三大因素。各方面及其组成要素通过层次分析法确定其权重系数。

社会发展条件中包括人口与城镇化、公共服务、基础设施三方面 6 个指标，其总体权重系数与经济发展水平同等重要。考虑到公共服务设施均等化是新型城镇化中的重要目标之一，反映公共服务设施水平的指标权重较大。乡镇城镇化率数据与实际数据有一定出入。因此在指标评价体系中占比较低。

表 1　　AHP 法各指标要素权重

目标	一级指标		二级指标	权重
各乡镇城镇化动力评价	社会发展水平 B1（0.45）	人口与城镇化	常住人口规模	0.0420
			城镇化率水平	0.0162
		公共服务	千人床位数	0.1438
			教职工数与学生数之比	0.1494
		基础设施	镇区建成面积	0.0302
			规划过境公路条数	0.0682
	经济发展水平 B2（0.45）		农民人均纯收入	0.0291
			工业增加值	0.2832
			财政收入	0.0911
			企业数量	0.0467
	土地发展水平 B3（0.1）		土地流转现状	0.1000

经济发展条件包括工业增加值、农民人均纯收入、财政收入和企业数量 4 个指标，由于经济发展条件较为重要，其权重指数为 0.45。而在四个指标中，工业增加值和财政收入作为当地经济发展的最直观体现，因此权重较大。

土地情况尤其是土地流转方面，襄城处于起步阶段，乡镇之间的差异性也不明显，因此其权重指数较小，为 0.1。

（2）问卷调查定量评价体系构建

调查对象涉及农村居民、新型农村社区居民、镇区居民、县城居民、外出务工人员以及村干部等 6 类群体。按照网络定距抽样的方法，抽取 17 个调查点。分别就襄城县各类社区及社区所在村庄进行走访调研。总体来说，城乡居民调查样本总量为 1146 个。在实际调研中，共发放农村居民问卷 715 份，问卷回收率为 100%，其中有效问卷 714 份，问卷有效率为 99.9%。共发放城镇居民问卷 256 份，问卷回收率为 100%，其中有效问卷为 254 份，问卷有效率为 99.2%。

第一，构建城乡基础服务评价体系。

在实际过程中，要实现城乡基础设施均等化，除了设施满足服务半径和需求量，更应该考虑设施的使用效率。由此构建城镇级评价体系，实现城乡基础服务的效益优化。

从使用者的角度来考虑，从出行便捷、安静、方便、服务好以及安全等因素出发。另外也要从专业工作者的角度考虑效益高、利用率高、布局科学合理、服务半径合理以及资源充分利用等方面。采用层次分析法，获得各类设施评价各因子的因子权重，形成评价体系。

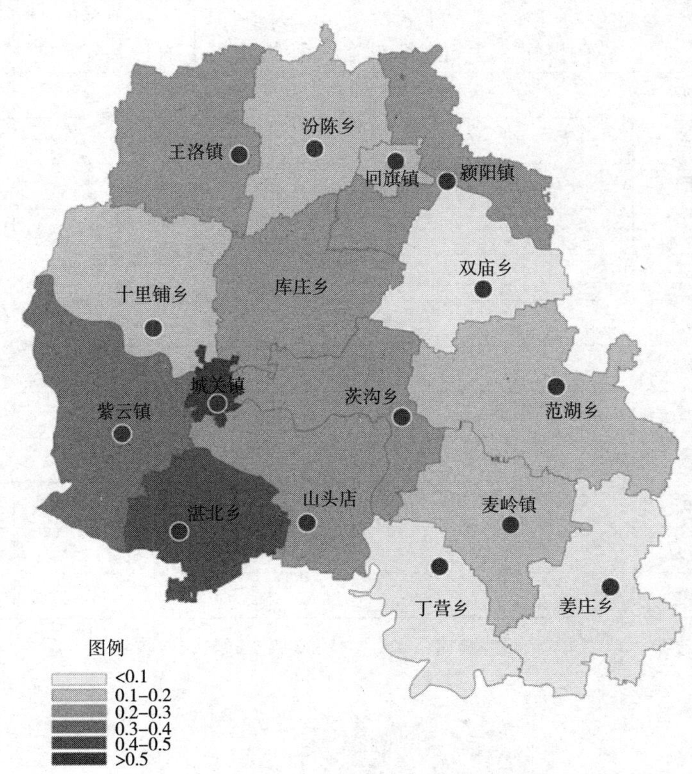

图4　襄城县城镇化发展动力综合评价图

将城乡居民对服务设施的评价进行因子分析，共提取5个因子，其中，所占比重最大的为休闲设施因子和基础服务设施因子，这说明这两项在基础设施中起到重要作用。

表2　城镇公共服务设施因子分析

	因子1 休闲设施	因子2 基础服务设施	因子3 购物设施	因子4 社区基础设施	因子5 就学就医
娱乐休闲场所	0.833				
文化设施建设	0.795				
体育健身场所	0.767				
公园广场配置	0.751				
饮用水水质		0.798			
垃圾处理状况		0.673			

续表

	因子 1 休闲设施	因子 2 基础服务设施	因子 3 购物设施	因子 4 社区基础设施	因子 5 就学就医
市内交通状况		0.653			
空气质量状况		0.645			
公共停车场建设		0.617			
公交状况		0.543			
大型购物中心建设			0.866		
菜市场等农贸市场			0.792		
社区路灯照明				0.768	
供电稳定水平				0.725	
路面排水状况				0.577	
社区道路建设				0.591	
就学方便程度					0.825
就医方便程度					0.711

注：图中数据来源于“襄城县城乡一体化规划”社会专题城镇居民调研数据。

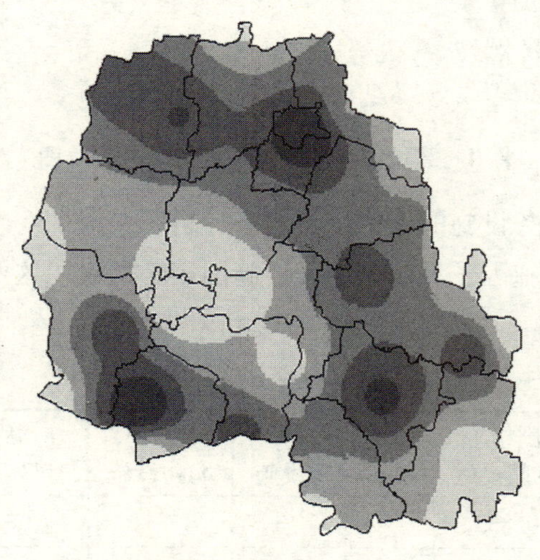

图 5　襄城县城乡居民对基础设施评价情况

第二，构建农村居民土地意愿评价体系。

传统农业地区，人口外流严重，“空心村”及土地撂荒情况较突出。如何提高农业产业化、规模化经营，有效治理“空心村”，实现土地集约利用，是城镇化过程中较为核心的问题。但不能不尊重农民的意愿，剥夺农民的生活来源。因此对宅基地及农地的情况进行意愿调查。宅基地主要对村民自建房意愿及新型农村社区建设赞成程度、农地对农地流转意愿及加入农村合作社意愿进行调查。

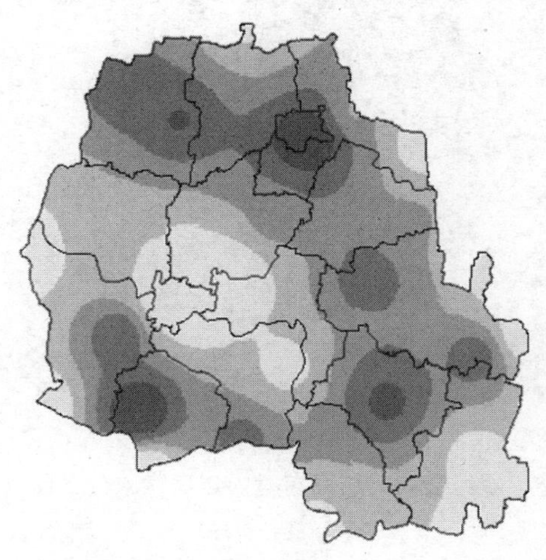

图6　襄城县农村居民对农地流转的意愿（%）

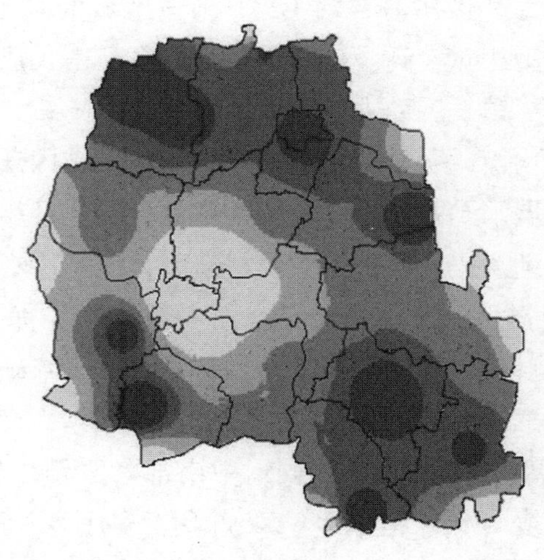

图7　襄城县农村居民对新型农村社区建设赞成程度分布图（%）

第三，外出农民工返乡意愿调查评价。

据调查，约有78.3%的外出务工者会选择返乡，仅有9.6%的人明确表示不会返乡，12.1%的人表示没有想过。外出务工者平均会在4年返乡。具体分析发现，53.2%的人会在3年内返乡，4~6年返乡的占27.3%，也就是有八成外出务工者会选择在6年内返乡。返乡意愿强烈的集中在紫云、湛北等经济发展条件好的乡镇。

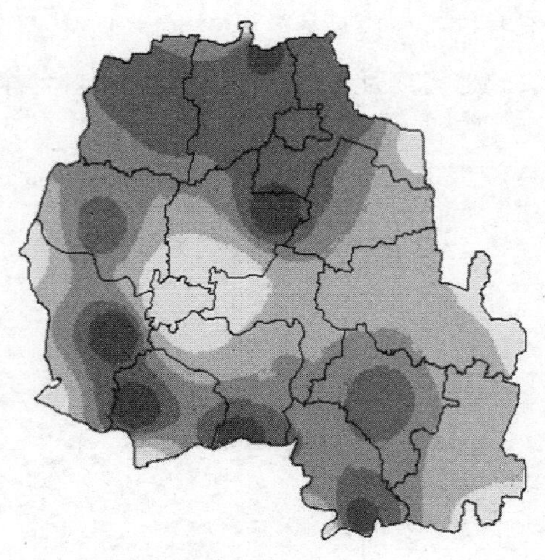

图8 襄城县农村居民在村内建房意愿分布图（%）

（3）评价解读

城镇 G311 轴向发展动力更强，东西两翼较弱。以城关镇为县域中心，紫云、麦岭、王洛、颍阳镇为片区中心，沿 G311 国道区域的乡镇发展发展动力最大，优势明显，城镇化水平相对较高。王洛镇、汾陈乡、山头店乡、颍阳镇、颍回镇发展动力中等，其余乡镇发展动力比较薄弱。

乡镇发展水平不均衡，明显受中心城区影响。县域内茨沟、库庄、紫云、湛北等南部乡镇经济发展水平相对较高；公共基础设施建设相对也比较到位，使用效率较高，城乡居民满意程度较高，对农村新型社区建设支持率较高；外出务工人员返乡意愿相对较强烈。而其余乡镇发展基础薄弱，尤其东部乡镇以农业为主，经济水平较低，财政收入较少，主要靠转移支付，基础服务设施较弱，有较为强烈的土地流转的意愿。

南部和北部发展动力特征明显不同：中南部各乡镇城镇化动力明显高于北部，西南部的发展（麦岭镇、范湖乡、双庙乡、姜庄乡、丁营乡）明显低于北部（王洛镇、汾陈乡、颍阳镇、颍回镇、双庙乡）。县域中南部是全县发展动力最为突出的地区。

三、城乡空间差异化分区构建及政策指引

依据乡镇城镇发展动力综合评价、城乡公共服务设施评价、土地意愿及外出人口返乡意愿等将发展速度快、动力大的城镇和发展动力一般、发展动力较弱的城镇进行合理分区，将全县分为重点城镇拓展区、城镇化优先发展区、城镇化一

般拓展区、城镇化有条件发展区、城镇化有序拓展区。

1. 重点城镇拓展区

该区域城镇及人口密度较为集中，城乡一体化发展综合潜力最高，已建立起第二、第三产为主体的经济结构。

依托襄城县城区的带动辐射，整合周边乡镇的发展优势，形成重点城镇拓展区，是全县域人口转移和产业集聚的重要承接地。

工业方面，以发展城北工业集聚区，增强规模经济，增强中心辐射功能。

农业现代化方面，发展都市农业，鼓励机械化、规模化经营，打造都市农业产业园。

公共服务方面，中心城区提供高等级服务，资金主要用于加大基础设施的建设和投资支持，增强城市吸纳人口能力。

2. 城镇化优先发展区

该区域在社会发展、经济水平、城市建设水平等方面的城乡一体化发展潜力较大，仅次于中心城区，是未来体现以工促农、以城带乡特点的城镇化发展较快区域。

推进煤焦化工业的升级改造和产业链拓展，制定严格产业效能标准和环保标准；同时，利用优越的生态景观资源条件，发展度假休闲；促进农民向城镇集中，该区域未来回乡人口较多，积极提升公共服务，根据群众意愿推进新型农村建设。

3. 城镇化一般拓展区

该区域乡镇城乡一体化发展潜力总体一般。

北部的农业以发展特色农业为主，进一步推动农业加工。积极引导和推进土地流转。

公共服务方面，完善提升镇区和中心村形成高品质的配套服务设施，满足城乡公共服务均等化需求。

引导人口逐渐向城镇与重点优化发展型村庄集中。

资金方面，在财力安排上要有一定的自主权，因此建议建立一级财政，在该区的城镇先行先试。同时对新增地方级收入实行全留，以此增加城镇的财力，拓展调节空间和积极性；从事公共基础设施项目、符合条件的环境保护项目、节能节水项目，实行企业所得税优惠政策。建立一级财政，收入实行全留，增加城镇财力。

4. 城镇化有条件发展区

该区域是县域内粮食作物主产区，发展相对滞后，财政收入较少，建设资金投入缺乏，城镇化动力较弱。

应推动传统农业向现代化、产业化等高附加值方向发展。未来将保留相对较多的农村居民点，继续加强耕地和林地的流转集中；通过建设机械化农业基地，充分解放土地生产力，完善提升镇区和中心村形成高品质的公共服务设施。

整合支农资金，有的放矢地突出重点，解决该地区资金来源困难的局限。

5. 城镇化有序拓展区

该区域城镇化动力较弱，但旅游势头强劲。

依托北汝河生态景观资源及沿河丰富人文景观资源构建东西向生态提升带，重点发展生态旅游、休闲度假旅游和生态农业，促进旅游与农业的结合。

公共服务方面，以镇区和特色旅游村庄为重点，鼓励有意愿的农民自建房，提升旅游服务水平。

区域内居民点只有限地发展若干个特色村庄，非特色村庄采用限制规模并逐步迁移的方式，引导剩余人口逐渐转移到城区。

表3　城乡空间差异化分区的政策建议

分区	政策建议				
	人		地	财	
	人口政策	公共服务政策	土地政策	产业政策	财政建议
重点城镇拓展区	向中心城区集中	提供高等级服务	—	城市型产业：发展现代服务，都市农业	加大投入基础设施建设及维护
城镇化优先发展区	城镇集中为主	重点建设镇区服务设施	可以进一步推进农村新型社区建设	以工促农：引导城镇产业发展，推动农业产业化	建立一级财政，收入实行全留，增加城镇财力。整合支农资金
城镇化一般拓展区	城镇集中为主	完善提升镇区和中心村配套服务设施	有条件的进一步推进农村新型社区建设	城乡协作：发展特色农业，推动促进农业、工业、服务协作发展	整合支农资金，明确重点投向

续表

分区	政策建议				
	人		地	财	
	人口政策	公共服务政策	土地政策	产业政策	财政建议
城镇化有条件发展区	城镇集中为主	完善提升镇区和中心村配套服务设施	积极尽快推进农地流转	城乡协作：推动传统种植业现代化发展，促进农业、服务协作发展	整合支农资金，明确重点投向
城镇化有序拓展区	大集中与乡村小集中相结合	以镇区和特色旅游村庄为重点提升旅游服务水平	鼓励农民自建房	以旅促农：鼓励发展专业合作社，推动乡村旅游发展	整合支农资金，明确重点投向

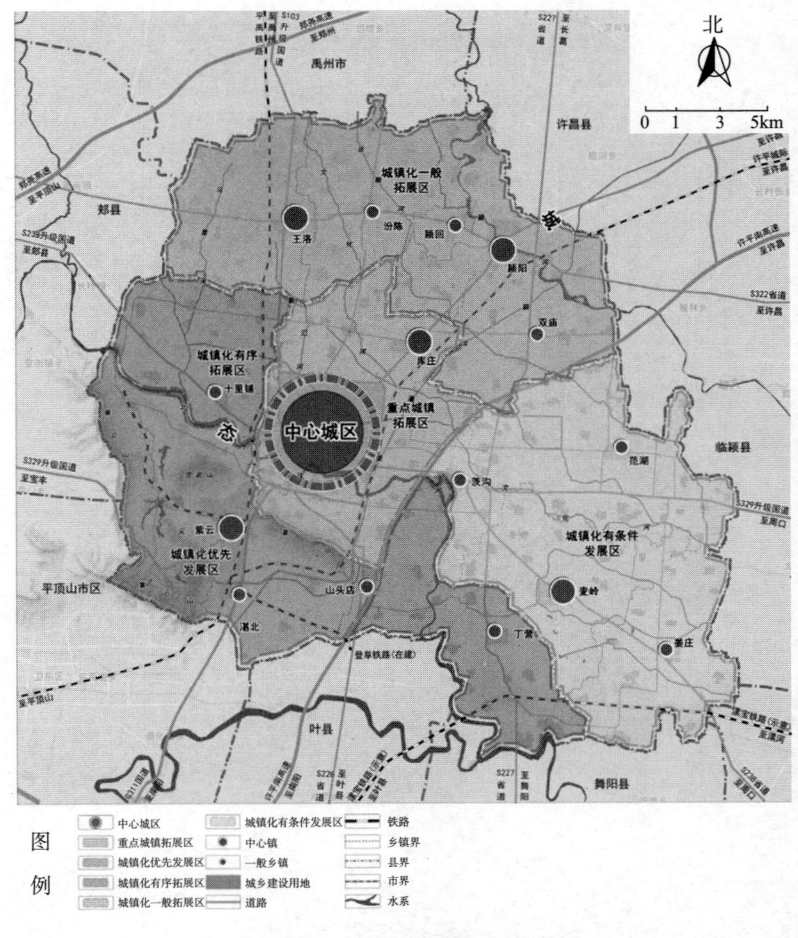

图9 襄城县城乡空间分区图

四、结 语

本文基于新型城镇化的重点，“人、地、财”三方面进行城镇化动力的评价，打破原有“自上而下”的城镇化发展路径，形成“自下而上”的尊重人的意愿的城乡空间差异化发展路径；在此基础上，分析了襄城县的现状和问题，提出了襄城县城乡差异化发展的分区及政策指引。本文通过对城镇化发展的探索，期望能对其他城镇在城镇化发展过程中遇到的问题提供积极有益的思路。

（本文原载于《小城镇建设》2015 年 6 月）

山地城市空间形态生长特征分析

张雪原　翟国方

山地城市由于其周围复杂的地形地貌条件，空间生长比之平原城市具有较大不同，往往呈渐进式和跳跃式两种方式交替拓展。通过聚焦城市边界，并以此来构建城市模型，可以进一步深入分析山地城市形态生长的内在机理。山地城市在其生长过程中具有跨越生长、循环生长的特征，并且要经历两次大的跨越，形成三次循环过程。据此，山地城市形态生长可以通过合理的规划手段来调节城市边界力量的平衡，进行有效引导，以促进其健康生长。

一、引　言

我国地形多变而复杂，山地占全国国土面积的2/3，其居住人口占全国人口的1/3。山地城市作为我国城市中的一大类，在我国的整体经济社会发展水平提升中发挥着重要作用。山地城市所处地形地貌不仅包括山地、丘陵，往往还与江河、海湾等复杂地貌相结合。当前我国正处于城市化的快速发展时期，多数山地城市正处于大规模工业化的阶段，用地需求存在很大缺口，而山地城市空间拓展往往受到地形地貌和生态环境的较大限制。进入21世纪，可持续发展是全世界城市研究共同关注的议题。如何在复杂的地形条件下，不以牺牲生态环境为代价来寻求城市空间发展的最优解是城市研究者及城市规划师的重要任务。

城市形态是指城市在某一时间内，由于其自然环境、历史、政治、经济、社会、科技、文化等因素，在互动影响下发展所构成的空间形态特征。对于城市形态演变的影响因素，国内学者主要从以下几个方面研究，分别为：历史发展、地

张雪原：中国城市和小城镇改革发展中心规划院。

翟国方：南京大学建筑与城市规划学院副院长，规划系主任、教授，博士生导师。

理环境、交通运输条件、经济发展与技术进步、社会文化因素、政策与规划控制。国外学者较多侧重于建立模型来解释城市空间增长，同时对紧凑城市和分散城市进行对比性质实证研究。对于城市形态的演变过程，R·A·Erickson1983 年提出了边界外溢、分散跳跃、内部填充三种城市形态演变的基本模式。

基于山地城市的城市形态的研究，国内的研究主要有：黄光宇（2002、2005）研究了地形条件和自然生态环境对城市建筑的影响，并对山地城市空间结构进行了模式化。汪昭兵、杨永春（2008）归纳出复杂地形城市的多种组团式结构，并且归纳出这些城市空间拓展多呈现以工业空间或新城规划为先导的跳跃式发展。陈玮（2001）提出了山地城市形态发展及变异的阶段性，并对其发展的经济社会背景作了一定的分析。王纪武（2003）以重庆和香港为例，列举出了山地城市“上山”、“下江”和提高空间利用率三种城市空间拓展模式，指出集约式的空间利用方式是创造宜居城市空间的有效方式。杨永春（2007）对河谷型城市进行研究，并对其跳跃式的空间扩张进行了类型对比分析。目前，国内对于山地城市形态生长的研究多从表象描述入手，缺少深入地对其内在机制的研究，同时缺乏在区域视角下对山地城市形态演变的探讨。本文从城市边界出发，基于区域视角，探讨了山地城市形态生长微观机制和宏观层面的研究特征，弥补了之前研究的不足。

二、山地城市形态生长的内在机理分析

1. 山地城市形态演进的特殊性

有研究表明，地表分割深度大于 200 米以上的地形区会对城市空间的总体布局产生强烈影响。地形对城市空间发展的限制不仅仅是直接的地理隔断，狭道式的地形往往使城市发展在土地空间利用上难以整合，或造成城市服务中心距离过长而不易辐射到，同样会强烈地影响城市空间布局。

山地城市多数都是从单中心形态开始发展，所以开始都是通过渐进式的空间扩张来实现城市形态的生长。但山地城市通常地形复杂，城市扩展到一定程度时，地形的限制作用逐渐增强，城市可建设用地捉襟见肘，这时城市发展便到了一个临界期。此时，各种城市问题便接踵而至，如城市人口膨胀、城市空间拥挤、交通拥堵、老城区地价攀升等。由于城市用地紧张，新的大型投资项目往往面临较大的选址难度，同时征用土地往往经过多次开发，面临巨大的拆迁成本和难度，这给城市招商引资带来不利影响。城市的渐进式扩张速度开始放缓，甚至

停滞。当城市的经济社会实力增长到一定程度，从而能够突破地形的限制，或者城市发展迎来重大机遇时，城市发展越过临界期，跳跃式发展代替渐进式发展成为城市形态生长的主要方式。与平原城市相比，山地城市具有这样的非连续性发展，所以发展较为成熟的山地城市少有摊大饼式的空间形态，而多成集中与分散相结合、绿地楔入的组团式格局。

2. 山地城市形态生长的简化模型

由于山地城市的形态生长存在临界期，如果想对山地城市的形态生长机理进行更进一步的研究，就必须将视野更为聚焦，针对临界点进行详细分析。本文选取城市与乡村的交界点，即城市边界作为研究对象来进行分析。

城市边界是城市增长、城市向乡村拓展的现阶段平衡点，是城市向乡村推进的微小增量，是城市形态生长的边际值，是城市化的先锋地区，也是城市化最激烈的地带。城市的新增建设用地基本都集中于此，城市边界是城市的生长点。

城市边界是多种自然、社会、经济力量相互博弈形成的城乡平衡点。城市边界不断向外推进，原来的城市边界又进一步高端化，演化为城市化地区，体现了城市化的力量愈来愈强，不断超过乡村的力量。

现以一个单中心的初期山地城市结构为例，来建立山地城市形态的扩张模型，并且假设此城市所在平坦地周围均被环形地理隔断所包围，城市在每个方向上的地理环境都是相同的，也就是各个方向的径向剖切面是一致的，且假定环形地理隔断的跨度恰好达到阻止城市进一步蔓延的下限，也就是说城市经过努力是可以跨过并继续发展的。

中心人口向外的疏散、外来人口的进城、产业用地的拓展、公共设施的辐射能力都将构成城市扩张的驱动力，也就是需求，它集中表现为随着距离城市中心越远而减弱，土地的价格随距离城市中心越远而降低，从城市经济学的角度来看，表现为城市向外扩张的边际收益。而乡村的土地价值和政府对城市扩张的管制及用地指标的控制、拆迁成本形成了城市扩张的阻力，也就是供给；同时城市用水等资源开始进一步短缺。城市规模越大，城市的边际空间拓展受到的制约就越大，因此，抑制力是随着离城市中心的距离越远而逐渐变强的，表现为城市扩张的边际成本。根据鲍·马利士提出的门槛理论，城市向外扩张的城建成本是越来越高的。对于山地城市来讲，由于城市本身是从建设条件较好、较为平坦的地段开始发展，即山地城市形态向外推进的主要限制力量是复杂地形的隔断作用。经济社会的发展是城市向外扩张的主要推动力。如图 1 所示，驱动力曲线与抑制力曲线相交于 A 点，两种力量在 A 点达到平衡，城市空间目前便拓展到此点，A

点便是当前城市的城市边界所在地。

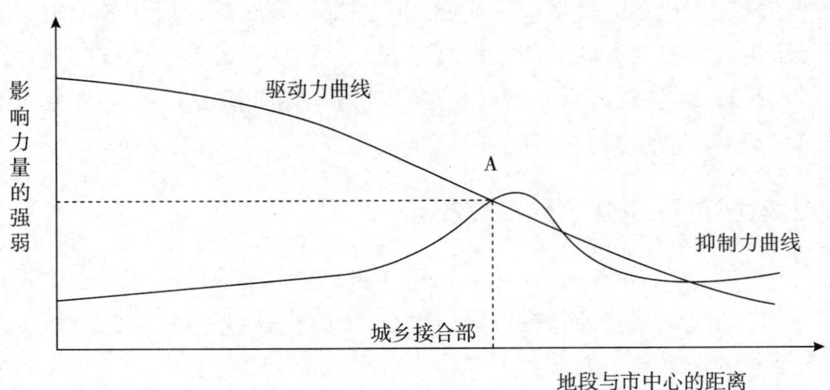

图 1　城市形态平衡曲线

城市形态的生长虽决定于其经济社会总量的增长，但并不成正比关系。城市空间是否能够向前拓展，直接取决于 A 点是否能够向外移动，也就是位于 A 点处的力量博弈。当推动力增强或抑制力减弱，都会造成平衡点的外移，体现在物质空间上便是城市边界的向外推移，城市空间形态的进一步扩张。如图 2 所示，山地城市随着历史发展，城市经济社会总量不断增长，城市空间扩张的驱动力不断增强，每个地段的城市驱动力都有所增加，于是城市驱动力曲线向上移动，城市形态的扩张也经历了三个阶段。

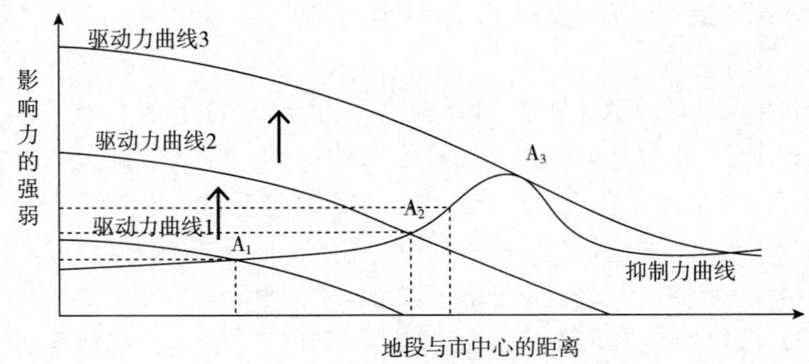

图 2　城市形态扩张分析

从驱动力曲线 1 移动到驱动力曲线 2，城市边界也由 A_1点移动至 A_2点，城市形态实现扩张。这段时期里，城市形态的增长主要靠蔓延式的扩散来实现。当城市经济社会总量继续增长，驱动力由曲线 2 再移动到曲线 3 时，由于地形条件的制约，城市扩张进入瓶颈期，从 A_2 移动到 A_3比之过去要缓慢得多，具体速度放慢的程度取决于城市周边复杂地形的隔断程度。在这段时期里，城市人口、经济规模虽维持较高增长速度，但城市形态的扩张并不十分明显，城市建设走向集约式开发，城市密度不断变大，交通拥挤等问题也开始出现。当驱动力曲线越过曲线3，城市扩张突破地形限制，A点迅速向外移动。这一时期，由于A_3点以外地区对中心区的有效疏解能力，新城区成长速度大过中心城区的成长速度，在第二阶段被压抑的投资需求迅速涌入新城区，大量人口及产业涌入新城，新城区蔓延式扩张，山地城市实现跳跃式发展。

3. 放松假设：地理隔断不均匀和多中心山地城市形态生长

以上是以处于发展初期的一个简化了的单中心的山地城市为例来说明山地城市的形态生长的内部规律，设定了一些不符合实际的假设。

首先，假设山地城市周围为均衡的地理隔断。实际上城市周围的地理隔断是不均质的，山地城市所在平坦地周围各个方向上的地理隔断（狭长通道形地形由于其对于城市发展的不利地理影响，虽然平坦，但也算作地理隔断）可能出现三种情况，如表1。之前的假设是针对第一种情况，虽然城市发展受到阻隔但经过努力是可以克服的；并且在克服这一地形门槛之后，城市能够获得较大的发展空间。第二种情况是地理隔断跨度很大，城市想越过隔断向外发展，难度非常大，跨越成本极高。第三种情况是城市虽然很容易跨过最近的这一层地理隔断，但却不能获得足够多的建设空间。由于城市选址周围的地理不均匀性，城市将优先向收益较高、成本较低的方向跨越，第一种情况成为山地城市跨越的首选方向。相对于前面构建的理想模型，现实中的城市周围往往地形多变，因此多会只向一两个方向进行空间跨越，新城与旧城形成带形、链形形态。

表1　　山地城市周围地理隔断三种情况

情况一	情况二	情况三
较容易跨过且发展空间大	跨过难度很大	轻易跨过，但发展空间不足
影响力量的强弱；驱动力曲线；A；抑制力曲线；城乡结合部；地段与市中心的距离	影响力量的强弱；驱动力曲线；A；抑制力曲线；城乡结合部；地段与市中心的距离	影响力量的强弱；驱动力曲线；A；抑制力曲线；城乡结合部；地段与市中心的距离

其次，上文的分析是以单中心的城市来构建分析模型的。现在扩展到多中心空间格局的山地城市。多中心山地城市每个与乡村地区交界的城市组团都将面临单中心城市面临的城市发展抉择。如果周围的地形条件是均匀的，那么每个城市

组团都有向外延伸的可能。现实条件下，每个城市组团均面临不同的周边情况，因此每个城市组团都将筛选一下自己周围的环境，找出各自的有利拓展方向。由于所有城市组团是一个较为连续的整体，每个城市组团的情况放在一起比较，就又有优劣之分，因此，城市最后将只从某几个城市组团出发进行空间延伸，生长出新的城市组团。为了便于说明问题，假设一个多中心山地城市除不与乡村地区交界的中心组团外，另有三个外围城市组团，分别为组团 A、组团 B、组团 C。每个外围组团都有三类情况的周边地理条件，设城市组团 A 符合表 1 中情况一的拓展方向为 A1，并以此类推 B1、C1。每个城市组团单个发展时，城市将向 A1、B1、C1 方向发展。从跨越条件优劣来看，假设 A1 > B1 > C1，三个方向将展开竞争，最终城市可能将向 A1 或 A1、B1 方向进行空间跨越。

4. 山地城市形态的循环生长

当城市新城区发展到一定程度时，又会受到复杂地形的强烈影响，城市外沿扩张再度陷入瓶颈期，直到突破地形限制，实现再一次的跳跃式的空间拓展，城市形态生长进入一个新的循环期。

山地城市形态的生长过程其实是一个冻结 - 解冻 - 变形 - 再冻结的循环过程。城市规模增长到一定程度后，由于受到复杂地形的限制，城市暂时不能跨过地形隔断拓展空间，城市形态相对稳定下来，进入冻结期。当城市的建设需求一旦跨过地形门槛，根据门槛理论，城市基建成本将比之前继续沿着原城址扩建的基建成本有个迅速的下落，城市形态扩张又加快。中心城市组团开始跨过地形隔断疏散城市功能，原本稳定下来的城市形态开始解冻，城市形态开始向新的格局方向发展。老城区逐步向新城区疏散人口和产业，新城区配套设施也逐步跟上，城区建设日益成熟，新城区规模扩大，新的城市空间格局形成，城市形态变形。新城区发展再度碰到地形门槛，并在一段时期内难以突破，城市形态再度冻结。

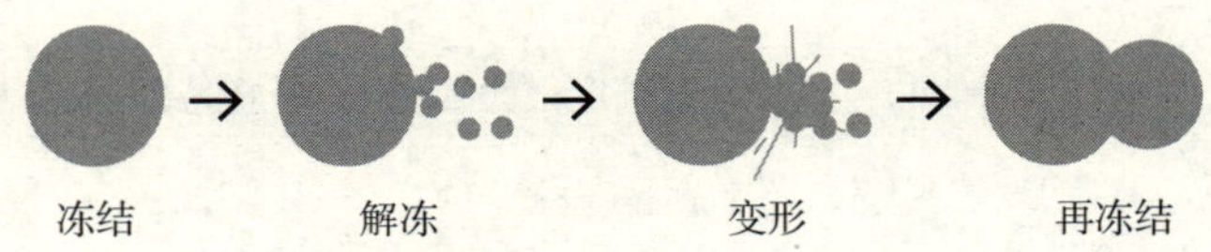

图 3 山地城市形态生长循环

5. 山地城市形态生长的三次循环

山地城市发展初期一般经历了单中心到多中心的演变过程，城市组团更像是镶嵌在山地地形之间，形成“山即是城、城即是山”的空间格局，组团之间的交通联系是关键。城市发展到后期，由于有限资源的限制，开始寻求区域合作，有的还通过同城化、城市联盟等方式，最终实现区域的跨越式发展，形成组团式的大区域城市。

山地城市形态生长的第一次循环——单中心城市的膨胀与完善。山地城市往往是从单中心城市发展而起，城市形态在工业大发展之前一直较为稳定，并缓慢扩张，在工业大发展之后或注入其他强力的经济发展动力（如旅游业的兴旺）之后，城市形态解冻，并开始快速膨胀。但在实现第一次跨越之前，往往是蔓延式的近域推进（某些城市是工业大发展后新建立起来的，从开始就发展速度很快，因此跳过了这一解冻的过程）。当城市边界扩张到复杂地形边界，而无法继续蔓延式推进时，一方面，现有城市空间集约发展，另一方面，城市向山体等复杂地形缓慢攀升。从城市内部空间看，城市内功能空间日趋复杂化。城市形态在外界条件相对稳定的情况下，开始冻结。与此同时，城市开始酝酿第一次跨越。山地城市形态生长完成第一次循环。

山地城市形态生长的第二次循环——向多中心组团式形态的演进。当内外部条件成熟的时候，城市跨过地形隔断延伸，在新的区段开始形成城市建成区，城市再度进入快速发展期，城市形态再次解冻，单中心城市形态已经无法维系。这些新城区开始崛起，并进一步发展成熟，形成新的城市组团。城市由单中心式结构到多中心组团式结构跨越，进一步实现城市增长，城市组团逐渐发育成熟。在此期间，城市空间虽跨越几次门槛，但无实质变化，结构方式可以是“链形组团式”、“中心放射组团式”、“环形组团式”、“‘山即是城，城即是山’的山城融合式”。城市组团之间的关系逐渐由中心组团带动其他组团演变为几个城市组团实现联动，互相促进发展。城乡统筹发展，城市区域影响力扩大，高端阶段形成网络化的城镇体系，城市走向区域化发展。当多中心组团式城市发展到一定程度时，行政边界的制约和行政管理的分散化形成山地城市形态进一步生长的宽门槛，同时由于城市整体实力还不够雄厚，周围地理条件变得更为复杂多变，城市形态也更为复杂，中心辐射能力受到交通技术影响，城市空间继续延伸面临多重不利影响。城市空间拓展受到种种制约，城市形态再度冻结。

山地城市形态生长的第三次循环——向多城市一体的大都市区跨越。山地城市人口进一步聚集，城市化率进一步提高，城市整体实力提升，经济辐射能力加强，区域带动力强劲，城市形态再度解冻，开始以经济地理边界来组织区域分工，城市开始突破行政疆界的限制，城际快速交通建设为其提供了重要条件。山地城市开始寻求跨区域的合作，与邻近城市共同构筑“多核”的区域一体化的城市空间体系，形成内部紧密联系的大都市区，山地城市形态完成第三次跨越。

6. 案例分析：香港城市空间形态生长的历程

香港地处岭南丘陵区，全港近 80% 的土地陡峭多山，不宜作大型综合性发展。香港城市空间的拓展主要经历了三个阶段。

（1）1884 年至 20 世纪 70 年代初的单中心高密度的集聚发展阶段。因其人多地少，填海造地成为香港扩展城市建设用地的重要方式之一。20 世纪六十至八十年代在维多利亚海域造地 680 公顷左右，这是香港的地表每年都会下降 3 厘米的原因之一。同时城市向山体拓展，半山区和山顶区逐渐呈规模，由于地形的严重束缚，城市区主要集中在港九都会区，城市发展策略主要采取集中、高密度开发。

（2）20 世纪 70 年代以后一主多副的分散发展阶段。香港市区经济规模日益扩大，20 世纪 70 年代初香港政府通过出台一系列政策，推行大规模的新市镇建设，城市向多中心组团结构演化，大力发展荃湾、沙田、屯门等新市镇，市中心的人口密度、经济密度向新市镇扩散，城市由港九都市区向新界地区扩展。

（3）90 年代以来区域一体化发展阶段。香港政府和规划部门在 20 世纪 90 年代初全面检视了全港土地利用、环境及运输政策上的现况，考虑到香港的发展与珠江三角洲中大中城市建设的相互关系，并预测了香港在全球经济一体化后的新问题、新特点，时刻关注着香港作为世界性港口城市和亚太地区金融中心的境况，城市面向区域跨越发展，城市空间发展寻求区域化发展的合理格局，重点加强与珠三角城市的合作，与深圳合作多项联合开发项目，寻求港深一体化发展的新格局。

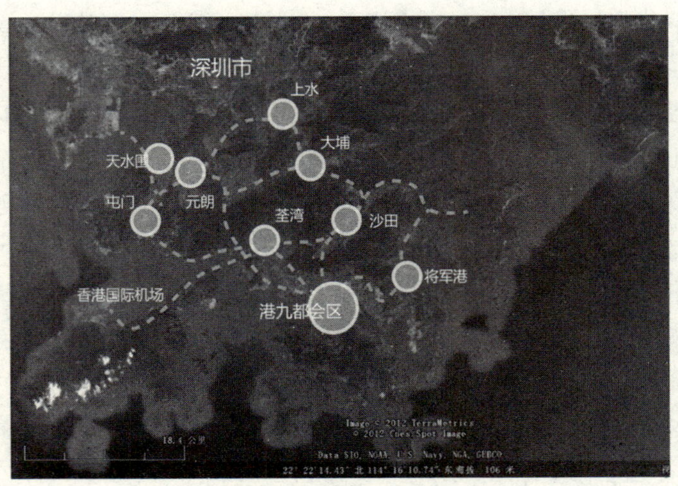

图 4　香港多中心组团结构

三、山地城市形态生长的可引导性

按照以上分析，即使不给予人为干预，山地城市形态依然能够完成整个生长过程的循环，但并不健康。由于复杂地形的制约，城市总是在迫不得已时才越过地形门槛发展新城区，这导致山地城市在没越过门槛之前，土地过度开发，城市人口密集，交通问题严重，水资源紧缺，生态环境遭到威胁。当城市实现跨越发展时，老城区的城市问题已经较为严重，再进行有机疏散已经很难了，如不得到有效的引导，老城区的城市问题将长期存在。另外，在城市突破地形门槛之前，投资需求被长期抑制，将使城市的发展错过时机，为城市带来间接的经济损失。因此，在科学预测城市发展方向和时机的前提下，正确有效地帮助山地城市突破地形门槛，提前实现跳跃发展，是十分必要的。而这最关键的一步便在于解冻阶段，从而进一步地释放城市形态扩张的活力。

通过之前的分析，解冻的着力点在于 A 点，也就是城市边界，如图 1。A 点是城市化的驱动力和抑制力的平衡点，但 A 点的驱动力高于抑制力时，A 点就会向外移动。所以解冻山地城市形态的两种手段就是增强 A 点的驱动力和减弱 A 点的抑制力，从而脱离现有的平衡状态，如图 5。

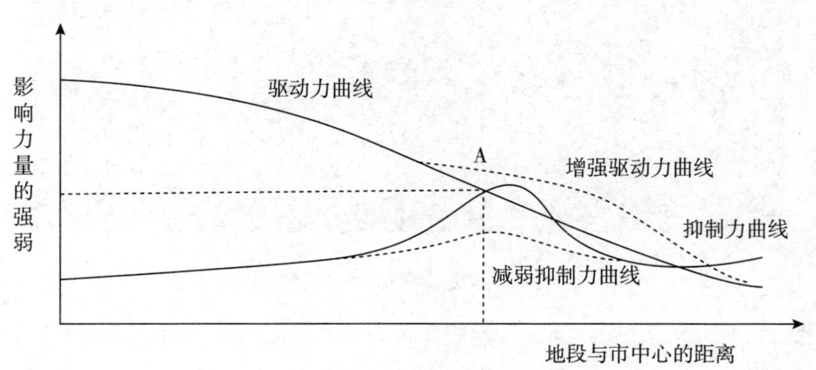

图 5　干预城市形态解冻曲线

运用城市规划的手段增强驱动力主要表现为利用政府政策引导，在未来的新城区加大投资力度，设立开发区，以政府投资为先头进行城市开发和公共服务设施的建设，甚至形成与老城区相对的新的磁力极，也就是门槛理论所说的大幅增加基础建设投资以突破城市发展门槛。

减弱抑制力主要表现为在老城区和规划新城区之间建设高速交通和轨道交通，从而突破地形限制瓶颈，削弱老城区和规划新城之间的断裂性。山地城市交通规划当走 TOD 模式（Transit - Oriented Development）。由于突破地形一般有较大的施工难度，能开启的交通通道有限，因此提高道路的载客量很重要，积极发展大运量的快速公共交通就变得极为有利。同时公交先行的城市土地开发模式符合新城市主义精神，将帮助用地紧缺的山地城市集约化发展。例如瑞士联邦的最大城市苏黎世是典型的山地城市，城市周边被山体和湖泊包围，地形复杂，整体呈放射组团式布局。城市区域内部各功能组团以轨道交通、铁路、高速公路相联系，特别是公共交通的发达使组团之间可达性极强。许多铁路线和山间铁路线以苏黎世为中心辐射到全国各地。

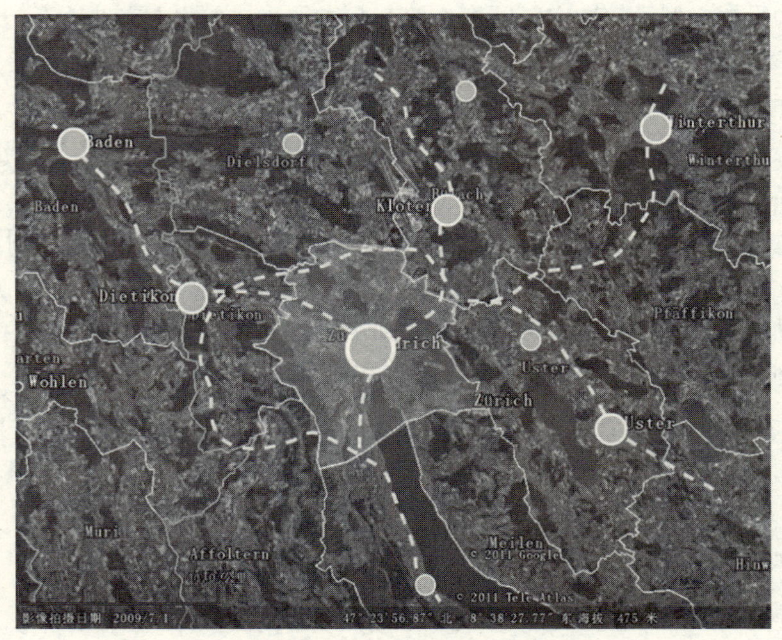

图 6　苏黎世都市区空间结构

减弱抑制力还可以是直接的改造地形，但此举对生态环境的破坏太大，不建议使用。

从一些城市的发展经验可以看到，在这一时期，一些有远见的城市都通过政府的有效规划控制或大量投入来突破环境瓶颈，将现有城市形态解冻，从而为城市赢得更为广阔的空间资源。

比较成功的案例像澳大利亚首都堪培拉，在 1913 年奠基时，城市设计师格里芬就确定了以山为背景、以地形为轴的多中心分布的田园城市格局；1958 年又确定了大堪培拉计划，分别向西北、东北、南部增建七座新城，每个卫星城由山丘、山岭或开旷区、风景区与市区分隔，并由主要的公共交通系统和四条超高速干道相连。建设之初，城市就规划了大片的绿色开阔地、风景区或缓冲带，既避免了城市由于形态过于臃肿而“城市病”百出，又塑造了大片绿地景观，城市生活品质也随之提升，生态环境也得到了最好的保护，堪培拉成了一座举世闻名的花园城市。

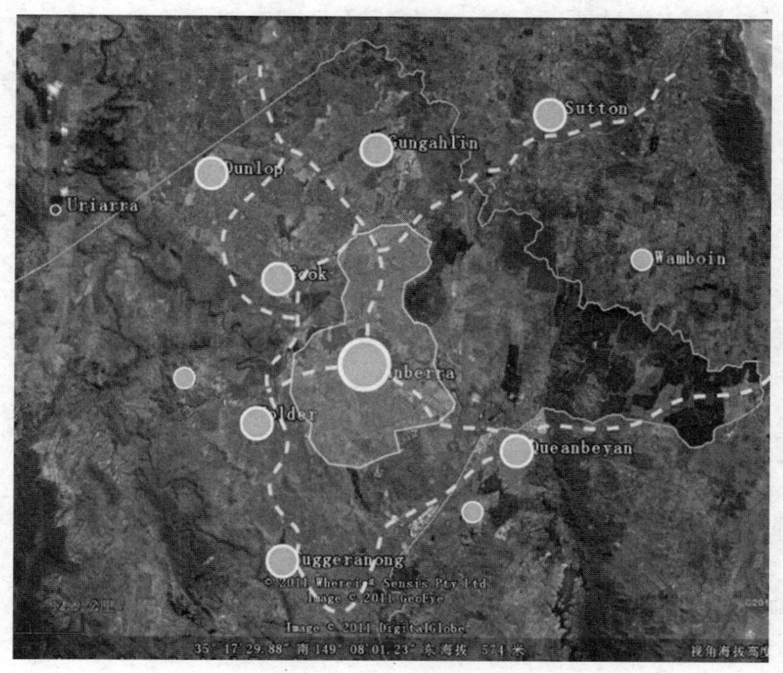

图7 堪培拉都市区空间结构

四、结　语

山地城市由于被复杂地形条件所环绕，在城市发展的各个时期都不得不考虑复杂地形的隔断作用，因此空间形态的生长有其特殊性。通过以城市边界为聚焦点对山地城市形态生长的内在机理进一步深入剖析，得出城市形态的生长决定于城市边界城市化驱动力和抑制力两股力量的博弈，并发现山地城市形态生长反复经历了冻结－解冻－变形－再冻结的这一循环，并以香港为例，说明了山地城市形态在生长过程中要完成单中心向多中心组团式再到多城市一体的大都市区跨越的三次循环。最后，本文认为，通过一些方法、手段可以有效引导山地城市形态的健康生长。但对于如何科学地判断山地城市的空间拓展门槛和跨越的时机仍然有待进一步研究。

参考文献

[1] 苏毓德. 台北市道路系统发展对城市外部形状演变的影响 [J]. 东南大学学报, 1997, (3)
[2] 王鹤, 董卫. 沈阳城市形态历史变迁研究——从明卫城到清盛京时期 [J]. 城市规划学刊, 2011, (1)
[3] 闫水玉, 王正, 赵珂. 重庆云阳县城可持续的城市形态规划 [J]. 城市规划, 2010, 34 (6)
[4] 熊亚平. 铁路与华北内陆地区市镇形态的演变 (1905 - 1937) [J]. 中国历史地理论丛, 2007, 22 (1)
[5] 刘艳军. 区域产业结构演变城市化响应形态的演化规律 [J]. 人文地理, 2011, 26 (3)
[6] 鲁西奇, 马剑. 空间与权力: 中国古代城市形态与空间结构的政治文化内涵 [J]. 江汉论坛, 2009, (4)
[7] 刘雨平. 转型期城市形态演化的空间政策影响机制——以扬州市为例 [J]. 经济地理, 2008 (4)
[8] 黄光宇. 山地城市主义 [J]. 重庆建筑, 2005, (1)
[9] 汪昭兵, 杨永春. 城市规划引导下空间拓展的主导模式——以复杂地形条件下的城市为例 [J]. 城市规划学刊, 2008, (5)
[10] 陈玮. 城市形态与山地地形 [J]. 南方建筑, 2001, (2)
[11] 王纪武. 山地都市空间拓展研究——以重庆、香港为例 [J]. 重庆建筑, 2003, (6)
[12] 杨永春. 河谷型城市空间跨越式发展及其机制 [J]. 兰州大学学报 (自然科学版), 2007, 43 (2)
[13] 姚士谋, 朱振国, 陈爽等. 香港城市空间扩展的新模式 [J]. 现代城市研究, 2002, 17 (2)
[14] 虞宝翠. 堪培拉及其卫星城的规划与建设 [J]. 国外城市规划, 1987, (4)
[15] Rajesh Bahadur Thapa, Yuji Murayama, Urbangrowthmodeling of Kathmandumetropolitanregion, Nepal [J]. Computers, Environment and Urban Systems, 2011, 35 (1)
[16] Eric Keys, Elizabeth A. Wentz & Charles L. Redman. The Spatial Structure of Land Use from 1970 - 2000 in the Phoenix, Arizona, Metropolitan Area [J]. The Professional Geographer, 2007, 59 (1)
[17] Sonia Hirt, The Compact versus the Dispersed City: History of Planning Ideas onSofia's Urban Form [J]. Journal of Planning History, 2007, 6 (2)
[18] Jun Luo, Y. H. DennisWei, Modeling spatial variations of urban growth patterns in Chinese cities: The case of Nanjing [J]. Landscape and Urban Planning, 2011, 35 (1)
[19] Jingnan Huang, X. X. Lu, Jefferey M. Sellers, Aglobalcomparativeanalysis of urban form: Applyingspatial-metrics and remote sensing [J]. Landscape and Urban Planning, 2007, 82 (4)

(本文原载于《现代城市研究》2013 年 2 月)

海绵城市量化评估初探

段心凯

近年来，台风、暴雨后，因为城市排水不畅，许多城市内涝被淹的新闻屡见不鲜。人们首先声讨的是城市排水系统。维克多·雨果在《悲惨世界》中的名句“下水道是城市的良心”被人们拿来指责“没良心”的排水管道。人们认为，一定是因为排水管道老化、排水标准低、排水系统建设滞后，我们的城市才一次次经受内涝的威胁。我们应当建设更好的城市排水系统，“尽快把水排出去”。这个观念是正确的吗?

一、把目光完全放在建设城市排水系统上是个错误的选择

我国的下水道主要学习了苏联排水的经验，排水管口径小，不易应对骤增的大流量雨水。然而，如果为了解决城市内涝问题，把目光完全放在排水系统的建设上，反而有可能为城市环境带来更多糟糕的问题。

我们都知道在森林、农田等自然环境中不会形成积水灾害，因为暴雨时，雨水可以直接渗入土壤中。在城市化进程中，由于城市道路、硬质景观、建筑屋面等大量非渗透性表面的扩大，以及对河湖等自然水体的填埋、河道大量采取硬质化处理等，城市原有的生态系统受到了极大的扰动。

城市化之前，降雨时因为土壤的涵水缓冲作用，大量的雨水并不会迅速汇入地下水系，河流的水位不容易在短时间内大起大落。城市开发之后，裸露的土壤面积大大减少，因为雨水无法渗入土壤而形成的在城市地表流动的水流，被称之为雨水径流（Stormwater Runoff）。雨水径流通过排水沟，汇入地下排水管道，并最终排放入江河等自然水系，会带来两个方面的影响。

（1）河流水文遭受冲击：因为地下排水管道的快速输送，降雨时河流的水

段心凯：中国城市和小城镇改革发展中心综合交通研究院高级规划师。

位很容易在大量雨水径流汇入后突然升高，严重改变了河流的自然水文。

（2）严重的水质污染：工业废水和生活污水通常会经过处理严格排放，而雨水径流因为在流动过程中接触点状分布的污染源（如城市污水固定排放口）造成“点源污染”（Point Source Pollution），接触非点状分布的污染源（如屋面建筑材料、建筑工地、路面垃圾等）造成“面源污染”（Diffused Pollution）。这些污染物随着雨水径流排入河道，成为河流生态的头号杀手。

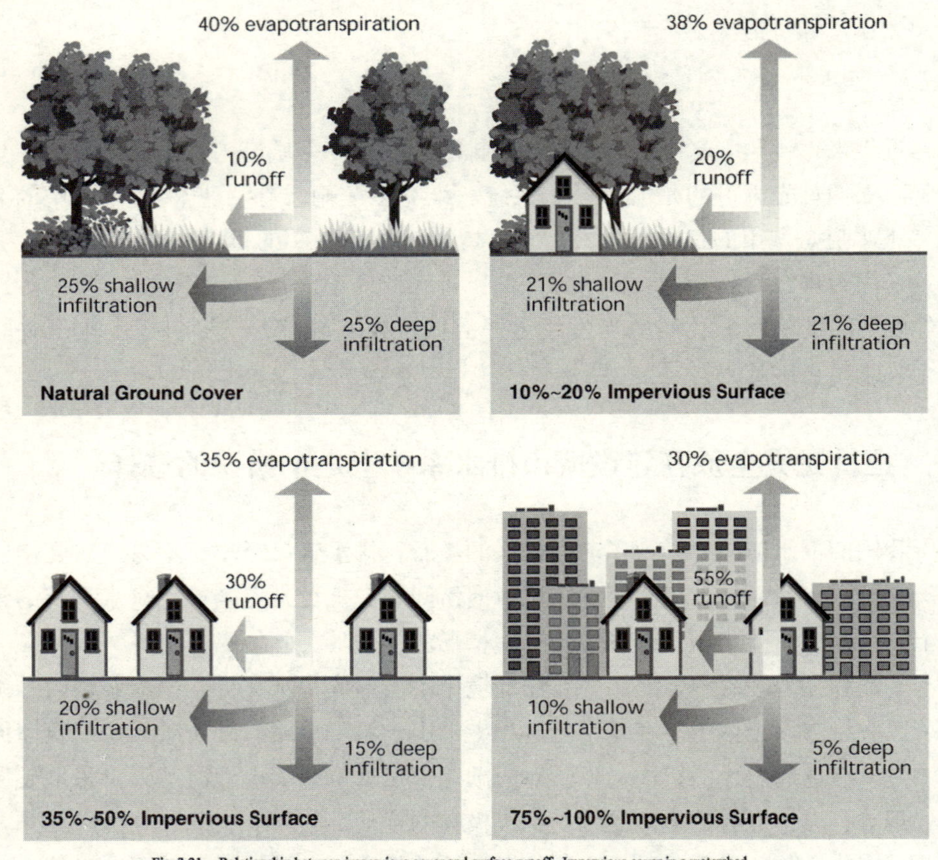

图 1　自然地面与不透水地面产生的雨水径流量对比

图片来源：http：//www. nrcs. usda. gov/Internet/FSE_ MEDIA/nrcs143_ 024824. jpg

城市环境中非渗透性表面的大量使用和排水系统的快速运作，反而带来了城市生态环境的恶化。人们需要寻找新的可持续的解决方案。

二、从“尽快把水排出去”到“尽量把水留下来”

意识到通过排水系统将雨水快速排出去对城市生态造成的影响之后，欧美许多城市颠覆了原有观念，开始设法将雨水尽可能地留在基地内。其方法包括如下几个。

（1）尽量减少城市环境中的不透水面积，例如采用透水材质铺设的“透水路面”（permeable pavement），在屋顶铺上土壤并种植低矮植物的“绿屋顶”（green roof）等。

（2）控制雨水径流速度，例如在道路旁边打造一系列透水的、植栽多样化的低洼区域“生态草沟”（bio - swale），能够生态滞留与吸收雨水的浅凹绿地“雨水花园”（rainwater garden）等。这些措施都能让场址内的雨水径流减速。

（3）利用各种方式收集雨水，例如在屋顶落水处放置收集雨水的“集雨桶”（rain barrel）等。

这种不依赖传统工程，而是借助校方自然系统的运作机制处理雨水径流的方法，称之为“可持续性城市排水法”（sustainable urban drainage）或“自然排水法”（natural drainage）。这样的处理方式可以有效地控制雨水径流，减轻雨水径流污染，并且收集储存的雨水还可以用于景观灌溉等用途，相应地减少了对可饮用水的消耗。

三、建设一个“海绵城市”

美国的一些城市在若干年前就开始了“海绵城市”的尝试。例如西雅图在其“街道边缘新方案”（Street Edge Alternative）计划中，通过降低柏油路面的宽度（即减少不渗水面积），在道路两侧设置生态草沟，以及开展关于自然排水系统的生态教育等手段，实践城市排水的可持续性设计。数据显示，“以一般降雨强度（一年中发生概率为50%的暴风雨）来设计的街道，可以成功吸收98%的雨水径流量。”这个数据意味着自然排水系统在设计、维护良好的情况下，甚至有可能达到传统的排水效率。同时生态草沟中的植物和土壤可以有效吸收一部分污染物。

2014年11月国家住建部出台《海绵城市建设技术指南》，提出要建设“海绵城市”（Eco - sponge City）。这个概念非常形象，以“蓄水”代替“排水”的“海绵体”，可能是原有的河湖、湿地、坑塘、沟渠，更可能是人们在新的生态价值观引导下设计的一系列生态草沟、雨水花园、绿色屋面等设施。通过“海绵体”的下渗、滞蓄、净化、回用，雨水的剩余部分径流通过管网、泵站外排，从而有效提高城市排水系统的标准，缓减城市内涝的压力，减轻水质污染。

但是我们注意到，在我国推出的《海绵城市建设技术指南》中，虽然针对低影响开发雨水系统构建的设计、工程建设、维护管理等类别涉及的建筑与小区、城市道路、城市绿地与广场、城市水系、技术选择、设施规模计算等具体内容进行了较为细致的规定，但是由于缺乏可量化的指标，建设海绵城市的可操作性以及效果评估都将大打折扣。

事实上，这也反映出我国城市建设领域一直以来在操作指南和评估体系上重定性轻定量的问题。那么有没有从其他相关领域可以借鉴的经验呢?

LEED 可以为“海绵城市”的建设带来哪些经验?

城市是地球上建筑物最密集的区域。近二十年来，绿色建筑技术突飞猛进，绿色建筑评估标准也在可量化操作层面积累了相当多的经验，特别是美国的 LEED 标准，在提供可操作性可评估性强的策略方面处于世界领先范畴。

绿色建筑概念的提出，源于人们对现代建筑所造成的环境灾害和健康代价的检讨，因此我们今天所需要的绿色建筑，不仅是可以减轻环境负担的，更应当具有修复环境的可能性，这才是真正意义上的可持续发展。在制定绿色建筑评估标准的时候，有远见的设计者早已跳出建筑物的空间尺度，把目光投向更大的城市层面，思考如何修复现有的城市，让整个城市都绿起来。

LEED 全称为 Leadership in Energy & Environmental Design，通常翻译为“能源及环境设计先锋奖”，是由美国绿色建筑委员会（USGBC）制定的一个绿色建筑评估体系。它针对建筑在可持续场址、用水效率、能源与大气、资源与材料、室内环境质量、创新设计与地域优先等六大类别的表现进行评估，来判定一栋建筑是否符合绿色建筑的标准。通过评估的绿色建筑由低到高依次分为认证级、银级、金级和铂金级四个级别。LEED 作为针对绿色建筑的评估标准，非常强调“系统性”概念，认为可持续性设计的理念不应局限于建筑单体的范畴。事实上，LEED 标准中的六大类别，尤其是可持续场址这一大类的评估内容与指标设计上，与城市环境有着非常紧密的联系。

LEED 实行有权重的记分制。能否取得认证，取决于项目是否可以在 LEED 整个评估框架提供的满分为 110 分的“得分点”（即可以获得分数的项目）中，达到每个绿色建筑级别分数评定的最低要求。

在“可持续场址”类别，LEED 对“水”的议题给予了多个得分点。也就是说，LEED 希望申请认证的项目能够多关注这一议题，采用恰当的可持续策略来达成保护环境，建设生态建筑、生态社区、生态城市的目标。

例如得分点 6.1“雨洪设计—流量控制”中规定，为了减少场址内非渗透表面，增加场址内的渗透率，想要获得该项分数，开发商可选择的策略包括但不限于：A. 减少硬质铺装区域的面积以促进自然渗透；B. 通过设计生态池、植被过滤带和种植屋面，以及进行集中开发，减缓雨水径流；C. 将雨水进行收集，用于灌溉或厕所冲洗。

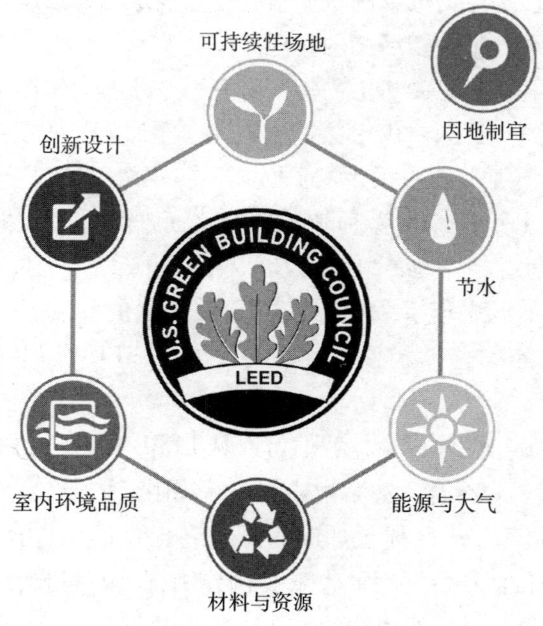

图 2 LEED 评估体系

图片来源：USGC 官网。

LEED 同时对评估的操作和指标的量化进一步作出了规定：开发商应通过提供开发前后的雨水流速和流量计算，应用计算机软件或 LEED 提供的计算公式算出收集的雨水径流体积以及最低水位下降速率。如果要获得此得分点的 LEED 认证分数，这些数据应当达到以下两个要求的其中之一。

（1）当开发前不渗透性小于或等于总场址面积的 50% 或以下时，开发后由场址内排放的雨水（流速和流量）不应当超过开发前的排放率。

（2）当开发前不渗透性大于总场址面积的 50% 或以下时，开发后 2 年内，24 小时设计暴雨量的雨水径流体积应当至少减少 25%。

再比如得分点 6.2“雨洪设计—水质控制”中规定，该得分旨在修复因环境污染而使得开发变得复杂的场址，减轻未开发土地的压力。为获得该项分数，开发商可选策略包括但不限于：A. 设计植被洼地或透水铺装以收集和处理雨水径流；B. 安装机械过滤设备、设计种植屋面、建造雨水生态池，沉积固体杂质以免阻塞自然水道。

同时，采取可持续策略后，应保证开发后场址内可以收集并处理 90% 的年平均雨水径流，并去除 80% 的总悬浮固体物质；或者提供实地的性能数据，该数据需要符合 LEED 认可的最佳管理办法检测方案的要求。在操作中，还需要详细说明每种措施可以去除污染物的数据情况，以确定每种措施对于处理年降雨量水质控制的贡献百分比，便于后续的管理和改进。

除此以外，LEED 还在一些与“水”相关的得分点中作出了一些可量化的指标控制，以保证建筑场址内对雨水径流的处理。比如 LEED 规定，一个建筑所在的场址，应在硬质景观设计中采用“开放链式铺装路面”这是一种非渗透性表面低于 50%，且在开放的栅格里种植植被的路面，可以大大提高路面对雨水径流的渗透和储蓄能力。再比如“用水效率”大类中，有一项得分点是要求实现景观节水，在景观灌溉中至少减少 50% 的可饮用水的使用量，而是尽可能使用雨水、处理的中水等来进行灌溉。为达成目标，LEED 提倡在场址内进行雨水收集。

综上，在海绵城市的建设中，我们可以从 LEED 标准学到一些经验。

（1）定性与定量相结合，策略指导与指标控制相结合

LEED 在为解决某一个具体议题时为操作者提供的可选择的策略非常丰富，同时通过长期实验和自身数据库的大量案例，制订具有可操作性的定量化指标，使得操作者可以通过一定的努力达到 LEED 在该议题上的可持续性要求。这种定性与定量相结合、策略指导与指标控制相结合的方法，为我国城市的可持续设计规划提供了可以借鉴的经验。

（2）关注全生命周期内持续的性能表现

LEED 认为“绿色建筑是应用于建筑以及建筑的场址、内部、运营和所在社区的一种过程。”也就是说可持续理念应当从项目的设计阶段开始贯穿到施工、管理、运营、维护乃至拆除，这也被称为绿色建筑的全生命周期。它强调在全生命周期内，使用持续测量和验证发现改进机会，对数据进行分析和校正。这种关注反馈循环、推动持续改进的工作方式对可持续城市建设也具有重要意义。比如我们可以通过不断检测生态草沟中不同植物对减缓雨水径流的不同效果，来调整下一阶段应该选择的合适植物。

（3）整合流程的应用

传统设计过程中，不同职业背景的专业人士通常在不同阶段参与项目，比如

环境规划师、建筑师和景观设计师都会作出与水相关的决策，他们可能分别针对废水处理、饮用水使用和暴雨降水管理制订决策方案。而 LEED 的整合流程意味着在项目的全生命周期内，不同专业背景的技术人员高度协作，利用专家研讨会、共同制定关于某个议题的整合方案，如设计一个系统，既能收集雨水和废水来满足供水和灌溉需求，同时减少径流并保护水质。

随着城市问题越来越复杂，城市规划和建设过程也越来越重视规划建设人员多元背景的融合。但是这种融合，很大程度上仍然停留在不同工作阶段的会议和交接，而在各个阶段内部，如生态分析阶段、城市设计阶段，不同专业背景的人员的协作较为有限。《海绵城市建设技术指南》是一个很好的开端，它提供了在针对低影响开发雨水系统这一议题上，来自城市规划、交通、市政、建筑、施工、运营等诸多领域的专业人士在整合流程中协调利益、制订策略、精细设计、效果评估的可能性。

（本文原载于《现代智慧城市》2014 年第 12 期）

第二篇

综合交通规划研究

国家新型城镇化规划下构建“交通、产业、空间”三要素协同的新型综合交通规划体系

——解读《国家新型城镇化规划（2014—2020 年）》

张国华

一、国家新型城镇化规划下综合交通体系构建面临的挑战与机遇

经过改革开放 30 多年来的持续努力，我国国民经济体系和产业发展在全球扮演着越来越重要的角色，特别是过去 10 年，取得的成绩让世界瞩目，也是中国社会经济、城镇化、综合交通系统快速发展的“黄金十年”。同时，综合交通体系构建与我国社会经济可持续发展、城镇化进程有序推进等诸多矛盾日益凸显：①国家级重大交通设施与城镇空间、产业布局不够匹配的现象时有发生；②城市交通网络结构对城市空间结构的重大影响常被忽视；③交通、产业、城镇的中央“条”形管理与地方城市“块”状发展之间的矛盾日益凸显；④交通、产业、城市规划编制各自独立，技术封闭，统筹协调任务艰巨。

《国家新型城镇化规划（2014—2020 年）》指出我国要走出一条以人为本、四化同步、优化布局、生态文明、文化传承的中国特色新型城镇化道路。解决好人的城镇化，根本所在是解决就业和住房问题，其他权利都是附属。基于不同的经济条件和交通运输条件的变化，产业的空间转移和人口的流动是影响城镇化发展的关键所在。

历史经验证明，交通运输系统的革新带来城镇化发展和产业变革，产业的升级转型和空间转移是与城镇化发展、综合交通体系的建设相伴而生、相伴而行的。产业升级转型和空间转移，根本上是遵循市场“那只看不见的手”所主导的一般经济规律，“农业、工业、服务业中心地”产业区位模型解释了“一、二、

张国华：中国城市和小城镇改革发展中心综合交通研究院院长。

三”产业的空间布局均与交通之间具有紧密的关联机制。此外，重大项目的安排也会对相关产业和配套产业空间选择起到积极的引导作用。世界上还没有哪个国家或地区的产业是按照政府“那只看得见的手”所主导的产业规划去发展的。

在新型城镇化战略指导下，综合交通体系的网络构建如何支撑城市群产业体系的转型升级和空间转移、与城镇空间结构的优化调整协同等面临一系列挑战：①国家级重大综合交通设施在城市空间上如何与产业集群及具有国际竞争力的城市群实现互动发展？②区域综合交通网络如何发挥支撑中心城市对城市群的带动引导作用，并促进区域的合作与分工？③城市发展模式的转型及空间结构的重构如何与公共交通优先战略相匹配？④综合交通枢纽建设如何与区域产业升级、城市功能组织协调推进？

二、构建“交通、产业、空间”三要素协同的新型综合交通规划技术体系

在国家新型城镇化战略下，就“交通”论“交通”、就“产业”论“产业”、就“城市空间”论“城市空间”的传统城镇化发展模式，无论从构建国家综合交通运输体系自身发展的诉求，实现产业转型升级与提高核心竞争力的发展需要，还是从推进城市群的实施路径来看，都已经难以为继。交通与土地一体化、交通引导产业发展等理念逐步成为大家的共识，但三者的结合仍有诸多不尽如人意的地方。破解三者协同的困局，关键在于打破行业管理和地方行政管理壁垒，立足于全球化的国际视野、区域一体化的国家视野、城乡一体化的地区视野剖析产业链条全球组织、空间集聚等基本市场经济规律，建立综合交通网络构建与城市群产业转型转移之间关联机制的新理论；建立城市群空间、产业和交通三者高度协同、交互融洽的新理论方法和发展规划体系。

通过研究产业集聚与运输成本之间的互动机制、产业集聚与综合交通设施之间的空间协同关系，建立交通、产业和空间的新型三要素协同理论。按照不同类型的集聚产业和交通运输成本的敏感度相关性，可以划分为资源、资本和信息三大集聚类型，分别对应于经济、经济与时间兼顾以及时间三类运输成本。综合交通系统与产业聚集的空间协同理论包括：水运和货运铁路主导的交通方式可提供低成本运输，在港口与铁路货站周边集聚的是资源型产业；汽车和公路运输可实现门到门的运输，可以兼顾运输的经济和时间特性，对应于主导集聚资本型产业；航空和高铁主导的高速交通系统可以实现人的高效、快速流动，以高端生产性服务业为代表的信息集聚型产业对时间成本敏感度高，而对经济成本敏感度较

低，中央商务区发展成功与否与空港等对外交通设施关系密切。

新型综合交通规划体系的基础理论是交通、产业和空间的新型三要素协同模型，在内容上以综合交通、产业布局及空间结构在城市群层面的协同为重点，技术方法上则采用空间分析方法，通过空间关系梳理和空间结构把握，提炼要素并建立空间分析模型。

三、国家新型城镇化规划战略下综合交通体系规划的实现路径

作为国家新型城镇化主体形态的城市群，其综合交通体系应首先适应经济全球化新趋势，抓住产业全球重新布局的机遇，促进生产要素国内外高效有序流动，全力提升主要城市群国际航运体系的竞争力，适度超前建设城际层次的综合交通体系，引导城市群发展，支撑中心城市对城市群的带动和引导。

首先，要进行基础研究。通过空间分析方法梳理城市群和中心城市层面的城镇空间、产业集聚和综合交通的特征；通过新型综合交通规划理论识别区域、城市以及内外衔接方面的问题；通过不同历史阶段产业、空间和交通互动发展的演变规律，提出综合交通体系、产业布局、用地结构等需要规划统筹的核心问题。

其次，要做到要素协同。在国民经济与社会发展规划、主体功能区规划及产业规划指导下，识别产业集聚的区位差异与优势，提出资源、资本和信息三种集聚型产业的区位选择建议；在城镇体系规划和城市总体规划等相关规划指导下，明确空间结构，提出城镇等级与规模、职能结构、城市发展方向和区域战略空间节点等；在综合交通运输体系规划和铁、公、机、水等相关对外交通规划指导下，梳理综合交通系统，规划对外综合交通体系及枢纽的空间布局，包括高速公路及公路网的完善、出入口调整，高铁、国铁、城际等多层次轨道系统选线、选站，机场、港口的区位选址及集疏运系统规划等。更重要的是，分别基于全球、国家、区域和地区四个视野的审视，进行流动空间、承接空间、地方空间和边缘空间四种空间价值的识别，通过要素空间协同模型对上述要素进行统筹协调、互动优化。城际/市郊铁路等区域快速轨道交通是缩短城际距离的最高效运输方式，加强以多层次轨道网络为主体的城际交通网络与城市群、城市空间结构优化及产业布局调整的协同，应该成为城市群为主体形态的新型城镇化战略实施的关键所在。

最后，做好中心城市的骨干交通网络，关键在于落实好国家公共交通优先发展战略和综合交通枢纽体系建设。通过城市功能结构、用地布局和“两网两枢纽”（快速路网和快速轨道网，客、货运枢纽体系）三者间协同分析，将以道路

为主体的传统发展模式转变到以轨道为主体的公共交通模式去组织城市，实现以下目标：①规划快速路网支撑城市空间拓展，快速轨道网引导城市空间重构，客运枢纽体系契合城市中心体系，货运枢纽体系衔接产业布局；提高土地利用效率和提升人口密度，实现劳动力、资本和技术在城市地理空间上的高度集中，为以创新为导向的生产性服务业发展提供空间条件。②提出对城市中心体系及产业布局的调整及完善建议；③提出对空间布局和重构的建议。达到交通、产业和用地的三者高度匹配，实现产业组织和空间组织的效率提升。“交通、产业、空间”三者协同的新型交通规划体系通过结合产业集聚规律和空间结构优化、对外交通与城市交通融合，可全面提升城市群竞争力，更好地适应全球化竞争和合作。

四、国家新型城镇化规划战略下综合交通枢纽体系规划

综合交通枢纽体系规划应突破以往公铁水空“各自为政”、对外与城市枢纽间相互脱节、枢纽与周边产业布局相互孤立等“条块”式的规划模式，转向寻求促进枢纽特性与产业布局融合、引导并支撑多式联运的新型一体化规划技术体系。具体来讲，基于城市的规模等级、功能定位、产业布局等现状基础及参与全球经济竞合的未来潜力，动态衡量城市在国家及区域综合交通运输网络布局中的枢纽地位，以支撑城市战略产业竞争力提升为中心任务，综合确定城市的战略枢纽功能及布局，并对国家及区域规划予以反馈。以城市战略枢纽、空间结构、用地布局为依托，整合都市区范围客货运枢纽体系，包括枢纽体系构成、功能、布局、规模、技术标准等，结合内外综合交通网络确定都市区客货运输走廊。

国家发改委城市和小城镇改革发展中心综合交通研究院作为支持国家新型城镇化发展战略决策的高端智库，致力于交通、产业和空间协同发展规律的探索，为国家新型城镇化发展、产业转型升级、综合交通体系建设的发展规划以及基本政策的制定及实施提供理论与技术支撑。

（本文原载于《中国交通报》2014 年 4 月 3 日）

构建“交通、产业、空间”协同的新型规划体系，促进城市群健康、有序发展

张国华

《国家新型城镇化规划（2014—2020 年）》再次明确和强调了作为新型城镇化主体形态的城市群，是推进新型城镇化国家战略的重要抓手。城市群发展路径、时机和方法等成为各界争议的热点问题。城市群发展成功与否的关键在于探索、遵循并把握城市群发展的客观规律和产业发展的市场经济规律，做好城市群产业体系的发展与城市群的空间结构优化和综合交通网络构建等的统筹协同关系。

一、我国城市群发展现状、问题及根源

随着我国城镇化进程的推进和经济社会的快速发展，目前已经逐渐形成以长三角、珠三角、京津冀为代表的城市群，同时辽中南、中原、长江中游、海峡西岸、川渝和关中等城市群也正在快速推进中。2013 年世界城市体系最新研究成果中指出，作为中心城市的香港、上海、北京已经位列世界城市第三、第六和第八。2012 年长三角、珠三角、京津冀的地区生产总值已占全国的 43%，人均 GDP 均超过 4 万元人民币，其中长三角人均 GDP 达 5. 5 万元人民币，远高于我国平均水平。

与成功的世界级城市群相比，我国城市群发展还存在一系列突出问题：一是中心城市功能过度聚集，尚未形成与周边中小城市合理分工、功能互补、协同发展的城市群产业体系，交通拥堵、环境污染等一系列“大城市病”日益严峻；二是经济效率不高，“北上广”分别占全国 GDP 的比例均不到 5%，各城市之间产业结构呈现低水平的同质化，效益低下、浪费严重等；三是土地利用效率有待

张国华：中国城市和小城镇改革发展中心综合交通研究院院长。

提升，中心城市工业用地占比过大，客观上加剧城市扩张；四是城际交通网络滞后于城市群发展需求，三大城市群城际交通尤其是市郊铁路发展严重滞后，如上海 2012 年才开通第一条市郊铁路，北京号称市郊铁路的仅有一条 S2 线，日均客运量不足万人；五是城市群发展协同机制落后，"一亩三分地"思维定式乃至"以邻为壑"体制困境亟待突破。

问题根源在于：一是"自上而下"的城市治理体制与计划经济思维模式的机制结合，未能充分发挥市场在资源配置中的决定性作用，在资源、资金、政策等方面向中心城市集中，在生产要素配置、产业发展、基础设施建设等方面行政干预作用过大；二是"西方工业文明"的城镇化理论与"土地财政"经济体制的利益结合，源于西方工业文明时期的土木工程专业为主体的城镇规划理论，对于如何发展城市群产业体系存在天然的知识缺陷，没有竞争力的高效产业体系支撑，则只能是"土地"而非"人"的城镇化，与过去以"土地财政"为特征的城镇化推进模式有着高度利益契合所在；三是重大项目空间安排的科学缺失与行政壁垒体制的发展模式结合，违背产业选择遵循"制造业向成本洼地、生产性服务业向要素高地"空间集聚的市场规律的规划建设时有发生，在城市群发展中产业布局、城镇空间、综合交通等基础设施建设等方面存在诸多不协同之处。

二、发达国家城市群的特征、规律及对我国的借鉴

城市群是城市化发展的高级阶段，国家经济要素的精华所在，是参与全球化竞争合作的最高端平台。从城市群发展的内在机制来看，城市群是在城市聚集效应和扩散效应的共同作用下，促进不同规模城市之间的统筹协调，实现产业空间布局的优化调整，实现优势互补、分工协作，扩大中心城市的辐射、带动作用，形成城市群的集聚经济优势。

从国际经验来看，城市群对于一个国家或地区经济发展将起到主导作用。比如美国大纽约区、大洛杉矶区和五大湖区三大城市群地区的生产总值占全国的比例高达 60% 以上，日本的东京、阪神、名古屋三大城市群集中了日本约 65% 的人口和 70% 的国内生产总值。从我国来看，长三角、珠三角、京津冀城市群也是支撑中国经济高速增长的三大核心增长极。

从成功的世界级城市群发展来看，城市群主要呈现五大特征：一是人口、资本、产业等经济要素高度集聚，人口在 2000 万人以上，以中心城市为引擎的城市群成为国家经济贡献的主体；二是呈现显著的产业分工协同特征，首先是城市群之间产业分工明确，鼎足而立，相得益彰，如美国的纽约、芝加哥和洛杉矶为

中心的三大城市群；其次在城市群内部表现为中心城市以高端生产性服务业和高端制造业为主体，其他中小城市则以差异化、专业化的服务业及制造业为主，形成优势互补、联系紧密的产业分工协作体系；三是城市群空间发展的阶段性特征，由“城市”发展到“都市区”，再由“都市区”发展到“城市群”的逐步演进过程；四是交通网络是城市群发展成功与否的关键，对外交通方面形成发达的国际航运体系，表现为世界级空港、海港乃至空海双港枢纽，世界级城市群内部交通则形成城际、市郊铁路为主体的城际网络，构建了1000～2000公里左右的市郊铁路以支撑50～70公里的通勤圈出行，如东京市郊铁路日均客运量接近3000万人次；五是发展协同机制健全，以高效的市场经济体制做保障，通过自下而上的深化调整，最终实现区域环境保护、生产要素均衡布局、交通网络和基础设施共建。

（本文原载于《城市建设》2014年第4期）

北京地铁把什么丢了？

张国华

北京轨道交通拥挤背后的根本原因在于从轨道交通规划、建设到实际运营过程中，未能充分发挥市场的决定性作用，而是行政计划色彩过浓。

首先，轨道交通网络的规划要充分尊重乘客出行规律和出行习惯，适应客流规模的需求。比如北京地铁除近年开通的6号线为8B（8节B型车辆，国内的地铁车辆分为A、B、C三种车型，与A型车相比，B型车要苗条小巧，造价也要比A型车便宜）编组外，全部为6B编组，单一的运力配置，实际与地铁客流规模很不相称，这不可避免导致如1号线、5号线、4号线等客流集中路段拥挤，反观国外如日本东京在运量大的干线上基本都安排10A（10节A型车辆编组）、8A等大编组能力线路。

其次，城市功能布局不合理，外围新城功能单一。发展外围新城、疏解中心城功能是北京历版城市总体规划确定的优先实施策略，但从现实发展来看，中心城内商务办公开发量始终在不断增加，大量医院、学校原址扩建，中心城功能疏解一直处于集聚状态，而由于人口规模快速增加、房地产市场过热过快发展，导致外围新城住宅过早大规模开发，从而形成天通苑、回龙观、望京等大批“睡城”。

第三，轨道线网层次先天不足。大城市的人口、功能需要向城市群疏散，城际轨道线网承担着关键的引导和支撑功能。根据日本东京都城市群的发展经验，东京都包括私铁、地铁、轻轨在内的轨道线网总规模达到2300公里，市区轨道304公里，城际轨道线网的规模通常要达到市区轨道线网的7~8倍，才能实现中心城功能的有效疏解。而北京的市域快速轨道线网、城际轨道线网（尤其是50~100km范围）建设极为缓慢，导致线网层次先天不足，功能过度集中在市区轨道。目前，北京市域轨道线网只有S2线，虽然有京津城际、京广客专等高速铁路承担部分城际轨道功能，但运营组织、票价票制等方面存在诸多问题，无法发

张国华：中国城市和小城镇改革发展中心综合交通研究院院长。

挥城市群轨道交通功能。

第四，轨道线网规划编制中过于注重工程技术、投资规模，缺乏足够的远见。目前北京轨道交通线网规划基本由工程类设计院垄断，过于偏重线路的工程、投资等技术层面内容，且偏于保守，重近期建设而轻远期线网。目前中心区重要客流走廊快慢组合、四线布局、线路越行混跑等技术均已经非常成熟，但在北京完全弃之不用。

第五，站点选址、设计缺乏以人为本的设计理念。部分轨道站点，尤其是换乘站点的选址与设计常常过于强调工程的实施难度和投资成本控制，对客流规模预测偏于保守，轨道站点周边的步行网络缺失，导致乘坐不便、换乘不便、步行距离远、环境差、人的集散空间不足等问题。例如北京地铁 10 号线的莲花桥站和公主坟站，车站的出入口都选址在立交桥中间，导致乘客乘坐地铁需要跨越立交桥，非常不便；著名的西直门枢纽，三条地铁线之间换乘距离远、集散空间小、舒适性差且存在安全隐患。

第六，轨道站点与周边用地开发、产业布局互动不足。轨道站点对周边用地开发、产业布局具有集聚、优化作用。然而，在实际操作过程中，由于缺乏市场的有效参与，轨道交通的规划与用地功能等往往是脱节的，不少轨道站点设置在立交桥桥区、主干路路口等无法进行用地开发的区域，对周边用地开发的带动作用无法发挥。轨道站点与周边建筑出入口设计本应进行合理整合，以提高商业开发带动效应，并提供良好的步行环境，但北京仅极少数站点设计考虑到这一点。北京乘坐地铁乘客有 50% 时间不在地铁上，而是花在两端接驳及中间换乘。

还有，在轨道交通运行组织上，北京地铁仅为单一的站站停模式，缺乏越行线、区段线等适应不同乘客出行距离、出行时间要求的灵活组织方式。

以上种种问题，从根本上说其实都是未能充分发挥市场的决定性作用，市场其实最了解地铁乘客的真正出行需要。这方面，香港地铁是最好的案例，它也是全世界唯一盈利的地铁运营企业。

一是多模式跨界。香港地铁公司在香港的业务可归纳为“轨道 + 物业”或“轨道 + 社区”的发展模式。在前期规划建设中，港铁直接参与周边用地、物业的开发，包括高端商场、住宅、高端写字楼，港铁公司利用“轨道 + 物业”的模式把轨道交通投资建设和沿线土地开发升值相互紧扣，这样一方面轨道与周边用地功能，即乘客的出行需要十分紧密结合，另一方面，利用物业开发回收的增值部分填补轨道项目的资金缺口，达到合理回报，达到一举两得的效果。根据港铁年报显示，2013 年港铁公司经营利润中，只有 36% 来自客运业务收入，64% 来自车站商务、物业租赁及管理、物业发展等。

二是创造生活方式。国内地铁运营主要任务是解决运输人，而港铁的每个车站的发展不是让人很快走掉，而是让车站不仅是一个出发地，还是一个目的地，让每个站点都成为一个“终点”，让每个人都能在地铁站里就解决衣食住行的全部问题。在步行可以到达500米的舒适距离里解决人们的主要需求。

三是统筹实现轨道站点与周边物业联合开发，不仅可以实现轨道交通运营与用地开发的双赢，还有助于实现轨道建设投资与收益的平衡。北京地铁建设曾经做过尝试，2009年北京4号线引入香港地铁，但由于各种因素，京港地铁仅涉足轨道运营层面，并未将车站物业开发与地铁建设完全统筹起来。

（本文原载于《南方周末》2014年11月）

城市轨道交通线网规划新视角

张国华　欧心泉

[摘要] 过去十年，我国城市轨道交通进入了快速发展期，取得的成绩举世瞩目，但同时也集中暴露了在轨道交通线网规划建设中产生的诸多问题。在新型城镇化战略的指导下，轨道交通线网规划应该立足于“多层级轨道系统之间的协调、与城市空间用地布局的互动、与城市综合交通体系构建的衔接、满足轨道交通建设及运营的技术条件要求”等需要，研究规划阶段需要重点把握的关键点，提出轨道线网规划的基本思路，提高轨道线网规划的科学性和合理性。

[关键词] 轨道交通；线网规划；层级协调；规划互动；建设运营

一、引　言

城市轨道交通作为大容量、快速、便捷的公共交通运输系统，在世界大城市的发展过程中往往发挥着重要作用和获得高度的重视。轨道交通的意义也不仅限于成为纯粹的城市内部交通运输系统，还包括与轨道交通紧密结合的综合交通运输体系、契合轨道网络站点的用地开发、内通外达的对外集疏运系统，这些要素与轨道交通系统结合并一起影响改变着城市的功能布局和空间形态。如果说大城市的活力赋予轨道交通构建的需求，轨道交通的存在则是这些城市维持持续高效运转的脉络。

新兴城市和新建城市轨道的地区，在构建之初即需要考虑与其他相关系统，如城市对外交通、城市用地空间、城市其他交通系统等的良好结合。特别在轨道线网规划阶段需要对这些相关影响做出反应和判断，把握城市轨道交通规划的关键，便于充分发掘城市轨道的功能效用，更好支撑城市的发展需要，使轨道系统

张国华：中国城市和小城镇改革发展中心综合交通研究院院长。

欧心泉：中国城市和小城镇改革发展中心综合交通研究院主任工。

成为多元融合、多层次互动、多方式衔接的高效系统。

基于上述考虑，本文试图剖析当前城市轨道交通的规划建设背景，总结既有规划建设中的经验和教训，面向新型城镇化战略下城市轨道的发展需要，明确线网规划中需要重点关注的内容。

二、城市轨道交通规划建设背景

1. 黄金发展期

新世纪以来，随着我国社会经济快速发展和城镇化规模的日益提升，我国城市轨道建设进入了黄金时期，至 2012 年底，内地有 17 个城市累计 70 条线路投入运营，城市轨道总运营里程达到 2064 公里，具备轨道交通建设条件的城市有望超过 50 座。根据规划，“十二五”期间全国城市轨道线网总体建设规模将增至 3500 公里，2020 年末城市轨道线网建设规模有望达到 6100 公里。未来 10 年，中国城市轨道交通建设投资总额将突破 3 万亿元。

与中国城市轨道的快速建设历程相对应，主要运营指标也达到了世界前列。仅从中心城区的轨道客流运输规模比较，“北上广”等城市轨道交通客运量甚至超过一些世界城市，如纽约、巴黎、伦敦等。特别值得一提的是，2013 年 6 月 28 日，北京地铁全网单日客运量攀升至 1032 万人次，成为全球最繁忙的城市轨道交通系统之一。

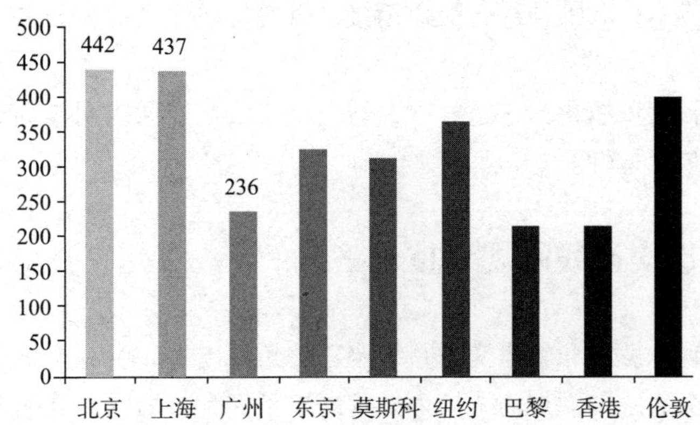

图 1　2012 年世界各大城市地铁线网规模（单位：公里）

在可预见的未来，考虑中国城市的发展规模和庞大人口的出行需求，按照交通基础设施投资拉动与社会经济结构转型的需要，城市轨道交通在新型城镇化战略推进中仍将维持快速发展的态势。

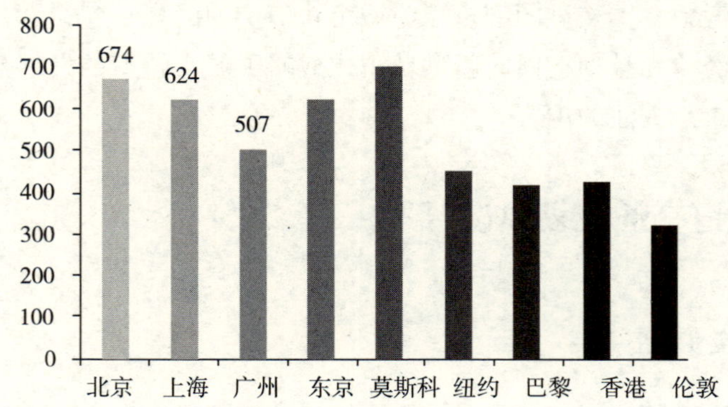

图 2　2012 年世界各大城市地铁线网日均客流（单位：百万人次）

（二）矛盾凸显期

城市轨道的快速发展期也其是矛盾的日益凸显期。如国家发展与改革委员会基础产业司的黄民司长所言：现阶段我国城市轨道交通线网主要存在如下问题：①规划研究深度不够，导致操作性较差；②规划约束力不强，随领导意志随意变动；③规划超前考虑不足，缺乏通盘考虑，寄希望于少数线路的延伸与绕行；④规划一体化衔接的机制不完善，各自为战，难以有效整合各种资源。

对此，下一阶段的城市轨道交通线网规划应重点关注的问题有：①重视规划层面的顶层设计，强化规划的约束力；②注重城市间的统筹协调，合理配置资源，降低发展成本；③加强综合交通衔接，发挥好轨道交通在公共交通中的主导作用。

因此，在新型城镇化推进过程中，研究城市轨道交通线网规划关键技术具有相当的必要性与紧迫性。

二、城市轨道交通线网规划技术路线

从新型城镇化发展和轨道交通系统构建的角度出发，由上至下和针对各个层面，城市轨道交通线网规划需要统筹处理好以下四个方面的关键关系。

（1）区域综合交通方面，考虑城市之间的统筹协调，实现城际交通与城市内部交通的有机联系，城市轨道交通需要理清其在区域轨道整体系统中所处的地位和发挥的作用，明确轨道系统的服务层级和衔接要点。

（2）城市总体规划方面，城市轨道交通是城市功能的重要承载体和拓展体，城市的用地布局与空间结构作为上层规划对城市轨道交通的线网布局产生指引和约束，城市轨道交通的形态亦反作用于城市的空间和用地，轨道线网的布局模式需要通过两者的互动方能得以确立。

（3）城市综合交通体系构建方面，轨道交通是城市综合交通体系的重要组成部分，明确其与一般道路交通的差异，寻找其自身的定位和运输服务的作用，实现城市交通需求的合理分担以及骨干交通走廊的塑造，通过轨道与道路空间资源的协调落实线路的走向和线位。

（4）轨道系统自身运营及工程技术方面，合理配置各项资源，降低建设施工和运营维护的成本亦十分必要，线网规划阶段需要适当结合考虑后续的建设施工与运营组织要求，对限制条件做出应有的识别和判断，以方便后续工作的开展和进行。

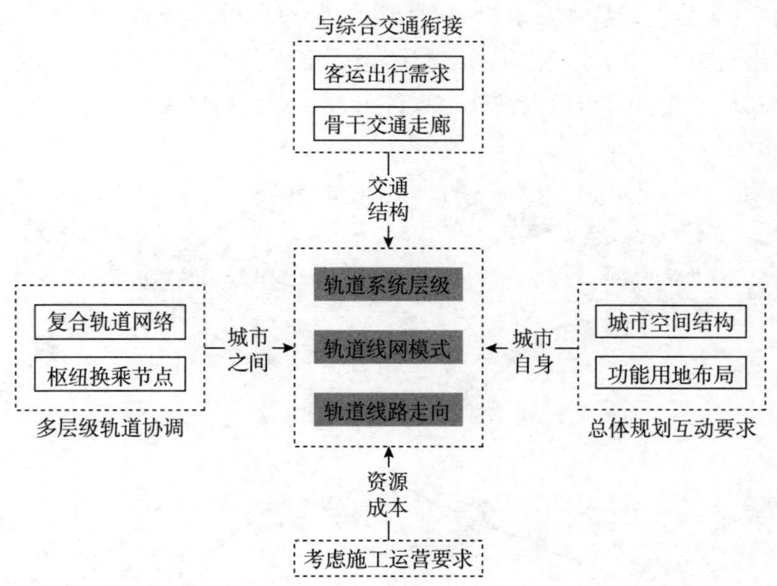

图3 城市轨道交通线网统筹规划思路

三、城市轨道交通规划关键要点

1. 多层级轨道交通系统协调

从都市区交通系统的发展水平观察，我国主要城市的轨道交通系统尚处于初级发展阶段。相比国外发达城市和地区，如伦敦、纽约、巴黎、东京等，城际轨道与市郊轨道占轨道交通的规模比重均达到70%以上，我国还存在较大的差距。与此同时，我国城市轨道交通规划往往存在重视城市内部轨道交通、忽视区域范围轨道系统的现象。而出于实际的发展需求考虑，基于城市及城镇群地区的丰富客运需要，根据系统服务功能的不同，城市地区的轨道交通系统可以划分为多个层级。

（1）区域轨道交通，以高速铁路、城际铁路为代表，时速200～300公里以上，承担核心城市间联系。从建设管理的主体来看，属于传统大铁路系统，规划以服从国家或区域既定的线网布局及功能等级为基础，根据城市的实际提出适当的优化调整意见。在城市轨道线网规划中，主要明确线路廊道以方便共用设施或者避免线位冲突，同时锚固换乘联系的枢纽节点。

（2）市域轨道交通，又称为市郊铁路或市域快线，运营速度可达60～80公里，站距2～5公里，其主要承担中心城市与都市区外围联系，客流以通勤、通学等刚性出行为主，商务、休闲等次之。根据客流及吸引点分布，市域轨道可以形成多种布局方式，与市区内部轨道系统形成多样的衔接关系。

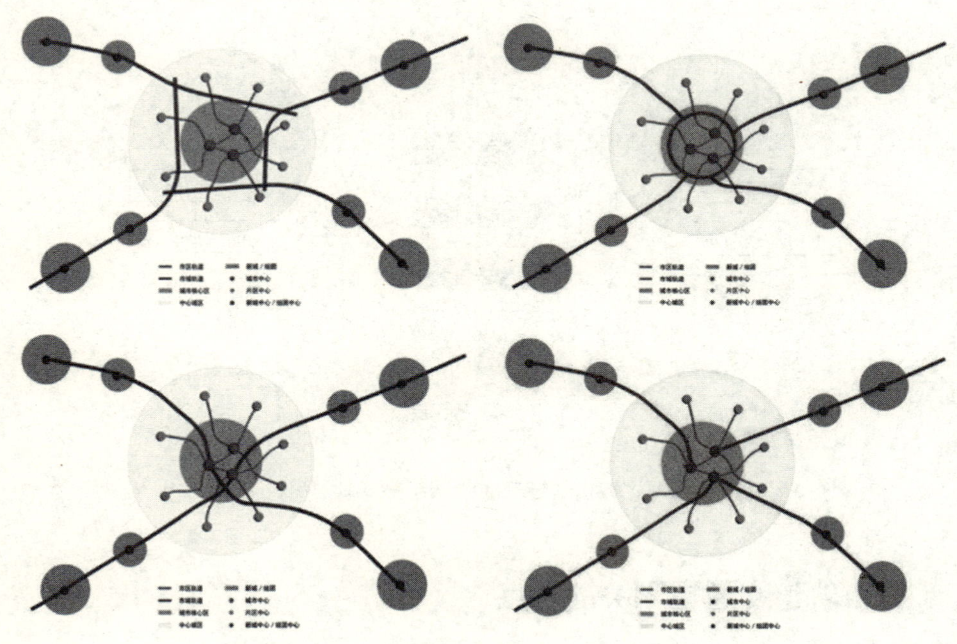

图4　几种典型的市域轨道衔接模式

（3）市区轨道交通，即传统意义的城市轨道系统，也是城市轨道线网规划关注的主要对象，一般由地铁、轻轨、有轨电车等系统构成，服务城市片区内部，同时可根据实际的运行时效与运输组织要求进一步划分为市区轨道快线（运营速度 50 ~ 60 公里，站距 2 ~ 3 公里）和市区轨道普线（运营速度 30 ~ 40 公里，站距 1 公里）。

（4）不同层级轨道的联系方面，区域轨道的实施与运营相对独立，通常通过在城市地区设站，打造对外交通枢纽，引入市域轨道和市区轨道进入枢纽，实现换乘衔接。市域轨道与市区轨道的技术差异相对较小，运营和管理通常隶属同一机构，衔接相对灵活，可灵活选用共线运营和车站换乘等多种方式。此外，出于通勤出行的考虑，市域轨道交通在布局上往往深入城市就业岗位分布的核心区域，线路与市区轨道形成多点多线的联系。

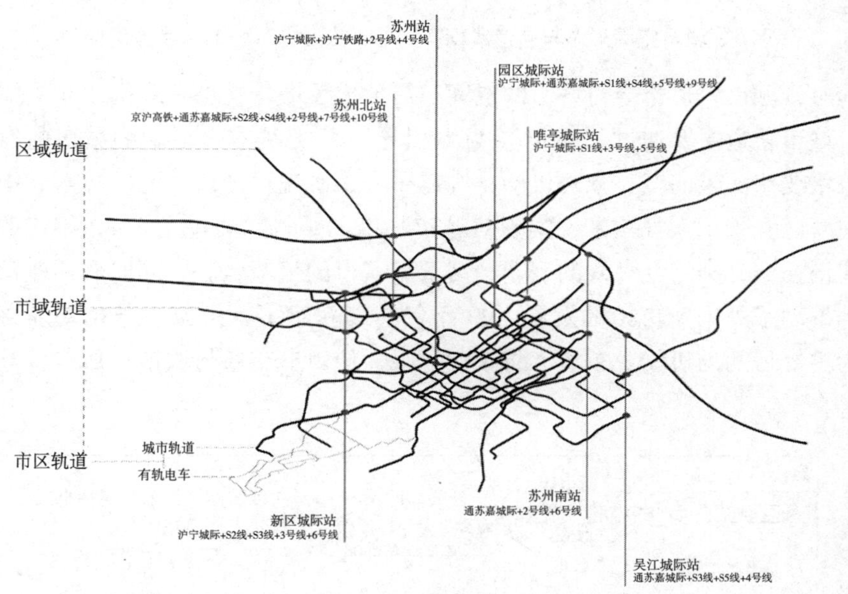

图 5 苏州地区的多层级轨道交通系统构架

2. 与城市空间用地布局互动

城市轨道交通的布局是对城市空间结构的组织反映。由于城市空间用地布局明确了城市轨道的出行需求本源，即城市的人口及土地开发，因此在线网规划构建过程中，需要结合服务地区的功能需求和用地性质选择合适的线网组织模式。如北京、上海等中心辐射城市采用“环加放射”的轨道线网布局是合适的，苏州考虑四角山水的限制要素形成十字形的轨道线网形态，深圳则根据城市的带状发展特征以沿海发展为主轴横向拓展轨道线网，纽约围绕曼哈顿中心结合实际地形条件灵活布局轨道线网，等等。

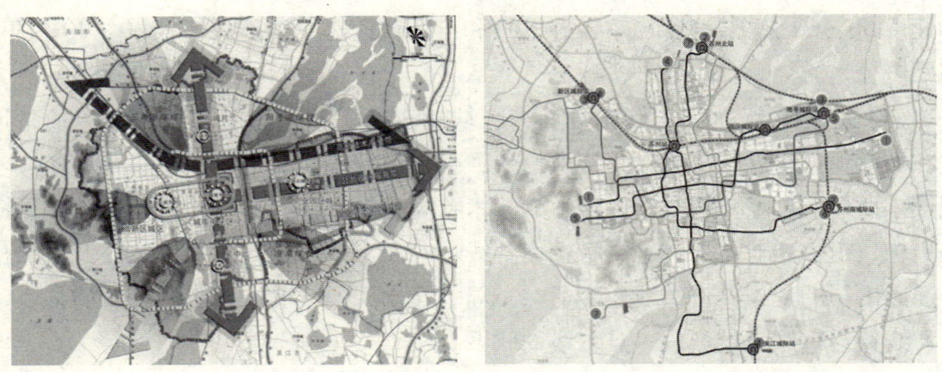

图 6　城市空间形态与轨道线网模式的对应——苏州的十字型结构

同时，城市轨道也会对城市的空间布局形成反馈，这也是线网规划中需要考虑的。城市轨道主要通过“疏堵”与“引导”两类基本手段影响城市的发展演变。疏堵线路深入旧城，减轻机动化客运压力，实现对城市功能的疏解；引导线路面向新区，带来人气集聚，实现对城市功能的重构。香港，在 80 年代的轨道交通建设初期，利用港岛线的兴建，缓解了城市的疏堵状态，同时利用荃湾、观塘线等推动了外围新市镇的发展，90 年代继续新建了一批以引导拉动新兴地区发展为主要目的的机场、东涌、将军澳等线，使轨道交通与城市形成良性互动和深度融合。

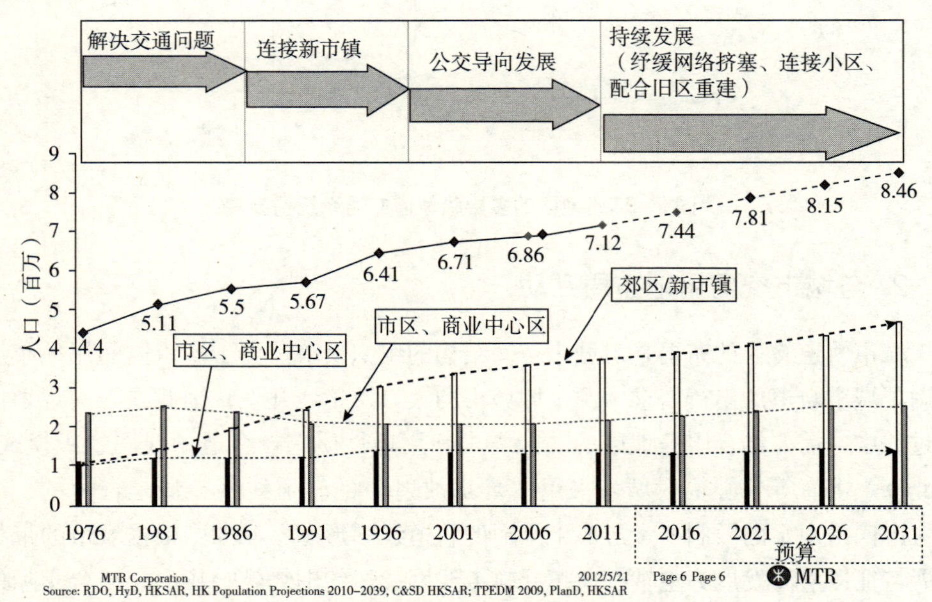

图 7　香港地铁的需求发展演变路线图

而在与城市总体规划的协调方面，规划互动对轨道线网规划的要求格外突出。轨道线网一方面依托城市总体规划的意图框架构建，在土地利用、交通发展战略、经济发展战略等方面与城市总体规划保持一致；另外一方面，轨道线网也会对城市的土地利用格局、交通特征和发展战略、经济发展等产生引导，可谓构建什么样的轨道交通廊道就会形成什么样的城市空间结构。反之，如果轨道交通线网规划与城市总体规划的意图发生偏差，则可能引起整个规划体系的混乱，或者是线网规划本身的不可行。

3. 与城市综合交通体系衔接

城市轨道作为城市综合交通系统的重要组成，需要协调处理好与城市其他交通方式的关系。在需求分担方面，对于城市轨道线网规划构建的相关预测模型应该连同综合交通体系的分析模型同步建立，将道路交通流量、常规公交客流以及轨道交通客流整合测算，判断轨道线网整体布局的适用性。

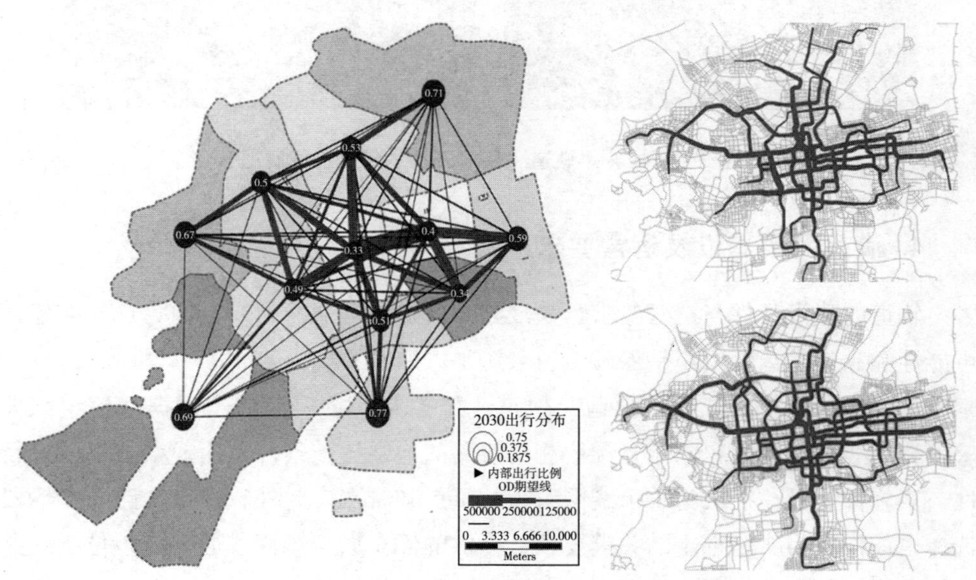

图 8 全方式 OD 下不同轨道线网方案的需求分担对比

设施统筹方面，轨道交通的线位选择需要与城市道路反复协调。一方面，线路需要结合既有生活道路设置，高效利用设施空间，提供较好集散条件；另一方面，线路应当与快速路走廊分离，深入城市组团核心内部，保持对人的吸引，快速道路则应该设置在组团外侧，发挥对空间骨架的支撑作用。新加坡，以“轨道+快速路”的交通廊道模式支撑新城综合开发和老城中心功能更新与人口疏解，沿交通廊道培育新城综合中心，实现了沿线新城的综合性开发，形成点轴生长的空间格局。

这种空间布局上将轨道交通所代表的大容量骨干客运交通走廊与快速路为代表的机动车走廊进行分离，能够更好地形成城市综合交通系统的分工与协作，发挥轨道交通对城市活力核心的引导作用，使得公共交通引导城市发展的策略得以实现。

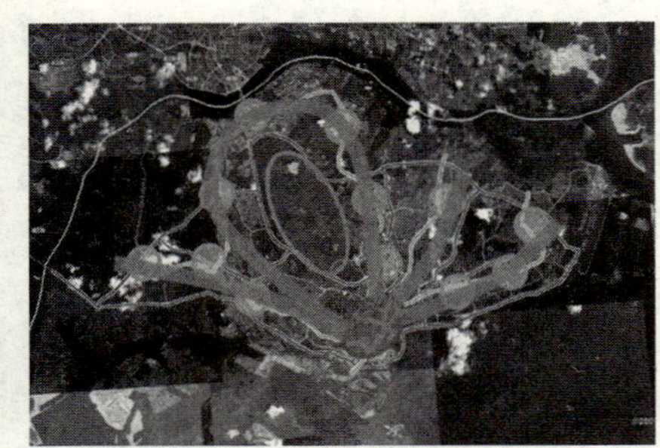

图9　新加坡“轨道+快速路”的综合交通廊道

4. 满足落实建设及运营要求

轨道的建设条件与运营要求也是规划需要提前考虑的因素，因为良好的建设可能性和高效的运营组织是保障轨道系统得以顺利实施的需要。

从建设角度出发，换乘预留是轨道线位控制的重要条件，根据客流组织要求，轨道线路规划过程中需要预留相交线路的换乘设施条件，而换乘节点的可行性与实施性要求往往成为整个线网组织的重点和难点。此外，轨道线路的车辆段选择也往往成为线路稳定的关键要素，提供的停车场与车辆段通常应该位于线路的端点附近并与城市用地规划进行协调，以保留足够的发展空间。

从运营角度出发，城市轨道的线路不宜过长，否则线路分段客流的均衡性难以保障，因而容易导致运营组织的困难和低效。轨道线路的长度以轨道车辆运营一小时的距离为佳。同时面对特殊的线路形式需要考虑特殊的组织方案及可能性：轨道环线的设置应当满足线网的换乘组织与圈层需求服务，布置在核心区边缘或者串联外围组团；轨道快线则提供长距离跨组团的快速出行服务，线路的站间距较大，运行速度也较高；机场轨道面向临空集聚区的不同类型出行，可选用不同技术特征的线路；轨道支线则主要用于解决外围地区的轨道服务覆盖问题。

四、结　语

城市轨道发展对于新型城镇化战略的推进意义重大，其涵盖多方面的因素，需要协调的条件也是复合和多样的。面向我国现阶段发展的复杂环境，城市轨道交通线网规划决不能将视角仅限于城市轨道自身的要求，而应当从区域整体的视野进行多层级轨道交通的协调，专业融合的角度考虑轨道线网与城市总体规划的协同，在明确功能定位的原则下统筹城市轨道在城市综合交通网络中的合理分工，借此从多方面满足城市轨道线网的规划构建需要。只有这样才能明确城市轨道交通线网规划的目标，抓住线网规划的关键要点，促进轨道线网规划的科学性和合理性。

参考文献

[1] 中国中央人民政府．中华人民共和国国民经济和社会发展第十二个五年规划纲要［R］，2011

[2] 中国国际金融有限公司．中金公司城市轨道交通建设专题研究［R］．北京：中国国际金融有限公司，2010

[3] 张壮云．东京城市公共交通优先体系的经验及借鉴［J］．国际城市规划，2008（3）

[4] 舒慧琴，石小法．东京都市圈轨道交通系统对城市空间结构发展的影响［J］．国际城市规划，2008（3）

[5] 市郊铁路发展对策研究［R］．武汉：中铁第四勘察设计院集团有限公司，2011

[6] 欧心泉，周乐，张国华，李凤军．城市连绵地区轨道交通服务层级构建［J］．城市交通，2013（1）

[7] 张国华，周乐，欧心泉．苏州市轨道交通线网规划修编［R］．北京：中国城市规划设计研究院，2012

[8] 叶智全．香港轨道交通发展历史及规划［R］．香港：香港铁路有限公司，2012

[9] 刘迁．国内城市快速轨道交通线网规划发展和存在问题［J］．城市规划，2002（11）

[10] 张国华，欧心泉，周乐．大型空港枢纽构建中轨道规划设计关键技术［J］．都市快轨交通，2013（1）

[11] Master Plan 2008［R］．Singapore：Urban Development Authority，2008

（本文原载于《都市快轨交通》2014 年第 2 期）

新型城镇化战略下
我国港口的转型升级发展之路

张国华　唐　瑾

一、解读：经济全球化与新型城镇化带来深远影响

自改革开放以来，我国港口发展已取得巨大成就，我国现已成为世界港口大国，港口吞吐量全球第一。港口发展对国民经济和对外贸易发挥了重要支撑作用。经济全球化、国家新型城镇化战略等对港口发展产生了深远影响。

首先，在经济全球化大背景下，海运对经济发展起着重要支撑作用。从15世纪末地理大发现以来，国际航运中心的演变与全球经济重心的变迁相辅相成。据统计，目前国际贸易总运量中2/3以上由海洋运输承担，全球80%以上的经济总量集中于沿海200公里的腹地范围。世界级城市群的发展，如纽约、东京、伦敦、巴黎、上海等，基本都有世界级的国际航运中心。

其次，国家新型城镇化战略为港口升级发展带来难得机遇。过去三十年，我国土地城镇化政策主要依靠高价的居住用地、商业用地对冲低价的工业用地，完成商业基础设施建设。这使我国成为全球最大制造业国家的同时，也带来产业竞争力不足、环境污染、交通拥堵等一系列问题。国家新型城镇化战略提出要以城市群为主体形态，大城市要优化内部空间结构、促进城市紧凑发展，构建“两横三纵”城镇化战略格局，促进城镇化格局更加优化。这既需要港口进一步发挥国际航运功能，支撑国家对外开放，同时也需要港口带动中西部内陆地区及港城转型发展。

此外，政府和市场之间的关系。十八届三中全会明确提出要发挥市场的决定性作用和政府更好的引导作用，而过去我国港口的发展依托于计划经济体制，企业唯有按照国家的计划执行规定任务，造成运营模式单一、经营业务面窄等问

张国华：中国城市和小城镇改革发展中心综合交通研究院院长。

唐　瑾：中国城市和小城镇改革发展中心综合交通研究院交通规划师。

题。在未来市场经济新的商业模式下，如何解决跨界创新问题以及如何发挥市场经济调节资源配置的决定性作用，将是未来港口发展需要重点解决的问题。

二、问题：量大质小、港城互动弱、运营模式单一

与我国航运发展所处阶段相对应，虽然我国港口吞吐量全球第一，但总体来看，存在着量大质小、港城互动弱、运营模式单一、可持续性弱等诸多问题。

第一，量大质小、地位不高。目前全球港口吞吐量排名前 20 位的港口中，我国占 14 个之多，排名前 10 位的港口中我国占到 8 个。但我国港口基本都以货物装卸和造船为主导业务，依赖于其腹地的外贸实力和本地工业竞争力，港口吞吐量极易随生产制造业中心转移而转移，可持续性弱，航运服务发展总体处于产业链低端。

我国港口吞吐能力及硬件设备属全球领先，但在支持航运中心发展上，尤其是航运服务、航运金融、法律、保险产业链条上，距离全球顶尖水平仍存在巨大差距及不足。“这也是为何我国上海港集装箱吞吐量多年排名全球第一，但航运中心排名却仅为全球第七的原因。”

同时，我国港口还存在严重的同质化竞争，削弱了面向国际的整合竞争力。以环渤海港口群为例，从日照到大连，全球吞吐量前 20 名的港口就集中了 7 个，但港口群内港口功能重合、内部消耗严重，削弱了整体对外竞争力。比如唐山港、天津港、烟台港、威海港、青岛港、日照港 6 大港口的运输产品基本都为煤炭和矿石等大宗物资，缺乏合理的功能分工。

第二，港城互动弱、沿海带动内陆不足。我国港口由于主要功能以基本航运为主，对港口城市自身的产业带动、港城联动较为薄弱。同时，港口的集疏运体系过度依赖公路，导致腹地狭小，对中西部地区缺乏有效带动。

天津港大宗散货的 67%、集装箱的 98% 依靠公路运输，铁路运输严重不足；上海港利用长江水运的货物不到 10%，江海联运优势并未有效发挥。相比而言，国际上美国洛杉矶港铁路集装箱比例高达 43%，德国汉堡港也有 30% 的集装箱依赖铁路运输。

第三，港口经营模式单一、业务面窄、外向度低。与过去计划经济体制相对应，我国港口经营主要集中在国内本地区的港口相关领域。相比较而言，全球著名跨国港口经营公司面向全球，通过建立全球港口经营网络在集装箱等港口经营上占据着主导地位。

中国香港和记黄埔、半岛与东方、美国装卸服务、新加坡港务局、国际集装

箱码头服务公司、鹿特丹 ECT 6 家公司占全球港口集装箱处理量的 40% 以上。和记黄埔在全球目前拥有 29 个港口，共 162 个泊位，在中国香港、内地及全球船运贸易中各占 50%、25%、14%。

三、出路：促进港城联动、完善集疏运体系、多元跨界经营

在经济全球化大背景和国家新型城镇化战略下，今后我国应立足于全球化的国际视野剖析产业链条在全球组织、空间集聚等过程中的基本市场经济规律，建立区域产业转型转移与港口等重大交通设施网络构建、重大项目建设等之间的关联机制，港口总体布局和功能要与国家重大经济产业布局、城镇空间格局有机结合，完善集疏运体系，扩大港口经济腹地，发挥港口对国家城镇化战略的有效支撑。

在城市群层面上，应将港口等重大交通基础设施和产业布局、空间结构三者高度协同、交互融合，促进港城联动。同时，发挥市场在资源配置中起决定性作用和政府发挥更好引导作用的双重优势结合，多元跨界经营，这是我国港口产业发展的必然出路。

首先，与新型城镇化结合，提升航运中心功能，促进港城联动。

一是提升国际航运中心功能。我国港口发展要把握整个航运产业链条，整合航运辅助业，拓展航运衍生服务业，向附加值更高的微笑曲线两端转移。包括提升国际中转比例，加强国际航运流通，改善航运政策环境，提升吸引力；加快高端运输服务业发展，推进自贸区，拓展航运金融，集聚培育代表全球竞争力水平的高端的航运人才。

二是临港产业转型升级，促进港城联动。传统的港城关系涉及国际分工和贸易、港口、临港工业、服务业和城市的发展，如新加坡探索创新“港－城”空间有序开放、高效管理模式，依托于全球产业链条，组织以港口为代表的全球的运输网络、产业的全价值链的分工网络、城市群的空间网络，对于我国港口的未来升级、转型有重要借鉴意义。

三是港口群功能分级，优势互补。统筹国内港口发展，要注重沿海港口总体功能分级，与亚太临近港口错位竞争，同时要注重港口群内合理分工，避免恶性竞争。从区位来看，大连、天津港偏离主航线，仅有上海港、广州－深圳港有条件成为国际航运中心。同时，港口群内应错位发展、优势互补，如 2014 年 8 月，天津港和秦皇岛港共同出资成立渤海津冀港口投资发展有限公司就是很好的探索，整合津冀港口资源、促进津冀港口合理分工。

其次，与国家城镇化战略格局结合，完善集疏运体系，推进水水中转、铁水中转。结合国家“一带一路”战略、长江经济带、“十三五”发展要求，应该充分发挥内河运输、铁路运输对港口集疏运的支撑作用，扩大港口腹地，带动中西部发展。以上海港为例，集疏运体系规划要考虑完善长江航道等级，提升内河－海运中转比例，加强对上海港支撑，加强西部铁路通道，建设沿江运输通道，完善沿海铁路集疏运，进一步辐射带动中西部发展。

此外，与市场配置资源结合，推进跨界多元经营，横向联合。目前港口经营管理模式主要有发展中国家的公共型港口管理模式、多数发达国家的地主型港口管理模式以及英国、新西兰等少数发达国家的私营型港口管理模式，比较而言，我国下一步的港口发展应考虑以地主型港口模式为主，即港口行政管理和公共基础设施由政府负责开发，经营性基础设施、上部设施、港口装卸作业和引航、拖带等港口辅助作业由企业经营管理，扩大投融资渠道，引入竞争，提高效率。同时，应积极通过跨界经营，创新经营管理体制和经营策略，开辟多元经营领域，拓宽港口功能。如纽约和新泽西港的管理经营则是港口跨界的典范，涵盖了管理经营辖区内大量海陆空交通基础设施及地产，2011 年营运总收入达 37 亿美元，其中机场和桥隧汽车站的收入分别达 22 亿（6 亿美元来自对航空公司的机场使用费）和 10 亿美元，来自港口的收入约为 2 亿美元。

未来真正成功的港口运营商是那些利用港口交通服务创造新应用、新价值的企业。产业是发展的灵魂，空间是发展的载体，交通是发展的工具。贯彻交通、产业、空间三要素协同的发展理念，基础设施之间的功能互补，构建多元化资本结构，是港口产业未来发展的重要道路。

四、具体案例：大连港、天津港、上海港的升级发展方向

今后，我国港口发展应注重沿海港口总体功能分级与优势互补，与亚太临近港口错位竞争，同时要注重港口群内合理分工，避免恶性竞争。在我国众多港口中，大连港、天津港、上海港无疑属于经济战略地位突出的重要港口。

大连港作为东北亚的航运中心，但从区位来看，由于其偏离了主航线，而显竞争优势不足。大连港未来的升级发展，应着力于进一步提升集装箱运输比例，以更好地服务于东北振兴。

对于天津港未来的发展方向，一方面应结合天津打造北方经济中心的优势，进一步强化在环渤海地区的航运服务功能，重点提升集装箱等运输比例，弱化煤炭、矿石等大宗散货运输；另一方面，应重点完善港口集疏运体系，改变港口集

疏运（尤其集装箱）主要依靠公路的现状，提升铁路集疏运比例，扩大腹地范围，打通天津港至西部后方腹地的铁路集装箱运输通道；同时，配合后方铁路大通道建设，进一步推进无水港布局向内陆延伸。

对于上海港未来的发展方向，首先要进一步提升国际航运中心地位。第一，上海港地处国际航线的有利区位，但国际中转比例仅 5%，相比邻近釜山港国际中转比例 45%、香港港国际中转比例 60%，未来应进一步提高上海港国际中转比例。第二，着力改善政策环境、提升上海港吸引力。上海港相比伦敦、新加坡、纽约等国际航运中心，硬件设施包括深水泊位、码头长度、航线通达程度等都处于同等或优势地位，但软件环境特别是航运服务方面差距较大。未来应简化船舶登记手续、国际组织机构落户手续，争取航运组织、海事仲裁话语权，降低外资高端航运企业进入门槛，调整税收政策。第三，加快发展高端航运服务业。通过基础航运向航运价值链高端延伸，鼓励知识、技术、市场创新，加大对航运咨询、保险等高端服务业的扶持力度，降低企业交易成本。同时，随着上海自贸区建设，积极拓展航运金融，集聚、培育航运人才。

其次是应着力完善集疏运体系、加大对长江经济带及中西部地区的带动。一方面要完善长江航道等级，提升内河—海运中转比例，发挥江海联运优势；另一方面应加强西部铁路通道建设，完善沿海铁路集疏运，提升货物集散，尤其是集装箱运输的铁路占比。

（2015 年）

“京津冀”交通发展问题的认识、创新和出路

张国华

习近平主席今年 2 月在听取“京津冀”协同发展专题汇报时明确提出，“京津冀”要协同推进基础设施相联相通，要着力构建现代化交通网络系统，把交通一体化作为先行领域，按照“京津冀”“产业发展互补互促、资源要素对接对流、公共服务共建共享、生态环境联防联控”等要求，加快构建快速、便捷、高效、安全、大容量、低成本的互联互通综合交通网络。

一、认识：交通发展的问题源于区域协调的困局

“京津冀”协调发展上升为国家战略，“交通先行”作为区域协调发展的具体推进路径之一得到社会各界一致认可。但长期以来“京津冀”发展诉求各自为政、交通网络对接不完善、设施规划建设不协调等问题突出，尚未真正形成支撑“京津冀”区域一体化发展的交通格局。主要表现在：一是城际交通发展滞后。城市群内中短途出行日益增长，但城际铁路及市郊铁路却发展缓慢。除京津城际和 S2 市郊铁路，北京到周边城市保定、廊坊、张家口、承德、唐山、秦皇岛等以及这些城市之间均未建成城际客运线路，列车开行的数量难以满足城际客流的出行要求。二是跨行政区道路、轨道衔接不尽完善。由于我国基础设施建设由行政辖区主导的模式，导致“京津冀”三地除国家级通道外，道路网断头现象时有发生，基础设施建设投资的压力以及行政边界的分割导致轨道交通从规划上就难以统筹，建设、运营互联互通就更加难上加难，比如河北一直呼吁北京地铁延伸到燕郊、廊坊等。

交通网络是区域经济、产业发展的重要支撑。“京津冀”交通问题的根源，一方面源于我国固有的行政辖区分割导致的交通设施网络分裂；另一方面，更为重要的原因还在于区域协调、产业发展之间出了问题，导致作为经济、产业发展

张国华：中国城市和小城镇改革发展中心综合交通研究院院长。

引导和支撑的交通设施网络难以一体化协调。“产业是城市的源泉，没有产业即没有城市”。应该基于全球化的国际视野剖析产业链条全球组织、空间集聚等基本市场经济规律，去剖析“京津冀”城市群产业体系现实的问题，相比长三角、珠三角城市群深刻把握全球化经济形势所采取的市场力主导下的产业转型升级路径，“京津冀”城市群产业布局自发轫之日起就带着深刻的政策力痕迹，是区别于长三角、珠三角城市群的根本之处，并导致“京津冀”产业、空间、交通等各种战略要素配置和组织低效。

区域协调发展困局的根源在于：一是区域中各个城市唯 GDP 式的竞争与计划经济思维模式束缚的结合，在资源、资金、政策等方面向大的中心城市集中，市场在资源配置中难以发挥决定性作用，要素配置、产业发展、基础设施建设等方面行政干预作用过大；二是“工业文明”的传统城镇化理论与“土地财政”的旧城镇化模式的利益契合，源于西方工业文明时期的城镇空间规划理论以土木工程专业知识为主体，对于如何科学把握产业发展的市场经济规律存在天然的理论缺陷，善于“土地”而非“人”的城镇化，与目前以“土地财政”为主导的城镇化模式存在着经济利益的高度契合；三是重大项目空间选址的科学能力缺失与行政壁垒分割体制的发展结合，违背“制造业向成本洼地、生产性服务业向要素高地”空间集聚的产业市场经济规律的现象时有发生，在区域发展中产业布局引导、城镇空间优化、综合交通等基础设施建设等方面存在诸多不协同之处。无论是产业升级转型，还是城镇空间的集聚和扩散，在遵循市场经济规律中产业发展对空间属性和区位条件更加敏感，并带来了对综合交通服务需求的差异化和多元化。

二、创新：交通、产业、空间协同是破解问题的关键

无论是产业升级转型、价值规律和利润的实现，还是全球空间的集聚和扩散，均需要高效综合交通体系的支撑。产业的升级转型和要素的空间转移，带来了综合交通需求的差异化和多元化，交通运输成本相应地从经济成本变迁到时间成本，体现为从经济成本到时间成本的成本光谱，相应于不同类型产业与不同类型运输成本相匹配。高附加值的对应于时间成本，低附加值的则对应于经济成本，相应类型的产业区位集聚与相应类型运输成本的交通设施布局的空间协同也遵循这一基本规律。

按照不同类型的集聚产业和交通运输成本的敏感度相关性，可以划分为资源、资本和信息三大集聚类型，分别对应于经济、经济与时间兼顾以及时间三类

运输成本。综合交通系统与产业聚集的空间协同包括：水运和货运铁路主导的交通方式可提供低成本运输，在港口与铁路货站周边集聚的是资源型产业；汽车和公路运输可实现门到门的运输，可以兼顾运输的经济和时间特性，对应于主导集聚资本型产业；航空和高铁主导的高速交通系统可以实现人的高效、快速流动，以高端生产性服务业为代表的信息集聚型产业对时间成本敏感度高，而对经济成本敏感度较低，中央商务区发展成功与否与空港等对外交通设施关系密切。基于产业全球化的新特征，把握产业集聚与运输成本之间的互动机制、产业集聚规律和空间结构优化与综合交通体系之间的空间协同关系，做到交通、产业和空间三要素的高度协同，全面提升新型城镇化中产业组织和空间组织的效率和城市群竞争力，更好地适应全球化竞争和合作，有力支撑国家城镇化战略的实施和产业转型升级将成为现代产业发展与综合交通体系构建的必然选择。

三、出路：优先构建多层次一体化的综合交通网络，支撑“京津冀”城市群发展

“京津冀”综合交通网络构建应该立足于建立有利于城市群产业体系发展，研究综合交通网络构建与城市群产业转型转移之间的关联机制；建立城市群空间、产业和交通三者高度协同、交互融洽的新理论方法和发展规划体系。在国家新型城镇化战略指导下，按照市场经济规律高端生产性服务业向要素高地集中、制造业向成本洼地聚集。北京作为“京津冀”区域中心城市，未来发展将以金融、科研、文化、商贸等高端生产性服务业主导，天津、河北均有优良的海港资源及广大腹地，具有发展先进制造业、装备服务业、港口加工业等基础条件，将以曹妃甸、京唐港、天津港等为核心形成北方工业制造业基地，承接北京钢铁、汽车制造等产业转移。为支撑“京津冀”区域产业转型转移，综合交通体系应积极发挥好引导作用。

一是应完善国家级通道体系，建立“京津冀”城市群与全国综合运输通道及主要城市群之间的便捷联系。把握经济全球化新趋势，抓住产业全球重新布局的机遇，促进生产要素国内外高效有序流动，关键是基于综合交通网络和产业升级转移的空间协同关联机制，统筹好沿海的空海双港枢纽战略，衔接好贯彻东中西和联结南北方对外经济走廊的交通网络，形成与具有国际竞争力的产业集群和城市群互动发展

二是建立“京津冀”空港、海港集疏运通道体系，支撑地区产业转型升级及空间结构调整。首先应完善津、冀沿海港口的集疏运通道体系，为北京产业转

移、打造津、冀工业制造业基地创造条件，既形成与国家大通道的顺畅联系，便于山西、内蒙古等北方地区货物出海流通，同时要避免对区域城市的生产生活带来干扰；其次应结合北京新机场建设，在“京津冀”地理中心位置发展临空经济区的契机，构建辐射范围广、与区域通道有机衔接、内部功能清晰、结构合理的新机场及临空经济区集疏运体系，为承接北京中心城行政、教育、医疗等功能转移落户，同时带动河北廊坊、固安、永清等地区临空经济发展创造便捷的交通条件。

三是应适应“京津冀”城市群发展需要，构建城际快速通道网络。支撑北京、天津、石家庄中心城市对城市群的带动引导作用，并促进区域的合作与分工，城市群中大中小城市“同城化”。城际/市郊铁路等区域快速轨道交通是缩短城际距离效率的最高效运输方式，加强以多层次轨道网络为主体的城际交通网络与城市群、城市空间结构优化及产业布局调整的协同，应该成为“京津冀”城市群为主体形态的新型城镇化战略实施的关键所在。而不是在于简单的道路连通、地铁延伸，对于环首都经济圈的一系列中小城市，如果不能深刻领会“制造业向成本洼地、生产性服务业向要素高地”空间集聚的产业市场经济规律，没有区域交通网络与分工产业协同的引导，只是把北京城市地铁简单延伸连通河北燕郊等地区，这些地区很可能是北京“通州、回龙观、天通苑”等“睡城、卧城”的升级版，结果是北京中心城区的功能疏解也会流于空谈，“大饼”只能加厚加大而已。

四是“京津冀”中心城市要建立高效、便捷、优质的交通服务体系，支撑中心城市产业发展及对城市群的带动引导作用。北京、天津、石家庄等中心城市应着眼于提升交通效率及服务品质，特别是北京要积极发挥“京津冀”城市群的核心带动作用，为支撑金融、教育、科研、文化等高端生产性服务业参与全球竞争，提供高效、便捷、优质的交通服务。关键在于落实好国家公共交通优先发展战略和综合交通枢纽建设，将以道路为主体的传统发展模式转变到以轨道为主体的公共交通模式去组织城市，而不是现在所采取的机动车“限行、限牌”等计划经济思维的管理模式。客运枢纽体系契合城市中心体系，货运枢纽体系衔接产业布局，达到交通、产业和用地的三者高度匹配，实现产业组织和空间组织的效率提升；提高土地利用效率和提升人口密度，实现劳动力、资本和技术在城市地理空间上的高度集中，为以创新为导向的生产性服务业发展提供空间条件。

（2015 年）

有轨电车系统规划设计思考

张国华　欧心泉　周　乐　苗彦英

［摘要］现代有轨电车系统规划设计的关键在于认清其作为城市轨道交通的组成部分、所处的功能定位及自身的适用价值，从而寻求获得发展的机遇以及契合的诉求。从分析城市轨道交通的整体发展背景出发，解读现代有轨电车面临的发展际遇，探讨其作为城市轨道的规划设计要点，提出其面向生态文明和社会文明的发展需要。关键的技术内容在于如何实现现代有轨电车系统与多层级轨道服务系统的协调，保持与城市的用地空间互动，形成与城市综合交通运输系统的衔接。

［关键词］交通规划；轨道交通；现代有轨电车；生态文明；社会文明

一、引　言

作为城市交通的典型载运方式，早在19世纪80年代，有轨电车就于德国柏林附近投入使用。中国的第一条有轨电车线路则于19世纪末期由西门子公司在北京修建，后来凡设有租界或通商口岸的城市皆开通有轨电车。鼎盛时期，其身影遍及十余座城市，至今大连、长春、香港仍保留并运营原有的有轨电车系统。

随着载运技术发展和城市交通政策变迁，旧式有轨电车鉴于运行速度慢、舒适性差、机动不足等缺点，在与机动车的竞争中逐渐陷入停滞甚至衰退。但城市的机动化同时也是一把双刃剑，在满足出行者灵活便捷的出行同时，也使城市陷于拥堵的困境。这些亦为现代化有轨电车的复兴创造了条件。

张国华：中国城市和小城镇改革发展中心综合交通研究院院长。

欧心泉：中国城市和小城镇改革发展中心综合交通研究院主任工程师。

周　乐：中国城市规划设计研究院交通分院交通设计所所长。

苗彦英：中国城市规划设计研究院前顾问。

现在，受城市构建多层级公共交通系统需要和产业发展政策推动，有轨电车在中国城市面临难得的发展机遇。国内的天津、上海、沈阳、大连等城市已经开通现代有轨电车线路，北京、广州、佛山、苏州、武汉等城市谋划建设，三亚、海口、南京、珠海等城市将现代有轨电车的发展纳入规划。在此背景下，如何科学、协调、有效地规划设计现代有轨电车系统已成为大、中城市发展需要迫切面对的问题。

二、现代有轨电车的发展际遇

现代有轨电车作为中运量城市轨道交通运输系统，与城市轨道交通的整体发展背景息息相关，城市轨道的机遇与挑战自当成为现代有轨电车的际遇，而现代有轨电车系统的特殊价值也为其在城市公共交通运输系统中所发挥的作用提供支撑。

1. 城市轨道的黄金十年

近十年，受持续、快速城镇化的推动，中国城市轨道交通建设处于黄金时期。随着社会经济水平的提升，具备轨道交通建设条件的城市有望超过 50 座，根据相关规划，“十二五”期间全国轨道线网总体规模将增至 3500 公里，2020 年末规划线网规模有望达到 6100 公里。未来 10 年，全国城市轨道交通建设投资总额将突破 3 万亿元（上述数据仅指地铁与轻轨等大容量轨道交通系统，还未包含各地正在大力推进的有轨电车等中、低容量轨道交通系统）。

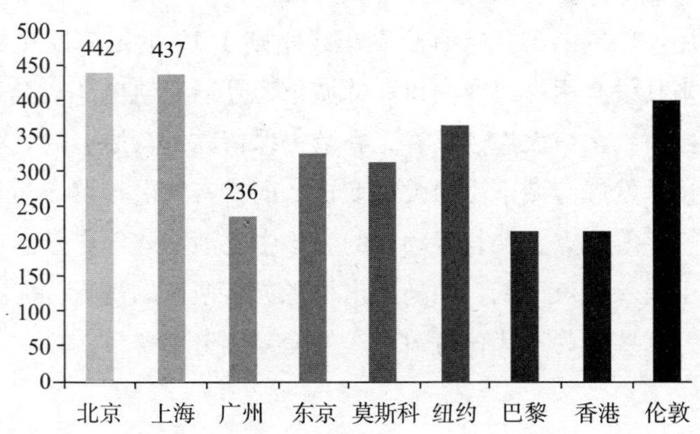

图 1　世界城市地铁线网规模（单位：公里）

与快速建设的历程对应，中国城市的轨道交通运营指标也已位居世界前列。

至2012年底，内地有17座城市累计70条地铁、轻轨线路投入运营，总运营里程达2064公里，其中北京地铁线网规模442公里，上海地铁线网规模437公里，分别位居世界城市地铁运营里程的第一、二位。2013年3月8日，北京地铁全网客运量更是攀升至1027.6万人次，成为全球最繁忙的城市轨道交通运输系统。

基于庞大消费市场与海量出行需求，受公共基础设施投资拉动与社会经济结构转型需要，在可以预见的未来，城市轨道交通系统，包含现代有轨电车在内，仍将保持快速发展的势头。

2. 规划建设的矛盾凸显

高潮迭起的发展期往往也是矛盾快速积累的时期，国内不少城市轨道交通在规划、建设中遗留的问题开始凸显，具体表现在以下几个方面。

（1）轨道线网规划阶段研究深度不够，导致后续操作性较差。

（2）既有规划约束力不强，既定线路跟随领导意志随意变动。

（3）轨道系统整体发展前景考虑不足，超前谋划和通盘统筹缺乏，仅仅通过简单的延伸与绕行实现线路的新增。

（4）规划、建设的衔接机制不完善，不同主体各自考虑，未能对资源进行有效整合。

因此，处于后发阶段的现代有轨电车系统在构建过程中需要汲取上述经验，一方面应该重视规划的顶层设计，强化规划的约束力；另一方面需要统筹协调城市各类要素，合理配置资源，降低发展成本；同时还需加强与综合交通系统的衔接，发挥公共交通的主导作用。

3. 现代有轨电车的特殊价值

除共性的背景外，自身的典型特征也赋予现代有轨电车区别于其他轨道交通方式的特殊价值。运量方面，现代有轨电车客流输送能力低于地铁、轻轨等，在大城市往往作为补充层级，发挥对轨道整体线网的加密作用。在中小城市，考虑客流需求与廊道规模相对有限，其可作为城市客运骨架系统，取代常规公共汽车，提供高质量的出行服务。

面对特定需求服务，现代有轨电车系统也拥有独到的应用优势。在城市核心区和旅游区，可作为大型商业网点、观光景区乃至其他重要公共服务设施的特色联络线。在地形复杂的山地丘陵城市，通过采用小半径曲线和大坡度设计，可以具备相比其他轨道系统更好的适应性。

对比旧式有轨电车，现代有轨电车采用低地板车辆，能够极大满足人性化的出行要求。同时，通过模块化的车辆组合、多元的供电方式、时尚的定制外观、采用高性能的动力系统以及路口信号优先措施等，可以有效摆脱原有轨电车系统缺陷。此外，通过继承“共享路权、混行交通”的运行特征，在线路组织方面也拥有灵活设置的优势。

三、作为城市轨道的构建要点

作为城市轨道的组成部分，现代有轨电车系统的规划设计需要协调多元的轨道层级，实现与城市空间用地的互动，强化与综合交通运输系统的衔接，继而明确自身的服务层级、线网模式和线路走向。

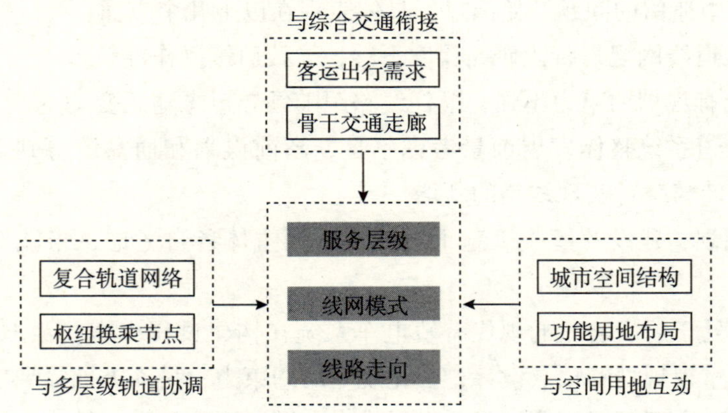

图 2　现代有轨电车系统规划设计思路

1. 协调多层级的轨道系统

通常意义上，服务城市的轨道系统可以划分为三个层级。

（1）区域轨道，以高速铁路、城际铁路为代表，承担核心城市间的联系。

（2）市域轨道，承担中心城市与都市区外围的联系，包含市郊铁路和大区快线等。

（3）市区轨道，即传统意义上的城市轨道系统，由地铁、轻轨、有轨电车等系统构成，服务城市片区内部。

在与多元轨道交通层级的协调过程中，现代有轨电车系统需要明确的是自身的服务职能和功能定位。面向区域轨道和市域轨道系统，现代有轨电车主要发挥城市公共交通的集散作用；面向地铁和轻轨等大容量市区轨道系统，现代有轨电车需要承担对轨道服务的延伸和补充作用。例如，苏州在轨道交通系统的构建过程中，利用中心城区的地铁骨干网络与城市外围的高新区现代有轨电车网络共同协作，实现环太湖片区的轨道交通服务覆盖。

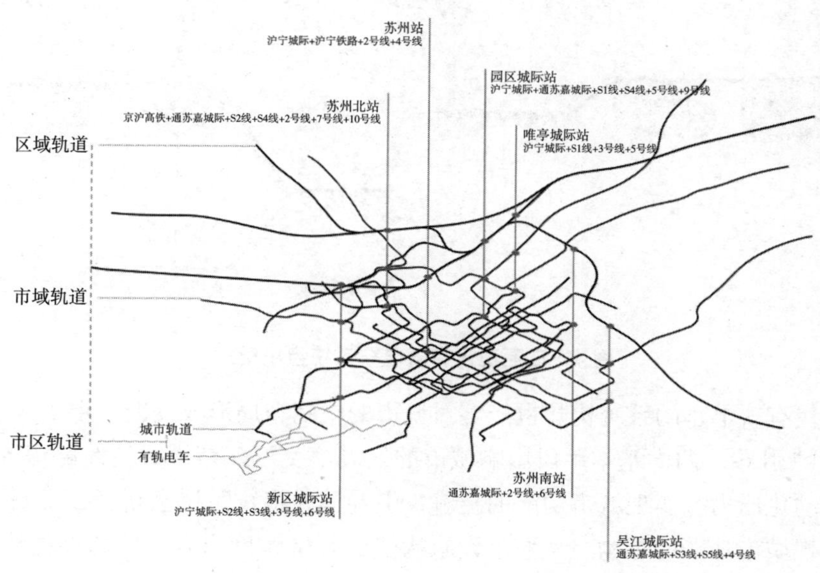

图3　苏州多层级轨道交通系统

基于效益最大化出发，根据发展时的安排，现代有轨电车与其他轨道交通方式可以转换。在一些现状客流相对不够充沛的骨干客流走廊上，先行铺设现代有轨电车系统，待客流培育成熟后改造提级为轻轨系统，这样既满足走廊的服务需求，同时也能够提高轨道系统的整体运营效率。此外，在中小城市与大城市外围地区，现代有轨电车可以充当公共交通的服务主体，辅以常规公共汽车，形成以现代有轨电车为主导的交通网络。

与不同轨道层级的衔接上，现代有轨电车系统采取不同的构建策略。面对区域轨道，主要通过在对外交通枢纽站点引入线路实现转换衔接即可；面对市域轨道、市区轨道，可灵活选用共线运营和站点换乘等多种方式，满足方式转换的快捷顺畅和人性服务要求。

2. 保持与用地空间的互动

城市轨道交通的布局是对城市空间结构的组织反映，因此，现代有轨电车系统在构建过程中，需要结合服务地区的功能需求和用地性质选择合适的线网组织模式。三亚现代有轨电车线网在规划布局上，通过串联核心地区构建客运通道，联系对外枢纽建立便捷联系，深入组团内部提升可达性，满足多方式的衔接和多层面的服务需要。

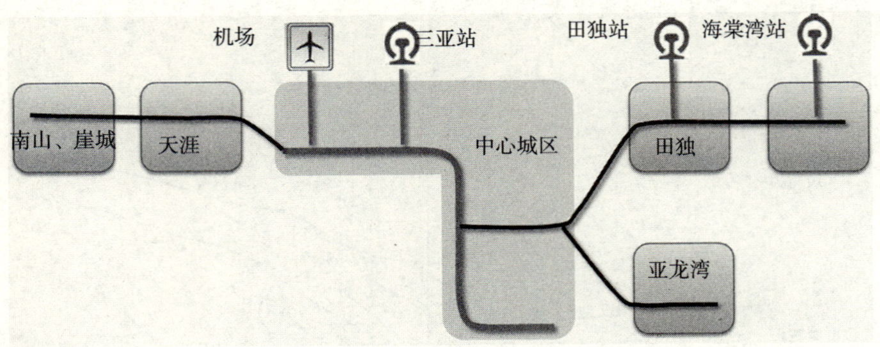

图 4　三亚现代有轨电车系统组织模式

现代有轨电车的系统构建也能够对城市的空间布局形成反馈，主要通过“疏堵”与“引导”两大基本手段影响城市的发展演变。疏堵模式使线路深入旧城，减轻机动化压力，实现城市功能的疏解；引导模式将线路拉至新区，带来人气集聚，实现城市功能的重构。从城市设施构建的经济角度出发，疏堵型的线（段）并不产生直接的经济效益，而倾向于提供普惠式的公共服务；引导型的线（段）能够迅速提高沿线土地价值，通过调整、控制沿线土地利用，实现对站点周边的开发，可获取巨额的利润收益。如苏州高新区有轨电车 1 号线在建设之初就对沿线用地进行规划控制，促成公共服务廊道构建与土地价值提升的双重结合。

3. 衔接城市综合交通体系

现代有轨电车作为城市综合交通系统的重要组成，系统的构建需要协调处理好与城市其他交通方式的关系。需求分担方面，现代有轨电车主要适用于单向高峰小时 6000 ~ 12000 人次的客流廊道，其相关预测模型应该连同综合交通体系的分析模型同步建立，将道路交通流量、常规公交客流以及轨道交通客流整合测算，以判断现代有轨电车线网布局的适用性。

设施统筹方面，现代有轨电车的线位选择需要与城市道路反复协调。一方面，线路需要结合既有生活道路设置，高效利用设施空间，提供较好的集散条件；另一方面，线路应当与快速路走廊分离，使现代有轨电车深入核心，保持对人的吸引，将快速路设置外侧支撑组团的空间骨架。例如，斯德哥尔摩在构建现代有轨电车系统时，线路设置在城市核心区，并通过相关道路的功能梳整，在保持城市活力的同时降低机动车对核心区的干扰。

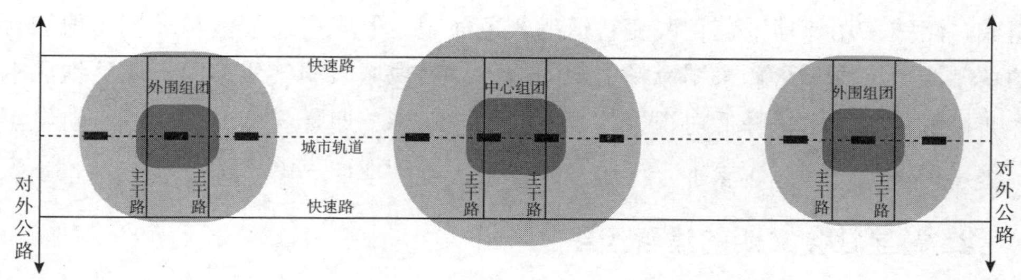

图5　城市轨道与快速路系统空间布局模式

除提供骨架的公共交通服务外，现代有轨电车还强调面向特色地区的特色服务。例如，北京通过打造现代有轨电车西郊线，将城市西北外围地区的“三山五园”经典园林串联成带；三亚沿海岸线，谋划以现代有轨电车为主导的旅游走廊，提升滨海地区的交通服务品质。由于这些线路的设置需要考虑的不仅仅是与各类交通设施之间的关系，往往还强调设施与环境、景观等条件的结合，因此对现代有轨电车系统的构建也提出更高的要求。

四、适应文明进步的发展需要

面向知识经济引导的后工业化生产和生活活动，现代有轨电车需要考虑的不仅仅是高效的运输组织，适应生态文明与社会文明的发展诉求更成为系统构建的必要。

1. 强调生态文明的设施环境

与生态更友好是现代有轨电车系统构建的基本出发点。进入生态文明的阶段后，消费经济成为主导，现代有轨电车作为适应该阶段活动需求的交通方式，需要挖掘自身“绿色、低碳”的优势，提供满足休闲、娱乐、游憩的需求组织空间，践行生态交通的价值理念。

外在环境的融合方面，现代有轨电车系统通过采用因地制宜的敷设方式实现。通常选择地面线作为一般的敷设形式，能够不破坏地表结构，且与景观环境融合较好，不足在于易受其他交通方式的干扰；慎重采用高架线的形式，高架线路虽然能够提供独立路权并确保高效运行，但构造物往往对沿线景观形成割裂；局部选用地下线的形式，确保部分线（段）的优先通行，但是其高昂的造价也是往往需要考虑的。

内在价值的挖掘方面，现代有轨电车通过对元素的精细打造成为城市的景观组成。路线采用绿地铺装，改变轨道的灰色面貌，形成交通价值与环境价值结合的新型城市绿廊；车辆采用流畅美观的造型，展现城市的气质形象；敏感地区选择非接触供电技术，降低对视界的干扰，如波尔多、迪拜等城市的现代有轨电车系统，根据沿线的风貌要求，采用与环境更协调的地面供电系统。

2. 彰显社会文明的运营组织

与人更亲近，是现代有轨电车系统构建的最终落脚点。现代有轨电车系统通过高品质的客运服务，提供注重人性化的设施以及满足多样化的出行需求，能够成为人本精神的展示窗口。而考虑现代有轨电车运行上往往与其他机动车辆共享道路空间资源，使维持良好的城市交通秩序并提供公共交通的优先策略成为必然，这也往往成为城市行为文明的体现。

此外，通过现代有轨电车系统的构建，能够促进客流走廊与机动车廊道的分离，推动公共交通与慢行交通作为城市运输组织的核心，弱化小汽车在城市交通中的地位，进而打造成具有人文关怀的公共设施走廊，实现亲切、随和、自然、以人为本的社会环境构建目标。

五、结　语

现代有轨电车作为从传统中走来的新兴城市轨道交通方式，既具有常规城市轨道系统的共性，同时也具有其自身的独特适用价值。探索合适的发展模式，寻求合理的发展定位，充分发掘它的潜力与价值，是现代有轨电车系统规划技术研究的意义所在，也是城市构建现代有轨电车系统的目标所在。

面向未来的发展需要，现代有轨电车的应用价值将得到进一步的挖掘和体现。对待它的发展，不仅需要交通设施系统构建，也要从更多的如环境、景观、秩序组织等多方面予以重视并加以协调，使现代有轨电车系统真正成为服务城市生活、提升城市品位、展示城市文明的价值载体。

参考文献

[1] 中国中央人民政府．中华人民共和国国民经济和社会发展第十二个五年规划纲要［R］，2011

[2] 中国国际金融有限公司．中金公司城市轨道交通建设专题研究［R］．北京：中国国际金融有限公司，2010

[3] 国家发展和改革委员会．关于发展现代有轨电车的指导意见［R］．北京：国家发展和改革委员会，2011

[4] 欧心泉，周乐，张国华，李凤军．城市连绵地区轨道交通服务层级构建［J］．城市交通，2013（1）

[5] 张国华，周乐，欧心泉．苏州市轨道交通线网规划修编［R］．北京：中国城市规划设计研究院，2012
[6] 张国华，马俊来，戴继峰．三亚市城市综合交通规划［R］．北京：中国城市规划设计研究院，2009
[7] 苏州市发展和改革委员会．苏州市现代有轨电车发展规划研究［R］．苏州：苏州市发展和改革委员会，2013
[8] 王明文，王国良，张育宏．现代有轨电车与城市发展适应模式探讨［J］．城市交通，2007（6）

（本文原载于《城市交通》2013 年第 4 期）

新型城镇化背景下
多层次轨道交通系统的构建

张国华　欧心泉　王有为　陈远通

［**摘要**］新型城镇化的快速推进对我国轨道交通系统构建提出新的要求，面对城市群快速发展、城市自身调整优化和新型城镇化背景下“政府－市场”关系重构等方面的挑战，要加强“产业、空间、交通”三要素发展统筹，重视顶层设计、合理配置资源、降低发展成本，通过以城市群为平台推动多层次轨道交通系统建立，抓住产业和空间调整契机，加强相关规划之间互动，围绕综合交通一体化目标促使实现轨道交通与其他交通方式协调，在轨道交通发展制度设计和商业模式等方面做出改革、创新探索。

［**关键词**］新型城镇化；多层次轨道；发展规划；制度设计；商业模式

一、引　言

随着国家新型城镇化规划的出台和部署，现阶段中国特色新型城镇化将着力突出并全面提高城镇化质量。国家综合交通运输体系作为新型城镇化格局的重要支撑，将在完善区际联系、强化城市群间与城市群一体化、改善中小城市和小城镇对外关系、引领和带动城镇化等方面发挥重要作用。轨道交通系统（包括铁路和城市轨道）在综合交通体系处于骨架地位，需要在完善城市群之间的综合交通运输网络、构建城市群内部的综合交通运输系统和建设城市综合交通枢纽等方面发挥主体功能。

张国华：中国城市和小城镇改革发展中心综合交通研究院院长。

欧心泉：中国城市和小城镇改革发展中心综合交通研究院主任工程师。

王有为：中国城市和小城镇改革发展中心综合交通研究院总规划师。

陈远通：广东省肇庆市规划局高级工程师。

回顾近年来我国轨道交通发展，在基础设施建设等方面已经取得了突出成绩。我国已经建成全球最大规模的国家高速铁路网，2014 年底国家高速铁路运营里程突破 1.6 万公里；正在建立全球最大规模的城市轨道交通网，2014 年底我国城市轨道交通通车里程累计达到 3173 公里。与此同时，作为轨道交通系统有机组成的铁路和城市轨道两张网在功能和效用上还缺乏整合，轨道交通与国民经济、社会发展其他领域的互动也表现不足，现有轨道交通系统的发展难以适应下阶段新型城镇化一体化的发展要求，也无法满足基础设施创新构建的需要。因此，如何在新型城镇化背景下，谋求可持续的发展道路，已经成为轨道交通发展和改革的当务之急。

二、新型城镇化背景下轨道交通发展的挑战

1. 城市群为主体的空间形态引发城际/市郊轨道交通构建需求

城市群将成为未来我国城镇化的主体空间形态，实现城市群协同发展、发挥中心城市辐射功能、满足中小城市联系等都离不开发达的城际交通网络，特别是城市群层面区域轨道交通系统的支撑。在城市到城市群的发展过程中，人口和功能由单一城市向城市群扩散，城市群层面的区域轨道将发挥关键的引导和支撑作用。世界级城市群都选择构建以城际/市郊铁路为主体的城市群区域轨道交通网络，建立 1000 ~ 2000 公里左右规模的区域轨道系统，支撑 50 ~ 70 公里范围的通勤出行和 100 ~ 200 公里范围的生活出行。根据日本东京经验，城市群区域轨道网络线网规模需要达到城市内部轨道线网规模的 7 ~ 8 倍，才能够有效实现对中心城功能的疏解，满足城市群地区的联系。

反观我国，城市群发展还处于初级阶段，整体协同发展水平较低，一些中心城市集中过多资源，导致“大城市病”严重；中小城市则缺乏分工，城市群内部产业结构存在低水平、同质化现象，用地结构和利用效率需要提升。与之对应的城际交通网络也明显滞后于城市群的发展需求，城市群层面的轨道交通系统构建缺失，城际铁路、市郊铁路、区域快线等建设滞后，有“铁路 + 城市轨道”二元模式难以满足城市群的联系需求。以北京、上海为代表的中心城市在构建面向 50 ~ 100 公里服务范围的轨道交通系统方面还存在明显空白，北京仅有 1 条市郊铁路 S2 线在运营，日均客运量不足万人，而上海到 2012 年为止才开通第一条真正意义上的市郊铁路。

2. 城市空间结构和经济密度优化提升需要城市轨道交通支撑

人多地少的基本国情决定了我国的城市形态将以高密度、紧凑发展的模式为主，而城市自身规模效应的发挥也需要进一步集中和优化城市结构。随着城市建成区人口密度逐步提高，进一步集约化开发需要实现土地功能高度混合和轨道交通为代表的公共交通有效支撑，像新加坡在城市生长过程中，利用“轨道 + 快速路”为核心的骨干交通廊道构建起高效生长的“中心区 + 卫星城”结构，通过在交通廊道沿线培育新城发展综合中心，实现城市中心区的功能更新与结构优化。新加坡在 1960 ~ 2013 年间，城市建成区人口密度由之前的 0.83 万人/km^2 提高到 1.52 万人/km^2。

当前我国大城市还存在进一步集聚发展的空间，与国际先进城市对比，参照韩国首尔的人口密度，即使像深圳这样的新兴大城市，在现有城市建成用地上还能够再增加容纳 1/3 ~ 1/2 左右的人口。但是需要看到，指导我们城市发展的规划蓝图已经有不少成为“镜中花、水中月”，城市发展过程中对自身人口和用地规模的把握能力趋于丧失，对空间结构的整体控制能力显著下降。服务城市的城市轨道交通与城市的产业、空间体系结合不够，在规划建设、运营管理过程中对于城市深层次发展的诉求缺少响应，大容量运输系统在支撑城市发展方面的效能难以得到充分发挥，同时城市轨道交通自身组成单一、运行速度缓慢、换乘不方便等弊病导致其对沿线用地开发和综合交通系统难以实现积极有效的反馈。

3. 政府-市场关系重构对轨道交通发展模式提出创新要求

在全面深化改革的要求下，我国政府与市场的关系面临重构，市场对资源配置的决定作用进一步凸显。李克强总理在《政府工作报告》中提出，新的治理模式要求政府法无授权不可为、法定职责必须为，市场主体法无禁止即可为。与政府公共服务职能以及市场经济功能都密切关联的轨道交通系统，迫切需要重新审视发展目标和服务对象，从明确政府职责、发挥市场能力角度出发，提出发展愿景、制定工作任务，通过制度建设明确“哪些工作应该做，哪些东西不应该做”，实现对政府的“正面清单约束”和市场的“负面清单管理”。

在经济发展新常态形势下，轨道交通发展任务急切，投融资压力不断增大，仅仅依靠政府财政投入已经很难支撑过去两位数以上的设施投资增长速度，但是另一方面，大量的社会和民间资本却又难以寻找长期、稳定、优质的投资渠道。因此，轨道交通发展需要改变传统的政府主导投资、建设、运营的模式，重新界定权责主体，积极引入市场和社会力量，加快推进混合所有制改革，为更加多元的主体参与和更加有效的资源配置提供平台与环境。

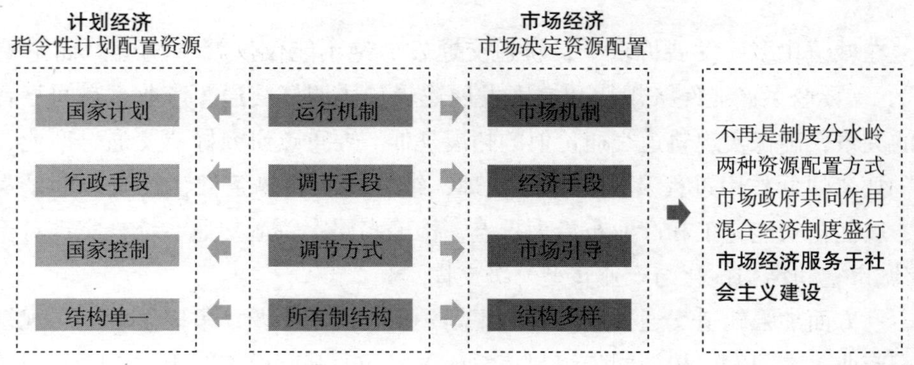

图1　计划经济与市场经济对资源配置的差异对比

二、新视野下多层次轨道交通发展规划的应对

1. 以城市群为平台推动多层次轨道交通系统的构建

在城市群地区协同发展的背景下，树立轨道交通系统自身协同发展思维。改变既有铁路与城市轨道分立格局，突破部门和地方条块分割界限，发挥轨道交通对于城市群地区快速客运能力构建的支撑作用，从城市群层面发展协调考虑，一揽子整合高速铁路、城际铁路、市郊铁路、地铁、轻轨等各类轨道系统要素，构建多层次轨道交通系统。一方面，要完善区域层面轨道交通系统，利用国家高速铁路和城际铁路系统（时速达 200～300 公里以上）承担核心城市间联系需求；另一方面，要建立市域层面轨道交通系统，通过市郊铁路或市域快线（运营时速达 60～80 公里）承担中心城市与其都市区外围通勤、通学联系需求；同时，需要优化市区层面轨道交通系统，搭配选用地铁、轻轨、有轨电车等多种方式（运营时速为 30～60 公里）服务城市片区内部，根据实际的运行时效与运输组织要求进一步细化服务。

多层次轨道交通系统构建重点在于，突破既有城市行政单元界限，跳出“一亩三分地”的思维定式和“以邻为壑”的体制困境，整合不同类型轨道交通系统，加强当前发展存在缺位的城际铁路与市郊铁路，调整城市轨道交通规划线网规模，突出轨道交通系统的整体组合、功能有序和分工协调，最大程度地实现轨道交通基础设施互联互通。

2. 以产业和空间调整为契机加强相关规划间互动

在城镇化多元发展诉求下，轨道交通发展绝不能仅仅就“轨道”而论“轨道”，需要联系产业经济规律和空间发展逻辑，协调好交通、产业、空间三者之间的关系，确保实现轨道交通价值的拓展延伸。要重点研究好“交通、产业、空间”要素协同作用过程及内在作用机理，结合发展趋势条件，以城镇建设为载体、以优化功能分工和产业布局为重点，构建多层次轨道交通系统，实现对于区域/城市空间结构优化与产业转型升级支撑。

一方面加强轨道交通规划与城市规划、土地规划协调，争取轨道交通规划与城市产业、空间发展规划同步编制，发挥重大交通基础设施对于城市更新与城市开发的支撑作用，实现对人口、就业岗位布局的引导和对城市中心体系的匹配，并控制、预留出轨道交通的实施空间。另一方面促进轨道交通规划与沿线用地开发规划整合，推动轨道交通站点与周边影响范围内土地开发的统筹规划，推动轨道交通设施与公共服务设施、商业开发设施一体化建设，利用土地开发的增值收益弥补轨道交通建设及运营成本，实现投资与收益平衡，推动交通、产业、空间一体化发展。

3. 以综合交通一体化为目标实现轨道与其他方式协调

在综合交通一体化目标的框架下，进一步加强轨道交通与骨干交通系统之间的协调。区际层面轨道系统依托国家高速铁路网络，承担远途运输主体责任，通过综合交通枢纽与航空运输实现协作或者竞争。区域内部做强、做大城市群层面轨道交通系统，依托城际铁路、市郊铁路、市区轨道承担城市群一体化客运主体责任。贴合城市空间布局方面，轨道交通线位选择要与道路系统反复协调，线路可以考虑结合道路走廊集中设置，高效利用设施空间，提供较好的集散条件。但在区域/市域轨道深入城市内部以及市区内部轨道构建时，轨道交通要与高、快速路走廊保持适当分离，让轨道交通深入中心地区和贴近目的地设站等，增强对客流的吸引力。

此外，进一步提升轨道交通整体运行效率，加强与综合交通支撑系统之间的协调，确立轨道交通规划在综合交通运输体系规划中的核心组织地位。在一些条件合适的城市应当以轨道交通规划作为综合交通规划的主体对象，统筹考虑与道路系统、公共交通系统、步行与自行车系统、停车系统等相关系统的协调，提高城市交通资源配置效率和城市交通系统服务水平，实现服务目标的提升。

三、关于轨道交通发展制度改革与商业模式创新的思考

1. 制度设计层面改革的思考

制度改革的核心在于转变传统的管理和管制思维，加强现代治理体系和能力建设。随着投资主体多元化和利益诉求多样化，过去轨道交通规划、建设、运营由政府大包大揽的做法已不再具有可持续性，企业、公众对于参与轨道交通发展决策的积极性不断提高，迫切需要建立多方协商机制，明确各方主体责任：让政府在制定规范规则、维护市场秩序、推行创新激励等方面发挥主导作用；让企业在资源需求配置、推动创新实践等方面发挥主体作用；让公众获取更多参与和反馈互动机会，形成公共决策氛围；让智库机构发挥全方位的智力支持，并承担信息不对称条件下的平衡者角色。

轨道交通发展制度改革的重点在于建立规范、完整、清晰的制度框架，通过打破既有固化的利益分配格局和分配关系，通过简化审批流程、规范合作行为，提高工作效率、释放改革红利。制度改革成功的关键在于处理好政府和轨道交通市场主体之间的关系，一方面要满足企业对于市场利益的正常追逐诉求，另一方面也要实现政府对于社会公平的合理保障，建立平等、互信、合作的契约关系，并通过法律、法规加以落实和保障。

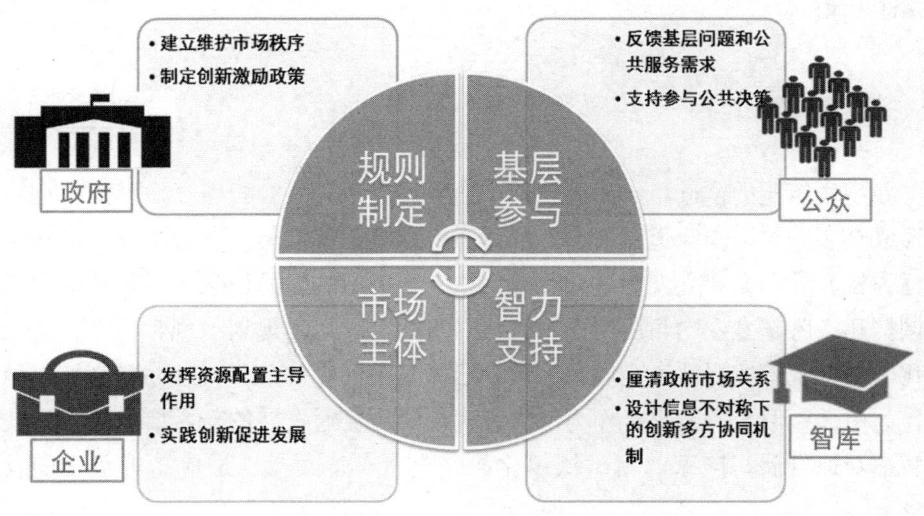

图 2　政府、企业、公众、智库等四方主体协同机制

2. 商业发展模式创新的思考

商业创新的关键在于让轨道交通走出传统的工程建设管理模式，挖掘交通系统对于城市资源引导配置的综合效益，实现轨道交通由交通运输供应者向城市生活服务者的转变。一方面要关注投融资效率，改变一切由财政兜底的方式，按照审慎的商业原则，建立全面、完善的财务评价体系，拓展投融资渠道，实施全生命周期精算，加强项目资金长期规划，缓解既有线路还贷、新规划线路融资以及高额运营补贴多重压力。另一方面要提高项目的收益能力，加强轨道交通项目前期策划，通过布局统筹、设施协调、服务整合，激发轨道交通发展的价值链，采用“轨道 + 物业”、“轨道 + 社区”等方式进行跨界整合，分享土地溢价和地产经营收益，降低外部成本、增加内部收益，在特定条件下可以考虑突破土地的招拍挂限制，向轨道交通企业定向出让沿线土地。

商业创新的热点在于引入社会资本，积极推广政府和社会资本合作（PPP）模式。进一步落实国家发改委在《关于 2015 年深化经济体制改革重点工作的意见》中提出的要求，调整财政性资金投资方式，对竞争性领域产业存在市场失灵的特定环节，由直接支持项目改为更多采取股权投资等市场化方式予以支持，充分激发社会投资活力。建立规范、多元、可持续的轨道交通建设投融资机制，鼓励社会资本参与轨道交通设施的建设和运营，发挥双方优势，缓解公共基础设施建设的资金缺口，利用专业化机构提升管理水平并降低运营成本，达到利益共享和风险共担。

四、结　语

新型城镇化的推进将给我国轨道交通发展带来无限的机遇，发展的过程中也会形成众多的难题。轨道交通的发展就需要积极把握机遇，突破难题，以城镇化目标为核心导向，建立发展规划新思维，立足区域的层面加强多层级轨道交通的协调构建，跨越专业的角度考虑轨道线网与产业、空间规划的融合衔接，依照一体化的目标统筹实现轨道交通在综合交通体系中的合理分工，进而以制度设计改革作为引领，商业开发整合作为动力，满足轨道交通发展的新需要，真正将我国的轨道交通发展与国家的新型城镇化战略进行深度对接，适应新形势下的发展要求。

参考文献

[1] 国家发展和改革委员会. 国家新型城镇化规划 [R]. 北京：国家发展和改革委员会，2014

[2] 国务院. 2015 年国务院政府工作报告 [R]. 北京：国务院，2015

[3] 国家发展和改革委员会. 关于当前更好发挥交通运输支撑引领经济社会发展作用的意见 [Z]. 2015

[4] 国家发展和改革委员会. 京津冀协同发展规划纲要 [Z]. 2015

[5] 张国华. 城市轨道交通线网规划新视角 [J]. 都市快轨，2014 (2)

[6] 欧心泉，周乐，张国华，李凤军. 城市连绵地区轨道交通服务层级构建 [J]. 城市交通，2013 (1)

[7] 国务院. 关于改革铁路投融资体制加快推进铁路建设的意见 [Z]. 2013

[8] 国务院办公厅. 关于支持铁路建设实施土地综合开发的意见 [Z]. 2014

[9] 国家发展和改革委员会. 关于 2015 年深化经济体制改革重点工作的意见 [Z]. 2015

（本文原载于《都市快轨交通》2015 年第 4 期）

基于产业、空间、交通一体化的临空经济区发展规划技术体系研究

张国华　李凌岚　李德芬

[摘要] 随着经济全球化的发展，临空经济区开始成为世界经济发展的重要组成部分。临空经济区的形成是航空经济在产业、空间、交通三要素协同演化下的结果，同时也是政府出于刺激经济发展的目的下主动规划的产物。因此，从产业、空间、交通三要素协同的角度对临空经济区进行规划是新型城镇化背景下激发其作为城市经济增长极的重要途径。文章从产业、空间、交通三要素的基本关系入手，研究提出了基于三要素协同发展的临空经济区发展规划技术体系，并分别对产业、空间、交通体系中的核心技术方法进行了探讨。

[关键词] 空港；临空经济区；产业；空间；交通；一体化

一、引　言

在新型城镇化战略背景下，基于不同的经济条件和交通运输方式的变化，产业的空间转移和人的流动是影响城镇化发展的关键所在。如何尊重临空经济区因其交通属性所带来的产业衍生，把握产业在空间上的拓展特征，提供与产业特点相适应的交通设施，并能有效引导产业在空间上的良性和自主流动，是新时期下临空经济区发展规划亟待破解的问题。因此，协同产业、空间、交通三要素进行一体化的临空经济区规划是激发空港作为全球化下战略资源的触媒效应，推动实现人的城镇化，充分激发市场主导作用的关键。

张国华：中国城市和小城镇改革发展中心综合交通研究院院长。

李凌岚：中国城市和小城镇改革发展中心综合交通研究院空间所所长。

李德芬：中国城市和小城镇改革发展中心综合交通研究院发展合作部主任。

二、临空经济区产业、空间、交通三要素互动发展的规律研究

1. 三要素的基本关系解析

产业、空间、交通三要素的相互联系要追溯到传统的区位论。从企业生产的角度讲，追求利润最大化是其永远的目标，成本最小化是实现这一目标的基础条件。

从城市发展进程可以看出，城市综合交通网络总是由多种交通方式组成的，通常由能够代表当时技术水平的交通方式来主导城市产业布局、参与城市空间组织，而不同类型的产业在空间上的落实会形成不同性质的城市功能体，各种城市功能体的有机组合会引导城市形成稳定的空间结构。

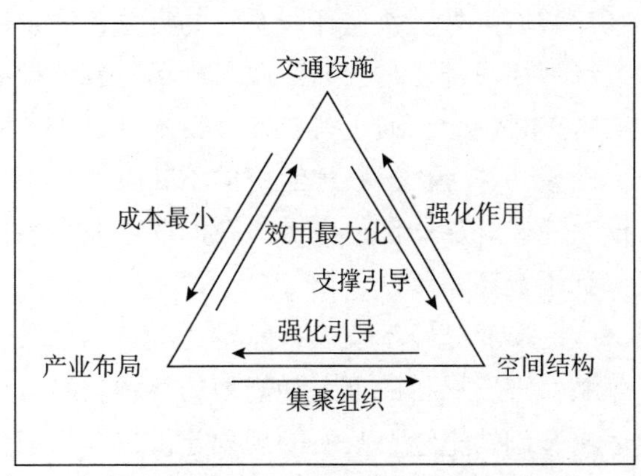

图1　三要素基本关系示意

（1）资源密集型产业——运输成本对资源密集型产业布局影响至关重要，因此，能源性及石化、冶炼等重化工产业通常紧靠港口、铁路货运站等布置。

（2）资本密集型产业——对该类产业来说，快速转运、加快资金流通极为重要，且终端产品对“门到门”运输服务要求更高，因此，该类型产业通常布置在高速公路网络周边地区。

（3）信息密集型产业——该类产业对时间成本的敏感度远高于经济成本，高效率、高服务水平的运输才能满足信息时代人们进行密切交流与信息交换、高附加值货物运送的要求。因此，现代生产性服务业通常布置在空港与高铁站周边或与之交通可达性较高的地区。

2. 临空经济区发展的演化机理

临空地区的发展是伴随空港及其区域发展而不断进化的，从国内外案例总结及理论研究可以看出，机场本身的发展，包括航空物流、航空客运和交通集散设施以及区域外部经济是空港临空经济区形成的主要驱动力，其发展过程也表现为产业、空间、交通三要素的动态作用过程。

空港投入运营后，随着客货流量的增大，空港区内的各种基础设施和服务设施不断得以完善，空港职能向多功能综合型发展。由于空港的建设和运营，改善了周边地区的区位条件和基础设施，提高了近邻地区的可达性，使得空港近邻地区成为区域内吸引投资的重要场所，促使空港近邻地区的发展和繁荣。此时，需要交通设施以及城市经济、政策发展推动力来与该地区的优势相叠加，推动该地区的发展，形成“引力 + 推力”的作用模式。

随着城市的郊区化和城市外围快速环线系统的完善，城乡边缘带进入了飞速发展的阶段。这些边缘带往往都通过交通走廊与机场有着便捷的交通联系，将这一区位优势和自身的特点相结合，通过科技园、技术城、工业园、城市次中心等各种形式发展起来。区域和整个机场腹地经济的不断发展，区域经济外向性的加大，增强了空港的枢纽地位，从而使得空港所在的都市在世界城市体系和航空枢纽体系中的地位也得到了提高。

此外，临空经济区的形成已经不仅仅是航空经济自然增长下的产物，同时也成为区域政府出于刺激经济发展目的下主动规划的产物。对具备足够区域经济基础支撑和航空产业运输基础的空港，政府的规划建设也成为强化空港区域经济增长极作用的途径之一，同时也是空港发挥经济增长极作用的路径之一。因此，从产业、空间、交通三要素协同的角度对临空经济区进行规划是激发其作为城市经济增长极的重要环节。

三、临空经济区“产业、空间、交通”协同规划技术体系研究

1. 体系框架

首先，要进行基础研究。通过空间分析方法梳理大型空港枢纽与临空经济区、都市区以及城市群等不同层面的城镇空间、产业集聚和综合交通的特征；通过前述三要素协同规划理论识别区域、城市以及内外衔接方面的问题。

其次，要做到要素协同。通过多维度分析方法，识别产业集聚的区位差异与

优势，提出临空经济区产业门类选择及区位选择建议；在城市总体规划等相关规划指导下，明确临空经济区空间发展模式，提出区域战略空间节点和用地布局等；在综合交通运输体系规划指导下，梳理临空经济区综合交通系统，规划对外综合交通体系及相关枢纽的空间布局，包括高速公路及公路网的完善、出入口调整，高铁、国铁、城际等多层次轨道系统衔接及集疏运系统规划等。

最后，做好临空经济区的骨干交通网络。通过功能结构、用地布局和综合交通骨干网络三者间协同分析，将以道路为主体的传统发展模式转变到以轨道为主体的公共交通模式去组织临空经济区，统筹协调好多层次轨道交通系统与临空经济区关系。

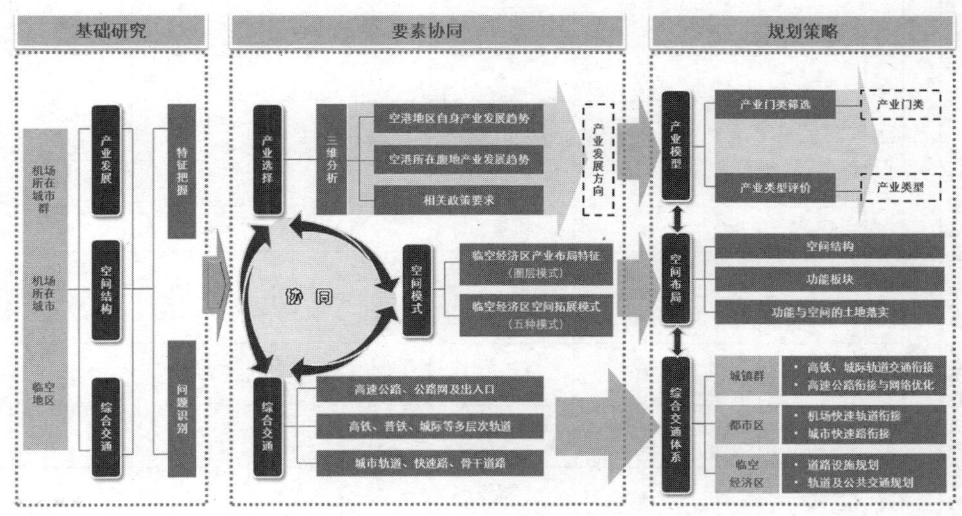

图 2　三要素协同下的临空经济区规划技术框架

2. 临空经济区产业选择

（1）三维分析法把握产业发展方向

临空经济实质是依托空港区域与外部联系的便利性，经过产业的演化在以机场为中心的经济空间形成的航空关联度不同的地区产业集群的现象。新经济地理学研究指出，对于研究产业空间集聚的形成机制，侧重点不在于区域间的外生差异，而是更倾向于研究造成产业集聚的内生增长，我们通过这个角度并结合空港地区产业研究案例，总结出从三个不同维度分析临空经济区产业集聚特征的方法。

表 1　世界空港地区产业发展比较

序号	机场名称	产业类型																备注
		高科技产业	航空航天	航空产业	总部经济	科研机构	生物医药	汽车工业	传统制造业	现代服务业								
										金融	中介	物流	会展	住宿餐饮娱乐	商贸	信息服务	印刷传媒	
1	苏黎世机场	★								★		★		★				聚焦了银行业
2	仁川机场		★	★	★	★	★		★	★		★		★	★			各类工业园区、加工保税区；机内食品提供；飞机组装和零部件市场企业；国际商务中心；物流园区和自由经济区
3	达拉斯沃斯堡机场	★					★			★		★			★			聚集了金融保险，同时也是12个地区联邦储备银行的所在地；地区主要物流枢纽中心，有100多个公共仓储中心和分销中心
4	香农机场	★		★		★	★		★	★	★	★			★	★	★	保险、银行；人力资源中介；利默里克国家科技园、垂利国际科技园、米勒斯国际科技园、波尔国际科技园、安尼斯国际科技园；香农自由贸易区
5	巴黎戴高乐机场	★			★	★						★			★			大型跨国公司的总部；商务中心；物流中心、联邦快递中心
6	维也纳机场				★	★						★			★			东欧地区总部；东欧的“仓库”
7	成田机场			★		★						★	★					波筑科学城；机场临空工业园地；爱知世博会；成田国际物流复合基地、成田国际物流联盟

续表

序号	机场名称	产业类型																备注
		高科技产业	航空航天	航空产业	总部经济	科研机构	生物医药	汽车工业	传统制造业	现代服务业								
										金融	中介	物流	会展	住宿餐饮娱乐	商贸	信息服务	印刷传媒	
8	伯明翰机场					★		★					★					丰田新工厂；阿斯通 Aston 科技园、沃力克科学大学园、伯明翰科学园、罗伯罗技术中心；国际展览中心
9	不来梅机场		★			★	★	★	★			★			★	★		食品与饮料生产；汽车配件制造；空客机翼制造；机场城西区；机场城东区，进行分拨销售
10	哥本哈根机场	★			★	★						★			★	★		NOKIA 研发中心；IBM、索尼、UPS 地区总部；IT 集群和电信业；聚集了物流公司、快递公司，是物质集散中心
11	慕尼黑机场											★	★	★				机场内部设有会议中心；ITC 国际物流配送公司机场商务中心
12	中部机场城		★	★		★		★	★			★						爱知县聚集了日本的汽车制造业以及与其有关的相关工业，诸如丰田等；学术研究机构和实验室；航空辅助产业（清洗、配餐、航空设备的维修以及材料的供应）、航空制造业的巨头诸如三菱和富士通都聚集在爱知县；口岸交流区（包括贸易、商业、文化、休闲娱乐以及住宿设施等）；配送中心

维度一：空港地区自身产业的发展趋势。

临空经济区的产业会围绕机场在该区域聚集，这种聚集的起点在于机场，所以空港航运枢纽核心运营产业是保证空港地区核心竞争力的基本要求。而真正决定空港地区产业发展的是航空关联产业链。结合国际大型空港发展经验，研究发现，主要关联产业包括物流业、高新技术产业、生产性服务业、消费型服务业等。

发展航空物流业是为空港地区集聚更多发展资源的重要途径。航空物流业的发展对增强空港地区综合产业竞争力、增强空港区的品牌效应具有重要意义，也可以为临空经济区的其他产业发展带来机遇。

高新技术产业将成为空港地区经济发展的基石。通过对国际上先进案例的分析，临空经济区内的高新技术制造业通常由航空航天制造业、电子与通信设备制造业、计算机与办公设备制造业和医药品制造业等组成。这些产业的产品有以下特点：科技含量高、附加值高、重量轻、体积小、产品生命周期短、市场敏感度高、对航空运输服务的需求量大等。高新技术产业具有较强的产业关联效应，对空港区内经济总量的增长有很大的贡献作用。

生产性服务业和消费型服务业将成为空港经济发展的新宠。临空经济区内现代服务业又可细分为金融保险业、咨询代理服务业、计算机应用服务业、房地产业、科学研究与技术服务等生产性服务业，以及旅馆住宿、娱乐健身业、餐饮业、旅游服务业、居民与个人服务、会展业等消费性服务业。这些产业的出现和发展丰富并优化了空港地区的产业环境，成为该地区新的经济增长点。

维度二：空港所在地区的产业发展态势。

临空经济区的产业必须依托所在城市的竞争力优势和经济腹地的雄厚实力，结合空港地区产业发展特征，通常从以下产业类型分析：物流产业、高新技术产业、服务业、核心竞争力产业。分析产业发展现状、优势、劣势，判断其发展是否有基础、有潜力。

维度三：相关政策要求。

政府力是临空经济区发展的重要作用力，临空经济区的产业发展一定需要在地区/区域/国家战略要求下进行引导。因此，临空经济区的产业发展需要结合国家对地区的相关政策要求，或者是当前时代发展的需求进行分析。以长沙黄花空港城产业发展的政策要求为例，《长株潭城市群区域规划提升》提出了构建两型产业体系，并提出两型产业发展策略，包括先导性产业和战略性产业（图3），这就要求临空经济区的产业规划要符合城市群产业发展的总体策略。

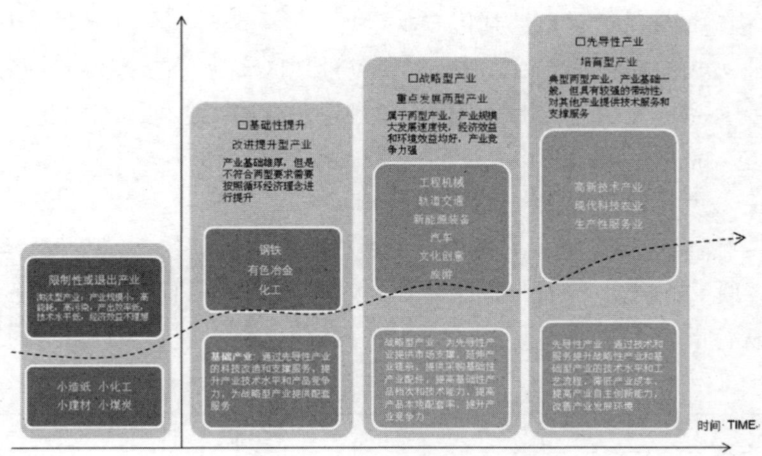

图 3　两型产业发展要求

“三维”统筹，分析产业发展方向。

综合三个维度下的分析结论，叠加统筹得到临空经济区的产业发展方向。以“长沙黄花空港 - 高铁城”发展战略为例，利用三维分析模型得到临空经济的产业方向，如图 4 所示。

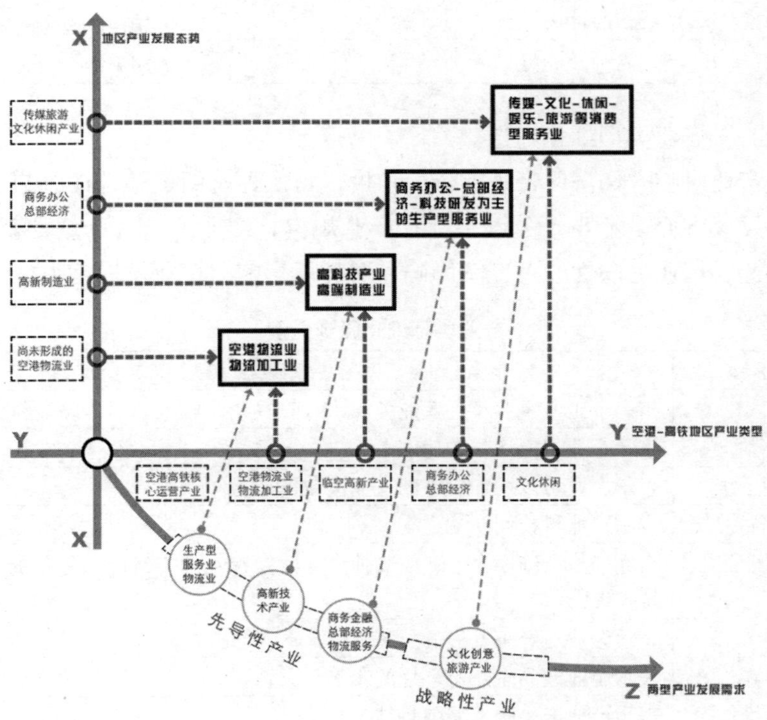

图 4　“长沙黄花空港 - 高铁城”三维分析模型

（2）构建产业筛选模型，判析产业类型

在产业发展方向识别之后，需要建立空港地区产业筛选模型对潜在产业进行筛选评价，评价的目的是运用特定的评价理论和方法，通过预先判断企业是否适合入驻临空经济区，最终为决策部门提供决策依据。

阶段一：空港地区潜在发展产业初步筛选。

设定与临空经济区产业发展相关的五个关键评价指标层：区位因素、经济因素、技术因素、联系效益能力、社会环境因素。根据各个指标层的相对重要程度确定其比重，然后从各指标层选取指标，建立定量的评价模型，筛选有发展潜力的产业。

表 2　潜在产业筛选模型

基准	指标	基准	指标
A1 区位因素	B1 产业与机场关联性	A3 技术因素	B9 R&D 投入强度
	B2 产业与空港地区核心城市关联性		B10 产业创新能力
	B3 产业对土地成本的敏感性		B11 劳动生产上升能力
	B4 产业对人力资本的敏感性	A4 联系效益能力	B12 产业关联能力
	B5 GDP 贡献能力		B13 产业影响能力
A2 经济因素	B6 需求收入弹性		B14 产业感应能力
	B7 市场占有能力	A5 社会环境因素	B15 可利用资源
	B8 产业专业化程度		B16 废弃物排放
			B17 社会责任

阶段二：产业类型细化筛选。

基于产业对临空经济区带来的价值角度，再次评价门类筛选的结果，从产业的可持续发展方面设定 8 个关键指标：产业规模、产业增长性、增加就业能力、产业技术性、产业关联性、对经济影响、对环境影响、产业发展潜力。

表 3　产业类型细化筛选模型

指标	指标解释
产业规模	指一个工业企业年主营业务收入（产品销售收入）具有多少万元的规模
产业增长性	表示企业规模增长的速度
增加就业能力	表示企业可以增加提供的就业岗位的能力
产业技术性	表示产业科技创新能力
产业关联性	指在经济活动中，产业与其他产业之间存在的广泛的、复杂的和密切的技术经济联系
对经济影响	表示企业对经济发展的贡献能力
对环境影响	表示企业产品生产对环境的影响污染情况
产业发展潜力	表示产业未来的发展前景情况

表 4　　厦门翔安空港城产业初步筛选

产业分类	产业门类	区域因素（24%）				经济因素（18%）				技术因素（18%）				联系效应能力（18%）					加权综合值
		与机场的关系性	与厦门市区的关联性	对土地成本的敏感度	对人力成本的敏感度	GDP贡献能力	需求收入弹性	市场占有能力	产业专业化程度	R&D投入强度	创新能力	劳动生产上升能力	产业的关联能力	产业感应能力	产业影响能力	可利用资源	废弃物排放	社会责任	
航空基础服务及空港物流	商店零售业	5	2	3	3	3	4	5	5	1	2	4	4	5	3	2	5	4	3
	航空食品业	5	2	3	3	3	4	5	5	1	2	4	4	5	3	2	5	4	3
	航空器维修业	5	2	3	3	4	2	5	5	3	3	4	4	5	4	2	5	4	4
	航空保税业	5	2	3	3	5	2	5	5	1	2	5	4	5	4	2	5	4	4
	仓储业	5	3	3	3	4	2	5	5	1	2	3	4	5	4	2	5	4	4
	航空运输业	5	3	3	3	4	2	5	5	1	2	4	4	5	4	3	5	4	4
	物流产业	4	5	5	5	5	5	4	5	5	5	4	4	3	5	3	4	4	4
制造业及高新科技产业	电子信息产业	4	5	5	5	5	5	4	5	5	5	4	4	3	5	3	4	4	4
	航空航天产业	5	3	3	3	4	1	3	5	4	4	3	3	3	3	3	4	4	3
	软件产业	3	4	5	5	5	5	4	5	5	5	5	4	3	5	3	4	4	4
	光机电一体化	4	4	3	4	4	3	4	3	3	4	3	2	2	3	4	2	4	3
	现代加工工业	4	5	4	5	4	2	4	3	3	3	3	2	2	3	4	2	4	3
	生物医药产业	3	4	3	4	5	5	4	5	5	5	4	4	3	5	5	3	4	4
	新材料	3	3	4	3	3	2	3	4	3	4	3	2	3	4	4	4	4	3
	新能源与高校节能	3	4	3	3	3	2	3	4	4	4	3	2	3	4	4	4	4	3
	环境保护	2	3	3	3	2	4	3	3	3	4	2	2	5	5	3	5	5	3

续表

产业分类	产业门类	区域因素（24%）				经济因素（18%）				技术因素（18%）				联系效应能力（18%）					加权综合值
		与机场的关系性	与厦门市区的关联性	对土地成本的敏感度	对人力成本的敏感度	GDP贡献能力	需求收入弹性	市场占有能力	产业专业化程度	R&D投入强度	创新能力	劳动生产上升能力	产业的关联能力	产业感应能力	产业影响能力	可利用资源	废弃物排放	社会责任	
高端生产型服务业	核应用技术	1	2	3	2	1	1	3	3	5	3	2	1	2	5	3	3	3	3
	地球、空间与海洋	1	1	2	2	1	1	3	3	2	3	2	1	1.	2	2	3	4	2
	现代园艺农业	3	2	4	3	2	4	3	3	3	4	2	2	1	4	4	4	4	3
	现代金融 5	4	5	5	5	4	4	5	2	4	5	5	5	5	4	5	4	4	
	…	…	…	…	…	…	…	…	…	…	…	…	…	…	…	…	…	…	…
高端消费型服务业	文化休闲	4	5	3	4	4	5	4	4	2	5	5	4	5	4	4	5	4	4
	旅游博览	5	5	4	4	5	5	5	5	2	5	5	5	5	5	4	5	4	5
	…	…	…	…	…	…	…	…	…	…	…	…	…	…	…	…	…	…	…

表 5　　厦门翔安空港城产业筛选结果

产业分类	产业门类	产业类型
航空基础服务及空港物流业	商店零售业	—
	航空食品业	航空食品加工
	航空器维修业	—
	航空保税业	—
	仓储业	—
	航空运输业	飞机维修保养
		航材企业
	航空物流	物流公司
		仓储企业
		航空集散站业务
高端制造业及高新技术产业	电子信息产业	计算机及外部设备
		微电子元器件
		光电子元器件
		数字视听产品
	软件产业	各种应用软件
	生物医药产业	生物工程及生物制造业
		医学信息技术
高端生产性服务业	现代金融	银行、证券、保险等
	办公会务	商务办公
	商品贸易	—
	商务服务	—
	总部经济	—
	科技研发	—
	信息服务	—
	会展	—
	文化创意	广播、电视、电影和音像业
		动漫产业
高端消费性服务业	文化休闲	文化艺术业
	旅游博览	—
	购物餐饮	—
	养生保健	—
	房地产业	—

3. 临空经济区空间布局

（1）临空经济区产业布局特征

临空经济区产业的空间布局一般具有同心圆的圈层分布特点，遵循与机场在空间上的关联度为基本布局规律。机场周边地区通常呈现出以机场为同心圆的放射性交通干道，这些交通干道导致运输成本的大小会出现不同程度的变化，是临空经济区产业布局的重要决定因素；此外，区域规划的空间结构也对临空经济区的产业布局有一定的影响。（图 5）

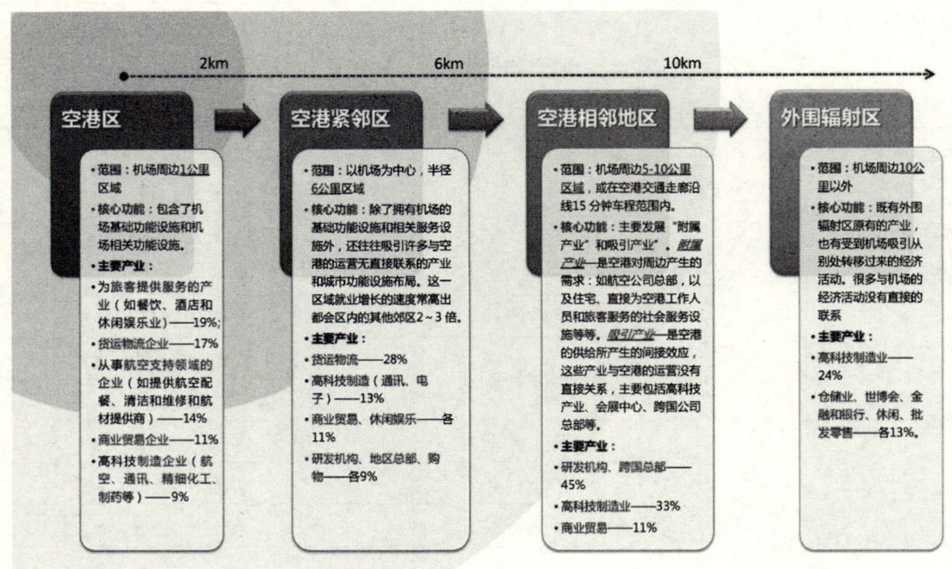

图 5　临空经济区产业布局特征

（2）临空经济区空间拓展模式

通常情况下，受到多种因素影响，临空经济区的产业分布难以做到经典圈层理论所述的同心圆模式，而是呈现出多种空间形态。通过对大量案例的梳理，总结得到以下 5 种模式（包括同心圆模式）。（图 6）

（3）以厦门翔安空港新城为例，分析三要素协同下的临空经济区发展模式

在临空经济区布局特征以及发展模式的指导下，突破以往临空经济空间规划方法中单一从空间及功能特征方面考虑，加强与产业发展、综合交通等多专业影响因素的协同。

翔安机场位于独立的海岛上，受自然条件的影响，将呈现出明显的向大陆腹地延伸的偏侧式发展模式。延伸时，受厦门本岛、泉州环围头湾发展区以及翔安

新城中心的辐射作用，其方式将不再是均衡的蔓延式拓展，而是呈现明显的有三大主导方向的“指状发展”趋势。

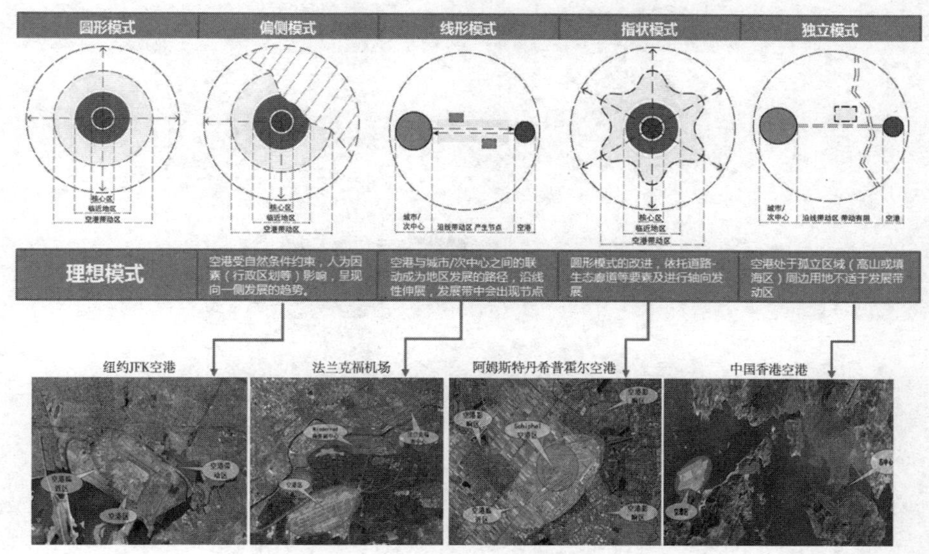

图6　独立模式示意及案例——中国香港机场

首先，在功能上，根据临空经济区产业布局的圈层特点，以及产业对运输时间和成本敏感性的差异性特征，结合地区发展实情，翔安机场空港区将以机场基础功能设施和相关功能设施为主；紧邻空港区将发展商贸、会展、居住、娱乐、旅游度假、高科技制造和货运物流业等；空港相邻区将发展科技研发、跨国总部、金融、娱乐和部分城市功能。

在确定三大主导方向的偏侧式发展形态后，需将交通和产业的影响因素充分考虑进来，以统筹得到不同方向上的核心发展功能。在厦门本岛方向，依托本岛的高端服务业，同时考虑“紧邻临空区”的产业发展特征，沿城市轨道及快速路廊道方向布局商贸、会展、娱乐、旅游度假、货运物流等产业；在翔安新城方向，考虑与新城的联动发展效应，充分激发空港对翔安新城的带动作用，同时考虑“空港相邻区”的产业发展特征，沿城市轨道及快速路廊道方向布局金融、娱乐、商业以及相关城市功能等；对于泉州围头湾方向，受该方向临近机场岛的工业港的影响，同时考虑“空港相邻区”的产业发展特征，沿高速公路廊道方向布局临空产业园、物流园，已形成空港、海港产业联动发展的倍数效应。而对于企业总部基地、高科技制造、创意研发、文化科教等临空经济区的重要功能，将布局在与机场有最便捷联系且自身有较高可达性、城市交通设施密集的机场岛的北面大陆腹地，与其东西两侧的功能区形成有机的协同。(图7)

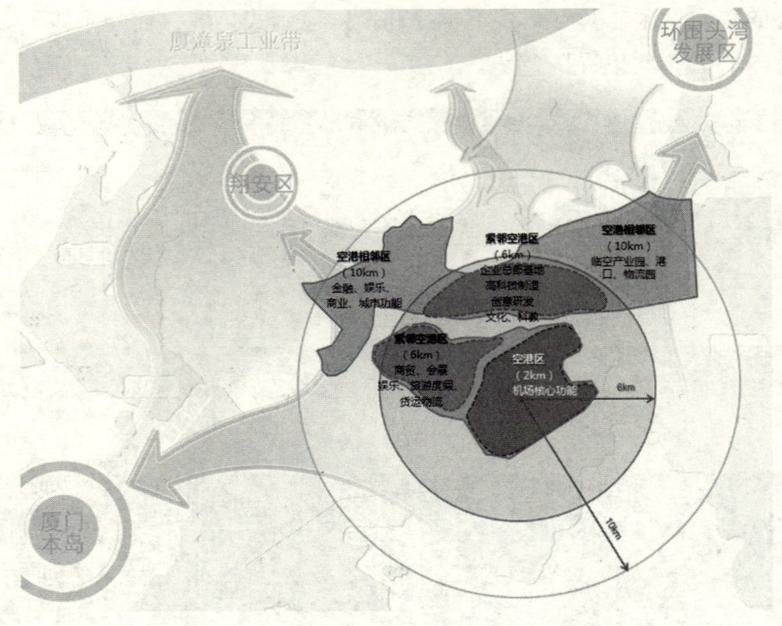

图7　翔安空港新城发展模式示意

4. 临空经济区综合交通体系构建

交通设施是市场起决定作用下产业自主流动的“引导渠”，其规划的合理性、便捷性、与产业运输特点的匹配性，直接决定了临空经济区产业的发育程度。因此研究协同产业发展的临空经济区交通规划是在新型城镇化背景下，实现产业空间落地的关键。

随着空港的空间服务范围不断拓展，尤其是大型空港，其不再局限于仅与所在的城市相联系，因此研究将机场服务范围从大到小划分为三个层面。

（1）城镇群层面

随着区域社会经济一体化的发展和区域交通网络的不断完善，大型空港服务整个城镇群地区的趋势愈加明显，大型机场区域客流（非所在城市的本地旅客）的比例不断提高，如重庆江北机场，1/3 客流来源于重庆主城区以外（图8）。因此，大型空港应具备服务于整个城镇群综合交通集散的能力，在规划设计的过程中，应明确空港枢纽为区域交通客货运需求提供服务。

以机场所在的城镇密集地区的城镇体系规划或城镇群规划作为基础，以该地区高速公路、高铁及城际轨道规划网络为前提，采取定量与定性相结合的交通需求预测技术，识别机场区域客货运需求规模与空间分布等，利用综合交通供需平衡方法判断区域综合交通网络能否满足交通需求，重点对服务城镇密集发展的廊道或区域客流主导方向的通道供需能力进行测试评估，并提出相应的调整优化方案。

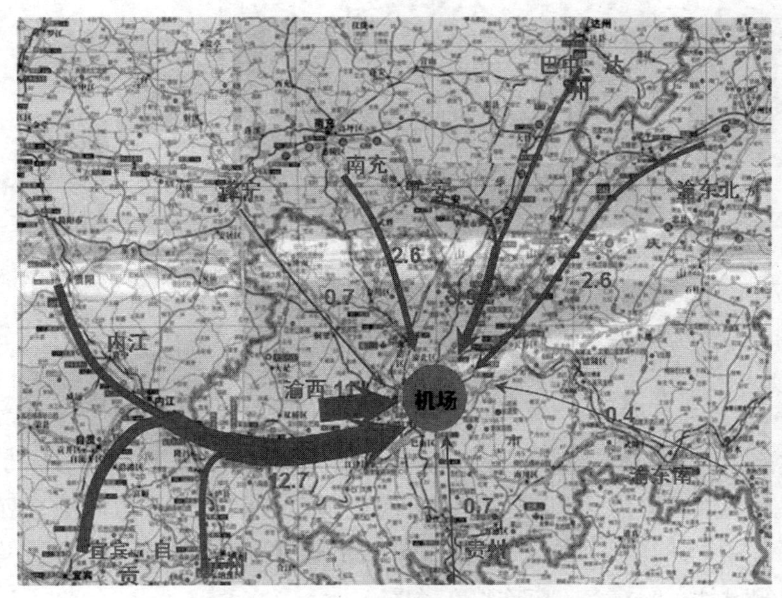

图 8　重庆江北机场主城以外客流空间分布

（2）都市区层面

在设施方面，根据前述的临空经济区产业发展分析可知，临空经济区随着所在区域的产业升级和发展模式的转变，将逐步形成高科技园区、大型会展区、总部商务集中区、高端文化娱乐区、高速铁路枢纽地区等一系列功能区。这些功能区与空港之间的交通联系强度持续提高，且需要高水平、高效率的交通服务，因此有必要在整个都市区层面分析机场客流与主要功能区的交通网络空间分布，根据都市区范围内航空指向型用地的布局和集疏运的具体需要，构建以空港为服务核心的双快网络——快速道路和快速轨道系统。

在需求方面，该层面内需从分析都市区临空指向型明显的功能区的需求特征入手。客运需求方面，应该着重考虑都市区范围内公共服务业聚集的片区，一般而言，包括上述各级城市中心、城市副中心、大型会展区、酒店及高端文化娱乐集中区等；货运需求方面，应该重点考虑都市区范围内的高科技产业园区、保税物流园区等节点，如图 9 重庆都市区临空指向型产业布局结构分析关系图。应在按照人口比例分配航空客流的基础上，综合以上这些航空需求生成强度较高的功能片区或节点，考虑各类用地的影响因素，采用定量与定性相结合的方式，修正和完善航空客流在城市范围内的分布。

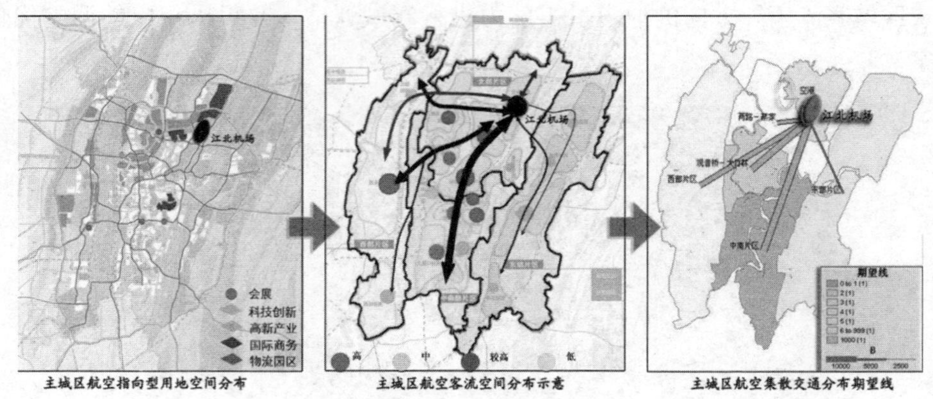

图 9　重庆都市区临空指向型产业布局及航空集散交通空间分布

（3）临空经济区层面

临空经济区与机场、主城区以及更广泛的区域辐射范围内均存在大量差异化的交通联系需求，需要在相对有限的空间范围和道路交通资源内进行划分和梳理；此外，临空经济区内与机场紧密联系的用地更加集中和多样，鉴于其这些交通规划组织设计上的特点，应该独立考虑。

临空经济区在空间上一方面需要承接上两个层次确定的各种交通设施用地落实且衔接机场，另一方面需要详细分析自身的客货运输需求，对相应的交通设施提出反馈意见。

在交通规划和组织的原则上，应该注重处理好“合”与“分”的关系。“合”指机场与上述临空指向型开发用地之间的交通联系；“分”指临空经济区发展所引发的与空港集疏运无关的交通，应避免对空港集疏运网络产生相互的干扰，影响集散效率。

鉴于空港交通枢纽各种交通设施都会在临空经济区范围内布局，该层次的需求分析应不仅停留在主要通道和走廊供需分析上，而应细化至可供详细交通工程设计依据的较为微观的需求分析结果，例如快速路出入口的具体位置、立交节点主要车流的方向及大小等。

四、结　语

在新型城镇化发展战略下，构建产业、空间、交通一体化的临空经济区发展规划技术体系，即是在基础研究中立足城市群、城市、临空经济区三个层面对产业发展、空间结构、综合交通三要素的特征进行解读和剖析，找到三要素协同中的问题与启示；在发展目标的引导下对产业选择、空间模式以及综合交通进行协同分析，得到临空经济区发展的基本框架，包括产业发展方向、空间拓展模式及重要的对外/城市交通设施骨架方案；进而在基本框架的指导下进行临空经济区的详细规划设计。如此从三要素相协同的理论方法出发，合理制定产业发展策略、前瞻规划空间结构、优化空港综合换乘衔接系统、提高空港综合枢纽服务水平、提升临空经济区发展优势，是临空经济区适应经济全球化新趋势、促进生产要素国内外高效有序流动、全力提升空港枢纽自身竞争力的重要技术手段。

参考文献

[1] 曹允春，席艳荣，李微微．新经济地理学视角下的临空经济形成分析．经济问题探索，009（2）

[2] 张国华．大型空港综合交通枢纽规划设计技术体系研究［J］．城市交规划，2011，35（4）

[3] 尹建华，王兆华．北京市临空经济发展战略研究［J］．生产力研究，2009，(11)

[4] 王晓川．国际航空港近邻区域发展分析与借鉴［J］．城市规划会刊，2003，(3)

[5] 2013 中国临空经济发展报告 . 2014

（本文原载于《规划师》2014 年第 11 期）

动态发展思路下的长沙航空城规划

李凌岚

[摘要] 航空城的发展是一个多因素影响的动态过程，本文通过对其发展动力及发展进程的解析总结出航空城发展的三个阶段，并通过对具有典型特征的11个空港及地区的详细分析，得出航空城各发展阶段的典型特点，并结合黄花机场地区的现状及规划条件，指导其对当前发展阶段的判析以及未来发展目标的确立，同时找到距离发展目标的差距和原因，从而制订动态的空间发展计划。

[关键词] 长沙黄花机场；航空城；发展阶段；发展进程；动态规划

一、引　言

从18世纪的“码头城市”到20世纪的“多中心及新城”，空港已成为全球化进程中获取核心竞争力的战略性资源，是空港所在区域社会经济发展的增长极。

从世界先进城市以及空港的发展历程来看，机场由早期单纯满足航空运输需求发展到今天综合的城市新增长地区，经历了不同阶段。从“独立开发”，即机场在城市边缘，具有单一的交通功能，是城市对外交通系统中的重要组成，到“机场城市化”，即机场逐渐与区域融合，最终形成具有完整的城市服务功能和自我组织能力的经济区域。其后，着眼更大范围的（主要为机场腹地20公里范围或主要廊道地区）、参与主体更多的、围绕机场产业布局开始蓬勃发展的空间出现，从而形成一种新的城市形态——“航空城”、“空港都市”。

在这个过程中，航空城的发展并非一蹴而就，而是在多方因素的作用下，经历长时间的演变发展而形成。包括腹地经济产业状况、地区交通设施状况以及相关政策支持等。因此，科学判析航空城的发展进程及所处的阶段，不断找到实现

李凌岚：中国城市和小城镇改革发展中心综合交通研究院空间所所长。

地区发展目标的差距，动态部署空间及控制用地，对有效实施航空城的发展规划、实现可持续发展至关重要。

二、亟须统筹的长沙黄花航空城

2014 年将实现 7350 万人/年客运量、180 万吨/年货邮量的长沙黄花机场被定位为“拥有多家基地公司进驻的国内大型枢纽机场与重要的国际机场”。与此同时，相距机场 16.3 公里即为武广与沪昆客专相交的武广高铁枢纽。如何对存在天然区位优势的两大枢纽进行整合，实现联动发展，同时考虑与紧邻的长沙国家经济开发区的极化效应，这一系列问题给我们提出了挑战。充分考虑上述三个要素的建设时序及发展实情，采用动态的规划思路对空港周边约 300 平方公里的区域制订发展计划是本次规划的一大突破。

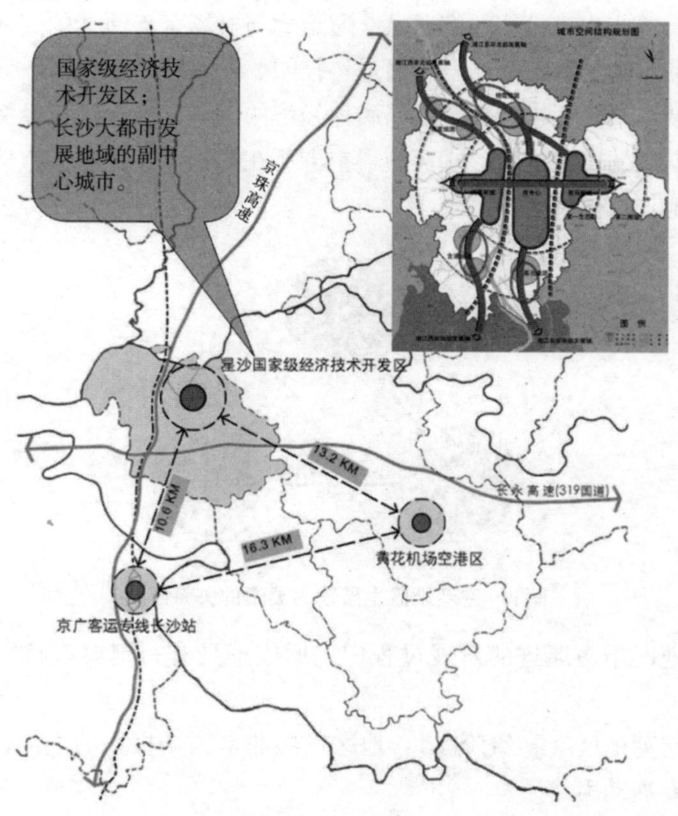

图 1 高铁站、空港、经开区三者区位关系示意图

三、解析航空城发展机制，梳理其发展进程

航空城的发展是伴随空港及区域发展而不断进化的，是动态的，不断转换在区域发展中的角色。

空港投入运营后，随着客货流量的增大，空港区内的各种基础设施和服务设施不断得以完善，空港职能向多功能综合型发展。由于空港的建设和运营，改善了周边地区的区位条件和基础设施，提高了近邻地区的可达性，使得空港近邻地区成为区域内吸引投资的重要场所，促使空港近邻地区的发展和繁荣。此时，需要交通设施以及城市经济、政策发展推动力来与该地区的优势相叠加，推动该地区的发展，形成“引力＋推力”的作用模式。

随着城市的郊区化和城市外围快速环线系统的完善，城乡边缘带进入了飞速发展的阶段。这些边缘带往往都通过交通走廊与机场有着便捷的交通联系，将这一区位优势和自身的特点相结合，通过科技园、技术城、工业园、城市次中心等各种形式发展起来。区域和整个机场腹地经济的不断发展，区域经济外向性的加大，增强了空港的枢纽地位，从而使得空港所在的都市在世界城市体系和航空枢纽体系中的地位也得到了提高。

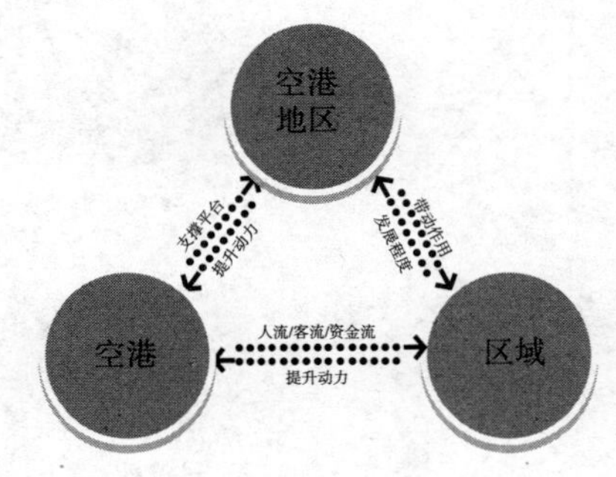

图2　空港地区发展动力要素的关系解析

在空港地区循序渐进的发展过程中，形成了具有一定典型特征的三个发展阶段。

交通枢纽型地区（初级阶段）：地区发展非常依赖机场的能力，物流与运输将是主要的发展动力。

产业集聚型地区（发展阶段）：随着空港能力拓展，地区开始发展与空港相关的各类产业，形成成熟的产业链。

临空都会区（成熟阶段）：区域发展相对成熟，周边拥有连绵的城市群，空

港成为核心枢纽，商务、信息、房地产开发、文化娱乐高度集聚。

四、剖析案例，总结启示

我们通过对世界具有相关典型特征的 11 个机场及地区的空港的基本情况、所属城市情况、临空产业特征、交通条件四大层面的 20 个子项进行梳理分析，找到了空港地区各阶段发展的一些共性。这将是我们制定动态规划的核心依据。

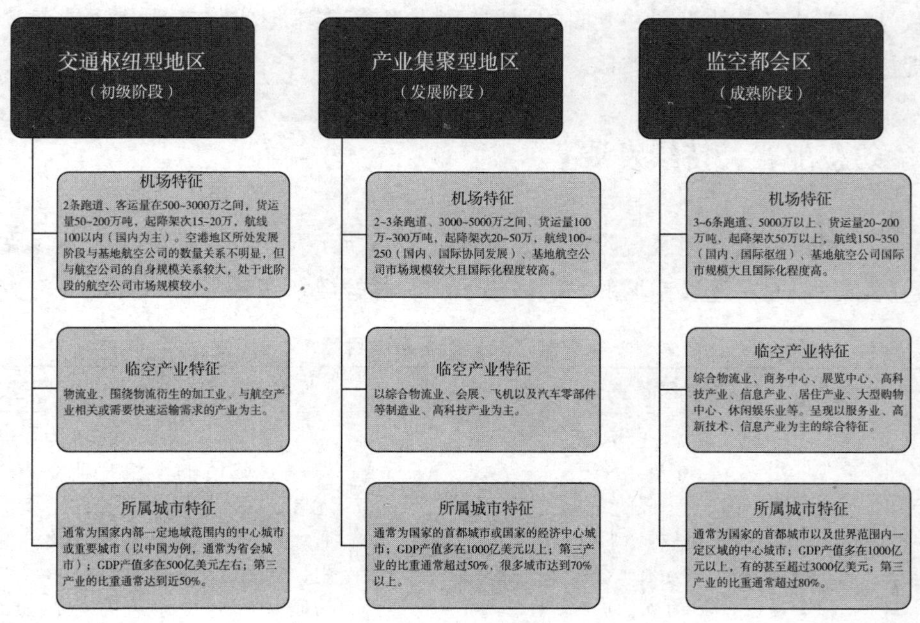

图 3　空港地区各发展阶段案例特征总结

对比长沙在机场、腹地产业经济发展，以及交通状况等方面的现状及规划条件与空港地区各发展阶段的特征，我们认识到了黄花机场目前所处的发展阶段以及未来发展前景的可能性。

首先，长沙黄花机场目前的等级、跑道条数、航站楼面积、客运量、航线条数已经处于交通枢纽型地区的起步阶段。但其货邮吞吐量、起降架次、基地航空公司规模仍然偏低，与发展成为大型交通枢纽型地区仍有一定差距。

其次，长沙市及其发展腹地的经济规模、产业结构以及以制造业和高新技术产业为主的产业特征，能对黄花航空城进一步发展成航空产业集聚地区形成有力的支撑，尤其发展成为交通枢纽型地区潜力巨大。但黄花机场的基础条件以及长沙市的经济产业状况，与第二、第三阶段的空港类型所需的发展条件相距甚远，亟须从机场基础设施条件、争取国家政策、与航空公司协作、发展腹地经济等方面进行全面提升。现状临空产业有一定基础，但较为薄弱，与形成航空产业聚集地区仍有很大差距。

第三，黄花机场距离市中心24公里，是发展成为航空产业集聚地区、临空都会区的适宜距离，有利于黄花机场地区与城市形成联动发展。高速公路，以及规划的快速路、城市轨道对于临空产业的发展将会起到很好的引导和支撑作用。在建的高铁站距离机场16公里，是形成高铁联动发展的适宜距离。城市中心、高铁站、空港三者处于同一方向的发展轴上，对于未来形成临空都会区具有潜在的促进作用。

五、动态部署，持续发展

结合对黄花机场地区现阶段的发展状况的判断，以及自身发展的优势、缺陷及趋势，我们对黄花航空城的发展做出了分阶段的规划部署。

表1　　黄花航空城分阶段发展目标

	年限	空港发展重点	空－铁竞合关系	城镇群发育	空港地区发展
起步拓展阶段	~2015年	中转客流比例超20%，吞吐量占全国2%；开通国际热点航线；航站楼规模达到20万平方米；客流量达2000万人；货邮吞吐量达20万吨	以竞争为主，铁路分流20%左右，但不影响整体发展趋势	长株潭城镇群逐步成型，沟通设施投入使用，同城效应初显	以枢纽为核心相对独立点状开发，空港周边以物流产业为主，高铁周边商务办公开始萌芽
发展阶段	2016~2025年	中转比例超过1/3，总吞吐量达到4000万人；货邮吞吐量达50万吨；完成第三条跑道建设，航站楼总规模不低于35万平方米	空铁联动初具雏形，由竞争走向合作，长远结合、远近分工	长株潭成熟完善、“3+5”雏形阶段，形成以交通枢纽、廊道为核心的功能发展组团、轴带	区域CBD成型，与空港周边开发分工明确、产业升级形成产业链，高科技与现代服务业成为重点
稳定成熟阶段	2026~2040年	客流增幅放缓、中转与国际客流比例提高，吞吐量约7000万，货邮吞吐量达150万吨；4条跑道，国际知名枢纽机场；航站楼达70万平方米	空域资源成为机场扩张瓶颈，中短途旅客依赖高铁分流，空铁联运普遍应用	“3+5”成熟完善大都市连绵区、中部对外开放、联系国际重要门户区	融合交错、多种功能于一体的高速枢纽门户发展都会区

1. 起步拓展阶段——交通枢纽型地区（~2015 年）

（1）总体特征

以机场为核心，主要以航空服务与物流为主，在机场周边发展以航空物流和航空服务、制造业为主的临空产业。产业类型主要包括航空运输业、物流产业、商店零售业、航空食品业、航空器维修业、航空保税业、仓储业、仓储企业、航空公司运营企业、航空配套、飞机维修、航空集散站业务、精密机械加工、汽车制造、物流公司、快递公司等。

（2）分期划分

第Ⅰ阶段第一期

随着 T3 航站楼的建成使用，T3 航站楼以西的空港配套设施逐渐完善，一部分以航空制造为主的制造业在空港西北地区集聚；经开区在现状基础上逐渐向南拓展其产业及服务生活设施，向东依托黄花镇发展制造业，空港西南地区，依托干杉乡带动传统产业发展；随着高铁枢纽的建设，在中心城区的作用下，武广高铁站以西地区开始发展商务及生活服务功能。

第Ⅰ阶段第二期

随着客货流量的增加，以及相关配套设施的不断完善，空港周边开始吸引依托航空运输的高新技术产业，首先靠近干杉地区发展，航空综合物流及加工开始逐渐形成，空港周边生活及服务设施开始形成；经开区继续沿近期拓展方向之一——向南拓展其汽车产业，并依托榔梨镇跨国机场高速发展，空港西北地区的制造产业在空港与经开区的共同作用下继续向南拓展；随着武广及沪昆高铁的建成通车，高铁枢纽的集聚效应不断增强，商务、商业及生活服务功能向东跨过铁路发展。

2. 发展阶段——航空产业集聚型地区（2016~2025 年）

（1）总体特征

随着空港地区产业结构的全面升级，临空产业将以高新技术产业和航空制造、现代服务业为主，邻空产业链逐步完善。产业类型包括：航空零配件制造加工、航空器及配套产业、航空地面设备、生物制药、高效节能产品；微电子元器件、光电子元器件、广播电视技术产品、有机高分子材料制品、新能源及装备。

（2）分期划分

第Ⅱ阶段第一期

继T3航站楼建成后，新航站（T4）楼开始分期建设使用，已能满足3600万人的客流需求；随着长株潭城际轨道、长沙市城市轨道的建成通车，直接连接空港与高铁枢纽的规划城际轨道线开始修建，此时空铁联动效应初见端倪；随着各种设施的不断完备，空港以西进一步吸引高新技术产业；随着空铁联动效应的初显，商务、商业等功能在空间开始优化配置，逐渐在靠近高铁枢纽的地区集聚，因此，同时在高铁枢纽的作用下，以商务、商业服务等为主的生产性服务业开始跨过浏阳河发展。

第Ⅱ阶段第二期

随着空铁联动效应的不断增强以及产业的不断完善升级，在经开区强劲推力与空港引力作用下，空港以西、机场高速以北地区开始形成服务于空港和经开区拓展产业的综合服务办公中心；联动效应的增强使科技研发、创意产业、主题公园等生产性及消费性产业继续在高铁枢纽地区沿空铁联动轴带集聚，此时高铁枢纽周边的商务、商业、文化功能的服务对象开始扩大，由长沙市到长株潭乃至湖南省，区域性商务中心开始形成。

3. 稳定成熟阶段——临空都会区（2026～2040年）

T4航站楼完全建成使用，黄花机场将形成拥有4条跑道、客运量超过6000万人的中南地区枢纽机场；空铁实现完全联动，全力发展总部经济、信息金融等生产性服务业，以及休闲娱乐等生活居住功能，构筑临空都会区。此时，临空经济带动作用进一步加大，将使内部腹地的土地价值得到大幅度的提升，商务、信息、娱乐、居住等功能获得巨大激发，从而形成一个集物流、信息、高新科技、居住、文娱一体化的空港都会区。

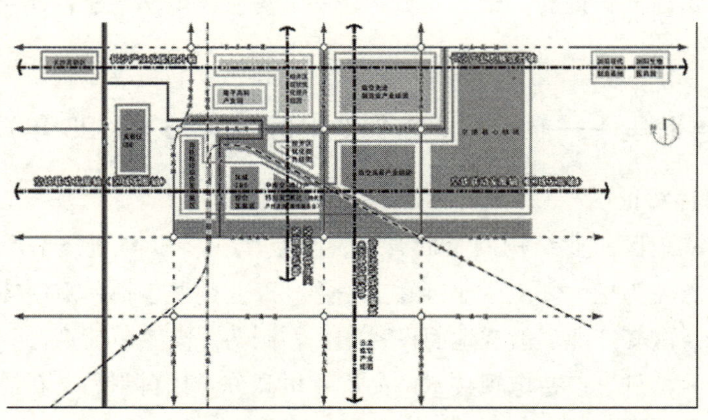

图4　黄花航空城空间布局结构示意图

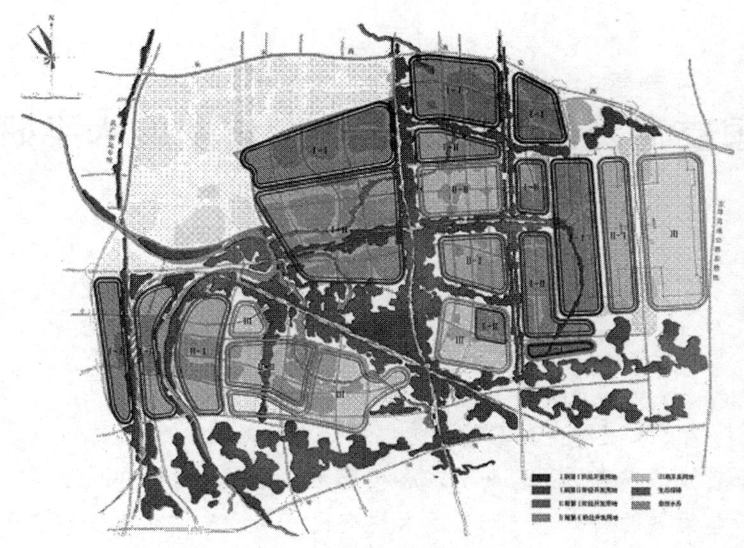

图 5　黄花航空城动态发展空间部署示意图

六、结　语

随着交通运输方式的变革及区域经济发展格局的变化，空港枢纽对城镇产业布局、空间结构、交通运输的影响日益凸显，开始成为城镇在区域/国家/全球体系中整体竞争力提升的关键节点。因此，航空城的建设和发展也逐渐受到城市/区域的重视，开始成为城市发展的重要功能组团与增长极。然而航空城的发展是受到诸多因素影响的动态过程，也是有一定发展前提的，因此，科学地把握其发展阶段，制订合理的发展目标，找到每个阶段距离发展目标的差距和所需条件，从而动态地部署空间与功能，将是城市/区域依托空港枢纽，在保证可实施的前提下获得大跨度发展机遇的重要环节。

参考文献

[1] 临空经济发展战略研究课题组. 临空经济理论与实践探索 [M]. 北京：中国经济出版社，2006

[2] 中国城市规划设计研究院. 黄花航空城暨高铁长沙站地区发展战略规划 [R]，2008

[3] 王晓川. 国际航空港近邻区域发展分析与借鉴 [J]. 城市规划学刊，2003 (3)

[4] 刘武君. 国外机场地区综合开发研究 [J]. 国际城市规划，1998 (1)

[5] 阮哲明. 世界级城市枢纽机场规划对我国的启示 [J]. 航空航天，2006 (5)

（本文原载于《中国民用航空》2014 年第 9 期）

我国交通基础设施发展阶段与发展水平研究

欧心泉　陈　仲

[摘要] 文章从我国交通基础设施供给是短缺还是过剩角度切入，回顾分析我国交通基础设施发展历程，并从政府和市场两个角度讨论这一过程中支撑我国交通基础设施发展的动力，继而运用人均交通基础设施拥有水平和交通基础设施密度水平两项指标横向比较我国交通基础设施与世界主要经济体国家交通基础设施的发展差距，在此基础上结合美国交通基础设施的发展过程与我国交通基础设施的发展进行纵向对比解析，进而得出面向下阶段的我国交通基础设施构建的建议。

[关键词] 交通基础设施；铁路；公路；机场；人均拥有水平；设施密度水平

一、背　景

现阶段对于我国交通基础设施整体发展情况的讨论主要指向我国的交通基础设施供给是短缺还是过剩这一话题，这也是一直以来各方争议的焦点。2008 年"四万亿"计划启动后，我国政府将其所主导的大量投资集中投向基础设施建设领域（铁路、公路、机场/基础设施），希望借此拉动恢复经济增长动力。随之而来的投资泡沫逐渐呈现，交通基础设施投资浪费的观点也日渐盛行，有专家和学者就曾指出当前我国的交通基础设施已经进入到供给过剩阶段，大量重复低效投资正在影响国民经济的持续健康发展，交通设施的盲目投资正在成为我国城镇化的无序推手。

与此同时，我们也看到包括中央政府和地方政府在内，关于积极推进交通基础设施建设的态度高度一致，李克强总理在 2015 年政府工作报告中就明确指出："增加公共产品有效投资，其中铁路投资要保持在 8000 亿元以上，新投产里程

欧心泉：中国城市和小城镇改革发展中心综合交通研究院主任工程师。
陈　仲：中国城市规划设计研究院交通分院工程师。

8000 公里以上，坚决治理城市拥堵等，使交通真正成为发展的先行官”。而一直以来为人诟病的高铁上座率在高速铁路骨架网络成型后也得到极大改观，京沪高铁开通三年后，日均运量增长至 29.4 万人，预计 2014 年线路实现盈利 12 亿元。

在这种背景下，重新回顾我国交通基础设施的发展历程，分析判断我国交通基础设施现阶段究竟处于什么样的一种水平，对下阶段我国交通基础设施构建和相关规划工作的开展具有重要意义。

二、我国交通基础设施发展历程

1. 发展阶段分析

基于铁路、公路、民航三项主要交通基础设施的增长指标判断，自 1949 年以来，我国交通基础设施发展主要经历如下三个阶段。

（1）恢复发展阶段

自 1949 年到 1960 年间，新中国成立后交通基础设施实现恢复性增长，公路与铁路通车里程快速增加，国、省干道网络和主要铁路干线建成，全国范围内实现基本交通运输服务覆盖，该阶段的交通基础设施建设以填补空白为主。

（2）徘徊发展阶段

自 1960 年至 1979 年间，该时期交通基础设施发展出现反复波动，1960 年前后与 1979 年前后，全国公路通车里程出现收缩，铁路建设相对稳定，铁路通车里程逐年增加，整体交通运输系统效率维持较低水平。

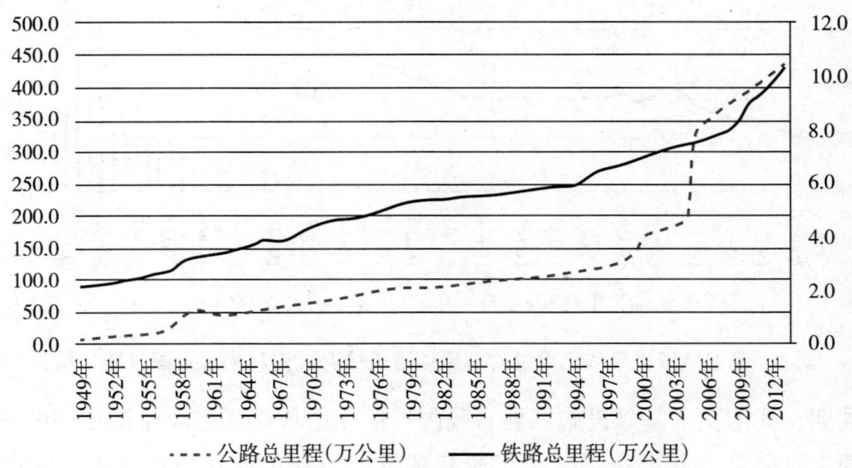

图 1　我国公路与铁路历年通车里程增长情况（资料来源：国家统计局）

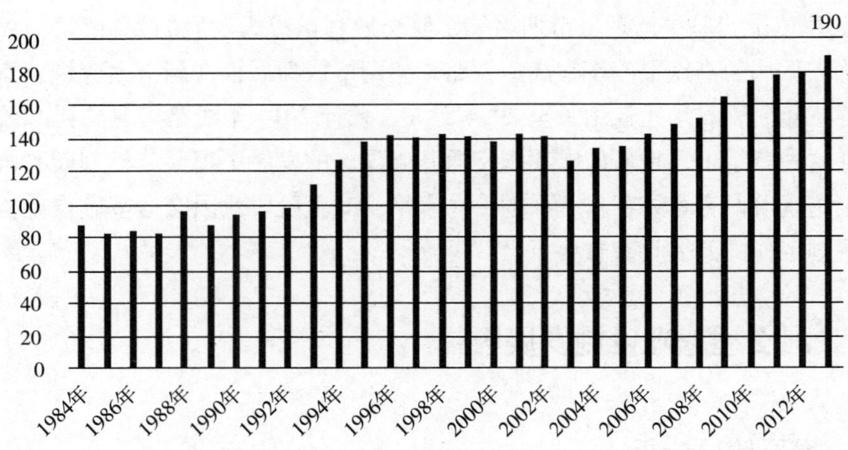

图 2　1984 年以来我国定航机场数量增长情况（资料来源：国家统计局）

（3）快速增长阶段

1979 年以后，我国交通基础设施迎来快速增长时期，公路和铁路通车里程大幅度增加，高速公路建设从零开始迅速跃居世界第二位，2014 年通车里程达到 11.2 万公里，高速铁路通车里程稳居世界第一位，2014 年运营里程达到 1.6 万公里，民航定线航班通航机场数量保持较快增长，整体交通运输系统效率获得迅速提升，高速、多元化的综合交通体系逐渐成形。

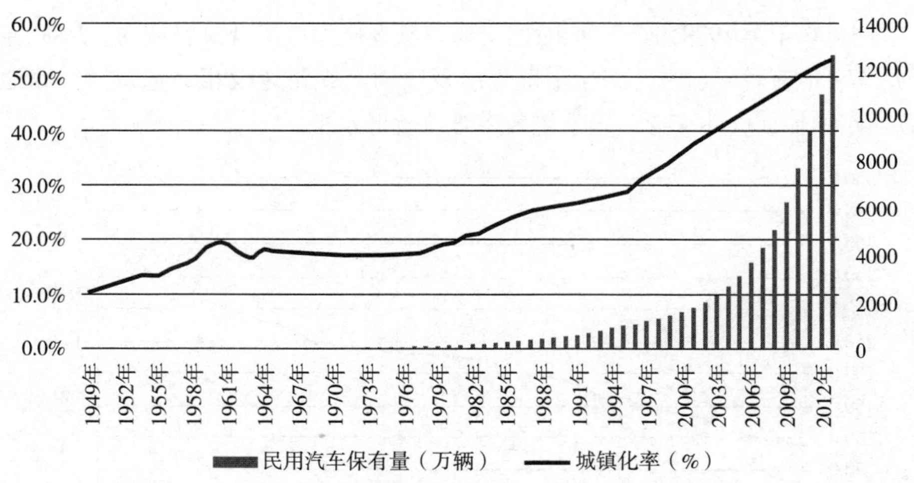

图 3　我国城镇化率和民用机动车历年增长情况（资料来源：国家统计局）

同期，我国交通基础设施发展与我国城镇化增长相互之间保持较好的对应关系，两者发展阶段基本一致。在交通基础设施与和机动化发展水平的相关关系上，80 年代以来的交通基础设施快速建设和机动车拥有量快速增长趋势保持一致。而随着我国人口流动态势的转变和人口红利的逐渐消失，伴随着城镇化与机动化快速发展的交通基础设施也面临这样的问题，即交通基础设施的增长拐点是否即将到来，交通基础设施建设速度是否面临调整放缓的节奏。

2. 增长动力分析

从增长过程来看，我国交通基础设施增长的基本动力主要源自两方面。一方面，政府对交通基础设施投资热情较高，交通基础设施在不同发展阶段作为不同工具发挥过重要作用。市场化经济改革前，我国交通基础设施多定位为国家战略资源，当时的铁路和国道主要发挥战略物资输送和调配作用，铁路部门的严格管理和重要公路选线需要结合国防需求确定等皆源于此方面考虑。而随着市场化改革的推进，交通基础设施也在逐渐转变角色，成为改善民生、发展地区经济的重要杠杆，“要想富先修路”的口号至今仍然响亮。近年来，国家财政对交通运输的支出仍然保持增长态势，而且从财政支出的主体结构中可以看出地方对交通发展的积极性和责任需求还在不断提高。国家发改委主任徐绍史在2015年两会期间答记者问中提到，我国的铁公基投资依然将作为增加公共产品和公共服务供给的重头戏。

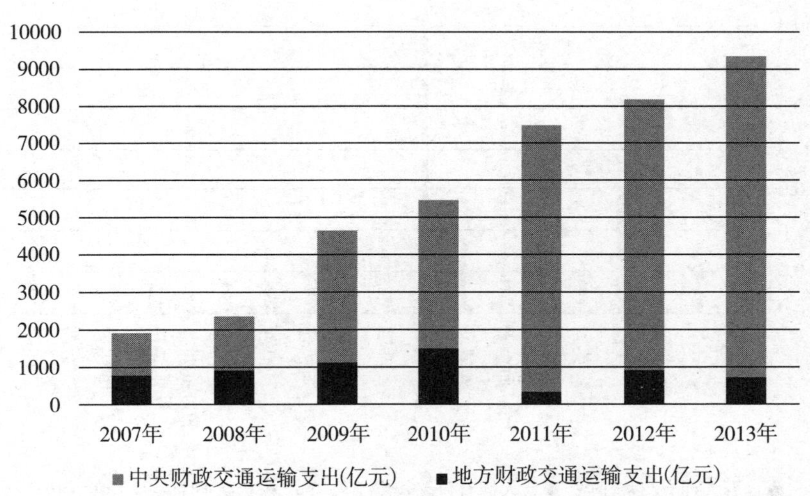

图4　近年来我国交通运输财政支出结构与增长情况（资料来源：国家统计局）

另一方面，来自市场的强大推动力也在驱使我国交通基础设施快速发展。随着我国经济体量提升和国民大范围活动频率增加，全国交通运输需求不断扩大，客货运输周转量持续攀升，为交通基础设施投资收益提供可靠的保障，部分发达地区交通设施已经顺利完成收益回报，如我国第一条高速公路——上海沪嘉高速已经免费通行，北京首都机场高速也已经单向免费通行。同时，市场化企业特别是民营资本对于重大交通基础设施的参与热情也在不断提高，多元主体投资格局逐渐形成。浙江省杭州湾跨海大桥作为国家高速公路主干线同三高速组成部分，全长约 36 公里，总投资约 118 亿元，在建设资本金的筹措过程中，民营资本的入股比例曾一度达到 50.26%。

三、现阶段交通基础设施发展水平

1. 世界范围横向比较

当前我国交通基础设施总量规模已经位居世界前列，铁路通车总里程、公路通车总里程和机场数量分别位列全球 195 个国家的第 3、第 3 和第 14 位。同时，我国交通基础设施质量不论与 G20 国家相比还是 OECD 国家相比也都不逊多让，特别在高速铁路与新建机场方面，优势突出。

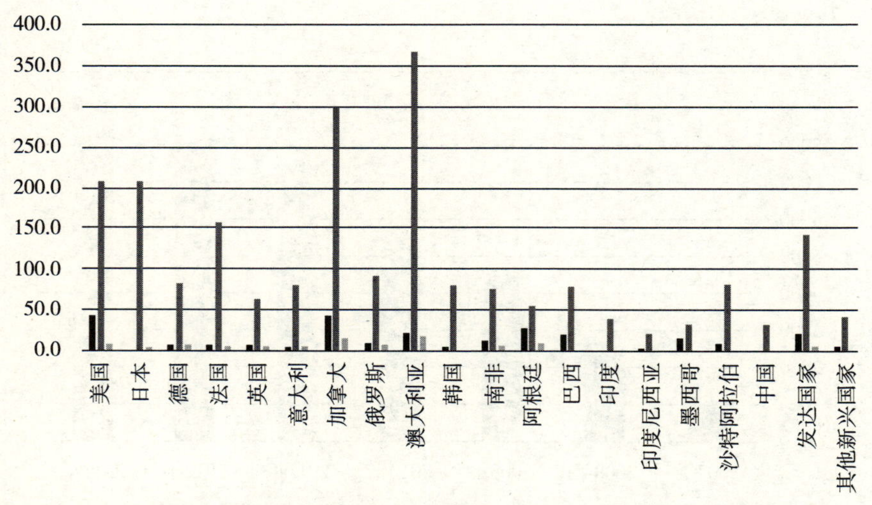

图 5 G20 国家交通基础设施人均拥有水平（资料来源：美国中央情报局）

但根据人均设施拥有水平进行测算，当前我国交通基础设施发展面向服务需求在存在较大差距。我国铁路设施供给水平为 0.6 公里/万人、公路设施供给水平为 30 公里/万人、机场设施供给水平为 0.4 个/百万人，在 G20 国家中分别排名第 16、17 和 18 位，不仅比发达国家全面落后，而且与其他新兴国家相比也存在较大差距（其他新兴国家的平均铁路设施供给水平为0.9公里/万人、公路设施供给水平为41公里/万人、机场设施供给水平为4.5个/百万人）。

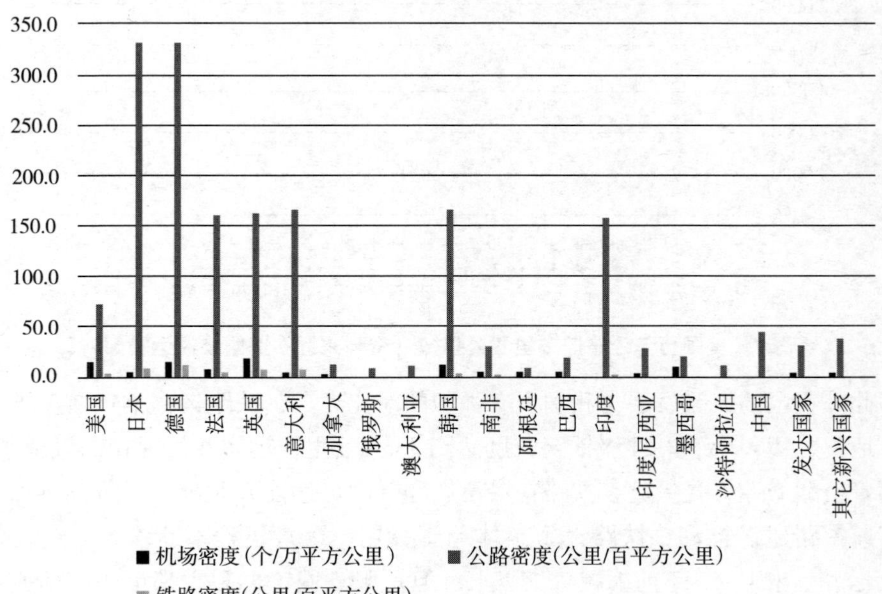

图6 G20国家交通基础设施密度水平（资料来源：美国中央情报局）

而采用设施密度水平进行测算，则可以看到我国交通基础设施发展已经开始面临空间制约。我国铁路网密度已经达到0.9公里/百平方公里、公路网密度也已经达到44公里/百平方公里、机场密度达到0.5个/万平方公里。除机场密度远远落后于其他国家外，公路设施密度水平已经赶超发达国家平均水平，铁路设施密度水平也在新兴国家平均水平以上。

2. 与美国的纵向对比

进一步将我国交通基础设施发展水平与美国比较发现，我国交通基础设施发展还远未进入成熟稳定阶段。以公路为例，1960年美国公路通车里程达到570万公里，万人拥有公路长度达到317公里，人均设施拥有水平接近现在我国的10倍，设施密度水平接近现在我国的1.5倍。后续55年，美国公路基础设施总量增长缓慢，人均拥有设施水平相对降低约30个百分点左右，现在为207公里/万人，但依然是我国的6倍以上。

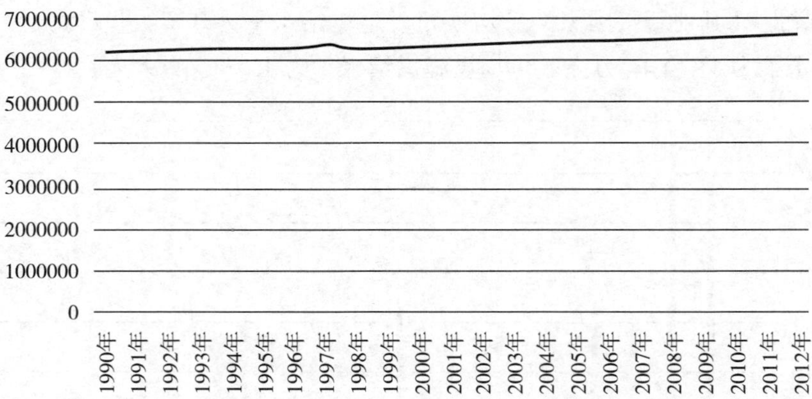

图7　美国历年公路通车里程公里数（资料来源：美国交通运输部）

此外美国的铁路发展与我国也有强烈的对比意义，铁路运输早年在美国占据重要地位，1960 年美国 I 级铁路长度达到 33 万公里，远超我国现在的设施水平。但随着公路交通方式兴起，铁路在灵活性和时间可达性方面难以竞争，再加上缺乏高速铁路建设推动，铁路设施整体趋于衰弱，运营里程不断缩减，现在仅余 15 万公里，相比 55 年前缩减一半以上。但是服务城镇群和大都市的市郊通勤铁路在美国却取得快速发展，从 1985 年到现在的 30 年间，美国市郊铁路的运营长度增加约一倍，达到 1. 2 万公里，这在美国成熟的交通系统结构中属于罕见的变化。相比之下，我国通勤铁路的发展却基本属于空白。

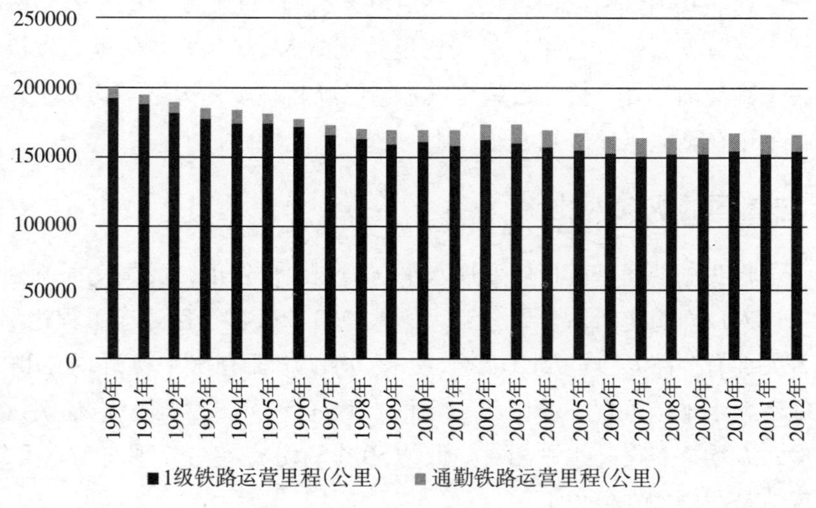

图8　美国历年铁路运营里程公里数（资料来源：美国交通运输部）

四、下阶段交通基础设施构建探讨

根据我国交通基础设施的发展阶段与发展水平，可以看到当前我国交通基础设施发展已经走近结构调整的关键路口，在人多地少和区域资源分布不均的现实国情下，结合其他国家的经验教训，下阶段的交通基础设施构建需要从突出主导方式、合理布局形态、增强对于城镇化核心地区——城镇群的发展支撑、促进通融资模式创新创造等方面着手。

1. 突出主导方式

我国交通基础设施构建需要避免犯发达国家犯过的错误。在我国如果仅仅以满足人均设施拥有水平为导向、单纯依靠扩大设施供给，在有限的国土空间上是无法实现的。我们的交通方式需要提高效率与质量。鉴于当前公路基础设施的基数已经较大，公路交通发展方式相对粗放，未来的公路基础设施构建应该稳妥推进。而高速铁路设施建设则应该坚定不动摇，目前我国高铁通车里程已经占据全球60%，高铁客流量占我国铁路客流量全部份额的40%，高铁上下游产业链已经建立，推进构建以高铁为核心的高效、快速、大容量客运系统，将能够帮助我国突破人均运输需求增长和设施资源供给相对有限的矛盾，实现中国特色的跨越发展。

同时，我国交通基础设施构建还需要充分借鉴发达国家经验，我国机场建设水平与其他国家对比，无论在人均拥有水平，还是设施密度水平方面，都存在很大差距，现有机场设施供给水平远远无法满足需求，为有效弥补短板，应该全面加强机场建设，尤其需要拓展通用航空市场，提高航空运输的组织能力和服务能力。

2. 合理布局形态

限于篇幅，文章并未对我国交通基础设施资源区域分布情况进行分析，但是各项国家规划和调研报告中均已提出区域资源分配不均等成为突出问题，考虑交通基础设施作为难以移动的固定资产，实现增长的同时就需要明确其所在空间的配置。因此建议设施构建需要因地域需求而异，面向中西部地区继续完善网络，实现互联互通，但是设施建设不宜冒进，需要避免投资过度超前和浪费。东部地区自身发展条件较好，基本交通设施网络已经成型，设施构建则不能继续停留在简单的数量叠加层面，深化层次、加强衔接，是确保既有交通运输系统和未来新增交通运输系统高效运转的重要保障。

3. 几项重点内容

城镇化是我国未来发展的重点方向，城镇化对交通基础设施的支撑要求在国家新型城镇化规划中已经明确提出，未来重点核心工作即完善城市群之间综合交通运输网络和构建城市群内部综合交通运输网络，包括需要格外重视城际铁路和市郊铁路在内的一些交通基础设施，这也是我国相比发达国家的明显短板。

另外，交通基础设施投资成本巨大，也存在不少灵活的收益方式和渠道，单纯依靠国家财政和银行贷款主导的投融资模式容易造成投资—收益低下，同时也占用不少应该投往其他民生领域的资源。随着市场经济活动机制的不断完善，交通基础设施领域非常有必要释放一些优质资源，增加社会资本的参与积极性，以PPP 模式提高交通基础设施投融资效率，让市场更好地发挥作用。

五、结　语

我国交通基础设施经过数十年的发展，特别是改革开放以后的快速增长，在设施规模发展方面已经位居世界前列。但是我国交通基础设施的整体发展水平与发达国家甚至不少新兴国家相比还存在不小差距，我们面临的服务需求增长压力与设施供给空间受限的矛盾将长期存在。因此，把握好我国未来交通基础设施发展的关键需要认识清楚交通基础设施长期性短缺与某些阶段性过剩的关系，实现设施构建的精准发力，才能确保设施投资的效果，保证交通基础设施的有效和可持续发展。

参考文献

[1] 2015 年政府工作报告 [R]

[2] 国家新型城镇化规划（2014—2020 年）[R]

[3] 唐伟，黄汉江. 我国基础设施建设中重复建设问题分析 [J]. 现代商贸工业，2011（6）

[4] 杜建国. 建基础设施必须考虑 30 年后 [J]. 环球时报，2012

[5] 巴曙松. 从城镇化的推进看不同区域的基础设施投资重点 [J]. 中国西部，2013（22）

（本文原载于《中国城市交通规划年会论文集》2015 年）

新形势下中国城市交通规划目标构建

欧心泉

[摘要] 在中国社会经济增长由“要素驱动”向“效率驱动”和“创新驱动”转型的宏观背景下，结合中国特色社会主义事业建设对于生态文明的构建需要，分析城市在作为共同体和面对个体时不同维度上的发展诉求，并提出面向当代中国城市发展的城市交通规划目标构建需要，主要探讨“高效联系”和“绿色宜人”这两块内容在目标体系中是如何建立的，以适应新形势下中国城市交通的发展要求。

[关键词] 城市交通；规划目标；增长方式；价值理念；效率驱动；生态文明

中国的改革开放已经进入到第35年，在围绕以经济增长为核心的改革进程推动下，中国经济社会从过去的贫穷落后迅速进入到现在的资源要素相对丰富。依托经济的高速增长，中国的城市和交通在过去的时期也获得了全面更新和改善，现代的城市和交通系统正在建立，城市交通规划在这个过程中也发挥了广泛和积极的作用。但是，既有的增长模式带来的一些弊病也在逐渐积累，发展中被牺牲或者忽略的因素，如资源、环境、人文等，逐渐呈出负面效应，成为影响持续发展的障碍。

随着中国社会经济全面深化改革的进一步推进，传统的增长方式正在面临转变，以要素为驱动的增长时代正在过去，效率的提升和创新的引导即将成为推动新一轮中国经济进步的主要动力。与此同时，对生态的关注、对人文的关怀等正在成为现代中国社会的主流认识。基于这种环境，城市交通规划工作也需要做出审时度势的转变，以新形势下发展目标的构建为出发点，转变思维，调整方式，推动规划体系的变革，支撑社会经济发展，满足深化改革的需要。

欧心泉：中国城市和小城镇改革发展中心综合交通研究院主任工程师。

一、发展环境的更新

1. 增长方式的转型

在发展的道路上，中国面临从“要素驱动”向“效率驱动”和“创新驱动”的增长转型。过去30多年，受发展水平的基本面限制，中国经济主要依靠要素驱动来实现快速增长。如今，以低成本的劳动力供应、高储蓄率支撑的资本供应和牺牲环境为代价获得的比较优势在增长中已不再具备可持续性。与这种增长方式相对应的，建立在“土地”城镇化的基础上，依托投资为驱动，以设施要素构建为目标的既有城市交通规划也越来越难以适应新形势下的发展要求。

随着社会经济的增长转型时期到来，资源的优化配置和集约化运用将成为主导。面向新型城镇化的发展，李克强总理曾说过，如何把城镇化这一“最大的潜力”变为经济发展的现实动力，这个就要通过改革。其阐述的改革在增长方式上可以解读为打破传统，实现“要素驱动”增长模式向“效率驱动”和“创新驱动”的转变，这也是新形势下谋求城市交通发展的现实要求。面向未来的城市交通，将建立在消除系统碎片化和分散化的基础上，通过资源的整合运用，提高各类交通要素的效率以及整个交通系统的全要素效率。

2. 价值理念的转变

在发展的认同上，传统的以经济效益和财富价值为核心的价值理念正在逐渐改变，面对覆盖大部分国土的雾霾、遍布大中小城市的拥堵和演绎在各地的群体性事件等，当前中国的人与自然、人与社会之间的关系亟待重构。对于生态环境的关注和对人文环境的关怀成为社会的共识，并被提上国家发展的战略层面。党的十八大报告明确指出建设生态文明的重要性，将绿色、友好、可持续的生态文明建设作为当代中国的现代化道路选择，将生态文明构建作为“五位一体”中国特色社会主义事业总体布局的组成部分。与此相适应的城市交通系统也将成为未来中国城市交通规划发展的关注重点。在不少具备条件的发展先行地区，推动实现交通与环境、交通与人的融洽互动已经成为现实的选择和要求。

二、规划目标的转型

1. 城市的发展维度

从城市的存在价值分析和发展取向判断，现代城市的发展主要具有两个维度，即作为外在的经济体的城市和作为内在的人生活的城市。

（1）作为经济体的城市

在这个维度上，城市被视为共同体，城市的运转效率及其在更广阔的社会经济组织中的地位是城市发展的目标，效益的最大化是城市发展的核心需求。城市通过汇集人口、土地等要素形成基础发展条件，吸引并获得非城市化地区的资源，过去三十年的中国城镇化进程即主要体现为此，这也是城市发展的量的积累。随着城市的进一步发展，新的经济增长模式要求在原有简单集聚的基础上对城市的资源进行重新整合，以效率提升和创新驱动为导向，推动新的城市组织方式与城市形态结构形成，维护和支撑城市的发展活力，此即为未来中国城市面对的发展道路，这也是谋求城市发展的质的转变。

（2）作为人生活的城市

在这个维度上，城市更多体现的是由共同体向个体的回归，即城市作为社会人的聚合体，在表达集体价值的以外还需要满足城市中生活个体的发展诉求。包括提供公平的服务、满足自由的迁徙、给予充分的岗位机会、构建宜人的居住条件等。其中，增长创造的价值为此提供了基础，而在此之上的宜人城市打造则更多需要在与环境的亲和、与人性的协调这两方面下功夫。中央城镇化工作会议将生态文明的构建作为新型的城镇化的指导要求，提出让城市融入大自然，让居民望得见山、看得见水、记得住乡愁，使城市成为文化核心价值的载体和中华文化传承的基点。

2. 城市交通的发展目标

城市交通作为城市的发展支撑，面向城市发展的双重维度，其系统目标也应该考虑满足城市共同体的效率构建和城市个体的体验要求。

（1）高效联系的目标构建

高效联系的目标构建，强调城市交通的发展需要与城市的增长模式转型相适应，通过系统效率的提升和创新方式的引入为要素的整合与创新创造环境，构建更为高效的联系平台。

面向区域的联系层面，需要着重改善城市的交通区位，通过设施、空间的布局匹配和运输、组织的价值协调，推动实现地理区位与经济区位的叠合。规划的重点需要以城市的发展角度为判断，提出对铁路、公路、民航、水运等区域交通系统的组织优化，同时考虑新的区域交通方式引入后，城市在区域活动组织中的关系重构等（例如高速铁路的开通、通用航空的开发等对城市和地区发展产生影响）。

面向城市自身的联系层面，则侧重改进城市自身的运行效率，强调用地开发与交通结构的协调、城市生活与交通方式的匹配等。规划的重点在于关注城市的交通骨架与城市用地开发的对应，确保城市空间结构的构建合理；增进城市交通设施与城市公共服务的衔接，保障城市的服务质量；整合与协调城市交通系统自身，确保交通方式之间的组合优化；为未来新交通工具的发展和交通模式的构建做出预留判断等（例如电动汽车设施的推广布局、市域轨道的协调构建）。

（2）绿色宜人的目标构建

绿色宜人的目标构建，主要满足城市的生态文明构建，突出自然环境和人文环境两类要素的协调。规划关注的重点，一方面应该包括体现城市交通系统自身的“绿色”价值，在交通组织模式上突出公共交通的优先地位，在交通方式结构中引入新能源的交通工具，降低城市交通出行的碳排放水平和污染贡献率。另外一方面，需要增强交通系统对于环境资源、人文资源的支撑，通过整合优质资源要素，提供承载休闲、娱乐、游憩的优质空间，譬如对城市步行与自行车系统的重新打造、在滨水或者地形变化地区建立景观出行系统，以及交通设施的人性化设置等，借此提高城市的品位，使城市中生活的市民能够充分享受到在途的乐趣，使生态的城市交通系统真正成为服务城市居民、提升城市品位、展示城市文明的载体。

三、中部城市的实践——以信阳为例

1. 信阳的城市本底

信阳作为中国中部典型城市，位于河南省南部，与湖北省、安徽省接壤，为三省之通衢。中国城市的南北对称轴“秦岭—淮河线”和东西对称轴“京广走廊线”在此交汇，具有“中国之中”的典型特征。随着国家交通设施的构建，信阳在对外联系方面具有突出的比较优势。

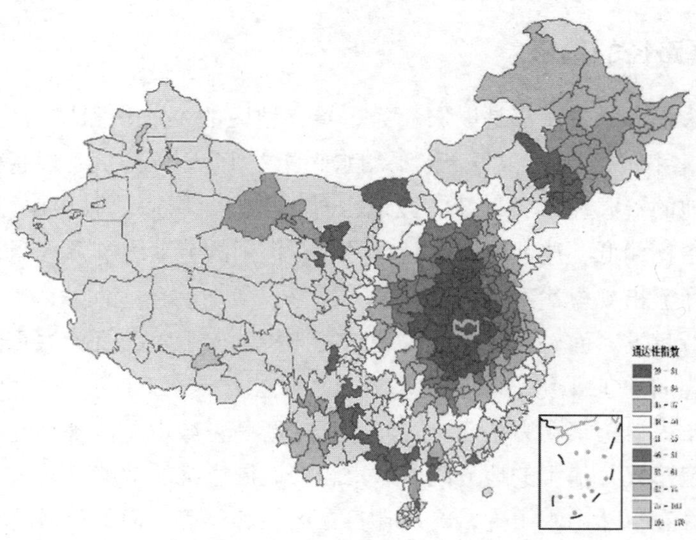

a）全国地级以上城市公铁可达性位居第三位

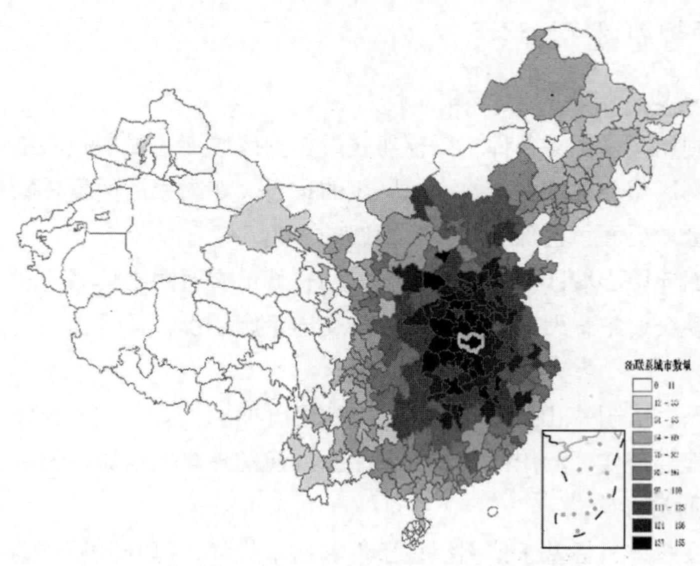

b）全国地级以上城市 8 小时联系城市数量位居第四位

图 1　信阳的交通区位比较优势

信阳山水秀丽，气候宜人，由于位处中国的南北自然地理分界线，温暖湿润的气候条件和丰富多样的地貌条件使信阳拥有良好的自然生态环境，素有“江南北国，北国江南”的美誉，连续五年入选“中国十佳宜居城市”，同时也是河南省唯一的生态保护国际合作地区。

2. 发展路径的选择

长期以来信阳的发展都是以农业为主导，地区的工业化和城镇化进程滞后。2013 年城镇化率不足 40%，与全国平均水平相差 14 个百分点。现状信阳的发展主要依托本地的资源和市场，经济腹地相对局限，与周边地区相比，人均 GDP、财政收入等指标偏低，洼地效应明显。另外，信阳的劳动力资源大量流失，市域范围的人口净流出规模达到 240 万人。

在这种背景下，面对现代化的发展路径选择，信阳曾经将关注重点集中在以土地出让为导向的工业化与城镇化基础上，过去十来年的城市建设用地急剧扩张，但是城市人口集聚动力缺乏。对此，根据新一轮城市总体规划与城市综合交通规划的修编建议，信阳的地方政府做出转变发展思维的战略部署，利用便捷的交通联系条件和自然山水条件，突出自身在区位和环境方面的比较优势，以效率提升和生态引领为导向，推动信阳融入新一轮的国家及区域经济合作进程。

3. 交通规划目标构建

（1）交通战略制定

其一，利用交通优势条件，以枢纽建设作为区域交通发展核心战略，促成并实现信阳经济区位与地理区位、交通区位的重合。在国家层面发挥物流枢纽城市的作用，在区域层面承担豫鄂皖门户枢纽的角色。

其二，面向中心城区快速增长需要，调整城市交通网络体系，通过快速道路网络构筑机动交通主骨架，推动快速公共交通走廊建设，提升面向公众交通出行的服务水平。

其三，贴合信阳“山水城市、宜居城市”的特色标签，突出绿色经济时期交通系统构建的需要，利用绿色凸显和生态构建的理念实现城市的可持续发展。

（2）交通目标确立

交通发展总体目标基于信阳区位条件和山水优势，提升区域交通运输服务水平，构建“集约、低碳、高效、以人为本”的城市交通系统，满足枢纽城市与特色城市的打造要求。

在交通系统的效率目标构建方面，满足多层级的发展要求。区域目标关注快速联系通道的构建，如地区航空系统、城际铁路系统、高速公路网络、淮河水运等，强调资源要素的整合和枢纽价值的发挥；市域目标关注开放式的交互，统筹市域的产业、城镇、交通在空间上的布局；组团城市目标为地区经济一体化和城乡统筹实现提供支撑；中心城区目标主要在于大城市框架下的交通骨架系统建立与内部交通分区系统之间的协调。

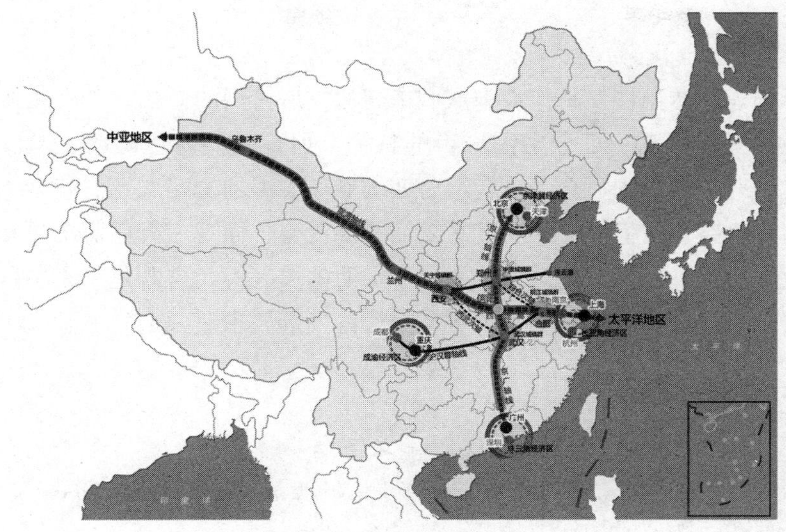

a）面向区域的交通设施走廊构建

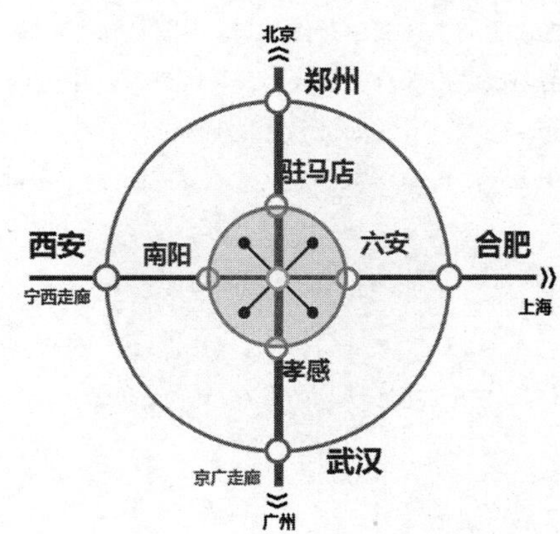

b）区域交通的辐射联系圈层

图 2　区域交通设施走廊构建目标与联系圈层

在交通系统的生态目标构建方面，主要考虑外来旅游出行与城市休闲出行两方面的要求。一方面，建立旅游交通模式的发展目标并提出旅游通道的构建目标，以完善面向旅游景区提供分类服务，改善和提升南湾湖、大别山等旅游特色地区的交通条件。另一方面，整合联系信阳山水资源，明确关于组团城市范围的绿道建设和中心城区范围的步行与自行车系统构建目标，强调浉河两岸和其他滨水走廊的构筑要求，以提升城市的人居环境。

四、结 语

目标构建的转型仅仅是作为中国城市交通发展转型的开始，如在信阳的案例中，其虽然只是代表一部分中国城市的特征，但是它的特色鲜明、发展压力紧迫，却又是对当前中国社会经济转型时期的城市发展的真实写照。筑梦中国，过去的城镇化道路里我们倾注的更多是钢筋和混凝土，而现在我们需要更多关注的应该是效率的提升、创新的引入以及对于文明的关怀等。这既是未来中国社会经济的发展选择，也是未来对于中国城市交通的发展要求。

参考文献

[1] 李凌. 经济效率转型［M］. 上海：上海人民出版社，2013

[2] 郑秉文. 面临“中等收入陷阱”中国经济需向效率驱动转型［J］. 中国证券报，2014

[3] 刘守英. 中国土地制度改革的逻辑与出路［J］. 财经，2014

[4] 林树森. 城市增长与城市发展［J］. 城市规划，2011

[5] 仇保兴. 建设绿色基础设施，迈向生态文明时代［J］. 中国园林，2010

[6] 赵延峰，欧心泉，陈仲. 信阳市城市综合交通规划［R］. 北京：中国城市规划设计研究院，2014

[7] Lewis Mumford. Culture of cities［M］. Greenwood Press，1981

[8] Lewis Mumford. City in History：Its Origins，Its Transformations，and Its Prospects［M］. Mariner Books，1968

[9] Special report. China：Building the dream［J］. The Economist，2014

（本文原载于《第二十二届海峡两岸都市交通学术研讨会论文集》2014 年）

第三篇

城镇发展研究

高速轨道交通影响下区域城镇体系演变分析

欧心泉　王玉虎　张国华　赵延峰

[摘要] 高速轨道交通的出现显著改变区域城镇的联系特征，为城镇体系的构建组织带来新的契机和挑战。立足这种发展变化要求，文章通过分析高速轨道带来的区域城镇间的时空价值转换和出行品质提升等新变化，判断该形势下区域城镇功能组织的新要求，解读高速轨道交通影响下区域城镇体系的演变路径，探讨不同城镇类型如中心城市、沿线中小城镇和非沿线城镇等在高速轨道时代可能出现的兴衰变迁，为相关区域及城市规划工作的开展奠定基础前提。

[关键词] 高速轨道；区域城镇体系；时空特征；功能组织；空间形态

一、引　言

随着我国新型城镇化的推进，区域范围城镇体系统筹已成为协调区域空间，提升地区活力的重要策略。围绕国家中心城市（北京、上海、广州、重庆）和区域中心城市（包括武汉、郑州、西安、沈阳等）建立的城镇群吸纳了大量的人口和产业要素，成为支撑我国国土空间开发的重要载体。

与此同时，我国的运输体系也在经历重大的革新，高速交通方式以前所未有的态势改变国民社会经济活动的组织模式和构成结构。尤其突出的高速轨道交通系统，从无到有仅仅历经 10 余年，现已建成总里程 8951 公里的国家高速铁路网络，其技术水平与建设规模遥遥领先于其他国家和地区。

欧心泉：中国城市和小城镇改革发展中心综合交通研究院主任工程师。

王玉虎：中国城市规划设计研究院规划研究室城市规划师。

张国华：中国城市和小城镇改革发展中心综合交通研究院院长。

赵延峰：享途（北京）科技有限公司战略总监。

致谢：感谢中国城市规划设计研究院陈仲工程师和王有为规划师、北京交通大学梁英慧博士、马里兰州立大学邬明帮硕士、西南交通大学石慧钰硕士在成文过程中给予的帮助和支持。

在这种城镇体系结构与运输组织方式快速变革的背景下，探索城镇与典型交通方式相互影响，寻找发展演变规律，对于把握趋势、实现区域规划与城市规划的有效衔接，具有强烈的现实意义。

二、高速轨道带来的新变化

高速轨道是我国构建的面向 21 世纪陆路先进交通运输系统的组成部分，拥有高速度、大容量、绿色低碳以及服务品质出众等典型特征，而城镇间的联系关系也因它的出现改变。

1. 城际出行的时空特征发生改变

“走得更快”是高速轨道系统的突出优势。相比包含高速公路、一般公路在内的道路交通系统和普通铁路系统，高速铁路 300 ~ 350km/h 的目标速度和城际轨道 160km/h 以上的运行效率带来明显的时空压缩效应。在城际间空间距离不变的情况下，城际出行的时间可大幅压缩达 40% ~60%，出行速度的提升最终反应为联系距离的拉近，区域范围内更大尺度的活动在现有时间约束条件无须改变的情况下成为可能。

高速轨道带来的时空特征转变，在联系城镇之间搭建“时空隧道”或者“时空窗口”，通过特定时段、特定地点的切换，城际间 300 ~ 500km 的公务、商务活动可实现朝发夕归，50 ~ 100km 左右的通勤活动成为现实。如在法国，巴黎与里昂两座城市通过 TGV 高速轨道系统将 407km 的空间距离转变为 1h55min 的时间距离，能够有效满足当日往返商务的要求。

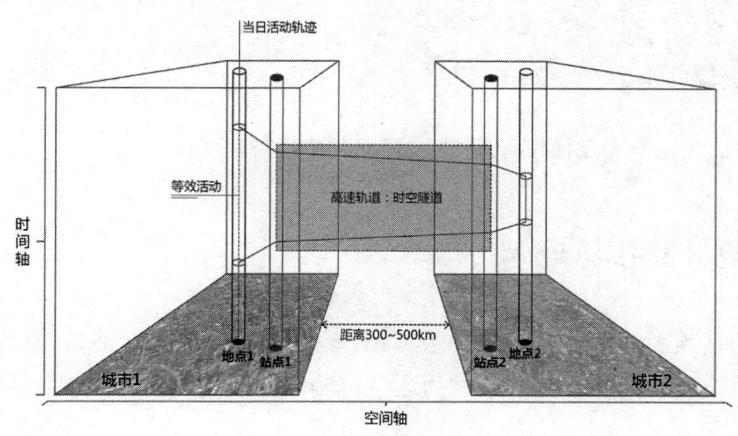

图 1　高速轨道带来城际时空特征转变

2. 城际交通的联系质量获得提升

“连得更紧”是高速轨道系统为城镇间联系带来的另一重改变。作为大运量公共交通系统，高速轨道日运送能力达数十万人次，年输送能力达上亿人次，可以有效满足沿线城市的充沛需求；另一方面，通过提供可靠准点、高密度的班次服务，高速轨道将城际联系的便捷性提升到与城市内部联系同一水准的层面，契合随到随走的现代工作、生活要求；此外，高速轨道运营过程中的零碳排放和集约高效的能源利用效率（其人均移动单位能耗仅为小汽车或者飞机的1/5）赋予高速轨道绿色交通的特质，能够极大减轻城际出行的环境成本。

与其他城际运输方式相比，高速轨道可以深入城镇内部，通过在繁华地区设站，直接促进城镇核心与核心间的沟通与联系，缩减出行的末端距离，提高活动效率。例如，构建中的广深港高速铁路，香港的车站位于其城市中心西九龙地区，而毗邻城市深圳的车站也坐落在福田 CBD 等。

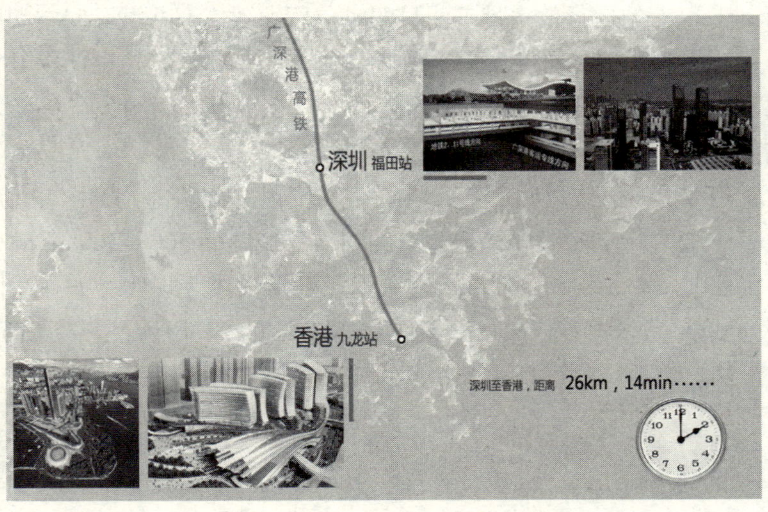

图 2　高速轨道交通推进深、港两地融合

二、城镇功能组织的新要求

接受高速轨道服务的区域往往呈现出新的流通环境和流通价值，在此基础上，高速轨道改变的要素配置条件为区域范围内城镇功能的协调组织提供新的契机和动力。

1. 区域协调的对象趋于增多

依托高速轨道交通系统的高速度与高效率服务，区域城镇的有效联系范围将明显扩大，区域活动的协同对象显著增多。通过观察高速轨道开通前后沿线城镇的联系特征，可以发现这些城镇的通勤圈和商务圈等在地理空间分布上将发生明显变化。而这种核心活力的延伸与辐射范围的扩大要求城镇在考虑生产、生活组织的时候不再仅局限于原有周边的“小众对象”而需要协调区域更多的“大众参与者”。

中部地区中心城市武汉，在城市圈的构建过程中，依托京广高铁、沪汉蓉快速铁路以及多条地区性城际轨道，发掘自身地缘优势，拓展腹地辐射范围，推进与黄石、鄂州、黄冈、孝感、咸宁、仙桃、天门、潜江等周边城市以及长沙、合肥、郑州、南昌等区域性中心城市的融合，显现出中部地区的首位价值和引领作用。

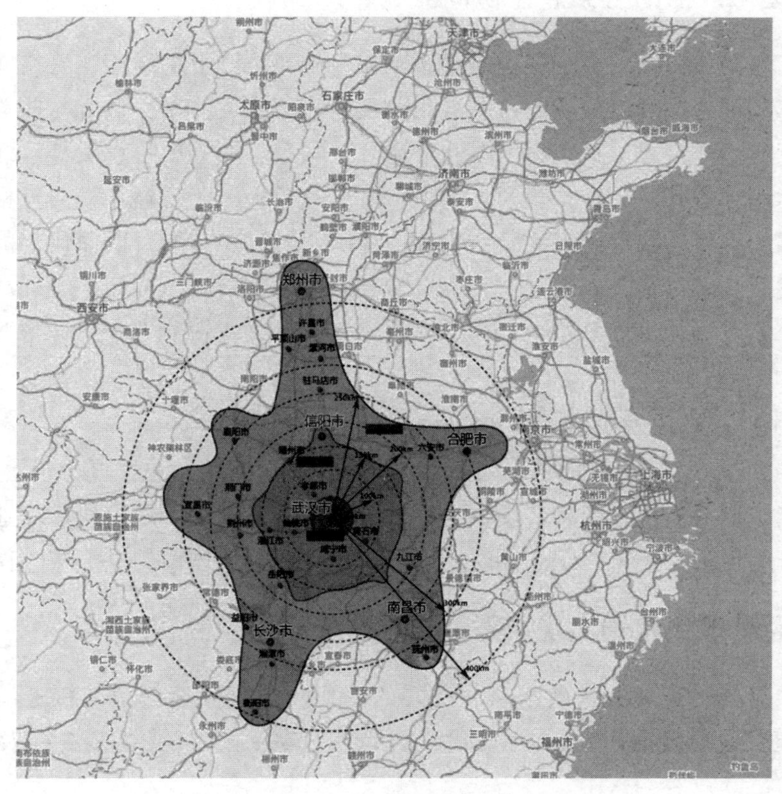

图 3 高速轨道交通影响下武汉城市群的辐射圈层

2. 区域城镇的功能趋于互补

在高速轨道交通主导的联系中，原有的空间距离差异趋于缩小。对区域内部城镇而言，中间城镇受中心城市的辐射影响趋同，如京广高铁开通后，信阳、驻马店等城镇，与武汉联系还是与郑州联系在出行时间上不再存在明显差别；而对区域外部城镇而言，远端城镇的可达性趋于一致，京沪高铁开通后，北京至上海与北京至南京不复存在过去那种长达四五个小时之久的显著差异。

时空尺度的缩小则推动区域功能一体化的要求，城镇职能不再像过去一样简单重叠，差异化分工成为确保城镇存在价值的关键。在高速公路时代兴起的美国东北海岸地区，围绕中心城市，形成功能各异、角色互补的枢纽，中小城镇成为枢纽核心职能的补充，面对高速轨道的发展，这种区域范围的功能竞合效应将比前者影响更为广阔，层面也更为深远。

3. 区域产业的链条趋于协同

在高速轨道交通的牵引下，沿线城镇在生产与生活组织上存在着空间延伸和相互合作的机遇，集聚效应驱使要素顺着高速轨道廊道分布，形成一些关联紧密的区域产业协作链条。日本新干线开通后，在联系京滨、中京、阪神、北九州等既有发达地区的同时，推动静冈、冈山、广岛等新兴工业区建立，而且根据协作生产要求，逐步淘汰沿线钢铁、石化等传统产业的过剩产能，取而代之的是与主导产业发展方向相契合的金融、商贸、物流等生产性服务业，最终形成以汽车、机电、家用电器和集成电路生产为主导的“环太平洋先进制造业产业带”。

三、区域城镇体系的重塑造

功能组织的内在改变终将反映为空间形态的外在重构，高速轨道交通在撬动区域生产、生活功能重组织的同时，必然开启区域城镇体系的重塑造进程。

1. 整体城镇格局出现调整

城镇格局的变化实为要素空间配置的变化，根据高速轨道的服务特性，受高速轨道交通影响而改变的区域城镇格局体现为“由点及线，由线及面”的过程。

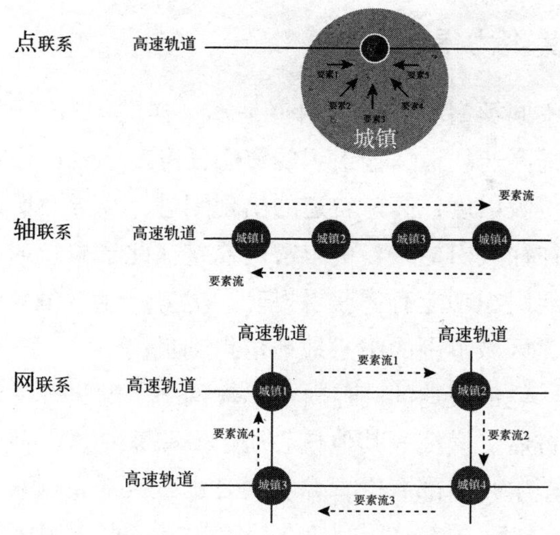

图 4　高速轨道与城镇体系的点、线、面关系

点的层面，高速轨道通过设置站点与城市产生联系。而站点位置的选择大多出于两类考虑：一类是位于活力充沛、联系需求迫切的成熟地区，以发挥对既有社会、经济活动和组织的支撑作用；另一类是位于相对欠发达地区，但是未来发展潜力巨大，以发挥路径引导的作用。布局影响方面，高速轨道站点之于城市则如同触媒，强调时效性的商业、商贸和突出舒适性的休闲、旅游等产业通常会贴近布局，这种城市功能组团的调整往往会改变城市空间结构，承载着新城、新区、新开发点的高速轨道站点也往往成为城镇发展的新动力，京沪高铁开通后，从北京南站到上海虹桥的沿线 24 个站点无一例外成为所在城市的新兴希望。

线的层面，当轨道站点被轨道线路串联起来后，高速轨道蕴含的轴带价值如同珍珠链般在区域城镇体系的构建中得以体现。“参与”是“合作”的前提，在高速轨道联系下，沿线城镇参与区域的广泛分工，继而形成功能互补和产业协同的发展趋势，推动轴带的生产效率和生活品质提升。从巴黎到里昂、从东京到大阪，这种高速轨道联系下的“点－轴”模式已成为区域城镇体系构建的经典。

面的层面，随着高速轨道网络进一步完善，轴带联系的城镇群体进入网络组织的阶段，“交错通道”与“多样链接”让城镇的相互功能组合具备多重可能。不同要素依据自身发展需求选择不同的联系轴带。在网络组织的时代，城镇间的空间联系复杂而有序、高效而耦合，区域整体向着一体化格局转变，城镇群体也形成网络化的等级结构，连绵尺度和规模远超高速公路时代的巨型城镇联合体系有望形成。

2. 中心城市集聚力得以增强

高速轨道之于不同类型城市的作用也是不一样的，对于区域中心城市而言，推动扩大规模效应是高速轨道运输组织的核心任务。中心城市在原有条件下已具备特定范围内的首位吸引度，高速轨道的出现则进一步导致影响的范围扩大，而这种可达性的提升往往吸引更多、更丰富的要素在此集聚。通过合理的分工与组织，中心城市的枢纽组织功能有望获得提升，优势产业竞争力进一步放大，规模集聚成本得以降低，区域范围的中心地地位得到巩固。

日本首都东京，凭借发达的高速轨道运输网络，通过东海道新干线与东北新干线等将大阪、名古屋、横滨等其他核心城市圈联系一体，使自身的辐射区域由传统关东地区拓展至本州东部海岸，并吸引日本56.6%的规模以上企业总部进驻和50%的金融流通总额，奠定其作为亚洲经济中心和全球中心城市的声望。

3. 中小城镇融入力获得改善

与中心城市不一致，高速轨道给沿线中小城镇带来的改变更为巨大，乃至呈现颠覆性。随着集聚要素在中心城市及其周边地区积累，其他要素的分布条件也产生差异，部分非规模集聚或者过饱和集聚的产业逐渐迁出中心城市，中小型城镇凭借自身优势价值的挖掘和可达性服务的完善，更为顺畅地融入区域合作的大环境，为承接相关产业的外溢转移提供条件。通过在不同方位与不同层级和中心城市进行功能对接，区域范围可以构建完善的产业协作链条，形成“组团城市”以及“中心城市+卫星城镇”的空间格局。

法国里尔，抓住欧洲高速铁路的兴建契机，依托法国高铁北方线和英吉利海峡隧道线，多方融入中心城市的辐射圈，如巴黎、伦敦、布鲁塞尔等，并积极发挥纽带联系作用，推动自身完成由传统工业到信息产业及服务业的功能重构，实现由“法国的里尔”到“欧洲的里尔”的成功转型。

4. 非沿线城镇出现边缘化危险

考虑事物的发展总存在两面性，高速轨道为沿线城镇发展创造机遇的同时，另一方面也给非沿线城镇带来边缘化的危险。那些脱离高速轨道服务的“孤立城镇”，往往由于区域范围内可达性差异的拉大，导致自身区位价值的降低，这些改变最终促成城镇竞争力的削弱。与那些幸运的高速轨道沿线城镇相比，非沿线城镇存在相对微小的距离差异，却面临难以逾越的发展鸿沟，大部分会游离在区域协作的体系之外，缺乏推动发展的正能量，衰落也势必难免。

如同国省道时代到高速公路时代的转变过程中，大批中小城市丧失原有发展机遇与发展地位，“兴起中的衰落”也是高速轨道交通重构区域城镇体系过程中难以避免的现实，更是要素自然选择的必然结果。但是，与之伴随的区域发展失衡问题以及社会资源配置的公平问题则是发展过程中需要予以正视并加以解决的。

四、结 语

高速轨道作为新时代运输组织工具，它的兴起必然带来区域城镇体系的重构，它的影响释放也必将成为推动区域城镇持续演变的动力。抓住有利的机遇，避免不利的挑战，是高速轨道时代城镇谋求发展的选择。只有更好地认识高速轨道区别其他交通方式的特殊性以及适用性，才能在区域协调和城镇规划工作中做出更好的决策支持并提出更完善的发展建议。

受发展阶段影响和背景环境制约，现有分析难免存在浅薄之处，关于高速轨道作用于区域及城镇的影响，还需要从多方面开展进一步的、深入的研究。但不可否认的，高速轨道给中国城镇发展带来的正面能量以及积极意义将推动我国的区域城镇体系构建向着满足未来、高效、可持续的目标前行。

参考文献

[1] 国家发展和改革委员会．全国主体功能区规划 [R]．北京：国家发展和改革委员会，2010

[2] 国务院．2013 年国务院政府工作报告 [R]．北京：国务院，2013

[3] 中华人民共和国铁道部．TB 10621－2009 高速铁路设计规范 [S]．北京：中国铁道出版社，2010

[4] 中华人民共和国铁道部．中长期铁路网规划 [R]．北京：中华人民共和国铁道部，2008

[5] 中铁第四勘察设计院集团有限公司．长三角地区城际轨道交通线网规划 [R]．武汉：中铁第四勘察设计院集团有限公司，2010

[6] 欧心泉，周乐，张国华，李凤军．城市连绵地区轨道交通服务层级构建 [J]．城市交通，2013 (1)

[7] 王缉宪，林辰辉．高速铁路对城市空间演变的影响_ 基于中国特征的分析思路 [J]．国际城市规划，2011 (1)

[8] 覃矞，龙俊仁，宗传苓．深圳市福田站综合交通枢纽规划研究 [J]．都市快轨，2011 (5)

[9] 周乐，欧心泉，张铮，陈丽莎．苏州市轨道交通线网规划修编 [R]．北京：中国城市规划设计研究院，2012

[10] 赵延峰，欧心泉，王有为，陈仲．信阳市城市综合交通体系规划 [R]．北京：中国城市规划设计研究院，2013

（本文原载于《中国城市规划年会论文集》2013 年）

理论、机制、模式“三个创新”相结合推进城市群建设

张国华

一、成功城市群呈现五大特征

城市群是在城镇化过程中，在特定地理空间上，以交通信息、基础设施和市场交易的高效区域网络为纽带，以一个或几个超大或特大城市作为核心，由若干个密集分布的、不同等级的城市及其腹地，通过空间规模集聚和分工协同等相互作用而形成的城市—区域系统。城市群是城市化发展的高级阶段，是国家经济要素的精华所在，是参与全球化竞争合作的最高端平台。

从成功的世界级城市群发展来看，城市群主要呈现五大特征：一是人口、资本、产业等经济要素高度集聚，人口规模在2000万以上，成为国家经济贡献的主体。二是呈现显著的产业分工协同特征，首先是城市群之间产业分工明确，鼎足而立、相得益彰，如美国以纽约、芝加哥和洛杉矶为中心的三大城市群；其次在城市群内部表现为中心城市以高端生产性服务业和高端制造业为主体，其他中小城市则以差异化、专业化的服务业及制造业为主，形成优势互补、联系紧密的产业分工协作体系。三是空间发展的阶段特征，经历了由“城市”发展到“都市区”，再由“都市区”发展到“城市群”的逐步演进。四是交通网络是城市群发展成功与否的关键，对外交通方面形成发达的国际航运体系，表现为世界级空港、海港乃至空、海双港枢纽，世界级城市群则形成城际、市郊铁路为主体的城际网络，构建了1000～2000公里左右的市郊铁路以支撑50～70公里的通勤圈出行，如东京市郊铁路日均客运量接近3000万人次。五是发展协同机制，以高效的市场经济体制做保障，通过自下而上的深化调整，最终实现区域环境保护、生产要素均衡布局，交通网络和基础设施共建共享。

从城市群发展规律来看，应该使市场在城市群发展过程中对资源配置起决定

张国华：中国城市和小城镇改革发展中心综合交通研究院院长。

性作用，而政府要发挥规划、引导和“守夜人”的作用。城市群是一个自然历史过程，是经济社会发展到一定阶段的必然结果。推进城市群发展必须从国情出发，遵循规律、因势利导，使城市群成为一个顺势而为、水到渠成的发展过程。

二、我国城市群受“自上而下”的城市治理体制等制约

我国已经逐渐形成以长三角、珠三角、京津冀为代表的三大城市群，从2013年世界城市体系的最新研究成果中可以发现，作为中心城市的香港、上海、北京已经在世界城市体系中位列世界城市第三、第六和第八。但与成功的世界级城市群相比，我国城市群还存在一系列突出问题：一是中心城市功能过度聚集，交通拥堵、环境污染等一系列“大城市病”日益严峻，尚未形成与周边中小城市合理分工、功能互补、协同发展的城市群产业体系；二是经济效率不高，我国主要城市群经济体占比与成功的世界级城市群相比差距巨大，城群内部产业结构呈现低水平的同质化、效益低下等特征；三是用地结构和利用效率有待提升，“以居住和商业用地的高地价对冲工业用地的低地价”的“土地城镇化”模式客观上加剧了城市扩张；四是城际交通网络滞后于城市群发展需求，城际交通尤其是市郊铁路发展严重滞后，如上海 2012 年才开通第一条市郊铁路，北京号称市郊铁路的仅有 1 条 S2 线，日均客运量不足万人；五是城市群发展协同机制落后，“一亩三分地”思维定式乃至“以邻为壑”体制困境亟待突破。

上述一系列问题的根源在于：一是“自上而下”的城市治理体制与计划经济思维模式的机制结合，在资源、资金、政策等方面向中心城市集中，难以发挥市场在资源配置中的决定性作用，在生产要素配置、产业发展、基础设施建设等方面行政干预作用过大；二是“西方工业文明”的城镇化理论与“土地财政”经济体制的利益结合，以西方工业文明时期的土木工程专业为主体的空间规划理论，善于解决“土地”而非“人”的城镇化，与目前以土地财政为主的城镇化推进模式有着高度利益契合，对于如何发展城市群产业体系存在天然的知识缺陷；三是重大项目空间安排的科学缺失与行政壁垒体制的发展结合，违背“制造业向成本洼地、生产性服务业向要素高地”空间集聚的产业市场经济规律的现象时有发生，在城市群发展中产业布局、城镇空间、综合交通等基础设施建设等方面存在诸多不协同之处。

三、城市群推进路径关键在于发展世界级城市群产业体系

城市群推进的关键在于基于市场经济发展规律，发展具备全球竞争力的世界

级城市群产业体系。这需要积极开展新型城镇化城市群的发展规划理论创新、利益共享机制创新和协同合作模式创新。主要应从如下方面着手。

第一，敢于开展城市群发展规划的理论创新。“有什么样的理论做指导，将决定走什么样的城镇化道路”，应该立足于全球化的国际视野剖析产业链条全球组织、空间集聚等基本市场经济规律，将市场在资源配置中起决定性作用和政府发挥更好引导作用的双优势结合，建立城市群产业转型转移与综合交通网络构建、重大项目建设等之间关联机制的新理论；打破行业管理和行政管理壁垒，建立城市群空间、产业和交通三者高度协同、交互融洽的新理论方法和发展规划体系。城市群的发展规划应加强顶层设计，明确城市群内各城市功能定位、产业分工、城市布局、设施配套等重大环节。

第二，善于探索城市群发展利益共享的机制创新。利益共享要通过高效协同的产业体系实现，建立有利于城市群产业体系发展的市场经济新机制，以城市群发展为载体，以优化区域分工和产业布局为重点，以资源要素空间统筹为主线，以“全球、国家、区域”三结合的视野理顺产业发展链条，发挥不同城市资源禀赋和区位优势，形成城市间产业合理分布和上下游联动机制，通过分工协作实现错位发展，形成辐射作用大、竞争力强的城市群一体化产业链。

第三，勇于建立协同合作的模式创新。按照“目标同向、措施一体、作用互补、利益相连”的原则进行分工合作，坚持优势互补、互利共赢，协同推进“基础设施相连相通、资源要素对接对流、公共服务共建共享、生态环境联防联控”，从产业、基础设施、生态环境治理、政策协调等方面建立城市群一体化推进实施机制。有规划专家提出了应结合首都新机场建设，发展京津冀城市群“首都特区”，这就是一种协同合作的新模式。

第四，优先构建城市群综合交通网络。应该全力提升主要城市群国际航运体系中“空、海双港”的竞争力，适应经济全球化新趋势，抓住产业全球重新布局的机遇，促进生产要素国内外高效、有序流动；通过适度超前建设城际层次的综合交通体系来引导城市群发展，支撑中心城市对城市群的带动引导，促进区域的合作与分工，加快大中小城市“同城化”。

“惟仁者方能以大事小，惟智者方能以小事大。”作为城市群的中心城市，应该以全球视野、国家责任的大格局去迎接全球化产业体系发展大变局和新挑战，周边中小城市以科学把握产业发展、以市场经济规律的大智慧去寻求与中心城市间错位、协同的发展机会，才是我国城市群发展走向全球竞争力的战略路径。

（2015 年）

新型城镇化背景下“一带一路”战略与港口转型升级发展之路

张国华　唐　瑾

随着“一带一路”国家战略的提出，中国融入全球的步伐进一步加快。2014年11月召开的APEC会议上的重要主题正是加强全方位基础设施与互联互通建设，至此标志着“一带一路”战略正式成为一项着眼于亚太地区的重要政策。“21世纪海上丝绸之路”的建设，也为我国港口转型升级发展提供难得的历史机遇。本文围绕“一带一路”战略、经济全球化与新型城镇化为我国港口转型升级带来的影响与机遇，剖析我国港口发展当前存在的软实力不足、沿海内陆衔接不够、港城关系弱、经营模式单一等诸多问题，提出未来港口发展应贯彻交通、产业、空间协同发展理念，提升港口服务水平，完善集疏运体系，促进港城协同发展，多元跨界经营，支撑港口转型升级发展。

一、解读：“一带一路”战略、经济全球化与国家新型城镇化

改革开放以来，中国港口实现了跨越式发展，在长江三角洲、珠江三角洲、环渤海湾、东南沿海、西南沿海五大区域形成了规模庞大并相对集中的港口群。全国港口吞吐量以年均16.5%的速度快速增长，港口货物吞吐量、集装箱吞吐量保持世界首位。“一带一路”战略、经济全球化与国家新型城镇化为我国港口转型升级带来新的历史发展机遇。

1. “一带一路”战略加快融入经济全球化步伐

（1）“一带一路”战略助推沿海内陆双向开放

“一带一路”发展战略包括“丝绸之路经济带”和“21世纪海上丝绸之路”

张国华：中国城市和小城镇改革发展中心综合交通研究院院长。

唐　瑾：中国城市和小城镇改革发展中心综合交通研究院交通规划师。

建设，既要提升东部开放水平，又要加快西向开放步伐，加强互联互通，构建内陆、沿边、沿海地区全面开放格局。“一带一路”战略是中国参与经济全球化发展与区域经济一体化发展的必然选择，为我国港口转型升级发展提供难得的历史机遇。在全球视野下，推进区域经济一体化和经济全球化发展，对外促进优势资源资本输出，加快我国港口走出去参与全球重点港口建设运营步伐；在国家视野下，促进国家版图沿海内陆双向开放、优化城镇化总体格局，加快产业转型升级，促进东、中、西部优势互补、协调发展，同时通过发展海洋经济，港口发展向服务型、知识型港口模式转变，进一步提升东部开放水平。

（2）经济全球化背景下，海运对经济发展起重要支撑作用

从15世纪地理大发现以来，国际航运中心的演变与全球经济重心的变迁相辅相成，据统计，目前国际贸易总运量中2/3以上由海洋运输承担，全球80%以上的经济总量集中于沿海200公里的腹地范围。2013年我国成为世界第一货物贸易大国，海运通道运输的货物贸易额占我国对外贸易总额的65%左右，且我国90%以上的进口货物通过海运来完成。世界级城市群的发展，如纽约、东京、伦敦、巴黎、上海等，基本都有世界级的国际航运中心。

（3）国家新型城镇化战略为港口升级发展带来难得机遇

过去三十年间，我国利用低劳动力成本、低环境成本、低用地成本在国际产业转移中取得竞争优势。但是由于高物流成本、高交易成本、高生产性服务业成本，导致我国企业的竞争优势越来越小。尤其是企业的物流成本占销售额的比例，中国高达20%~40%，发达国家仅有9.5%~10%；社会物流成本与GDP的比值中国18%，美国仅8.5%。国家新型城镇化战略提出要以城市群为主体形态，大城市要优化内部空间结构、促进城市紧凑发展，构建“两横三纵”城镇化战略格局，促进城镇化格局更加优化。这既需要港口进一步发挥国际航运功能，支撑国家对外开放，同时也需要港口带动中西部内陆地区及港城转型发展。

2. 政府和市场之间关系的转变

计划经济时代，港口发展过度依赖政府规划，企业唯有按照国家计划执行规定任务，以行政手段调节国家控制调节，造成运营模式单一、经营业务面窄、资源配置效率低下、港口同质化竞争严重。市场经济时代，政府承担权力清单、责任清单，“法无授权不可为”；企业承担负面清单，“法无禁止即可为”。利用市场经济手段引导，根据市场需求与供给变动引起价格变动实现资源再分配，形成结构多样的港口发展模式，通过港口间有序竞争，提高港口服务水平。在未来市场经济新的商业模式下，解决跨界创新问题，发挥市场经济调节资源配置的决定

性作用，是我国未来港口发展需要重点解决的问题。

二、挑战：港口软实力不足、港城关系弱、经营模式单一

根据迈克尔·波特的“竞争发展阶段理论”，虽然目前我国已成为世界制造业中心，港口吞吐量全球第一，但是我国经济总体仍处于投资驱动阶段，港口处于第一代航运中心发展阶段，以生产要素配置、基础航运为主，虽然我国港口吞吐量全球第一，但依然存在软实力不足、可持续性弱、沿海内陆衔接不够、港城互动弱、港口运营模式单一等问题。

1. 港口硬件基础设施条件较好，航运服务、综合环境等软实力待提升

（1）港口硬实力完备，软实力不足

改革开放以来，我国港口发展取得巨大成就，港口吞吐量全球第一，全球港口吞吐量排名前20位的港口中，我国占14个之多，排名前10位的港口中我国占8个。但我国港口基本都以货物装卸和造船为主导业务，依赖于其腹地的外贸实力和本地工业竞争力，港口吞吐量极易随生产制造业中心转移而转移，可持续性弱。对比世界航运中心关键要素，我国港口在航运服务、航运金融、法律、保险等产业链条方面仍存在较大差距。以上海港为例，2012年上海港吞吐量世界第二，集装箱吞吐量世界第一，但是据《新华·波罗的海国际航运中心发展指数报告（2014）》，上海港在全球国际航运中心发展指数排名中仅位列第七，其他如天津港、大连港、厦门港等更是榜上无名。对比上海港与其他世界航运中心可以看出，上海港航运基础设施等硬实力完备，航运服务、航运金融、法律等软实力欠缺。

表1　　上海与世界航运中心关键要素比较

要素	相关指标	上海	香港	新加坡	伦敦	纽约	鹿特丹
运输能力	深水泊位数	46	24	42	48	150	650
	码头长度（米）	12298	7694	10300	9429	17997	23898
	集装箱吞吐量（万TEU）	3362	2229	3258	350	550	1162

续表

要素	相关指标	上海	香港	新加坡	伦敦	纽约	鹿特丹
航运服务	航线通达程度	300 航线	380 班轮 550 港口	250 航线 600 港口	100 多国家港口	200 多航线 370 多港口	500 条航线 1000 港口
	船舶密度（班/月）	2700	1520	3600	—	—	2454
	二手船舶交易额（亿元）	25	80	—	1223．46	—	—
	航运经纪公司注册数	13	35	—	400	—	—
	注册船舶运力（万吨）	1393	3600	3300	1560	—	—
	航运相关产业	中低端的航运服务业发展较好，高端的航运金融、仲裁等较滞后	重点支持国际中转，重点支持自由港的功能培育	重点支持国际中转，支持国际海事中心的建设，支持航运衍生品的创新	重点发展金融保险、海事仲裁、航运信息等高端折航运服务业	重视航运服务业与金融、贸易的融合	—
	入驻航运组织数量	1	10	—	48	—	—
	海事仲裁	57	429	—	3684	—	—
	税收	类多率高	类少率低	类少率低	类少率低	类少率低	—
航运市场	经济贸易自由度	自贸区	自由港	自由港	—	自贸区	港城一体化

（2）港口同质化竞争严重，缺乏合理分工

各地政府投资热导致港口无序竞争，建设相对过剩，腹地重叠，货物单一，经济结构同质化，相互合作协调少。港口竞争不仅仅是自身条件、吞吐能力、运营效率的竞争，也是支撑港口经济的自然条件、集疏条件，尤其是腹地经济的竞争。环渤海 5800 公里海岸线，星罗棋布 60 多个港口，2014 年全国港口货物吞吐量排名前十大港口中 6 大港口集中于此，唐山港、天津港、烟台港、威海港、青岛港、日照港 6 大港口的运输产品基本都为煤炭和矿石等大宗物资，缺乏合理的功能分工。

2. 沿海与内陆衔接不够，通道结构亟待改善

“一带一路”国家战略的提出，虽然强化东、西双向开放格局，但由于东部沿海地区既有的港口区位及产业、对外贸易优势，在今后相当长时期，东部沿海对外仍将是我国对外开放的重要扇面，但东部沿海地区与内陆地区衔接明显不够。主要表现在东部沿海地区港口铁水、水水中转比例低，集疏运主要依靠公路，大大限制了腹地范围。比如天津港大宗散货的67%、集装箱的98%依靠公路运输，铁路运输严重不足，导致港口腹地范围狭小，天津港约70%的散货、80%以上的集装箱源来自京津冀地区，对西北部带动作用不足；上海港铁路集装箱集疏运仅占1%，利用长江转运货物仅占8%，江海联运优势并未有效发挥，导致上海港90%以上的集装箱货物都集中在长三角地区。相比而言，国际上美国洛杉矶港铁路集装箱比例高达43%，德国汉堡港也有30%的集装箱依赖铁路运输。中、西部地区则由于与东部沿海外向交通受限，对外开放度不够，国际贸易量较低，与国家地区均衡发展战略不相适应。

3. 港口经营集中，外向度低

与计划经济体制对应，我国港口经营集中于港口相关领域，以货物装卸、物流仓储、造船业为主，经营模式单一，业务面窄，服务对象以本国本区域为主。相比较而言，全球著名跨国港口经营公司面向全球，通过建立全球港口经营网络在集装箱等港口经营上占据着主导地位。中国香港和记黄埔、半岛与东方、美国装卸服务、新加坡港务局、国际集装箱码头服务公司、鹿特丹ECT 6家公司占全球港口集装箱处理量40%以上。和记黄埔在全球目前拥有29个港口，共162个泊位，在中国香港、内地及全球船运贸易中各占50%、25%、14%。

三、出路：提升港口服务，港城协同发展，多元跨界经营

“一带一路”战略和国家新型城镇化背景下，总体应贯彻交通、产业、空间协同发展理念，促进沿海内陆双向开放，优化城镇化总体格局，促进产业转型升级。港口总体布局和功能要与国家重大经济产业布局、城镇空间格局有机结合，促进航运中心向服务型、知识型转变，完善集疏运体系，扩大港口经济腹地，发挥港口对国家城镇化战略的有效支撑。

城市群层面上，应将港口等重大交通基础设施和产业布局、空间结构三者高度协同、交互融合，城以港兴，港为城兴；立足于全球化视野剖析产业链条在全

球组织、空间集聚等过程中的基本市场经济规律，促进临港产业信息化、高附加值方向发展；发挥市场在资源配置中起决定性作用，发展多元跨界经营。

1. 与“一带一路”战略结合，提升航运中心功能、推进港口“走出去”步伐

（1）航运中心向服务型、知识型转变

新型城镇化背景下，我国港口发展要把握航运服务产业链，做强港口服务、船舶运输等航运主业，整合航运辅助业，拓展航运衍生服务业，向附加值更高的微笑曲线两端转移；提升国际中转比例，加强国际航运流动，改善航运政策环境，提升吸引力；加快高端运输服务业发展，推进自贸区，拓展航运金融，集聚培育代表全球竞争力水平的高端的航运人才。

（2）港口群功能分级，优势互补

港口发展直接为腹地经济发展所驱动，腹地的经济结构、资源禀赋、经济增长水平以及综合交通条件等都将直接影响港口企业未来发展。统筹国内港口发展，要注重沿海港口总体功能分级，与亚太临近港口错位竞争，同时要注重港口群内合理分工、错位发展、优势互补，比如，2014 年 8 月，天津港和秦皇岛港共同出资成立渤海津冀港口投资发展有限公司整合津冀港口资源、促进津冀港口合理分工，就是有益探索。

（3）建设 21 世纪海上丝绸之路，推进港口“走出去”步伐

鼓励港口走出去参与国外重点港口的建设、运营，积极融入全球航运体系，满足我国进出口贸易及能源资源进口需求，缓解我国海运通道安全隐患，为国际贸易提供物流支点。比如希腊比雷埃夫斯港、巴基斯坦瓜达尔港以及非洲、拉丁美洲等重点地区港口，

2. 与国家新型城镇化战略结合，完善集疏运体系，促进港城联动发展

（1）完善集疏运体系，推进水水中转、铁水中转

结合国家“一带一路”战略、长江经济带，应该充分发挥内河运输、铁路运输对港口集疏运的支撑作用，扩大港口腹地，带动中西部发展。以上海港为例，集疏运体系规划要考虑完善长江航道等级，提升内河 - 海运中转比例，加强对上海港支撑，加强西部铁路通道，建设沿江运输通道，完善沿海铁路集疏运，进一步辐射带动中西部发展。

（2）“城以港兴，港为城用”

借鉴新加坡经验探索创新“港－城”空间有序开放、高效管理模式，依托于全球产业链条，组织以港口为代表的全球的运输网络、产业的全价值链的分工网络、城市群的空间网络，形成港城集聚效应，解决临港产业用地与城市宜居空间和谐发展，通过链接上下游产品的一体化降低资源成本，减少排污排废，利用港口带动城市发展，提高城市吸引力，促进人才集聚，服务港口及临港产业发展，参与全球航运竞争。

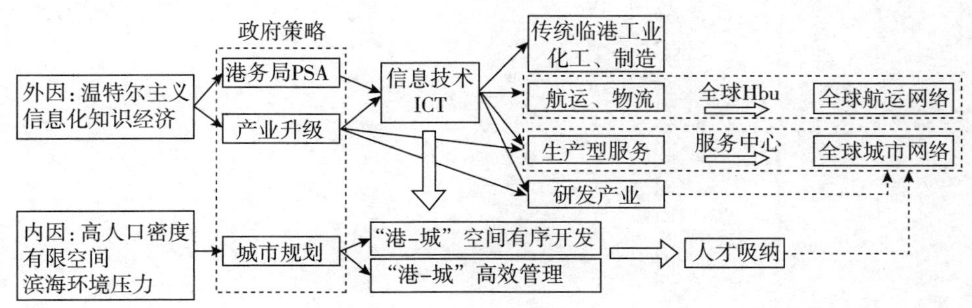

图1　新加坡“港－城”职能关系的概念框架

港口作为综合运输网络的结合部，各种运输方式枢纽使港口所在城市成为港口腹地区域的商流、物流、资金流和信息流汇集地。传统临港产业仅仅打造制造业集群、扩大港口腹地，不足以支撑港口的可持续发展。港口未来发展依托集装箱码头和临港加工区，利用港口集散过程中形成的现代物流链，借助现代化理念和信息处理手段，建设物流园区，建立配送功能，构建国际物流中心；以信息技术为平台，实现金融、商务、设计、资讯、中介等现代服务业与港口产业（航运、物流）的网络式交互，拓宽港口的服务领域，提升服务的附加值；推动产业创新，优化产业环境，支撑高端服务业发展需求。

3. 与市场配置资源结合，推进跨界多元经营，横向联合

港口经营模式上借鉴发达国家地主港经营模式，港口行政管理和公共基础设施由政府负责开发，经营性基础设施、上部设施、港口装卸作业和引航、拖带等港口辅助作业由企业经营管理，扩大投融资渠道，引入竞争，提高效率。同时，通过跨界经营，创新经营管理体制和经营策略，开辟多元经营领域，拓宽港口功能。借鉴纽约和新泽西港的管理经营策略，管理经营辖区内大量海陆空交通基础设施及地产，2011 年营运总收入达 37 亿美元，其中机场和桥隧汽车站的收入分别达 22 亿（6 亿美元来自对航空公司的机场使用费）和 10 亿美元，来自港口的

收入约为 2 亿美元。

"一带一路"战略与国家新型城镇化背景下，利用港口交通服务创造新的应用、创造新的价值的企业才是未来港口运营商的赢家。产业是发展的灵魂，空间是发展的载体，交通是发展的工具。贯彻交通、产业、空间三要素协同的发展理念，基础设施之间的功能互补，构建多元化资本结构，是"一带一路"战略下港口产业未来发展的重要道路。

（2015 年）

资源型县域经济的城乡一体化发展研究

——以河南省襄城县为例

曾　宇　张雪原

[摘要] 本文主要以资源型县域经济为研究对象，以河南省襄城县为案例，对其城乡一体化的特征、困境及路径进行了一系列探讨。资源型城镇在城乡一体化的进程中，由于其产业结构的特殊性，使得其城乡发展内外部条件也更加复杂。资源主导的工业化孤军突进导致了产业结构的内部失衡。产值高、对非资源经济贡献小、就业吸纳低、对城镇带动力弱是其基本特征。资源型城镇普遍存在城镇化严重滞后于工业化发展水平的问题。促进县域经济转型升级，构筑更富弹性的现代产业体系，增强城镇对就业人口的吸纳能力，同时发展现代农业，提高乡村经济效率，进而实现四化同步发展是资源型城镇城乡一体化发展的必由之路。

[关键词] 资源型城镇；城乡一体化；县域经济；四化同步；产业升级

一、引　言

按照国际经验，在经济增长过程中，城乡收入差距通常会经历一个“倒U形”从扩大到缩小的转变。美国城乡居民收入差距经历了19世纪初的1.7倍到1930年的3.0倍，又在1970年回落到1.4倍；日本则在1950年为1.19倍，1960年至1.7倍，再到1975年的0.91倍；韩国则从1960年的0.997倍扩大到1.49倍，1980年又下降到0.96倍（王伟光等，2014）。我国当前城镇化率超过50%，人均GDP也已达到7000美元，已经进入城乡一体化的发展阶段，但当前城乡差距依然很大，这对我国社会经济进一步发展产生了严重的影响。

曾　宇：中国城市和小城镇改革发展中心规划院城乡所所长。

张雪原：中国城市和小城镇改革发展中心规划院。

城乡一体化强调城乡的明确分工、互相促进，强调城乡双向互动发展，不是简单的空间均衡化，而是通过资源、资金、劳动力、产品、技术在城乡之间的有序流动，构成一个高度协作的最优系统，从而促进城乡经济社会的全面发展。

我国的城乡一体化的提出与改革开放后的乡镇企业的繁荣有很大关系，我国苏南地区较早使用城乡一体化概念，正是源于苏南地区已经出现的乡镇工业产值大幅提升，城乡间的工农边界日益模糊，城乡居民生活水平已经出现了事实上的缩小。1990 年前后城乡一体化研究开始转向对城市边缘区的关注（顾朝林，1993；张锷，1991）。2000 年前后城乡一体化的研究逐渐系统化，其理论框架也日趋完善成熟，并涉及经济、人口、生态、基础设施、公共服务设施等多个方面。

在我国有很多资源型城镇，其城乡差别比之一般城镇更为明显。具体表现如下：突出的二元经济，城市工业企业与本地其他产业直接关联度更低；城镇化严重滞后于工业化。资源型县域经济产业结构单一，而且得益于高收益的资源型工业，其惯性很大，如不对其发展加以调控，则很难实现转型，从而达到城乡一体化的发展。

二、问题根源

1. 资源型县域城乡二元化较重的问题根源

资源型县域经济往往表现出城市工业靠资源开发一枝独秀，但一方面与本地其他工业发展水平关联性不大，另一方面带动本地城镇化的动力不足。这样的结果主要源于：城市的形成及发展严重依赖于大型央企的统一资源开发调配和自上而下的投资，地方税收留成又少（彭震，2006），地方自主性不强；国有大中型资源开采加工企业较为封闭，内向性很强，基本自成体系，独立配套设施，与城镇及县域乡村地区互动不强，导致城乡二元结构始终未能有所改善。尤其是在人口密度较高的中部地区，还面临乡村大量剩余劳动力得不到转移的问题，不仅导致青壮年劳动力的流失，还导致农业规模化经营的开展难度高，生产效率的迟滞不前。这样的结果直接导致了城镇化严重滞后于工业化水平。

以河南省襄城县为例，从收入来看，2013 年襄城县的城乡差距为 1.85 ：1，比周边的临颍县、鄢陵县都要高。从公共服务水平来看，城乡差距依然突出，农民对公共设施评价远低于城镇居民，尤其是在垃圾处理、路灯照明、道路建设以及公交交通方面，农村居民的满意度程度很低，如图 1。

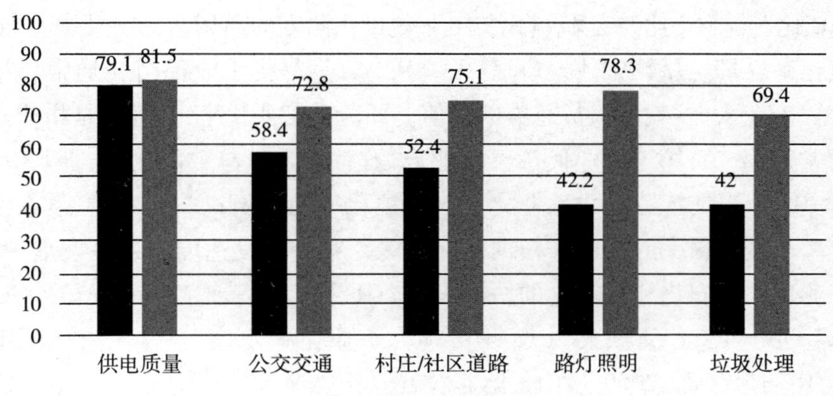

图1　襄城县城乡居民对基础设施满意程度对比图（%）

注：图中数据来源于襄城县城乡一体化规划社会专题城乡居民调研数据。

根据钱纳里标准模型来看，襄城县总体处于工业化中期，但偏离标准结构。人均 GDP 超前，从人口城市化率（空间结构）以及第一产业就业人员占比（就业结构）这两项指标，襄城县的发展情况则呈现出与工业化早期阶段相同的水平，如表 1。

表1　　不同阶段产业结构特征分析

基本指标	襄城发展水平	前工业化阶段	工业化实现阶段			后工业化阶段
			早期	中期	后期	
人均经济总量	6173 美元	700 ~ 1600	1600 ~ 3200	3200 ~ 6500	6500 ~ 12000	12000 ~ 34000
三次产业产值结构（产业结构）	16.9 : 66.9 : 13.2	A > I	A > 20%，且 A < I	A < 20%，I > S	A < 10%，I > S	A < 10%，I < S
制造业增加值占总商品增加值比重（工业结构）	47.4%	20% 以下	20% ~ 40%	40% ~ 50%	50% ~ 60%	60% 以上
人口城市化率（空间结构）	33.10%	30% 以下	30% ~ 50%	50% ~ 60%	60% ~ 75%	75% 以上
第一产业就业人员占比（就业结构）	49.4%	60% 以上	45% ~ 60%	30% ~ 45%	10% ~ 30%	10% 以下

注：A 为一产增加值占比，I 为二产增加值占比，S 为三产增加值占比。

"IU 比"、"NU 比"是城镇化与工业化量化测度的通用指标。其中，"U"是指城镇化率（即，城镇常住人口/总人口）；"I"是指工业部门（通常以第二产业代替）就业人数/就业人员总数的比值，即劳动工业化率；"N"是指非农业部门（通常以第二、第三产业代替）就业人数/就业人员总数的比值，即劳动非农化率；"IU 比"是指劳动力工业化率与城镇化率的比值；"NU 比"是指劳动力非农化率与城镇化率的比值。根据国际经验，不论是发达国家还是发展中国家，随着工业化、非农化和城镇化的协调发展，IU 比会越来越趋近于 0.5，NU 比会越来越趋近于 1.2。襄城县 2010 年劳动力工业化率（I）与常住人口城镇化率（U）的比例为 0.8；2009～2013 年非农就业比（N）与常住人口城镇化率（U）的比例基本保持在 1.5 以上。

由此可见，襄城县的城镇化严重滞后于工业化发展。这主要是由两方面因素构成：首先，工业太过重型化，资源密集型和资本密集型比重太高，同时服务业也不发达，导致非农产业对非农就业拉动不足；其次，由于城镇缺乏吸引力，大量非农劳动人口居住在乡村地区，非农产业聚集在城镇之外，导致非农劳动人口滞留乡村地区。

究其原因，平煤集团的进驻对襄城县经济发展促进作用明显，在 2002 年平煤十三矿投产以后，襄城县 GDP 增速持续超过河南省平均水平，并将襄城县带入工业化初期，仅用 4 年时间进入工业化中期。煤炭开采及化工一枝独秀，2013 年仅煤炭行业就占工业增加值的 52%（煤炭采选业占 35%，炼焦工业占 17%）。这直接导致了县域工业内部结构脱节，大企业占比百分之六十多，高出河南省一半还多，重工业比例更是接近 90%。工业内部的重型特征反映到整体产业结构上，第二产业比例长期处于65%～70%之间，但吸纳就业人口只有三次产业总就业人口的25.0%。就业的转移与经济结构的转变不同步。整体县域经济产业结构并没有形成多行业、多企业齐头并进的形势。一家独大而又与其他生产部门缺乏互动的特征导致对本地就业及城镇化的带动能力较弱。

2. 资源依赖的不可持续性

由于资源型城市严重依赖资源采掘业，因此城市转型的重点是资源产业的转型，产业转型的模式也被认为是资源型城市转型的一般模式。资源型城市随着资源开发所经历的开采和生产扩大期、鼎盛期、衰退期和资源枯竭期，城市经济会依次出现兴起期、繁荣期、衰退期或新生期的生命周期。如若进入衰退期甚至是枯竭期，城乡发展水平将不可避免地出现全面的衰退，并伴随人口的流失、经济的不景气、社会的不安定。

襄城县正处于资源型城市发展的成长期向繁荣期的过渡阶段。这个周期率并不是一成不变的，如果这些城市在资源开采的上升期就主动研究转型、早规划，完全可以跳出这个周期率，避免在资源衰竭时转型所付出的沉重代价。利用好本地资源经济带来的资本及人才的迅速积累，提高本地工业化水平，增强城市核心竞争力，将为县域经济克服资源型城市的固有弊病创造条件。

三、解决途径——从工业化孤军突进到四化同步发展

单纯地依靠工业化孤军突进导致城市城镇化滞后于工业化，工业内部结构脱节，就业吸纳不足，城市配套迟迟跟不上，环境恶化，三农问题严重，结构单一导致城市经济风险抵御能力低。

工业化、城镇化、信息化、农业现代化四化同步发展是中央政府十八大以后国家由“三化同步”向“四化并举”迈进的重大举措，并被写入中国特色的新型城镇化方略。四化同步发展能够切实有效的解决地方发展的关键问题，将在极大程度上提升县城生产和生活环境，通过工业反哺基层以实现经济结构的调整，开拓经济、社会、生态全统筹的城乡发展模式，依托全产业链创新居民的创收与就业模式，从而促进城乡社会的全面进步。

1. 四化同步发展

推动信息化和工业化深度融合。在资源工业以外的企业生产工艺运营模式普遍都还较为传统落后，应大力推广信息化从技术上改造、管理上革新，从而提高产业和经济的整体素质，实现本地的产业升级。同时工业化为培育信息化创造条件，依靠资源型产业和其他传统产业发展为信息化提供建设资金和市场容量。

推动深度产城融合。凭借资源优势，已有的工业发展给城镇化打下了坚实基础，城镇化带来税收、资本和就业岗位。城镇化为本地工业发展提供劳动力、生产生活配套及其他支撑条件，从而促进本地工业水平的提高。合理规划、建设、管理工业聚集区，实现工业产业和相关要素聚集，推进产业空间的合理布局。完善县城的功能，发展生产及生活服务业，打造良好的人居环境，吸引高素质人才入住。

城镇化与农业现代化互相协调。城镇化和农业现代化是解决三农问题的必由之路。要实现产业发展和城镇建设融合，城乡互补。促进农业现代化析出劳动力与城镇吸纳劳动力协调发展。重点建设县城，县城是推进本地城镇化的主体，也是农贸服务的主要载体，起着工业反哺农业、城市支持农村的“桥头堡”作用。

2. 产业发展与劳动力就业互为支撑

一方面，进一步放宽农地政策限制，使农业土地资本顺利流转，促进外流人口“带资进城”，顺利实现异地城镇化，并安置家眷，优化本地人口结构。

加强基础教育和职业教育，实现人力资本的增长，改造本地劳动力素质。未来不仅依靠庞大的人口基数，更需要人口质量上的提升，才能充分发挥人口这一要素红利。

根据调研，回流人口由于在外打工已经积累不少资金，在外见过世面，回乡创业意愿强烈，个体经营已经成为很多回流人员的就业选择。政府应当优化本地市场环境，鼓励小微企业的发展，为创业提供多渠道融资方式，完善相关配套政策。

由于农业现代化和土地流转所解放出的农业劳动力进入非农劳动市场，将进一步扩大劳动供给、压低工资水平，未来发展劳动密集型产业将继续保持一定优势。劳动密集型工业企业及城市传统服务业将是未来吸收本地劳动力的主要生产部门。

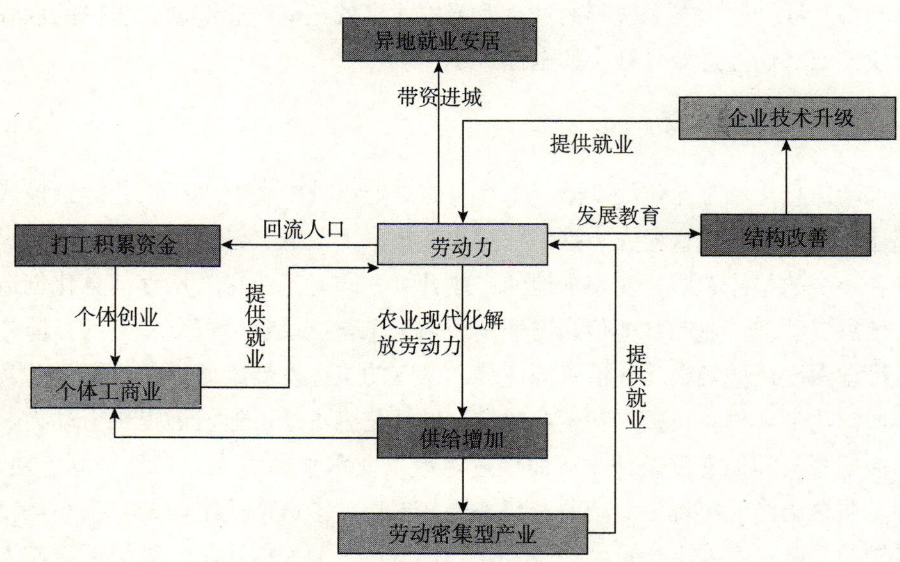

图2　襄城县产业发展和劳动力就业互为支撑

3. 基于城乡一体化的产业升级——构筑更具弹性的现代体系

首先，资源型城镇具有丰富的矿产资源，未来的工业发展必须紧紧围绕这一资源优势，更好的发挥煤炭行业的主导作用，通过多联产技术，延展产业链条，丰富产品类型，解决产能过剩问题，完成资源采掘及传统化工向新型化工的转型升级，使其成为资源型城镇社会经济发展的一大助力。

同时，应重点培育现代物流、信息服务等生产性服务行业，改造提升商贸、餐饮等传统服务业，加快发展社区服务、养老等生活性服务业，构建服务业发展新格局。依托本地优势资源，发展乡村旅游，为乡村地区创收，并推动美丽乡村建设。

最后，通过生产科技化、产品高端化、生态景观化、产销一体化和经营组织化推动建立健全农业产业体系，积极发展现代农业。

参考文献

[1] 王伟光，魏后凯，张军. 新型城镇化与城乡发展一体化［M］. 北京：中国工人出版社，2014. 3

[2] 彭震. 资源型城市城乡一体化规划探讨［C］. 2006 中国城市规划年会. 2006

[3] 顾朝林. 中国大城市边缘区特性研究［J］. 地理学报，1993（4）

[4] 张锷. 城市边缘区开发活动特征及其类型研究［J］. 城市规划汇刊，1991（5）

[5] 李二超，韩洁. “四化”同步发展的内在机理、战略途径与制度创新［J］. 改革，2013，07

（2015 年）

新型农村社区的幸福和阵痛

——来自山东省济宁市任城区喻屯镇新型农村社区建设的调查

张新民

建设农村新型社区是就地城镇化的重要方式。2014 年 1 月 12 日，国家发改委城市和小城镇改革发展中心调研组到山东省济宁市任城区喻屯镇新型农村社区——邵庄寺社区进行了调研。报告如下。

一、基本情况和主要做法

邵庄寺社区位于喻屯镇南端，邵庄寺村驻地，济鱼公路两侧，52 路公交车终点站。涉及邵庄寺、夏王楼 2 个行政村、11 个自然村，共 1143 户，4893 人。由于居住相对分散，给村民的子女教育、就医带来诸多不便，其中有 4 个自然村没有通自来水。为集约高效利用农村土地，2010 年 7 月，济宁市任城区（原市中区）喻屯镇在夏王楼和邵庄寺两个行政村，推行了省政府 2010 年批准实施的农村建设用地整治挖潜项目。这项工程是在政府主导下进行的，实施方案是以宅基地换住房，腾空旧村庄，入住新社区，政府投入占 80% 左右，群众承担 20% 左右。

（1）搬迁补偿安置原则。喻屯镇政府成立新型农村社区建设指挥部，统一规划并搞好配套基础设施建设，集中搬迁，整村改造；被搬迁居民可以选择回迁安置或货币补偿两种方式；先拆后建，旧房全部拆除后，进行安置房建设。旧房不拆除，新房不建设。

（2）搬迁补偿方案。对搬迁户的补偿包括房屋、附着物两部分，委托具备一定资质的中介机构进行评估，根据房屋的不同结构、新旧程度等因素，综合确定被搬迁房屋评估价格。一般情况下，土坯房价格为 300 元/m^2，最好的砖混价

张新民：中国城市和小城镇改革发展中心学术委员会副秘书长、高级工程师、博士后。

格为 550 元/m^2，均价为 380 元/m^2。按照土地管理法规定，农村村民一户只能拥有一处宅基地，宅基地面积不得超过省、自治区、直辖市规定的标准，所以补偿方案没有考虑宅基地补偿的问题。对宅田合一的，所占农田指标由本村从置换出的土地中统一调剂。

（3）回迁安置办法。安置住房设计为 6 层，一楼以下为储藏室，楼房分为 70～80 m^2、90～100 m^2、120～125 m^2 三个标准；老年房设计为两层，每套面积 40～50m^2。回迁住房实行货币化购买的方式，回迁价均价 765 元/m^2，优惠价均价 875 元/m^2，市场价均价 1285 元/m^2。回迁安置每人最多享受 30m^2 的回迁价和 30m^2 的优惠价，超出部分按市场价计价。选择住房面积低于安置标准的，不足部分不再补贴。安置套数由安置户自由选择，每户在保证 1 套的基础上总数不能超过本家庭成员减 1 的数量。老年房按 1 套计算，以社区为单位集中安置。普通住宅和生产服务用房以行政村和自然村为单位相对集中安置。新房入住后，由政府统一免费办理房产证，产权永久归个人，5 年后就可以在一定范围内进行买卖。建设了生产服务区，用于放置农用机械等，每间服务用房 24 m^2，每套住房最多可同时购买一间服务用房。生产服务区提供电力、设立公共厕所和公共取水处。经过测算，已搬迁农户住宅平均评估价为 8.7 万元，根据对农户的补偿标准进行测算，一户家庭如要一套 100m^2 的楼房加一间 24m^2 的生产服务用房，需要 9.05 万元，这样农户还要再拿出 0.35 万元。

（4）临时补助方法。村民腾空房屋后，政府一次性支付搬家费每人 100 元，对于提前搬迁腾空的，最多给予每人 1500 元的奖励。选择回迁安置的搬迁户每人每月享受 50 元的临时过渡费，房屋腾空后支付搬家费和 6 个月的过渡费，以后过渡费每三个月支付一次。过渡期为 18 个月，超过 18 个月的部分按照实际过渡时间在原过渡费的基础上提高 20% 结算。选择货币补偿的，只享受规定时间内搬迁的奖金及每人 100 元的搬家费，不支付过渡费。考虑到搬迁群众在外租房不便的实际困难，镇里集中力量加快 950 间生产服务用房建设，将其作为临时过渡安置房。对伤残农民和行动不便的老人，安排住进了镇敬老院，对学生进行了妥善安置。另外，为解决农民购房资金短缺的难题，镇政府协调农村信用社给予每户 9 万元的贷款额度，年利息在 8% 左右，贷款期限最长为 10 年。

二、主要成效

2011 年底农民住上了新房。在远离市区、镇区的地方建设的社区令人眼前一亮，学校、幼儿园、医院、商场、生产服务区、农贸市场、绿地广场、液化气站、垃圾转运站、污水处理厂等配套齐全，被当地人称为万福家园。

（1）农民节约了土地，土地指标支援了城市建设。原来 2 个行政村共占地 1184 亩，人均占地面积 161m^2，现在社区占地 432.6 亩，人均占地仅有 59m^2。项目完成后可新增耕地 900 余亩，节余建设用地指标 731 亩。邵庄寺社区共计花费 3.5 亿元，除去农民交款 0.9 亿元，剩下的 2.6 亿元全部由政府承担（相当于农民入住社区共 7.15 万元/人，其中政府承担 5.31 万元/人、农民自己负担 1.84 万元/人）。按照规定，政府按新增耕地 20 万元/亩进行奖补，政府除奖补 1.46 亿元外，另外 1.14 亿元也是由政府负担的，相当于政府以 36 万元/亩的价格购买了 731 亩的建设用地指标。政府将新增的 731 亩建设用地指标，转移到城市周边，用于工商业或房地产发展。据调查，当时济宁市城区周边的商业用地均价在 160 万元/亩左右，工业用地最低价格在 16.8 万元/亩，而在喻屯镇不到 14 万元/亩，政府在中间起到了桥梁作用。

（2）改善了居住环境，提高了生活质量。邵庄寺社区与其他农村社区不同之处在于：一是回迁楼采用外墙保温、中空玻璃，达到了环保、低碳、节能的要求。二是社区环境优美。社区规划总户数 2100 户，容积率为 0.99；规划绿地面积 1.2 万 m^2，绿地率为 37.2%；引入物业管理机制，实现了社区卫生清洁、社会治安、设施维护的产业化经营；投资 240 余万元建设了污水处理厂，2013 年 6 月，投入运行。三是天然气入户。政府投资 500 余万元建设了天然气中转站，拆迁前群众大部分使用液化煤气罐，平均每户每月支出 70 余元，使用天然气后，每户月均支出 30 元左右。四是享受到较好的公共服务。小学、幼儿园于 2012 年 9 月 1 日正常交付使用。学校环境、硬件条件、教师素质得到了提升，该小学已被评为省级标准化学校。社区服务中心于 2013 年 2 月投入使用。社区医院共有 10 名医师，轮流值班，方便了群众就医。公交车站就在门口，方便了群众出行。

（3）解决了部分农民的就业问题。镇政府招商引资引入了两家服装厂，调研组采访了刚刚开业一个月的儿童服装厂，现在用工 20 人，正常生产时需要 100 余人，工人月工资在 1500 元左右。社区沿路两侧餐饮住宿也解决了一部分的就业问题。镇里准备新开通往唐口工业园的班车，真正解决农民的非农就业问题。

（4）拉动了房地产经济。按照规定，居民回迁安置后由政府免费办理相关房屋产权手续，农村宅基地变成了楼房，就可以流转了，可以获得财产性收益。调研中了解到，虽然规定安置房 5 年内不允许出售、转让，确需出售、转让的，由镇新型农村社区建设指挥部按照回迁安置价格予以回购，私自出售转让的不予办理产权过户手续。但实际上也出现了私下的房地产交易，住房交易价格在 1500 元/m^{2}左右。初步估算，社区内 10% 人口来自于 2 个行政村以外。

三、存在的问题

（1）搬迁周期长，群众有反复。搬迁安置的时间为18个月，给农民的生产生活带来诸多不便。2010年7月，政府与农民签订的搬迁补偿安置协议书是先拆后建，旧房全部拆除后，进行安置房建设。旧房不拆除，新房不建设。2010年10月，国家出台了先建后拆的规定，当地群众看到后，出现了群体上访的事件。曾经有17户农民到北京上访，提出的条件是，要对宅基地进行补偿，政府每亩20万元奖补费用应该给个人。

（2）对农民生产生活有一定的影响。喻屯镇是“甜瓜之乡”，这两个行政村农民都有种植甜瓜的习惯，由于社区离承包地有一定距离，影响了部分农民种植甜瓜的积极性；另外，由于没有粮食烘干设备，粮食收割后晾晒占用了大量的空间，影响了社区农民生活；针对弱势群体，虽然镇政府争取危房改造资金，每户补贴1.1万元，解决了13家困难户的社区住房问题，但仍有7家即使享受了1.1万元的补贴也买不起住房的，被安排住在生产服务用房里。再者，农民上楼后，前三年是不需要交纳物业费的，之后就要交纳相应的费用，增加了居住成本。如果对自己的住房不满意，也无法进行自行翻盖了。

（3）存在部分未上房户问题。目前还有前兴隆、后兴隆、魏集村的30户群众尚未落实回迁上房，这部分群众全部签订了回迁安置协议，并领取了过渡期间的安置费用。而且仅前兴隆、后兴隆两自然村面积110亩，未能启动复垦，存在着在原宅基地上自行建房现象。

四、政策建议

（1）建设新型农村社区要与产业密切结合起来。如果农民的生产方式没有发生根本转变，合村并点建社区，将会对农民的就近生产造成一定影响，可能会导致农民的第二次搬迁。所以要搞好土地流转，让真正愿意种地的农民实行规模化生产，不愿意种地的农民要搞好非农就业培训。新型农村社区要和工业园区（产业园区）配套建设，做到产业发展和居住生活结合起来，真正解决当地农民的非农就业问题。

（2）建设新型农村社区要做到以人为本。建设新型社区是农村就地城镇化的发展趋势，但城镇化是一个自然历史过程，群众认识和了解也需要一个过程。中央提出要推进以人为核心的城镇化，但不同的人需求是不一样的，同一个人在不同的发展阶段，需求也是不一样的。向农民提供均等化的基本公共服务是政府最重要的职责。在调研中，地方政府对城乡建设用地增减挂钩试点工作，存在着考核评比等现象，并有一些操之过急的做法。如果群众的思想工作还没有完全做通，就拆迁旧房，会对农民的利益有所侵害。所以政府不能把建设城市的模式简单复制到农村社区，不能行政命令强制推行，干“出力不讨好”的事情。要注意工作的方式方法，赢得群众支持，有计划、有步骤地引导农民自愿搬迁。对做不通工作的农民，要留有出口，尊重他们的生活习惯和选择。另外，可以采用村企合作和自主开发的方式，政府给予一定的优惠政策，如何开发和建设让农民自己说了算。

（2014 年 1 月）

以“场所营造”推动水磨新村“乡建”的探索

姜　鹏　陈梦莉

2004 年至今连续 12 年的中央一号文件都以“三农”为主题，足见“农业、农村、农民”问题在我国社会主义现代化建设中的重要地位。这些年我国新农村建设取得显著成效，但随着工业化、城镇化的深入推进，农村社会结构也加速转型，空心化、老龄化、留守儿童问题日趋明显，很多农村的公用工程设施、公共服务、人居环境还需要大力改善。同时，如何“唤醒”农村大量“沉睡的资产”，也已成“三农”发展的一大挑战。

2015 年的中央一号文件在强调持续缩小城乡收入差距、建设美丽家园新农村的同时，还强调公共服务水平及文化建设，提出要创新乡贤文化，由“物”到“人”的丰富新农村建设内涵。文件还提出，推进一、二、三产业融合发展，推进农村集体产权制度改革，进一步激活农村要素资源，并首次提出“引导和鼓励社会资本投向农村建设”，这将有益于新农村建设更可持续、农民获益更加实在。

我们可喜地看到，近几年呼和浩特市在全面推进大青山前坡生态保护综合治理工程的同时，一直在把三农问题作为首要重点，探索并实践着生态、文化与产业的融合发展，努力地在大青山前坡建设新农村建设示范区和生态旅游观光区，成效显著。而作为首期重点项目的水磨村及周边区域，从规划到建设都一直是人们关注的焦点，本文试图从设计理念、规划编制和建设保障等方面系统地介绍下水磨村的规划建设经验。

一、在水磨村重提“乡建”的意义

水磨村地处内蒙古呼和浩特市大青山前坡，现有 139 户，共 326 人，背山面

姜　鹏：中国城市和小城镇改革发展中心规划院。

陈梦莉：城镇规划设计研究院有限责任公司。

水、景观秀美，是呼和浩特市市民周末休闲的热点去处。由于气候变化等原因，水磨村的种植业已经严重萎缩，养殖与林业也未成规模，部分居民带头发展起来的农家乐，成为整个村庄的产业支柱。除却村容村貌破落、周边设施滞后等物质问题，村民文化生活匮乏及归属感丧失等精神问题也日益突出。

就像各种“返乡笔记”叙述的那样，较之物质环境的衰败，乡村文脉的消亡愈加令人不安。乡村问题从来不是孤立的，“乡愁”与“乡建”也不是矛盾的对立体，只要规划建设得当，“创新乡贤文化”与“改善生产生活环境”可以实现最大限度的和谐统一。我们真正需要的是物质和精神上双小康的美丽乡村，这也是我们倡导水磨村“乡建”的意义所在。

二、为什么会选择场所营造的方式

不同于普通的乡建，水磨村具备特殊的区位与发展内涵，我们需要寻求一种诗意的规划和建设方式，营造一种崭新而又熟悉、美丽而又乡土、丰富而又经济、宜居而且宜游的新时代村落场所。要实现这种从细节到内涵和谐统一的乡建，规划师需要联合建筑师、景观设计师和政府、村民的力量，借助他们的方式和方法，践行“场所营造”的理念。

按照伯纳德·亨特先生的说法，规划师往往缺失场所营造的能力与艺术，擅长摆布房子，却疏于营造好的“场所”。我们需要一个从创造到设计、从远景到实物的过程，由多方参与共建，最终形成一处兼具舒适感、趣味性、地方性且凝聚人心、让人牵挂的特定场地，甚至还能激发居民与游客的好奇和思考。在研究了自然、文化、资源等现状发展基础的前提之下，在综合了不同利益群体、不同职业、不同学科的广泛意见之后，再由规划师将这种愿景以清晰易懂的文字和图示展现出来，获得村民的广泛认可，指导村庄的实际建设。

三、水磨村场所营造的重点

1. 基于未来的发展导向

在认真的调查与走访后，我们总结出水磨村未来发展的限制因素和优势之处。限制因素主要有五点：地处山地和生态功能区，发展受限；耕地缺乏，劳动力吸纳能力有限；旅游及配套服务缺乏，水平不高；村容村貌较差，居住环境亟待改善；文化内涵不深，吸引力低。优势条件也有五点：优越的生态环境、较好的旅游资源、良好的市场区位、现实的旅游发展基础和政府高度重视的新农村示范政策。

基于优劣势的比对分析，依据国家政策方针，统筹地方发展实际，我们将水磨村的发展思路确定为：保护生态环境，深掘旅游资源，提升服务功能，坚持旅游驱动、特色发展之路；将水磨村定位为依托大青山良好的山水生态环境，以田园休闲度假、乡村文化体验、农业观光采摘、自驾车露营发展为主，独具特色的呼和浩特市近郊民俗文化旅游村。

按照既定的思路定位，我们梳理了水磨村场所营造的重点区域与实施范围，主要包括：第一，周边环境整治、外围道路改造、公交站场和停车场配建等；第二，村庄功能分区划定，分区核心吸引物与各类空间营造；第三，村庄各类建筑整治与户型设计；第四，水系营造。

2. 营造“柔性”的场所

科技的进步和生活节奏的加快，使得人们的生活愈加同质化，也反映出对生活环境及其意义的忽视。曾几何时，我们被钢筋水泥的森林包围，周遭的环境生硬而冰冷，美学变成了整齐的排列，艺术变成了模块的拼接，而人们之间的距离也变成相隔一机，心距千里，内心柔软，外表生硬。或许，柔软不应只深藏于你我内心，我们的场所与环境也应该是柔性的。

每个人都有块最为柔软的地方，深藏心底。我们试图从环境学、现象学和传统文化等方面寻找灵感；从自然环境和生活环境两个角度，探索落点；从时间和空间两个维度，延展柔性；试图营造出心理和视觉上的双重柔软感受。这是种超越物理概念的空间场所，可感知是其基本特征，内外事物的形式与质地构成其特性和氛围。我们希望赋予场所某种适宜的精神，包含但不限于记忆和情感的沉淀，唤起居民游客的认同归属，让他们诗意地栖居行走。

3. 重建村落的传统文化

受到现代文明的冲击和否定，乡村的伦理价值体系支离破碎，生活在其中的人也日益迷失，村落的凝聚力越来越弱。越来越多的成年人选择离开村子，却没有带着孩子。留守儿童问题不仅是制度问题，更是文化问题。缓解这类问题，需要首先重建乡村文化，营造适合农民需求的文化活动，吸引他们回来创业，重建乡村的经济、伦理、信任以及生活方式。

“每个人的故乡都在沦陷。”我们需要建设乡村公共文化，发展乡村学校教育，重塑农民的互助精神，遏止“功利化”和“疏离化”，积极应对乡村社会边缘化和村庄“空心化”，增强村庄社区的凝聚力，培养集体情感，为乡村少年儿童创造积极健康的成长空间，重塑村民特别是少年儿童对乡村家园的认同感，为乡村塑造独具特色的文化品格。

四、重要场所的空间创新与特色营造

传承“天人合一”的中华传统思想，将活气理脉的理念落实到村落空间形态的创造之中，巧借自然山水之势，把握村庄地域文脉，整体布局规划建设，注重乡土景观、农宅建设、公共空间和绿色营造。

1. 乡土韵味

将山水景致融入场所组织，形成视觉中心、停留节点和空间脉络。依山建屋形成错落有致的建筑景观，近水造园提供良好的休闲感官，着力营造重要区段的景观氛围。

门户立意。水车、磨坊、清水石阶，亲和生动；景观石、石板路、古牌楼，灵动秀美。古牌楼主体为木结构，采取两柱一开间形制、三层两面坡悬山式屋顶，设双梁，梁面饰雕花篮纹，额坊间的菱形木架借鉴当地窗花形式，整体形式优美而不失轻盈。

水系传情。疏通河道，碎石铺路，营造丰富滨水景观，形成多层次旅游空间。上游平坦，水流舒缓，建设登山步道入口广场和汽车营地；下游落差大，叠水筑坝，建设滨水游憩道、亲水平台、沿河栈道和乡村风情节点。

道路铸魂。村道改造就近取材，进行沙石路面提升，尽量保持乡土氛围。坡地步行道以条石、卵石铺地为主；广场铺地为石板和方砖等；沿河游路以卵石铺地、木栈道为主。

2. 农宅风情

农宅是村庄最基本的组成部分，关系每个村民的日常生活。通过细致的入户走访和建筑排查，水磨村的农宅主要存在如下问题：建筑质量差，损毁严重；立面缺乏协调，整体景观混乱；建筑功能不完善，节能性差；院落空间组织混乱，生活设施不齐全等。

水磨村的居民，祖辈上多从山西移民而来，除了文化、习俗与山西同源，农宅建筑也接近于一墙（长城）之隔的晋北民居。不同于晋北地区的单坡反翘，水磨村的农宅建筑坡面更加平直，建筑形制更加简单，屋脊装饰大大简化；建筑细部与门窗形制也不同于晋北民居的庄重大气，非常简易，节省了大量建筑材料；初期居无定所的生活使得早期移民在房屋建造时力求经济快捷。通过对当地民居特色及影响因素的研究，我们对水磨农宅的认识不再停留在形式表面，而是变为依照生活习惯、民俗文化和外部环境，导引设计新农宅建筑。

以中国传统院落为单元，组织建筑单体和户外空间，充分考虑当地农户生活劳作或民俗接待。新农宅的建筑设计取材于水磨村最早的一批旧建筑，屋顶出檐较浅，大门采用晋北民居形制并加以简化，窗花装饰沿袭当地传统元素，丰富了建筑立面，体现出乡土气息。建筑设计充分考虑冬季寒冷漫长的气候特点，南向大面积开窗而北向开小高窗，在阻挡冬季寒风的同时保证充足日照；正房两层，厢房和倒座一层，避免阳光遮挡；主次建筑间通过封闭连廊相接，方便寒冷冬季使用；建筑的山墙面大面积使用实墙，通风孔尺度较小，防止寒风侵袭，还可以保证室内通风。建筑设计还考虑了旅游接待的功能要求，在户型设计中进行了充分体现。

根据村民意愿和需求，规划最终提交了 7 套户型方案。A、B 两种较大户型提供了充足的旅游接待空间；C 户型即可适当发展农家乐，也可满足四世同堂等大家庭自住；D、E、F 三种自住户型可满足比例最高的核心家庭居住；G 户型面积小，可灵活组合。

水磨村的农宅建筑设计，传承了当地特色元素，摒弃了旧有不实用布局，创造了更为宜人的居住空间，真正做到了源于水磨、忠于水磨、高于水磨。新农宅延续了水磨居民的旧有记忆，符合了水磨居民的新生活习惯，在“乡建”的同时最大化的保留住了“乡愁”。

3. 生活情致

建设公共建筑和文化设施，丰富乡村文化活动，唤起村民的生活情致，强化村落的凝聚力，重建属于水磨村民自己的幸福生活方式。

村委会是村庄的治理中心，原有建筑面积过小、破落危旧，规划进行原址重建，扩大了面积，丰富了功能。新村委会集村民服务、旅游宣介、游客服务、后勤保障等功能于一体，成为村庄公共服务中心。

新建民俗文化展示中心，与村委会邻近，作为展览展示水磨历史文化、民俗生活、传统手艺和生活变迁的场所，兼作村民文化活动中心。乡村茶室是村庄的集体产业，兼有旅游接待功能，设有 12 个就餐包间和部分室外散座，最多可接待 150 人同时餐饮。

结合地形，建设台地文化广场，承担观众席功能，满足村民大会、电影放映、民俗表演等使用，兼顾居民和游客需求。台地广场、景观连廊、山地民宅组团、登山小径、观景亭，形成独特的视觉景观序列，方便村民游客休闲健身。保留现有古树与乡土植被，就地取材建设，展示本地风情，营造整个村落最具活力的公共中心、交往空间和展示场所，凸显“柔性”。

4. 绿色景观

村庄整体绿化以自然、乡韵为主要原则，依托周边山林环境，保留滨河现状农田，加强道路防护绿带建设，重点打造中心公共绿地、滨河生态绿带，引导民宅庭院绿化，缔造富有乡村特色的多层次绿化系统。

选择当地植被品种，模仿自然植物群落，进行造景设计，避免结构不稳定、管理成本高和抵抗力弱。呼和浩特市属干旱半干旱地区，水磨村深入山地气温较低，冬季寒冷而且漫长，规划中采取了适宜的乔、灌比例和常绿树与落叶树比例，并按照物种多样性、景观、色彩等进行合理配置，满足观赏、采摘的需要。

以场地为基础的植物造景注重生态学原理，尽量减少大土方工程，避免人为破坏生态环境。规划中充分利用场地现有特征，引导景观的自然促成，促进人与环境的和谐一体，彰显场所营造特有的精神内涵。

五、多方合力的公众参与共建尝试

场所营造离不开组织建设和公共参与。与中国现阶段相对应，20 世纪 70 年代的日本社会以及 90 年代的中国台湾地区社会，都出现过精英返乡热潮，在乡村社区成立了各种名目的执行机构，发动民众，再造新乡土。中国现阶段的乡村，也逐渐开始出现这种自我组织，但是这个自组织的过程没有能人是不行的，而在西部地区的水磨，规划师正好可以担当这个责任。

水磨村的规划建设，依靠的是村民组织、开发企业、政府官员和规划师领导的设计团队的多方合力，主要体现在以下三方面：第一，坚持以问题为导向，积极化解村庄规划与建设面临的各类问题，进行有针对性的破解；第二，坚持“村民全程参与”，包括调查访谈、规划工作、规划公示、村民审议等的全过程；第三，坚持多方参与共建，广泛发动政府、企业、社会人士等多方力量，运用“合力”寻求解决途径。

六、小结：美丽乡村的水磨村样板

现行乡村规划建设存在的各类问题，既有客观的社会经济背景，也有主观的不作为因素。“乡愁”与“乡建”不是矛盾的对立体，只要规划建设得当，“创新乡贤文化”与“改善生产生活环境”可以实现最大限度的和谐统一，我们真正需要的是物质和精神上双小康的美丽乡村，这也是我们在水磨村倡导“乡建”的意义所在。尊重自然、构建传统，重拾场所精神，是本次规划建设的出发点，我们尝试的是一种诗意的规划和建设方式，营造的是一个崭新而又熟悉、美丽而又乡土、丰富而又经济、宜居而且宜游的新时代村落场所。最终，这里也会成为水磨村居民的“精神乐园”和呼市居民的“第二故乡”。

建设施工中的水磨村

（本文原载于《小城镇建设》2015 年第 7 期）

新常态下旅游城市发展策略
——以台湾地区宜兰县为例

曹　琳

[摘要] 随着旅游业正在成为经济发展新常态下的新增长点，许多城市纷纷提出建设旅游城市的目标。旅游城市需要把握三个发展趋势，才能在激烈的竞争中胜出，即景区依赖型向体验休闲型转变、粗放扩张型向内涵挖潜型转变、政府主导型向政企合作型转变。然而，目前面向旅游城市的规划缺乏针对新常态下三个重要发展方向的具体引导措施。因此，本文通过选取台湾地区宜兰县的案例，借鉴宜兰创新的复合产业体系构建、活化旧城、推动城市内涵式发展，并通过公私协力，保障宜兰发展成为独具特色的旅游城市的相关经验，来探寻新常态下旅游城市的发展出路；主要结论是新常态下旅游城市的发展策略不应仅限于传统规划的既定动作，而是以创新驱动，建立三产联动的产业体系，推动旧城更新，促进政府职能转变，真正从“增量规划”走向“增值规划”。

[关键词] 旅游城市；产业体系；旧城更新；政府职能

一、引　言

当前，国民经济步入新常态，社会环境的变化和政策为旅游业创造了良好的基础和环境。李克强总理在2015年《政府工作报告》提出，服务业就业容量大，发展前景广，要大力发展旅游、健康、养老、创意设计等产业；此外，新常态下，内需消费成为经济发展的重要拉动力，且个性化、多样化消费成为主流，旅游则是满足国民消费需求的重要渠道；而民生改善，居民收入持续增长，新型城镇化和户籍制度改革大力推进，都将进一步释放国民的旅游需求。

许多城市将旅游业视为新常态下新的增长点，纷纷提出建设旅游城市的目

曹　琳：中国城市和小城镇改革发展中心规划院。

标，老工业城市希望通过旅游实现转型，旧城融入旅游推动存量空间更新，落后地区以旅游实现跨越式发展，粗放式发展的城市结合旅游转向内涵式提质升级。

然而，对于新常态下新的发展要求，目前传统的规划难以提供相应的解决策略。本文就新常态下旅游城市的内涵进行分析，通过借鉴台湾地区宜兰县的经验，提出新常态下旅游城市的发展策略，以期对我国旅游城市的规划与建设有所启益。

二、什么是旅游城市

城市是社会生产力发展到一定阶段的产物。城市在不同的发展阶段扮演着不同的角色。在农业社会时代，城市只是单纯的物质聚集和大众消费的场所中心。工业社会时代，工业生产是这一时期城市经济生活的主旋律，因而城市是工业生产和商业交易的中心。而后工业社会的到来，工业生产开始退居其次，城市的主要经济生活开始围绕服务业展开。随着综合实力的增强、景观环境的改善和配套设施的完善，一些城市具有了管理、接待、集散和休闲娱乐的功能，对旅游者构成越来越强的吸引力，城市逐渐成为旅游活动的主要目的地。旅游业在城市中的职能地位逐渐提升，旅游经济在城市经济中的比重不断提高，量变引起质变，最终旅游上升为城市的主要职能，出现了旅游城市。

关于旅游城市的定义，学术界尚未形成统一的结论。综合各学术观点，旅游城市的特征要素主要有六个方面，丰富的旅游产品（人文、自然）；旅游产业及第三产业发达，对关联产业带动作用强；城市景观风貌有特色，形象鲜明，休闲游憩功能完善；城市设施有足够的接待服务能力；城市经济要素投入倾向与旅游业，旅游配套政策与管理体系健全；城市在区域旅游市场上有鲜明的形象和知名度。

三、新常态下旅游城市的变化趋势

1. 景区依赖型向体验休闲型转变

对于旅游城市的特征，Mullins 认为旅游城市不像 19 世纪末 20 世纪初的工业城市那样以工业、生产、商业和居住为主要功能，它的主要功能是消费，是为消费建立的。据此，旅游城市的功能会依据消费方式的变化而变化。根据国际规律，当人均 GDP 达到 2000 美元时，旅游将获得快速发展；当人均 GDP 达到

3000 美元时，旅游需求出现爆发性增长；当人均 GDP 达到 5000 美元时，步入成熟的度假旅游经济，休闲需求和消费能力日益增强并出现多元化趋势。2014 年我国人均 GDP 已超 7000 美元，北京、上海、广东、天津等 7 个省市人均 GDP 已经超过 10000 美元。模仿型排浪式消费阶段基本结束，个性化、多样化消费渐成主流。李克强总理在 2015 年《政府工作报告》也明确提出提升旅游休闲消费。因此，单纯依赖景区景点收入的旅游城市发展模式已经难以满足游客的消费需求，而能够带来参与互动、休闲度假等高品位、深层次、复合型体验经历的旅游城市，将成为发展的方向。此外，新常态下市场竞争已逐步转向质量型、差异化为主的竞争。要想在竞争日趋激烈的旅游市场占据领先地位，挖掘文化内涵与特色、为游客留下印象深刻的体验感受，将是旅游城市发展的重点。

2. 粗放扩张型向内涵挖潜型转变

中心城区在旅游城市中扮演着最核心的角色，一般是综合服务、消费、集散的中心，甚至城区本身也是旅游吸引物。在传统规模速度型粗放增长的发展模式下，中心城区旅游功能的打造通常是以在新城新区中安排高尔夫、度假区、主题公园、高档公寓、大型商旅休闲街以及旅游综合体、城市综合体等功能空间，且盲目追求其建设规模、速度、布局和档次。粗放的外延式建设往往超越了市场的实际消费能力或高估了潜在的消费能力，结果综合效益不佳，造成投资浪费；而且忽视了城区环境品质的提升、历史与地域文化的保护与传承、城市功能的完善，导致城市“千城一面”，毫无吸引力。

我国经济发展方式正从规模速度型粗放增长转向质量效率型集约增长，李克强总理所作的 2015 年《政府工作报告》也提出保护和传承历史、地域文化。与之相适应，粗放扩张型的城区建设应转向盘活存量与适度增量并存的内涵提升型模式。

3. 政府主导型向政企合作型转变

习近平总书记在十八届二中全会上明确指出，转变政府职能是深化行政体制改革的核心，实质上要解决的是政府应该做什么、不应该做什么，哪些事该由市场、社会、政府各自分担，哪些事应该由三者共同承担。十八届三中全会明确提出市场在资源配置中起决定性作用。李克强总理在 2015 年《政府工作报告》中也指出，放开市场这只“看不见的手”，用好政府这只“看得见的手”。新常态下，旅游城市由景区依赖型向体验休闲型转变，业态的多元与复合需要靠市场的培育，相应的，政府需转变职能，关注点不只是景区景点的建设与管理，要有所为有所不为，把服务而不是管制作为工作重心，创造更好的市场竞争环境，形成与企业合作的创新机制。

四、面向旅游城市的规划局限性

目前，与旅游城市关系比较紧密的是由旅游主管部门主持编制的城市旅游发展规划。但城市旅游发展规划主要侧重旅游产品的规划，从旅游发展的角度对城市的住宿、餐饮、购物、娱乐等公共设施，以及道路交通等基础设施的发展与布局提出规划对策，对旅游城市总体的发展方向与定位缺乏统筹考虑。

而城市规划针对旅游城市的发展策略，主要停留在传统的空间特色形象、城市景观系统、道路交通规划等方面，缺乏根据新常态下旅游城市的变化趋势进行的创新性的引导。

新常态下，旅游城市向体验休闲型、内涵挖潜型、政企合作型转变，而目前旅游城市的发展策略仍囿于传统规划的既定动作。

五、新常态下旅游城市的发展策略——宜兰经验借鉴

1. 案例简介

宜兰县位于台湾地区东北角，东临太平洋，三面环山，城区位于中间的兰阳平原，与台北直线距离 50 公里左右，北宜高速公路至台北 40 分钟车程。宜兰县面积 2143. 6251 平方公里，2012 年户籍人口 45. 8 万人，人均 GDP 为 19869. 28 美元。

宜兰在 30 年的时间里，由一个交通不便、发展落后的传统农业县，发展成为了一个具有高品质生活环境、提供丰富观光休闲体验、独具特色的旅游城市。宜兰的成功得益于创新的产业发展策略、对高品质城市环境的执着追求，而这背后，离不开政府团队与市场的良好配合。这些恰是目前旅游城市发展中所欠缺考虑的要素。

2. 建立旅游与关联产业相结合的产业体系

宜兰由于地理位置的隔绝，在工业发展上的竞争力和其他县市比较起来较为薄弱，农业发展基础较好，自然资源丰富，加上历届政府对环境的重视，造就了宜兰成为以观光为主要发展的一个县市。但整个台湾地区的观光竞争非常激烈，

自然与人文资源同质性较高，宜兰以一个台湾地区偏远、穷困的县市，逐渐成为台湾地区最具竞争力的县市之一，其成功在于跳出旅游发展旅游。在经济活动已进入创意经济的时代，各种产业都必须加入创新元素才能去腐生新。此外，在体验经济的时代，游客往往更强调与当地文化的第一手接触，更重视心灵感受与现场体会，而非生理满足与物质享受。基于此，宜兰建立了旅游跨界联姻的三产联动产业体系，即旅游横跨一级、二级与三级产业的价值链，生产、加工、贩售一条龙提升产品或服务的附加价值，发挥综合效益，并将创意与体验的元素融于产业体系中，形成与众不同、独具一格的产品，取得“独胜”（图1）。

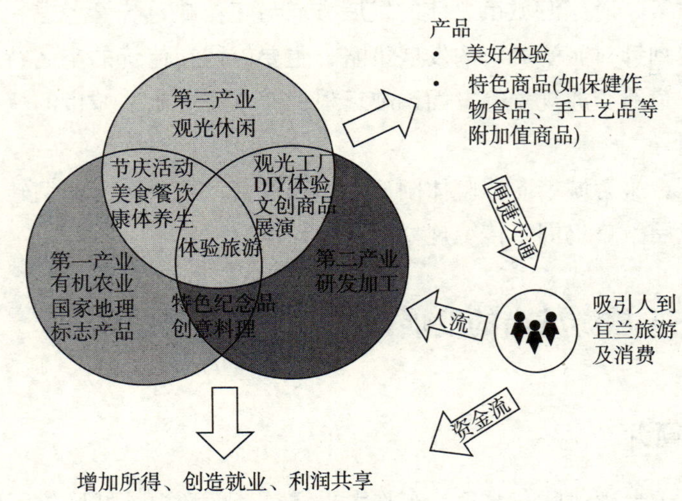

图1　宜兰三产联动的复合产业体系

资料来源：笔者自绘。

台湾地区知名的三星葱，是非常典型的三产联动推动旅游整体升级的案例。因为优质的品质和独特的长葱白，三星葱不仅吸引高级饭店和餐厅采用，在一般菜市场里，三星葱也被特别标示，甚至售价更高。

宜兰没有停留在初级产品的价值中，而是将产品青葱“转化”为各种更具价值的产品或服务。如引导研发，通过二级加工产业，开发出葱油饼、葱馅饼、葱冰淇淋、葱明饼、葱拌酱等创意加工产品；利用当地特产或元素创新旅游商品，如青葱雨伞、葱小子、蒜公主等。再融入文化创意，让葱转化为服务业，如发展出葱油饼 DIY 体验、葱文化馆、民宿农场等旅游体验，甚至青葱种植而衍生的产业环境也发展成为体验教育课程、观光工厂等（表1）。

表 1 三星葱复合产业体系

<table>
<tr><th>一级生产</th><th>二级加工</th><th colspan="2">三级服务</th></tr>
<tr><td rowspan="10">青葱</td><td>葱油饼</td><td colspan="2">葱油饼 DIY 体验</td></tr>
<tr><td rowspan="9">葱馅饼
葱明丸子
葱明饼
葱蛋卷
葱拌酱
葱冰淇淋
干燥葱花</td><td colspan="2">导览加 DIY</td></tr>
<tr><td rowspan="2">在地销售</td><td>青葱文化馆</td></tr>
<tr><td>民宿农场</td></tr>
<tr><td rowspan="3">节庆</td><td>葱蒜节</td></tr>
<tr><td>银柳节</td></tr>
<tr><td>米香节</td></tr>
<tr><td rowspan="2">文创商品</td><td>葱小子</td></tr>
<tr><td>蒜公主</td></tr>
<tr><td>结合景点小旅行</td><td>天长地久</td></tr>
</table>

资料来源：笔者自绘。

据台湾政治大学创新与创造力研究中心某项研究的计算，一级生产青葱是 1 倍的产值，二级加工葱油饼则为 25 倍，而三级服务业的葱油饼 DIY 体验为 37. 5 倍的产值，旅游导览加 DIY 的体验则高达 50 倍的产值。宜兰从初级产业的葱种植发展到体验经济，以同样的土地资产创造了更高倍率的产值（表 2）。

表 2 三星葱三次产业加值

<table>
<tr><th>产业体系</th><th>产品类型</th><th>产业加值</th></tr>
<tr><td>一级生产</td><td>青葱</td><td>1 倍</td></tr>
<tr><td>二级加工</td><td>葱油饼</td><td>25 倍</td></tr>
<tr><td rowspan="2">三级服务</td><td>葱油饼 DIY 体验</td><td>37. 5 倍</td></tr>
<tr><td>导览加 DIY</td><td>50 倍</td></tr>
</table>

资料来源：笔者自绘。

此外，宜兰还通过文创活动——葱蒜节整合营销本地特色，带动休闲产业，提升了三星葱的名气，进一步又推动了第二、第三产业的开展，休闲旅游网络随之蓬勃成长，产业形成了“资产 - 资源 - 价值 - 产值”创新转化的循环过程。

3. 提升内涵、活化旧城

随着城市的发展和产业的转型，宜兰城市也曾经历过粗放式扩张的阶段，出现了公共空间不足、景观空间破碎、城市风貌与历史文化缺失等城市空间问题。加上宜兰“环境敏感地区”占其总面积的 90%，土地用地紧张，宜兰开始走向发展紧凑城市、集约利用土地的道路。1995 年，宜兰制定了“宜兰县观光发展整体计划”，由此宜兰市区成为文化、商业中心及观光都市，而城市中心区的更新在其中扮演着关键性的角色。内涵与品质的提升，成为旧城更新的重要着力点。

宜兰旧城更新的做法主要包括以下几方面。

（1）重建社区生活空间，再现邻里生活

宜兰挖掘了城区 8 个特色巷弄潜力区位（图 2），结合地块中的颓屋残基或闲置空地，建设口袋公园（图 3），以宜人距离及尺度补充了城内长期欠缺的绿环境与社区户外生活空间的不足。

整顿具有历史要素或人文生活特性的巷弄及沿街立面，转化为具有旧城特色的优质邻里空间，并通过慢行网络的构建联系邻里。

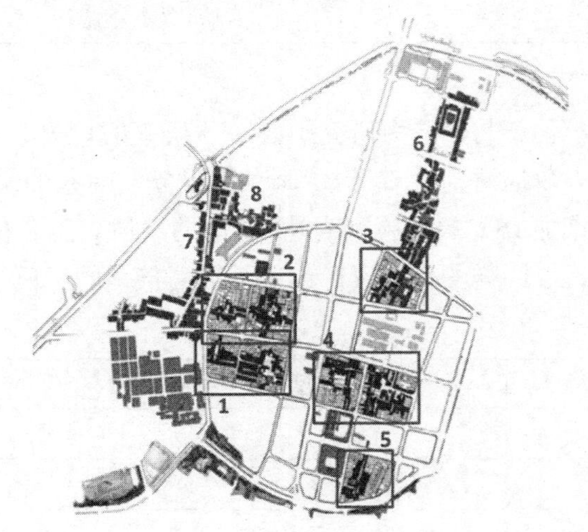

图 2　宜兰旧城特色巷弄潜力区位

资料来源：参考文献。

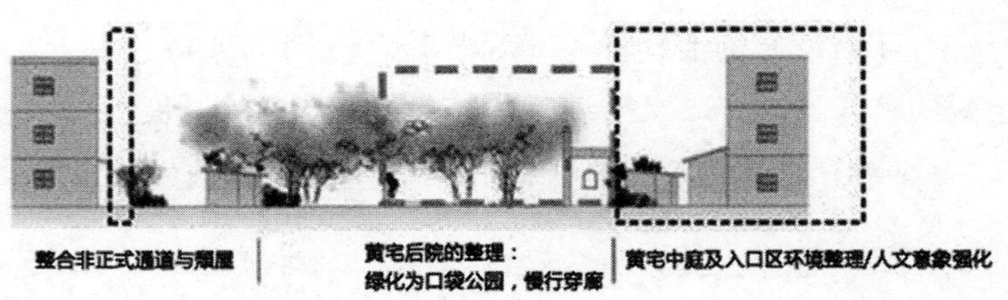

图 3　宜兰旧城闲置空地整理示意

资料来源：参考文献。

（2）活性保存老城，推动慢活产业

对于百年老城人文景观的恢复，宜兰采取的策略并不仅仅是静态地重建、恢复或保护历史建筑与景点，而是通过梳理各历史年代遗存的有价值的场所，整合成为四个文化空间网络。信仰文化空间网络主要由寺庙、教堂构成；产业文化空间网络主要由传统商店、小吃街、传统集市等构成；匠师文化空间网络则由传统工艺师、工匠聚集点组成；巷弄文化空间网络为历史生活巷弄。由此形成四条旧城探游路线，旧城寺庙巡礼、传统市集与道地小吃、兰城百工与怀旧漫游、巷弄体验与艺术再造。

通过在城内推动慢活产业，活化四个文化空间网络。主要以美术馆、博物馆为主的教育推广环境、以艺术工厂、文创产业园区为主的文创产业带动、特色商业休闲区为主的人文复合产业三种方式，作为慢活产业的引擎（图4、表3）。并通过创造多元选项的从业环境，引导民间展开自发的人文经营活动，增强旧城产业活力。

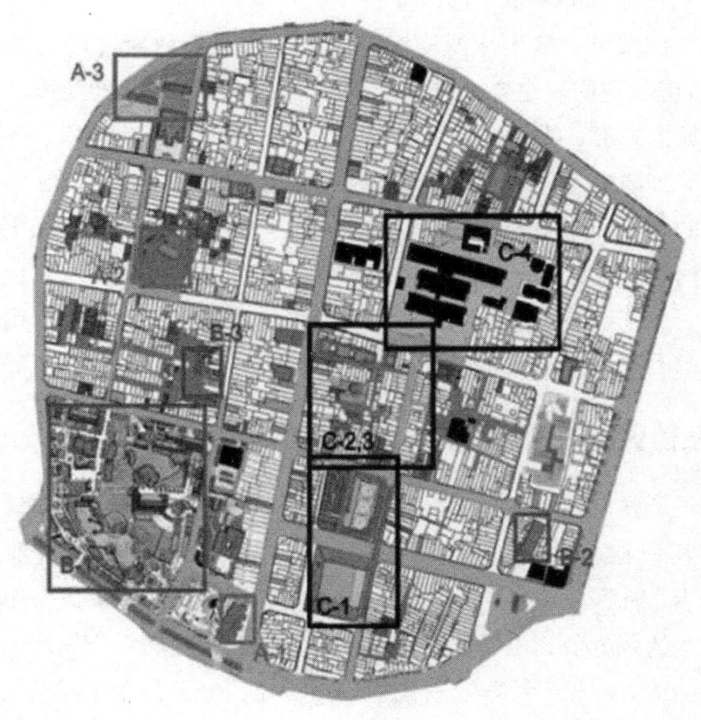

图4 宜兰旧城文创空间分布

资料来源：参考文献。

表 3　　宜兰旧城文创空间分类及建设时序

A 教育推广环境	1. 旧台银－美术馆	近期
	2. 文昌宫－市民文化生活广场	中期
	3. 杨士芳林园－匠师博物馆	近期
B 文创产业带动	1. 二零四长－文创产业园区	中期
	2. 宜兰剧院－电影及漫画开创馆	远期
	3. 黄西黄北宅－艺术工厂	远期
C 人文复合产业	1. 南北馆市场－历史创新的人文复合商场	远期
	2. 康乐路/昇平街－城南宜兰味购物休闲区	中期
	3. 中央商场－特色商区	远期
	4. 宜兰医院－医疗观光复合发展区	远期

资料来源：参考文献。

（3）经营说故事的城市，形成体验经济

宜兰以“旧城是一座生活博物馆”为理念，打造政府与民间可共同参与的“说故事的城市”空间。主要通过结合节庆活动，以说故事的角度，通过故事线将有关联的城内有形、无形的人文资产，以及一些市民经营场所、人文产业地点所串联起来。如 2011 年、2012 年实施的兰城秋天文化节活动（图 5），通过故事线，将故事的焦点，即剧场中心，以及故事发生的一些地点，如文创园、自然农市集、护城河与城墙、展演场所等空间串联起来。这样一方面可以促成文化保存与教育、旅游、产业兼容并蓄的体验经济发展模式，另一方面可以引导城市空间的结构性调整与公共设施的布局。

4. 公私协力建设旅游城市

在推动三产联动方面，宜兰县政府扮演的角色是要串联起各层级的资源，使相关单位与其企业，如县内友善餐厅、观光工厂、民宿、休闲农业区、有机园区、星际饭店、社区发展协会、社区大学和政府相关局处等形成一个联结紧密的网络。如宜兰的葱蒜节，由县政府带动，农友、地方寺庙、产销班、乡公所、农会、合作社、地方商家、小学、村民等共同参与、分工合作，甚至兰阳发电厂也配合开放参观，创新了活动举办的方法。县政府主要负责总体政策制定，并为消费者权益把关，至于细节的经营问题，若无侵害重大公共利益者，则辅导民间协会组织或委托专业团体来制定评价标准和监督。如宜兰的质量保证协会，涵盖吃住行游购娱各方面，包括商业旅游公会、休闲农业发展协会等，形成有力的保障监督体系。

图 5　兰城秋天文化节故事路线空间布局

资料来源：参考文献。

宜兰县政府善用非营利组织。非营利组织具有组织性、民间性、非营利性、自治性和志愿性等多重特征。政府对非营利组织的管理以“低度规范、高度自治”为基本理念，主要由台湾地区“交通部观光局”注册认定，但其活动则独立于“政府机构外”。虽然政府对整合部门资源、争取经费辅助有优势，但对用人、用钱限制较多，弹性的空间就需要非营利组织的参与来弥补。如童玩节就是文化局搭配兰阳文化基金会的做法，基金会辅助争取民间企业的资源或是运用活动的盈余；民俗艺术节协会则每年为宜兰童玩节安排、接洽国际表演团体；博物馆家族协会负责宜兰的新博物馆运动；仰山基金会为“宜兰厝”活动请来建筑师，设计结合传统与现代的宜兰特色建筑。

六、宜兰经验对大陆旅游城市发展策略的启示

城市规划建设在旅游城市发展中起着至关重要的作用。大陆的旅游城市能否走出相互间雷同和多数人造景点的衰败境地，借鉴宜兰案例，可从中得到一些有

益的启示。

在创新经济与体验经济的浪潮下，需要跳出旅游发展旅游城市，在为旅游城市做产业定位与规划时，应重点考虑产业间的关联性与文化特性，走出产业功能分割、单打独斗的经济模式。把旅游与餐饮、商贸、交通、通讯、服务等第三产业，以及制造业和农业等相关产业综合到一起，以旅游为突破口带动关联产业的发展。同时，结合根植型地域文化结构，为产业融入文化内涵。

而为城市的空间做谋划时，关注点不应仅是项目的空间布局、道路交通的组织、城市风貌与景观节点的打造等技术层面的内容，更重要的是如何通过挖掘城市的特色与内涵，从管理者、居民、游客不同的视角和需求出发，活化城市空间，分析新业态对空间的需求，盘活城市经济，使得规划能够真正落地。

同时，规划作为政府调控的重要手段，需要进一步凸显自身的公共政策的属性。哈耶克（Friedrich Hayek）认为："人类公共事务在本质上表现为合作秩序。"政府不仅提供空间利用的建议，还应走向与社会合作治理的模式，引导政府职能如何"不越位"与"不缺位"，让市场作用和政府作用有机统一、相互补充、相互协调、相互促进。

综上所述，新常态下的旅游城市发展策略不应仅限于传统规划的既定动作，而是以创新驱动，与社会、经济、环境、文化全面融合，来探寻新常态下旅游城市的发展出路，从"增量规划"走向"增值规划"。

参考文献

[1] 成英文，张辉．基于城市职能理论的中国旅游城市判定及分类研究［J］．现代城市研究，2014（2）

[2] 侯志强．旅游城市经营的理论与实证研究［D］．天津：天津大学，2008

[3] 黄安民，韩光明．从旅游城市到休闲城市的思考：渗透、差异和途径［J］．经济地理，2012（5）

[4] 杨其元．旅游城市发展研究［D］．天津：天津大学，2008

[5] Mullins，Tourism urbanization International Journal of Urban and Regional Research［M］，1991，15（3）

[6] 鄢光哲．旅游业是新常态下新的经济增长点［N］．中国青年报，2015（1）

[7] 人民日报．习近平：我国模仿型排浪式消费阶段基本结束 个性化消费渐成主流［EB/OL］．http：//politics. rmlt. com. cn/2014/1212/358204. shtml

[8] 陈勇．面向城市旅游的城市规划［J］．城市规划，2001（8）

[9] 周建明，岳凤珍．试析城市规划在城市旅游发展中的作用［J］．国际城市规划，2009（增刊）

[10] 宜兰县政府主计处．101 年统计年报［EB/OL］．http：//bgacst. e - land. gov. tw/releaseRedirect. do?unitID = 115&pageID = 10942

[11] 丘昌泰．开创地方特色产业的蓝海战略："公共造产"的困境与突破［J］．研习论坛，2013（149）

[12] 农训杂志．以三星葱为例，从六级产业看农业文创［J/OL］．https：//www. thekono. com/titles/training _ and_ development/magazines/548541a85c96d/articles/c61181c9 - 8fcb - 4ada - a034 - 0de7007d55a3

[13] 刘运娜．都市圈内山地城镇旧城更新研究与实践——基于台北宜兰的比较研究［D］．重庆：重庆大学，2013

[14] 宜兰县政府建设处．宜兰旧城再生计划［EB/OL］. http：//www. google. com. hk/url？ sa = t&rct = j&q = &esrc = s&frm = 1&source = web&cd = 3&ved = 0CCwQFjAC&url = http% 3A% 2F% 2Fwww. tynews. com. tw% 2Fdata% 2Fattachment% 2Fnews% 2Fatt% 2F2013% 2F06% 2F18% 2F201306180621586838. ppt&ei = xmRqVfPRD8P - UNypgOgJ&usg = AFQjCNHZswhIJ9tSfj2j_ AUzw_ _ 3NFs59A&bvm = bv. 94455598，d. d24&cad = rjt

[15] 宜兰县政府．102 年度地方产业发展基金——“宜兰县乐活六级产业，打造幸福宜兰”发展计划［EB/OL］. ttp：//fund. sme. gov. tw/project_ show. php？ id = 296&s_ class%5B1%5D = 2

[16] 胡洪彬．台湾旅游公共服务体系及其对大陆的启示［J］．台湾研究集刊，2013（5）

[17] 哈耶克．致命的自负．北京：中国社会科学出版社，2000

（本文原载于《中国城市规划年会论文集》2015 年）

第四篇

体制机制改革

完善基本公共服务体系，促进户籍制度改革

冯　奎　钟笃粮

长期以来，我国呈现典型的城乡二元结构特点，城乡之间的巨大差距对经济社会发展的制约越来越明显。户籍制度是形成城乡二元体制、拉大城乡差距、阻碍城乡一体化的主要因素。社会各界对户籍制度改革的呼声越来越高，而户籍制度改革的难点在于消除附加在户籍之上的诸多公共服务差别，包括教育、医疗、住房、劳动就业、社会保险、社会福利等配套制度的改革。只有当这种差别逐步缩减直至消除，越来越多的基本权利脱离户籍性质而成为普遍的权利，农村人口可以享受到与城市居民同等的基本公共服务的时候，人口迁移的户籍控制才有解除的可能，户籍制度才可以回归其本源。

2012 年 7 月，国家发布《国家基本公共服务体系“十二五”规划》，阐明了国家基本公共服务的制度安排，明确了基本范围、标准和工作重点，这是构建国家基本公共服务体系综合性、基础性和指导性的文件，也是政府履行公共服务职责的重要依据。国家公共服务体系的提出与建立，最显著的特征是基本公共服务与户籍制度将要逐步分离。国家基本公共服务体系的建立和完善，将有助于推动户籍制度的改革。

冯　奎：中国城市和小城镇改革发展中心学术委员会秘书长、研究员。

钟笃粮：中国城市和小城镇改革发展中心城市中国网副主编。

一、基本公共服务与户籍分离使我国符合现代国家的基本要求

1. 全民共享基本公共服务是现代国家的基本要求

基本公共服务①指建立在一定社会共识基础上，由政府主导提供的，与经济社会发展水平和阶段相适应，旨在保障全体公民生存和发展基本需求的公共服务。实现基本公共服务的全民共享是现代国家的基本要求。第一，享有基本公共服务是每个公民的权利。《世界人权宣言》、《经济、社会、文化权利国际公约》等都有关于“社会救济、社会福利和社会保障是每一个人的基本权利”的相应阐述。这些基本权利应被所有公民平等地享受，不因公民身份、地域或其他先天条件不同而有区别。在国外，公民享受基本均等的公共服务被认为是天经地义的、公民与生俱来的权利。比如在欧盟成员国的文化传统中，属于公共服务范畴的社会保障，对于每一个公民来说，被看成是与食品和饮用水一样的必需品。公共服务均等化早已成为发达市场经济国家的基本施政纲领。第二，提供并保证居民享有均等化的基本公共服务是政府的基本责任。从宪政理论上讲，公民与国家之间存在一种契约关系。公民在让渡一部分自由并对国家尽相应义务的同时，就对这个国家及其政府权力的产生有权施加影响；反过来，政府也就对国家公民的生活状况产生了责任。既然基本公共服务是每位公民的基本权利，政府就有义务保障这项基本权利。世界银行《1997 年世界发展报告 · 变革世界中的政府》也认为：“政府的第一项职责是做好基础性工作并保证全社会的公平。”第三，全民享有基本公共服务是公平正义的要求和社会和谐的保障。保障每一个社会成员的基本生存权，是现代社会公平正义的基础。倘若社会上相当一部分人的基本消费在相当长的时期内得不到保障，这将成为极大的社会安全隐患。中国历史上的揭竿而起多因诉求平等。而在现代社会，政府通过理性的制度安排，保障公民平等地享有基本公共服务，无疑是建设和谐社会的应有之义。最后，基本公共服务均等化也是现代国家政府公共服务职能对公共品供给“市场失灵”的有效弥补。

现代国家普遍重视基本公共服务在实现居民机会均等、保障权利平等以及维护国家统一等方面发挥的积极作用。美国 1935 年颁布《社会保障法》，标志着美

---

① 基本公共服务的基本范围，一般包括保障基本民生需求的教育、就业、社会保障、医疗卫生、计划生育、住房保障、文化体育等领域的公共服务，广义上还包括与人民生活环境紧密关联的交通、通信、公用设施、环境保护等领域的公共服务，以及保障安全需要的公共安全、消费安全和国防安全等领域的公共服务。

国基本建立公共服务制度；英国在20世纪40代年代、其他许多国家在20世纪50~60年代也都建立起了较为完善的公共服务体系。在美国、加拿大等国，每个5~18岁的孩子可以享受义务教育，每位失业人员可以维持基本生活标准，每个公民可以享受最基本的医疗服务，每位老人可以享有比较稳定的基本经济来源，每个公民可以享有基本的住房保障。

2. 户籍制度是产生我国城乡基本公共服务差距的主要因素

正处在现代化建设过程中的我国，由于各方面的原因，基本公共服务供给在区域之间尤其是城乡之间的差别较大，与上述现代国家的基本要求还有一定的距离。户籍制度是产生这一问题的主要因素。

在我国，户籍制度区分城乡居民，并以此作为划分政府公共服务供给对象的依据，建构了不平等的身份。农村户口居民享受不到城市户口居民所享有的大部分社会保障和福利制度。居民依据其自身的户籍身份不同，获得截然不同的公共服务供给保障，使得户籍身份成为一种相对稀缺的社会资源。2007年，我国城乡收入差距为3.33∶1；若把义务教育、基本医疗等社会保障因素考虑在内，城乡实际收入差距已达5~6倍；公共服务因素在城乡实际收入差距中所占的比重大约在30%~40%。那些离开农村的进城务工人员，不仅在就业方面受到各种歧视，基本上享受不到城市政府提供的公共服务，而且很难冲破现实的制度性障碍而改变“农村人口”这一社会身份，只能成为漂移在农村和城市之间的“农民工”。

只有让基本公共服务与户籍制度相脱离，才能使公共服务真正实现均等化，才能符合现代国家的基本要求。这是“全民共享基本公服务”这一世界性基本准则在我国特殊情形下所产生的特殊要求；同时，基本公共服务的完善，也将推动户籍制度的改革。基本公共服务体系的建立过程，也必将是户籍制度改革的过程。

二、我国基本公共服务与户籍制度关系的演化

以户籍为依据划分基本公共服务的享用人群与享用范围，城乡两种不同户籍对应两种不同的公共服务标准与水平，并非在户籍制度设立之初形成，而是在其后我国经济社会发展过程中逐步形成的。从历史发展来看，基本公共服务与户籍的关系处于不断演化之中。

1. 城市户籍制度建立阶段

1951 年，公安部发布《城市户口暂行条例》，使全国城市户籍管理制度基本建立起来。该《条例》出于“维护社会治安，保障人民之安全及居住、迁徙自由”的目的，规定户口管理的主要内容包括“登记户口、确定户主、变动登记以及施加对住宿超过三日的来客的报告义务”。可见，这时的户籍管理功能主要限于户口统计和信息反映。

2. 户籍与基本公共服务结合关系的形成阶段

1951 年以后，国家颁布了一系列政策和法令，从 1951 年的《社会保障制度》、1952 年的《劳动用工制度》、1953 年的《粮油供应制度》，一直到 1958 年的《中华人民共和国户口登记条例》等，把户口分为农业户口和城镇户口两大类，并与各种生活必需品、人事就业安置、社会福利制度结合，确立了城乡完全不同的社会制度，为城市居民提供各种优先权，逐步使城镇户籍人口享有一系列独有的公共服务，而农村户籍人口享受不到这些公共服务。国家以不断递进的制度安排，最终推动形成了由公安部门和人民公社共同维持城乡两种户籍制度及不同的社会福利的局面。

3. 户籍与基本公共服务结合关系的强化阶段

1958 年到 1978 年这二十年，基本公共服务与户籍的联系不断得到强化。1964、1977 等年份出台的户口迁移制度，都严格限制农村人口向城市迁移，严格规定城镇居民享有的一些服务农村人不能享有。这样，城市居民在出生、教育、劳动、养老这些环节上，在衣食、居住、健康、文体这些具体需求方面，都享有较农村居民优越的公共服务。而农村居民与城市人截然分开，他们享受的公共服务品种少、质量低。到 1978 年，1/5 的城镇人口与 4/5 的农村人口在社会身份方面形成了巨大的差距，广大落后的农村以及相对繁荣的城市形成了巨大的差距。

4. 户籍与基本公共服务结合关系的松动阶段

改革开放以后的三十多年，除了少数年份（如 1989 年），公共服务与户籍制度的关系总体上趋于松动。20 世纪 80 年代中期，随着农村家庭联产承包责任制的实行和城市工业的复苏，农村剩余劳动力自发向城市转移，政府顺势出台一系列政策措施，有步骤、分区域地逐步放松户籍对人口流动的管制。各地也相继出台地方性政策措施，吸引外来人才和资金。2008 年全球金融危机前后，为了稳住进城的农民工，不让他们“回流”到农村，社会上出现了多次关于户籍与基本公共服务相分离的呼声。许多部门研究出台的文件，都旨在探索建立城乡统一的户籍登记制度。

三、地方户籍制度改革的模式与局限性

当前，我们正处于上述户籍与基本公共服务结合关系的松动阶段。近年来，在中央的推动和社会各界的呼吁下，各地结合自身情况，积极探索户籍制度改革，产生了几种具有代表性的模式。

1. 全面放开模式

2003 年 8 月，郑州发布了《郑州市人民政府关于户籍管理制度改革的通知》，宣布取消现行“农业户口”、“暂住户口”、“小城镇户口”、“非农业户口”的二元户口性质，实行“一元制”户口管理模式，统称为“郑州居民户口”。

2. 人才引进模式

给予符合一定条件（投资、学历、工作年限）的外来人口以本地户籍人口待遇或本地户籍人口的部分待遇。北京、上海目前主要是实行这种模式。上海目前有 41 万人才居住证、7 万就业居住证和 700 万临时居住证。

3. 城乡统筹模式

成都市从 2003 年至今，取消了迁入指标限制，以“准入条件”代替入城指标；且建立起一元化户籍登记制度，取消了农业户口和非农业户口性质划分。在此基础上，成都市委、市政府发布《关于全域成都城乡统一户籍实现居民自由迁徙的意见》：到 2012 年底前，成都将建立户口登记地与实际居住地统一的户籍管理制度，城乡居民凭合法固定住所证明进行户口登记，户口随居住地变动而变动；建立以身份证号码为标识，集居住、婚育、就业、纳税、信用、社会保险等信息于一体的公民信息管理系统。这种改革措施在我国第一次全面建立了户籍、居住一元化管理的体制机制。

4. 积分入户模式

2009 年，中山市在全国率先推动流动人口积分制管理，通过积分构建一套

新的量化标准作为流动人口享受城市基本公共服务和入户的依据，为打破户籍坚冰提供了一种全新的、务实的路径选择。首轮积分制的实施取得初步成效，并于 2010 年在广东省内得到全面推广实施。

这些改革模式都具有较好的积极意义，但仍存在较大的局限性。

1. 改革涉及的区域范围有局限性

目前改革所涉及的区域范围包括从小城镇到省（直辖市、自治区）的各种区域范围。但由于户籍制度本质是中央事权，在不触及中央事权的前提下所进行的户籍制度改革，都只能看成是中央政府的一种默许，而不是真正意义的全国性改革。

2. 改革惠及的对象有局限性

目前改革办法中较多采纳的是居住证制度，这为农民工提供了明确的落户渠道。但居住证一般都设立较高的申领门槛，却又将大多数农民工排斥在外。例如杭州市居住证的申领条件之一是具有高中文化程度，但据统计，初中以下文化水平的农民工占 70%。另外，许多城市推出的所谓“蓝印户口”、“红印户口”等政策，出发点和主要目的是吸引更多的资本、技术和人才，而不是立足于真正的人口自由迁移，甚至与真正意义上的户籍制度改革背道而驰。

3. 改革包含的内容有局限性

目前的改革一般都只在基本公共服务的一个或几个方面进行均等化的推进工作。由于缺少一个全国统一的基本公共服务标准，外来人口还无法享受到全部的基本公共服务，如人才居住证不能享受低保、经适房和父母投靠；持就业居住证，子女不能参加中高考，其他与人才居住证相同；临时居住证则比就业居住证还少享受居转常和公租房政策。我国规模庞大的农民工在城镇享受到的基本公共服务差别则更大。在义务教育、职业教育、保障住房等方面，进城农民工不能完全享受与流入地一样的政策；而在养老保险、医疗保险、城市低保等方面，进城农民工则完全无法享受。

4. 改革的资金支持有局限性

从 2001 年国务院户籍改革文件下发，到 2011 年国务院出台《关于积极稳妥推进户籍管理制度改革的通知》，都提出地级市以下市区全部放开户籍制度，但落实不好，原因就在于一些地方政府的反对。地方政府反对的缘由是，户籍制度改革将带来巨大的财政压力。如上海等大城市有超过千万的流动人口，为解决这些人的户籍问题，当地政府需要多提供千万人口的教育、就业等社会保障支出，资源明显不够。而长三角、珠三角地区，外来人口比本地人口还多，当地政府更倾向于反对户籍制度改革。

5. 改革的目标设计有局限性

根据我国城镇化的现实情况，户籍制度改革的最终目标是农村居民、农民工、城市间流动人口与城市居民可享受均等化的基本公共服务，所有人的基本福利、基本资源占有、基本权利都能得到保障。如果说户籍制度是表，那么基本公共服务是里；如果说户籍制度改革是手段，那么确保实现基本公共服务就是目标。但是，目前各地进行的改革，在目标设计上仍以户籍为核心，而不是以基本公共服务的均等化为核心，表里颠倒。

种种局限性，使得改革的实施效果并不理想。改革实践告诉我们：农民工、流动人口需要的不是一纸城镇户口，而是户口背后的福利、资源与权利。在改革的初始阶段，对局部的、片段的户籍制度进行突破，有利于积累一定的经验，但如果不在全国范围内开展经由中央政府顶层设计的、户籍登记与基本公共服务分离的改革，如果不以均等化共享的国家基本公共服务体系为基础，户籍制度改革就不可能彻底。长期下去，还将产生户籍制度改革“夹生饭”的现象，增大未来改革的成本。

四、建立基本公共服务体系以促进户籍制度改革的政策建议

建立基本公共服务体系能够从根本上推动户籍制度的彻底性改革，同时户籍制度的改革也为更快地建立基本公共服务体系减小阻力。当前，要抓住有利时机，不断推动基本公共服务与户籍制度相分离，为巩固基本公共服务体系奠定基础。

1. 通过立法确保基本公共服务不与户籍挂钩

发达国家普遍以法律为依据，确保公民享受基本公共服务。如关于住房保障，美国先后通过了《住房法》、《城市重建法》、《国民住宅法》、《住房与城市发展法》等。关于义务教育，加拿大和美国在法律上均赋予各省（州）教育管理权。2001 年，美国出台《不让一个孩子掉队法》，要求学校保障每个学生都能平等地接受教育并促进他们取得应有的进步，而不论其种族和家庭背景如何，力

争不让一个孩子掉队。我国现阶段这方面的立法相对欠缺。“十二五”期间，建议围绕我国基本公共服务体系的八大领域，适时出台相关法律。

2. 实施基本公共服务制度的省级推行

根据我国的具体情况，省级人民政府应根据国务院有关部门制定的基本公共服务具体标准，编制省级专项规划或行动计划。有条件的省或省下辖市可率先把农村居民纳入城镇基本公共服务保障范围；暂不具备条件的，应缩小城乡服务水平差距，并预留制度对接空间。以上专项规划或行动计划，必须贯彻区域覆盖、制度统筹的原则，打破城乡界限，统筹不同户籍人口基本公共服务的设施配置与建设标准。

3. 建立均衡导向的财政投入和保障机制

实现基本公共服务的均等化要求构建以均衡基本公共服务为导向的财政投入及保障机制。一方面应当调整城乡之间公共服务财政投入结构，改变重城轻乡的投入体制，加大对农村及困难地区的投入；另一方面，也必须调整投入的内容和结构，投入的重点应是绝大多数人们直接获益的基本公共服务。

同时，转移支付制度是实现基本公共服务均等化、调节收入再分配和实现政府目标的重要手段。由于教育、医疗、卫生、文化及社会保障是社会共同的基本需求，当由政府均等化地供给。因此，应将这些基本公共服务的财政投入纳入一般性转移支付，根据不同地区的标准需求及财政缺口，按照公平、公正、规范、透明和稳定的方式拨款，保障基本公共服务的财政投入。

4. 以输入地政府管理为主，尽快解决农民工的基本公共服务问题

我国目前6.9亿城镇人口中，有超过2亿的农民工。这些农民工缺乏基本的公共服务，长此以往，对输入地而言很可能引发一系列严重的社会问题。农民工流入地政府应按照统筹发展的要求，考虑这一巨大的人口因素，对他们的就业、居住、子女教育、社会保障予以合理安排；在城市公共财政预算中，必须将长期在城市居住的农民工列为财政支出的重要对象；逐步把进城务工农民群体纳入到本地基本公共服务供给的范围中。

5. 建立协调与监督机制，保障基本公共服务体系的建立与户籍制度改革落到实处

基本公共服务体系的建立与户籍制度改革，涉及区域之间、城乡之间在基本

公共服务方面的不平衡问题。建议参考加拿大等国模式，在中央层面建立协调各省关系委员会；广泛发动舆论媒体的作用，监督各行业部委、各省（市）严格按照国家标准，建立区域覆盖的基本公共服务，保证基本公共服务逐渐与户籍脱离。

参考文献

[1] 国务院办公厅. 国务院关于印发国家基本公共服务体系“十二五”规划的通知［EB/OL］. 中华人民共和国中央人民政府网，(2012-07-11)［2012-08-20］. http：//www. gov. cn/zwgk/2012-07/20/content_ 2187242. htm

[2] 马庆钰. 公共服务的几个基本理论问题［J］. 北京：中共中央党校学报，2004，(2)

[3] 江明融. 公共服务均等化论略［J］. 中南财经大学学报，2006，(3)

[4] 赵怡虹，李峰. 基本公共服务地区间均等化：基于政府主导的多元政策协调［J］. 北京：经济学家，2009，(5)

[5] 刘尚希. 基本公共服务均等化：现实要求和政策路径［J］. 浙江：浙江经济，2007，(13)

[6] 王伟同. 城市化进程与城乡基本公共服务均等化［J］. 北京：财贸经济，2009，(2)

[7] 黄锟. 深化户籍制度改革与农民工市民化［J］. 北京：城市发展研究，2009，(2)

[8] 项继权. 基本公共服务均等化：政策目标与制度保障［J］. 武汉：华中师范大学学报，2008，(1)

[9] 于建嵘. 演变围绕两条主线：户籍制度与资源配置［J］. 北京：人民论坛，2008，(1)

[10] 马晓河，等. 加拿大和美国基本公共服务均等化情况的考察［J］. 北京：宏观经济研究，2008，(2)

[11] 冯奎. 突出农民工问题提升城镇化质量［J］. 北京：中国发展观察，2012，(1)

[12] 丁元竹. 基本公共服务均等化说易行难——国际视角下的均等化“得与失”［J］. 北京：中国社会保障，2011，(6)

（本文原载于《中共中央党校学报》2013 年第 1 期）

农村耕地撂荒问题不容忽视

——来自四川省阆中市的调查

荣西武　鲍家伟

近年来，伴随着我国城镇化的快速发展，一些省份陆续出现了不同程度的耕地撂荒，长此以往，轻则触及耕地保护红线，重则危及国家粮食安全。面对这一不争的事实，有效疏解至关重要。我们近期走访的四川省阆中市，耕地撂荒现象具有普遍代表性，在缓解撂荒上所做的尝试，则体现了基层干部群众的智慧。

一、基本情况

阆中位于四川盆地北部，距成都市 329 公里，是一个农业大市，也是劳务输出大市。关于耕地撂荒问题，我们在阆中全市 46 个乡镇中，选择了 17 个乡镇进行了调查。这 17 个乡镇总人口约 26 万，其中农业人口 23. 8 万，外出务工人口 11. 6 万，约占农业人口的 48. 7%，耕地总面积 19. 5 万亩。据乡镇干部和部分村民反映的情况估算，这些乡镇长年撂荒耕地 2. 2 万亩，约占耕地总量的 11. 3%。调查显示，在一些偏远、地形条件较差的地区，耕地撂荒现象较为严重。

飞凤镇瓦店村位于阆中市偏远地区，距镇区 3 公里。全村辖 5 个社，392 户，总人口 1252 人。因地处深丘区域，3183 亩耕地几乎全是梯田和坡地。耕地撂荒现象在该村部分社尤为突出：有 224 人、耕地 420 亩的瓦店村 1 社，目前在家 60 人，以老年人为主体还有一定耕作能力的有 42 人，按较大耕作能力每人耕作 4 亩来算，全社仅能耕种 168 亩，必然撂荒 252 亩；有 242 人、耕地 350 亩的瓦店村 4 社，在家 46 人，基本能劳动 24 人，按同一标准计算全社能耕种 96 亩，必然撂荒 254 亩。从走访现场来看，当下正值春耕备播时节，依然有大片耕地蒿草

荣西武：中国城市和小城镇改革发展中心规划院产业所所长。

鲍家伟：中国城市和小城镇改革发展中心规划院副研究员、博士。

丛生，处于撂荒状态，基本印证了乡镇干部和村民反映的情况。

我们了解到，在1991年之前，当地村民基本以务农为主，精耕细作；1991~1998年之间，村民外出务工逐渐增多，耕地撂荒现象开始发生，但一般都有其他在家村民代为耕作；1998年之后，村民大规模外出务工，务农收入相比务工收入甚微，耕地撂荒现象愈发严重，也没有多余的劳力进行代耕。

二、耕地撂荒原因分析

作为传统农业市镇，阆中的祖祖辈辈在耕地上辛勤劳作，得以繁衍生息。然而是什么原因让他们毅然荒弃了耕地这一生存之本呢？

1. 农业生产劳力缺乏

非农就业机会的增多，吸引了大量青壮年劳动力外出务工，留在农村的人员多为老人、妇女和儿童，这些劳力不足以满足生产的需要，必然造成一些耕地的撂荒。2000~2013年，阆中市外出务工的农村劳力就从5.8万人增加到29万人，2013年外出务工数已达该市农村劳力总量38.4万的75.5%。在瓦店村4社，有近8成的人口外出务工，留守的46人中，可用劳力24人，最年轻的是46岁的该社社长，也是因为身体不好做过手术所以在家务农，其余都是60岁以上的老人。全社350亩的耕地，全靠人力耕种，即使他们有心也无力。

2. 种粮比较效益低

在阆中，按一亩地种一季小麦或油菜、一季水稻的正常情况来算，扣除种子、化肥、农药等农资成本，每亩地能有700~800元收益，但如果算进劳力成本（大概20天工，目前80~120元一天），种地基本上是亏钱的。如果再考虑农资成本的上涨、风不调雨不顺等情况，种地就更不划算了。与其辛苦劳作一年，还不如种点懒庄稼、两季改种一季甚至撂荒耕地，坐在家里等着领取国家按承包地面积所发放的粮食补贴划算。农民的这一普遍想法，使得耕地撂荒成为必然。“在家种田，不如外出挣钱”，在外出务工每天100~200元甚至更高收入面前，种粮收入显得微不足道，农民的种粮积极性也大大降低。

3. 农业生产条件差

阆中市处于川中丘陵区向川北低山区过渡地带，耕地多为梯田和坡地，且细碎、贫瘠，无法进行大规模机耕，更多的需要借助人力。而地方财政长期对农村投入的不足，导致乡镇农业基础设施较为薄弱。在瓦店村，全村 7.5 公里村道绝大多数是卵石、泥结路面；现有农田水利设施大多是在 20 世纪六七十年代修建，已经严重老化，难以发挥作用。在这种条件下，耕作管理成为既费力又费时的劳苦活。田间走访时我们发现，道路两旁、离水较近的耕地多在耕种，而盆谷中的耕地因离村远、道路差、灌溉难等原因，靠人力单枪匹马很难应付过来，久而久之就被荒弃，而这些地放在以前都是上佳的良田。

4. 农民难以割舍土地

工业化、城镇化进程的加速，创造了许多非农就业机会，农民得以离开土地在新的广阔天地打拼和生活。如今，一些农户举家在外务工，有的甚至在城市里立足，成为城镇居民。然而他们清醒地认知，所从事的是技术含量并不高的体力活，一旦工作机会减少或者工作要求提高，他们很可能无法胜任，但即使没有工作，他们还能回家种田养活自己和家人。农民的这种守土意识，使得他们从思想上无法割舍老家的宅基地和承包地。在瓦店村，就有好几户人家在外 10 多年都没回来过，老宅是空着的，承包地也是荒着的。因长期外出务工或弃农，不愿放弃承包地又不能有效流转而造成长期撂荒的现象，在当下农村并不在少数。

三、缓解耕地撂荒的探索

依靠基层干部群众的智慧和力量，飞凤镇在瓦店村实施的“四步曲”，使得撂荒耕地能集中、成规模、有人种、出效益。

1. 两权分离，农民放心托管

为解决耕种劳力缺乏的问题，村委会想以村社的名义将撂荒耕地集中统一组织耕种，但外出农民却不愿将耕地托管给村社，他们普遍存在顾虑：担心耕地长期撂荒会被村社收回；担心回来种地无法随时要回耕地。因而要么托人代耕，而且是无偿的；要么干脆撂荒，为的是确保对承包地的主动权。

为消除外出农民的心中顾虑，镇里面明确：土地承包经营权受法律保护，交由村社代管的是经营权，承包权归农户，国家的种粮补贴政策依然享受，也保证他们随时回来随时能够收回耕地。而外出户与村上签订《农户承包田地代管协议》，镇上成立土地流转中心进行鉴证。这一举措不仅让耕地代管有了法律效力，也让外出农民吃上了定心丸。通过稳定农户承包权、放活土地经营权，大幅提高了外出农民的耕地托管意愿。

2. 土地互换，促进规模成片

在家农户耕作的土地“插花”，导致外出农户托管的大量土地无法成片，不便于规模经营，也难于整体流转。正当飞凤镇干部为此无计可施之时，曾任瓦店村支部书记的王大林提议，可本着就近、整块、成片的原则，由村社出面互换土地，先让在家的农户每户成片，这样一来，外出农户托管的土地最后也能成片。土地互换的提议得到了村民的普遍支持，“插花”问题也就迎刃而解。

3. 干部带头，耕地能人来种

在家劳力严重短缺，短期也无法吸引外来经营主体进入，耕地谁人来种？镇里通过蹲点发现，依靠村社干部，由干部带头，把他们率先培育成种粮大户，建成家庭农场，是一条低成本且切实可行的路子。通过群众推荐和个人自荐，最后议定瓦店村新任纪检员江浩流转 250 亩、1 社社长杨承彦流转 150 亩、4 社社长莫春许流转 100 亩。在村民自治的环境下，由村民选出的村干部带头干事在一定程度上能起到较好的示范作用。

4. 多措并举，保障生产开展

解决生产能力问题，是 3 个带头村干部的首要诉求。为此，镇里为他们配备了适合在丘陵地区耕作的两台 55 马力的旋耕机，农机购置费用除国家补贴外，政府全额补助；把上级农业部门补贴的良种由原来的分散使用，变为对种粮大户的集中供给；在家农户耕作撂荒耕地，政府给予每亩 100 元肥料补贴，经营大户耕作 100 亩以上，无偿补贴全部良种；耕作撂荒农地由村上组织机械打沟，费用由村上负担；土地流转收益每三年确定一次，前三年鉴于开荒的因素，确定为零收益。除此之外，专门成立一个班子，全程指导、督促、协调处理种粮大户在耕作中出现的问题和矛盾。多措并举，旨在保证耕地不再撂荒的同时，也能产出一定的经济效益。

四、政策建议

以小窥大，阆中市的耕地撂荒现象，折射出当前我国工业化、城镇化进程中，农村发展的一个普遍事实，是多种合力作用下所出现的必然。不同于其他，耕地撂荒让我们同时看到了喜和忧。喜的是，村民逐渐摆脱土地对他们的束缚，务农不再是村民谋生的唯一手段，务工带来了村民的收入普遍提高；忧的是，国家的粮食安全如何保障？因此，采取可行措施避免出现更大范围和数量的耕地撂荒实有必要。

1. 完善农村土地承包政策

加快农村土地承包经营权确权登记颁证工作，做到确权确地到户。稳定农户承包权、放活土地经营权，鼓励和引导外出农户采取转包、出租、置换、入股等多种方式依法对撂荒耕地进行有序流转。探索城镇化进程中农民户籍转移之后的承包地有偿退出机制。

2. 积极改善农业生产条件

推进城乡一体化发展，统筹规划，突出重点，引导各类资本特别是社会资本向农村倾斜，缓解农村发展长期欠账问题。以农村土地整治、农业综合开发等为抓手，整合相关涉农资金，开展田、水、路、林、村综合整治，改善水利、道路等农业基础设施，解决农业生产地力贫、道路差、灌溉难等难题。

3. 推进农业生产方式创新

统筹解决撂荒与调整优化种植结构，区别对待撂荒耕地，宜耕则耕、宜林则林。积极组织代耕、统筹复耕、帮户助耕。着力培育专业大户、家庭农场等新型经营主体，开展适合丘陵山区的规模经营。针对当前农村劳力缺乏现状，大力提倡免耕法等新型耕作制度，使用先进的小型农业机械。

4. 强化农民种粮经济激励

坚持谁种植谁受益、谁耕种补助谁，改变当前按承包地面积发放农业补贴的"撒胡椒面"式补助方式。探索形成农业补贴同粮食生产挂钩机制，让多生产粮食者多得补贴，提高补贴精准性、指向性。对代耕撂荒地的，代耕收入归代耕人所有，其粮食及农资综合补贴标准可适当提高。

（本文原载于《中国经贸导刊》2015 年第 4 期）

成都市土地确权流转经验

黄　跃

2015 年 1 月 4 ~ 8 日，我和县里几位同志到成都考察学习，先后走访了成都市农村产权交易所、崇州市、郫县、新津县、双流县，重点看了他们的土地确权、流转平台搭建、配套制度体系建设、土地合作社与现代农业、集体建设用地流转情况。我此前多次到过成都，但以前多以观察研究的角度去看，这次则更加侧重从实际操作层面去看，尤其注意可供县里借鉴的具体做法。

总体而言，与成都市相比，金溪县甚至整个江西省，在农村土地确权、流转这项深刻的改革议题上已经整整落后了七年。成都市自 2008 年 1 月正式启动确权，2010 年底初步结束，2011 年又进行产改“回头看”，前前后后总共花了近四年的时间，工作非常扎实。更重要的是，成都的确权，不单单是农村承包地的确权，而是把村小组内的所有资产，如宅基地、自留地、集体建设用地、林权等全域确权，做到了应确尽确，不留死角。初步完成确权以后，成都没有停下来，自 2009 年开始到目前为止，已经成立市、县、乡三级产权流转平台，而且实现了三级联网，各区县的承包地经营权流转信息只要在乡镇平台录入，就可同步在市、县、乡三级平台上看到。与流转密切相关的抵押融资、担保、法律纠纷处理、登记变更等配套服务也紧跟其后。我们认为，成都在农村土地改革这条路上基本上是走通了。

一、产权固化是流转的可靠基础

成都市意识到，如果在确权颁证以后，承包经营权或者与之相应的利益仍然随人口增减而不断反复地调整，这样的产权始终还是不稳固的，不利于将来的流转和抵押融资。于是从 2009 年开始，就开始试点包括承包地经营权和宅基地使

黄　跃：中国城市和小城镇改革发展中心政策研究和试点指导处副处长。

用权在内的产权长久不变，到目前为止大多数区县发到农民手上的承包地经营权证的期限都不再是到2027年为止，而是直接写“长久不变”。

1. “调利不调地”只是过渡阶段

可以说，金溪在实践中摸索出来的“调利不调地”办法，暂时地解决了反复调田和稳定产权的麻烦，有利于此次确权工作的顺利展开。这个办法相对于以前反复调地而言，土地承包经营权也确实是往更加稳定的方向上前进了一步，村组干部和老百姓也愿意接受。但是，我们绝不能止步于此，更不能沾沾自喜，其实那只是一种不得已的过渡办法而已，因为深究起来，“调利不调地”背后的产权形态仍然是不稳定的。只要利益——承包地的收益权，仍然随人口变动而反复调整，那么流转和抵押融资仍然会有障碍。譬如，为了平衡人口利益关系，每隔几年就还得重新界定一次集体成员权。这意味着与集体土地相关的成员权本身是不稳定的，而这种身份的界定又始终混杂着公权与私权的较量，在面对陌生主体之间的大规模流转背景下，就很有可能发生因成员权界定纠纷引发的经营决策冲突，或者退出流转甚至破坏合作社运营的事情，农民不仅得不到流转的收益，反而要在这些非生产性的事务上浪费大量时间和精力。

2. 要继续鼓励、引导长久不变

成都市自2009年开展长久不变试点，2011年在全市推广，已经形成了一整套鼓励农民建立长久不变的产权关系的工作程序和村民决议样本。我们走访的几个区县村组都实现了产权固化。一开始，习惯了多年调地的农民也不理解，当地的实践经验是反复开会、反复吵。首先是在村组干部、村民代表之间把思想打通，然后再召开村民大会反复吵。在这个过程中，一个村小组至少要开6次会，让大家吵，由村干部想尽办法来解释。比如，有的村干部很厉害，说得很权威：“如果农村产权制度改革后仍然每年调地，不仅与现行的《土地承包法》相抵触，也会使得《农村土地承包经营权证》成为一张废纸。”有的村干部则说：“从长远来看，一个家庭的人口总是有进有出，总体上是一户人名下的田地数目是稳定的”，“你说分地很重要，你看现在年轻人基本上都不种田，而是出去打工了，说明大家并不是那么看重地”。有的村也想出了灵活的应对办法，设置了一个缓冲期，允许新增成员享有差别化权利，比如双流县兴隆镇瓦窑村，该村2008年确完权、颁了证，2009年开始试点长久不变，这期间新增的人口怎么办？大家吵来吵去，最后通过村民议事会形成一个妥协方案，在确定的时间节点也即2008年确权颁证以前，属于普通成员权，享有相关法律规定的土地财产权利，包括承包地、集体建设用地、林地等权利。2008 年确权以后到 2009 年 5 月 31 日之间新增的人口则被定性为特殊成员。这些特殊成员不给分地，但能享受其余集体资产收益的分配权。2009 年 5 月 31 日之后的，则既不分地，也没有分配权，全靠继承。成都市后来也出了统一的政策："农村集体资产股份量化后，不得因新增人员而对股权进行重新分配。""股份量化后的新增人员除不享有产权和股权分配外，符合征地拆迁安置有关政策规定的，可享有人员安置等相关权益。""股权可通过转让、继承和赠予方式转移"。

二、要注重增强产权流转平台的吸引力

我们都知道确完权以后要做流转平台，但平台要真做好是需要花工夫的。成都市为了增强平台的吸引力，政府提供了非常多的配套服务。

1. 促进交易更加正规公正

以前，农民流转土地，大多是私下里找买家、自己签合同，有很多东西考虑不周到，不是很规范。这种方式在与陌生人合作时特别容易出现纠纷。我们观察，在政府提供的交易中心达成协议，首先是合同样式更正规，政府也要针对规模较大的流转合同提供免费的公证和流转交易鉴证服务。这样交易双方至少会更加重视这件事情，有了交易鉴证，就多了一份正式认可，也为后续办理抵押融资等业务提供了依据。

2. 扩大流转范围实现溢价

流转平台本身也要不断地扩大影响力和宣传范围，从而扩大土地流转信息的散布范围，让更多潜在投资者可以看到流转信息，集聚更多潜在的买家，农民因而可以获得更高的租金收入。原本只在村子内部知道的土地流转信息，现在通过乡镇网站录入，可以直接发布到县里甚至市里的网站，这样相当于全成都市的投资者都可以看到。同样一块地，潜在的投资者就多了，当然更有可能卖出高价。据郫县产权交易所的同志介绍，挂在流转平台上的地块，一些地块实际成交价比最初挂牌价可以实现 20% 的溢价，这是农民愿意进入流转平台交易的最大动力。

3. 事前咨询和事后搭好桥

在流转之前，农民可以在流转平台咨询相关政策，了解挂牌交易的好处和需要注意的问题，并进行初次登记。为了方便交易双方获得相关的担保及抵押融资

服务，交易平台还与各类政府部门、金融机构做了大量衔接沟通工作，能够起到牵线搭桥的作用。在流转中心还提供由专业人员组成的调解、仲裁等服务，为流转过程中可能发生的纠纷提供相应的指导和帮助。

4. 整合多类产权统一交易

单单交易承包地，人气不容易旺起来。在成都的产权交易平台里，交易的内容非常多，除了承包地经营权以外，还有林权、集体建设用地使用权、集体建设用地指标、农村出租房屋等，在流转服务大厅也有农业、国土、园林、房管等部门的现场办事窗口，这样就使得整个流转平台能够聚集更多人气。更重要的是，因为集体建设用地、集体建设用地指标的流转价值较高，平台依据相应的政策可收取流转费来补贴价值较低的承包地经营权、林权的交易。

三、要放大土地合作社的能量

成都很多地方在确权后均组建了土地股份合作社，确权流转的好处也明显地展现出来，通过规模化经营和流转，土地租金有了大幅提升，农民也从土地中解放出来，增加了务工收入。我们也发现，农民在确权以后自发组建的土地股份合作社，除了统一流转收取租金的模式以外，还可以玩出更多花样。由农民自主掌控经营权的农业共营制就是一种创新，这方面崇州市隆兴镇青田村就是典型。

1. 农业共营制：合作社掌控经营权，职业经理人受聘种田，社会资本开设农业超市提供市场化服务

崇州市大多数土地股份合作社在成立之初，均把土地统一流转给投资商或种田大户，但后来发生多例投资商中途跑路欠交租金的情况，农民跑到政府上访讨要说法。后来，部分合作社开始自主经营，由合作社成立理事会、监事会，仿照现代企业管理的方式，聘请职业经理人代为管理和经营，政府也积极鼓励并有效介入，为了保证经理人的品质，政府组织力量对其进行上岗培训并进行年度考核，颁发相应的职级证明。职业经理人每年向合作社理事会提交种田计划并实施，根据最终收成获得分红。政府也会根据职业经理人的级别提供相应的金融贷款、户籍教育等方面的人才支持政策。同时，引入成都蜀农昊农业有限公司，组建综合性农业社会化服务公司，分片区建立农业综合服务超市，提供农业技术咨询、农业劳务、全程农业机械化、农资配送、专业育秧、病虫统治、田间运输、金融服务等社会化经营性服务，促进了土地规模化经营所需的综合服务。

2. 创建“育秧烘储中心”和“粮食银行”

2012 年，在承包地经营权长久不变的基础上，青桥村 200 多个农户自愿组成土地股份合作社，将土地集中起来规模化种植水稻。2014 年，为解决农民育秧、晒粮的难题，合作社向省、市、县争取到资金 438 万元，又动员 89 户社员自筹 160 万元，建设了一个育秧、烘储中心，有效解决了晒粮、储粮的大难题，每年收割上来的湿谷再也不会因为无地存放而被迫廉价出售了。后来发现，本社的烘储中心不仅可以提供给社员内部使用，还吸引了周边好几个村把粮食送过来付费烘干和储存。同时，依托新建粮食企业和粮库，青桥股份合社创造性地设立了“粮食银行”，社员把自己每年应领的粮食统一存入“粮食银行”，每一户手中发放一本类似银行存折的凭证，可以随时兑换普通大米、优质大米或其他商品。

四、超前谋划农村产权抵押融资配套制度

这是确权以后能不能盘活土地资产，让资产变资本的重要制度设计，从成都市各区县的探索经验看，抵押融资的相关政策必须提前着手研究。

1. 财政担保

刚刚确权到户的承包地，在流转市场尚不成熟、土地流转价值并未充分显现的情况下，金融机构出于成本收益的考虑不敢进入。为此，成都市出台了《成都农村土地承包经营权抵押融资管理办法》，市和各区县分别成立农村产权流转担保公司，与成都市农村商业银行、上银村镇银行、邮政储蓄银行等金融机构建立战略合作关系，以部分财力为承包地抵押融资提供担保。

2. 估值变现

要用承包地申请抵押贷款，首先就得对承包的价值进行评估，就需要有第三方机构提供评估服务并出具评估报告，但评估就得有个市场参考依据，这时候就需要政府提前公布农村基准地价。万一出现不能还款的情况，还要研究将合同期内的承包地处置变现的渠道和方式，以免损伤金融机构的积极性。

3. 风险准备

这类服务以前的农业政策保险都有现成的，当成立土地股份合作社以后，要鼓励农民自交部分保费，形成付费参保的习惯，或者是引导合作社将部分流转收

益提取出来作为风险保证金，以防自然灾害发生时的经营损失。

4. 征信体系

类比城市里的银行信用贷款，依托流转平台和抵押贷款登记、备份与追踪，建起一整套信用记录体系，将农户和规模经营业主的信用信息纳入中国人民银行征信系统，准确把握借款人的基本情况，以此来约束农民的违约行为，也为农村产权抵押融资提供信息支撑。

五、探索在集体建设用地上建设民营中小企业园区

这次我们也看到了一个非常值得借鉴学习的例子。成都市蛟龙港占地 4.6 平方公里，是一个由民营企业家黄玉蛟在集体土地上建设起来的工业园区，并逐渐发展为一个产城一体的小城市。目前园区内共有中小企业 900 多家，常住人口 12 万人，2014 年整个园区为政府纳税 8 亿元，园区内所有的城市道路、学校、供水供电、体育场、电影院、酒店全由企业自己建，与相距不远的国有工业园区比起来，蛟龙港实现了真正的产城融合。蛟龙港所在的区域属于成都郊区，却吸引了大量城里人和周边区县的人来就业、消费。这个活生生的例子给我们的启发是，产业园区可以在集体建设用地上搞，而且可以由民营企业建。

我认为，蛟龙港的例子很有示范价值，双流县委县政府也非常开明而有远见。我也认为，金溪县完全有条件进行这样的试点，在县城附近专辟一块集体建设用地，鼓励金溪县本地民营企业家采用长期租赁集体建设用地的方式投资建设厂房，然后出租给有志于在金溪返乡创业的中小企业主，园区自己负责招商引资、收取厂房租金，同时付给当地集体经济组织土地租金。此模式非常灵活，适合县里目前大量散居于县城各处的服饰加工企业。只要政府给空间，这些企业主肯定有积极性租厂房。同时，县里也有不少资金实力较为雄厚的企业家，只要能开这个口子，相信这些有实力的老板也会有意愿。关键是不要急于让这类产业园出税收、出 GDP，产业的发展总是一步一步来的，这类园区主要应以给中小企业提供低门槛发展空间、解决就业、解决社会稳定、增加农民收入为主要目的。

六、要打通城乡之间的需求供应通道

观察成都的改革，其实最重要的一点，是不能单就农村抓农村，要把城市和农村统筹起来，因为不管是农村土地指标，还是各种各样的现代农业和特色农产

品，它们的需求都来自城市，特别是大城市。要搭建一个市场化的平台，把因大量人口、产业集聚所形成的城市需求，与农村中封闭的土地等资源有效对接起来。为此，金溪县、抚州市甚至整个江西省都需要做出大胆的改革，至少在如下几件事情上需要重点考虑并有所突破。

1. 构建更加公开市场化的占补平衡的指标交易市场

目前在江西省，这类交易仍然是各地区政府部门之间的内部交易，老百姓不懂，社会资本也不知如何进入，简而言之，这不是一个公开透明的市场。但在成都，这个市场不仅各级干部知道，大量民营企业知道，甚至老百姓也明白，更为重要的，这个市场是一个普通人看得见、摸得着的市场。只要你有经国土部门验收合格的占补平衡指标，就可以放到统一公开的流转平台去交易，价格也完全由买家和卖家之间的竞争来决定。我们应该借鉴成都的做法，把大量台面下的交易放到一个公开的市场上来，这样可以吸纳大量的社会资金进入。

2. 要勇于在集体建设用地入市流转的改革上探路

探索城乡建设用地同地同权，是党的十七届、十八届三中全会都提过的改革任务，也是在当前房地产市场调整和土地财政转型的背景下的大趋势。这方面，为了避免冲击本来就脆弱的县城房地产市场，我们可以选择两个方面展开探索：一个是用好用活城乡建设用地增减挂钩政策，把集体建设用地整理和指标流转这件事做好，并且争取跨县、跨市的流转试验权；二是如前所述，探索在县城附近的集体建设用地上搞一个中小企业园区。成都多个地方的经验摆在那里，关键看是否愿意放利。

3. 扩大指标流转半径，争取跨县甚至跨市交易

如果指标平移半径较短，被控制在各乡镇内部或者县内各乡镇之间，那么级差地租就不会太高，可以运作的空间就有限。成都市基于此前良好的基础，又从国家争取到一项政策，就是允许四川省巴州市、阿坝州的占补平衡指标和集体建设用地放到成都来卖，相当于实现了省内跨地级市的交易。为了更大范围内激活城乡建设用地这个市场，我们必须要争取扩大交易半径，要探索金溪的占补平衡指标也能拿到九江、南昌去卖，这样不仅很多荒地会被重新盘活利用，相当一部分空心村的废弃用地也会重新变为农田。

（2015 年 1 月）

关于农地确权的几点想法

黄　跃

最近，我抽空对全县的承包地确权工作进行了调研，现就更好地推进这项工作谈几点想法。

一、确权不是简单地登记发证

此次确权的重点是要让土地产权清晰、稳定下来。

1. 不解决好边界纠纷的登记发证，将埋下更多的纠纷隐患

清晰就是要止纷定争，把这块土地上所负担的债务纠纷通过这次确权给结清了，把权利的边界划分清楚，因为只有清楚的产权界定才是市场交易的前提。历史的教训仍然值得拿来讲，金溪县早年也发过一次证，当时为了应付上级检查，证是发下了，但不少纠纷和矛盾并未解决。结果这次确权时，有个老乡拿着当年政府发的产权证，死活不让再动他的地，导致村里其他几个人动手把他打了一顿。这位老乡认为政府不讲道理，天天跑到农业局来闹。这就是当年发证时对于还调不调地、怎么协调利益没有商量清楚，急急忙忙发证带来的麻烦。

2. 不解决好产权稳定的登记发证，有可能造成重复的浪费

稳定就是要在这次确权过程中，让土地和人的权利对应关系尽可能地固化下来，不能再因反复调地而使产权变动不定。如果不把产权稳定的方案先讨论清楚，想好应对利益调整可能带来的麻烦，那么这次政府花出去的测绘费、工作经费等都有可能浪费。举一个例子，成都市 1998 年时就已对全市承包地颁了一次证，当时也花了不少钱，可后来因为人口的反复调整和地块信息的变化，2008

黄　跃：中国城市和小城镇改革发展中心政策研究和试点指导处副处长、硕士。

年再次确权时老乡从抽屉里拿出当年的产权证一看，与他当时所耕种土地的面积、地块位置、户主信息完全对不上号。这样的产权证拿出去是没有法律效力和用途的。

基于这样的考虑，此次确权绝不能盲目求快，绝不能为了完成任务而简简单单地把几个数字填上去就了事。必须在认真解决好各类历史纠纷和制订出稳定产权方案的基础上，通过群众深入地公开讨论以后再确权发证，奠定长期发展的可靠基础。对于全县各个乡镇，也不必用政治压力要求所有乡镇都一个样子，重点选好几个积极性高的点做精、做透、做出榜样，反倒更有价值。对全国而言，土地确权也同样急不得，必须做扎实才不至于浪费，不至于为将来的流转留下更多的麻烦和纠纷。

二、认识清楚是开展工作的关键

一个人做一件事，想不通自然做起来跟挤牙膏似的很慢很难受，只有想通了以后做起来才有积极性。想没想通是认识问题，需要其他人和事情的启发，这时候宣传引导就显得很重要了。

1. 理清认识非常重要

从我们对各个乡镇的实际走访情况看，多数干部对“确权”的理解和认识就不到位，处于一种不理解和被动应付的状态，有的干部还有很强的抵触心理，遇到问题首先只会抱怨，一听老百姓说这件事难就会借机推脱不想做，不会主动地想办法去解决，因为他们的内心深处并不想好好地把这件事做完；有的干部则把这项工作完全当成一项政治任务来抓，虽然做得很认真，但因为并没有理解工作的重点，在老乡面前也讲不出个一二三来，工作真正开展起来还是比较被动。在大多数干部认识不到位的前提下，如果过快地施加政治压力，很容易出现造假和粗制滥造。

2. 宣传要讲到点子上

要破解上述这些工作没动力、工作抓不住重点的问题，必须找一个有丰富群众工作经验、懂得如何与老乡沟通，同时又对确权这个政策吃得比较透的干部进行现场宣讲。我印象很深，有几次召集乡镇、村组干部坐下来聊，当问起他们要不要调地时，一开始回答都说还要调，因为人口变动带来的利益平衡确实需要考虑。然而在事实上，他们也深知另一面，反复调田也有非常多的坏处。首先，经营权不稳定，不敢耕种长期的经济作物和做长期农田水利投资，土地肥力是不断下降的；其次，分来分去土地都细碎化了，不利于连片耕种，而连片耕地更适合开展土地平整、水利灌溉设施的建设；再次，因为地调来调去，村集体内部之间没有一个固定的产权证明，只有一份变动的调地台账，这就使得耕地流转的范围很窄，不能在更大范围内让更有能力的人来种田。如果能从方便老乡种地的角度指出这几个不利之处，老乡会认为你是懂情况的。若在此基础上进一步指出，其实人口变动后大家打破脑袋希望争取的无非就是那点利益，只要将这些收益转化为更容易分配的租金、分红、股权，人们的利益就能够得到补偿，这个问题自然就破解了。我们先后在两个村开了个短会，发现只要讲清楚道理后，在场的乡镇和村组干部均点头同意，这显示他们是发自内心地认可了以“调利不调地”的方式确权颁证的这一做法。

3. 有必要开几次思想辩论会

我从这几次鲜活的现场调研中得到了不少启发。全县确权工作的前期宣传工作做得还是不够到位，这也是为什么不少地方进展缓慢的主要原因。下一步要在县里召集一批既能说会道、又对政策理解到位的同志，给各乡镇的同志好好地讲几次。这里尤其要注意，一定要避免大而化之、不讲真东西的培训，所以讲课者的挑选必须慎重；同时，讲课的时候，允许讲解者与台下的听众辩论，把这个事情吵清楚，把长远的利害关系讲到位，要让人发自内心地理解和认同确权。

三、别让“汲取基层创造经验”沦为空谈

现在一说到改革，大家都喜欢用“汲取基层经验”这样的提法，但真正操作起来却又很容易变成“一刀切”、“老子天下第一”，使重要改革用语沦为空话、套话。其实，真正践行了这句话的人，总是能说出个一二三来的；好些讲话空洞的人，要么是没有沉下去认真调查研究，要么是信奉权力至上。

从我多次与村组干部聊天以及仔细研究全县 40 多个村小组确权方案所得到的启发看，村里确实有很多好办法值得我们在此次确权过程中加以借鉴。

譬如，当需要进田的面积比退回来的田亩数多的时候，田就不够用了，而大调整又麻烦，这时候该怎么办呢？老乡的应对办法是辟出部分田块作为集体“机动田”，以应付人口增减变动部分所带来的利益变化，这样大部分地块不用调，只调一小部分机动田就行。如果“机动田”也不够应付怎么办？排队。看谁先出生，谁就先分，此次没分到的人怎么办？等下一轮。先来后到。“机动田”实

际上是确保大部分土地产权稳定的重要安排。

再譬如，“调利不调地”的办法其实也是乡亲们自己想出来的。此次确权以前很多村组事实上也就是这么干的，因为“调利”比“调地”容易。有的家里今年种了好几亩橘子或经济苗木，调田时轮到退田时，退田户就和进田户商量通过补田租和粮补替代补地。后来这办法由政府提出加以推广后，部分村组还有创新，比如用“实物租”替代“货币租”，即以每亩多少斤稻谷而不是多少钱来结算，这样可以避免稻谷价格变动带来的利益麻烦。

还有，分田到户以后，如果承包人不好好种田，导致耕地抛荒了怎么办？老乡们的办法是，谁抛荒，谁就一直种那块田，不再重新分配。以此来作为一种惩罚。还有的村组在分田的时候，会把田分成一、二、三等级，调田的时候，只调中间档次质量的田，太差或太好的田都不动，这样在分田的时候就会减少很多麻烦。

四、基于“调利不调地”开展确权的效果

所谓“调利不调地”，就是在暂时做不到“长久不变”的现实情况下，先把承包经营权确认到户，然后把土地上产生的各种收益按集体经济组织内部的人口变动而相应调整。从实际工作进展看，采用这样的办法确权，已经有些积极效果初步展现了出来。

1. 群众更易理解，工作更好开展

在此次确权之前，村组干部也知道，调地本身是一件得罪人的苦差事，每次调地也要开好几次会，请老乡来开会还得付工钱，搞不好还经常得罪人，但碍于土地集体所有制的掣肘又不得不调。老乡也明白，地调来调去，既不稳定也不连片，想赚更多的钱也难。其实说白了，不管是要地也好、要租金也好、要股权也好，大家都是为了争取那点土地带来的收益，把收益平衡好了，大家都觉得没吃亏，这个扣自然就解开了。老乡们理解以后，内心自然也容易认同，工作积极性就高了，化解潜在矛盾纠纷的更多办法也会不断地被创造出来，比如粮租平衡、股权平衡等。黄通乡一个村的 8 个小组理解了“调利不调地”的精神以后，决定把土地承包权长期稳定下来，然后以 8 个组合起来成立一个大合作社，统一流转土地。

2. 种田收益更高，促进农民增收

有一种狭隘的想法认为，没有确权之前，地调来调去的，承包地不也一样可以流转，何必多此一举搞什么确权呢？不错，确权以前确实也可以流转，但那些类型的流转在时间、空间、金融、法律服务上明显地受到了限制。首先，流转期限一般都很短。为什么短，因为随时可能调地。其次，流转的范围一般仅仅局限在村子内部。土地的市场价值受市场规模的限制，而市场规模又极大地取决于产权流转的范围，范围小，能把同样的地种出更高价值的投资机会就少了。其三，因为以口头协议为主，没有担保和合法证明，种田大户以土地获取相应金融服务也非常麻烦，同时也不利于建立良好的征信机制。第四，口头协议说变就变，没人敢长期大本钱投资。我们可以拿陆坊乡的土地流转来举例，那里的土地因为村组自行商量后产权较稳定，采取农业合作社的方式整片流转土地，租金比零散和反复调田的地方多了很多。

3. 地块信息的互联互通为发展现代农业打下了基础

这一点效果目前来看还属于潜在的积极因素，但只要扎扎实实地做好了确权、做好对每一块土地的面积、肥力、方位、产权人、耕作历史信息的完整精确记录，随着这些信息在全国范围内的互联互通，传统农业的发展将可以获得与互联网结合的大机会，比如与此相关的农业物联网、农业生产物资或农产品电商、粮食安全品质等领域都将成为重大的投资发展机会，农业的形态也将被大城市里的互联网经济整体改造，到时候，越来越多的大城市人也会参与到农业过程中来，那才叫真正的现代农业。

五、确权是基础，流转是核心

确权这项工作必须再往前看一步，才不至于迷茫和不知所措，也才能找到新的工作切入点。

1. 确权只是基础，让老乡从流转中获得更高的收益才是目的

确权的最终目的，不是为了发个本本给老乡好看的，而是为了让老乡手中的承包地可以通过转让获得更高的种地收入或者租金收入，是为了盘活农民手中僵化的资产，让它可以变为更加值钱的资本。有了证，不论走到哪里，你都可以清清楚楚向身边的人说你是有一块财产的，而且是有政府法律保障的；有了证，你

可以在更大范围内把你的地流转出去，而且能照样获得收益；有了证，你还可以去银行申请抵押融资，将地变成解急用的钱，做更多的投资。

2. 从流转的实例中寻找确权激励

据统计，全县1439个村小组中，有30%的村小组在此次确权以前就坚持10年以上不调地，有10%的村小组甚至直接确定30年以上长期稳定。那么，在全县70%的村小组都反复调地的大趋势下，为什么这些村小组能够自发地坚持比较稳定的承包关系，它们又有哪些平衡人口增减利益变动的经验？我们在调研中也发现，有的村民为了种植生长周期更长的经济作物，也会通过在调田时调换地块实现小稳定，更有的村通过长期不调地实现了大稳定，以此来获取更高的租金。合市镇葡萄种植户为了不让调田影响葡萄种植，会想办法从兄弟家借同等田来补足。石门乡抚河沿岸自古就是柑橘老产区，为了获取柑橘相对于水稻的更高收益，有10个生产小组自1982年到现在承包地一直稳定。所以，调动农民积极主动完成确权的，肯定是流转的收益或者对更高收益的预期。这对我们开展工作的指导意义在于，如果能够尽快地搭建一个流转平台，促成几笔实实在在的流转，让老乡体会到，同一样块地加上清楚、稳定、有保障的转让权，可以释放出比传统方式更大的土地潜在价值，将是比任何口头上的宣传动员更有效的激励方式。

（2015年1月）

实施人地挂钩，促进农民工融入城镇

鲍家伟

研究制定城镇建设用地增加规模与吸纳农业转移人口落户数量挂钩政策，是有序推进农业转移人口市民化，促进农民工融入城镇，实现以人为核心的新型城镇化的有力举措，对于推进城乡之间、地区之间的劳动力、土地、资金等要素流动和市场配置，有效破解城镇化进程中的人、地、钱矛盾，具有重要意义。

一、人地挂钩的内涵

简单来说，人地挂钩就是“人往城转、地随人走、钱从地出”，人口转移—土地置换—资金产出，可谓一环紧扣一环。

1. 人往城转

人往城转，包括人口从农村地区迁往城镇地区（即城乡之间）；从本地区迁往外地区（即地区之间）。此过程，不仅体现在居住地的转变，更体现户籍身份的转变，转移人口只有与城镇居民或者迁入地居民享受同等待遇，只有享受附着于城镇户籍之上的各种权益和福利，才能算真正意义上的人往城转。当然，这些人是自愿并有能力转移的居民。

2. 地随人走

随着人口转移，土地的功能也随之转移。城镇依据进城人口，按照人均建设用地标准相应增加用地规模用以安置转移人口；农民进城后，相应地减少农村集体建设用地规模；这一增一减所节余的建设用地指标转移到城镇使用。这样地随人走，建设用地从人口迁出地置换至迁入地，通过空间布局的调整保证了建设用

鲍家伟：中国城市和小城镇改革发展中心规划院副研究员、博士。

地总规模的不变，也实现了土地要素的流动。

3. 钱从地出

节余建设用地指标有偿使用所带来的增值收益，是资金的主要来源。首先，人地挂钩完成了建设用地由集体所有向国家所有的转变，而国有建设用地的可抵押性，显现了土地的资本价值。其次，节余建设用地指标一般安排在城镇重点发展区内，区位优势创造了级差地租，指标的稀缺性和特许权增加了建设用地获取的难度和成本，土地价值必然得到提升。从节余建设用地指标交易中获取资金，实际上就是取之于土、用之于农。

二、人地挂钩的新探索

“人地挂钩”可视为城乡建设用地增减挂钩的“升级版”，在理念和思路上是一脉相承的。增减挂钩在如何统筹城乡发展、如何解决耕地保护的“动力”、城镇发展的“空间”和农村发展的“资金”三大难题等方面的探索，也是人地挂钩的重要内容，但与增减挂钩相比，人地挂钩有着更进一步的探索。

1. 城镇发展用地由指标控制向规模管控转变

通过人口规模来测算用地需求，是确定城镇发展规模的重要参考方式之一。将来城镇能够容纳多少新增人口，按人均建设用地标准即可大致估算出各类用地的需求量。然而现实中，城镇用地规模的确定往往不具有科学性，随意性较强。建设用地新增计划指标自上而下逐级下发，依靠行政性指令，一些大城市能获得更多的新增指标，而中小城市，特别是小城镇，却很难获得与需求相匹配的新增指标，甚至长期没有新增指标。然而，大城市苛刻的落户准入门槛，使得中小城市、小城镇已然承担起了有序推进农业转移人口市民化的重任。如此，有限的土地资源过多配置于少数城市，而中小城市、小城镇这些吸纳落户人口的主体却不能获得与之相匹配的用地指标，造成了资源错配。

当前，解决城镇发展用地需求，更多依赖于新增建设用地计划指标，然而在最严格的耕地保护制度之下，建设用地增量终会越来越少，面临供给极限，单纯依赖增量扩张已难以为继，供给依靠存量挖潜势在必行。充分利用存量建设用地，比如城镇低效用地、工矿废弃地、空置村庄用地等，成为未来支撑城镇发展用地需求的重要来源。

用人口规模来管控城镇发展规模，而不是单纯用土地指标来控制，能给更多城市带来符合自身需求的发展空间。人地挂钩就是要探索如何以人口规模为参考、以存量用地为来源，实现城镇发展用地由单纯的用地指标管理向发展规模管控转变。

2. 要素资源从县域向地区之间、区域之间流动

增减挂钩坚持封闭运行原则，严禁跨县级行政区域设置项目区。实践中，一些地方拆旧资源丰富，但节余的建设用地指标在本地使用所带来的收益难以平衡项目运转所需资金；一些地方资金充沛，用地需求旺盛，但拆旧资源匮乏，无法完成复垦置换出建新用地。一方可挖潜资源丰富，一方手握资金且有强烈用地需求，因为挂钩周转指标不能跨县域使用这一道坎，致使土地、资金这些要素资源无法互动配置。

人地挂钩就是要探索如何增强城乡之间、地区之间的土地资源，特别是农村存量建设用地的充分流动，将节余建设用地指标的使用范围从县域扩大至市域、省域，甚至是区域之间，用市场配置稀缺资源。但有一条原则必须强调，要素资源的流动必须以人的流动为根本，不能只要资源而不要人。

3. 土地城镇化与人的城镇化协同共进

近 20 年来，各地注重城镇规模的扩张，而忽视了人的落户定居，其结果是我国土地城镇化明显快于人口城镇化。有关数据显示，1990 年至 2000 年城市建设用地面积扩大 90.5%，城镇人口仅增长 52.96%，城市用地增长率与城市人口增长率之比是 1.71；2000 年至 2010 年，城市建设用地面积扩大 83.41%，城镇人口仅增长 45.12%，城市用地增长率与城市人口增长率之比达 1.85，均远远高于国际公认的合理阈值 1.12。

另一方面，2014 年，我国常住人口城镇化率已经达到 54.77%，城镇人口达 7.49 亿人，但户籍人口城镇化率只有 37%。这中间 2.4 亿人的差距就是在外务工的农民工以及城镇间的流动人口。现实情况是，大量农民工进城却不能落户、建设城市却不能享受城市福利，被户籍制度等藩篱阻隔在城市之外，无法享受与城镇居民同等的公共服务。

当前推进城镇化，核心是人的城镇化。过多追求土地城镇化而忽视人的城镇化的城镇化发展之路，已不合时宜。从单纯的土地挂钩到人与地的双挂钩、从单一的土地城镇化向人地同步城镇化转变，推进人的城镇化和土地城镇化协同共进，是人地挂钩探索的重点所在。更进一步来讲，实现真正意义上的人的城镇化，需要推动户籍、社保制度等一系列改革，消除各种藩篱，为农业转移人口市

民化创造条件，此可谓牵一发而动全身。

三、人地挂钩的难点

多年的增减挂钩试点已经探索出许多成熟且切实可行的办法，对于人地挂钩来说同样适用；而人地挂钩因为有了人这一要素，一些与之相关的核心问题需要我们重点关注和研究。

1. 如何算好农业转移人口账

人地挂钩的第一主体是人，有了人的转移，才能挂出地。算人口账，其实就是在算土地账。

首先，如何确保人口转移自愿化。人口转移应是自愿主动的，且转移之后具有在城镇生活的能力，避免人口“被转移”。比如重庆市农民工户籍制度改革中就严把进城入口关，以在城镇有稳定就业为转户前提，主要转户对象界定为常年在城镇务工经商的农民工，转入主城必须务工经商 5 年以上，转入区县城须务工经商 3 年以上。

其次，如何促进人口转移规模化。一两个人、一两户人的转移无法真正实现建设用地指标的转移，也不具有可操作性。只有统筹规划、总体控制、有序合理地利用人口转移总量指标，才能实现人地挂钩政策的初衷。要搞清人口转移的数量和方向，一个地区有多少人从农村迁移出来、迁移到哪里，是出县、出市还是出省，同时，吸纳外来人口有多少、有多少是农村人口、有多少是城镇户口？这都需要与统计、户籍管理等部门密切合作，详细分析预测。

再次，如何确定人均用地标准。针对大、中、小城市和小城镇，制定差别化的人均建设用地标准，等级越高，人均用地越少。这样一来，从等级低的城镇往等级高的城镇转移，迁入地安置转移人口的用地规模小于迁出地原有用地规模，这一增一减便可获取一定的节余指标用于城镇其他事业发展，也达到了通过人口规模来管控城镇发展规模，避免城镇无序扩张的目的。

2. 如何使用节余建设用地指标

人地挂钩后所产生的节余建设用地给谁使用、如何使用，是个关键问题。

一方面，中心城市、省会城市这些大城市，天然具有集聚各种要素资源的能力，也能通过较高的行政权力获得更多的新增建设用地指标，然而吸纳外来人口的数量却受到限制，比如北、上、广深这些城市，现在已经到了严格控制人口规模的阶段。中小城市特别是小城镇，是未来吸纳农业转移人口的主要载体，在获得新增指标相对较少的情况下，节余指标需要向这类城镇倾斜。此外，节余指标在迁出地与迁入地之间是否分配、如何分配，也需要考量。

其次，实现指标利用综合效益最大化，是另一个标准。用于商业、住宅等经营性用地，一次性获得土地出让收益，还是用于发展当地产业，获得持续性的税收收入，产生更多的就业机会，也是地方政府需要考虑的问题。

3. 如何实现指标增值收益共享

与增减挂钩相似，人地挂钩运转所需的资金，主要靠节余建设用地指标的收益。收益主要用于农民搬迁补偿和安置、农村建设用地复垦、农业转移人口市民化成本分担等。

如果节余指标是在县域范围之内使用，收益返还和分配不跨县级行政区，问题容易解决；如果节余指标是跨地区使用，指标收益如何在迁出地和迁入地之间分配，涉及资金在不同行政区域内转移使用的问题，是一个难题。同时，指标收益还存在短期与长期分配问题。如果是一次性收入，净收益应及时全部返还给项目区；如果是持续性收入，那么税收等预期收入该如何分配，值得研究。

建立稳定的收益分享机制，让参与人地挂钩的相关各方均能受益于节余指标的增值，是这一政策能否持续的关键。

四、对人地挂钩的建议

中央明确提出，到2020年要努力实现1亿左右农业转移人口和其他常住人口在城镇落户，应以人地挂钩为突破口，推进土地制度改革，进而带动户籍、就业、社会保障等制度改革，促进农业转移人口真正融入城镇。

1. 尽快出台人地挂钩相关政策

充分借鉴城乡建设用地增减挂钩试点的成功经验，结合财政转移支付同农业转移人口市民化挂钩、财政建设资金对城市基础设施补贴数额与城市吸纳农业转移人口落户数量挂钩的政策制定，把保障农业转移人口权益作为人地挂钩工作的出发点、落脚点，尽快出台人地挂钩工作的指导意见和管理办法，重点加强农业转移人口规模认定、不同规模城市的人均建设用地标准、指标使用和交易、指标收益使用和分配等关键环节的研究，为开展人地挂钩工作提供政策支持。

2. 积极稳妥开展人地挂钩试点

选择经济基础较好、群众积极性较高、有一定工作基础的地区，率先开展人地挂钩试点，探索人地挂钩的工作方法、运行机制和保障农民利益的途径。指导试点地区编制人地挂钩专项规划，统筹安排人地挂钩规模、项目和实施时序，制定土地权属调整、资金筹措与收益分配使用、农民生产生活安置、拆旧区复垦等方案，使人地挂钩工作与当地新型城镇化进程相适应。

3. 探索建立节余建设用地指标流转新机制

探索将节余的建设用地指标主要支持县域经济发展，在留足农村发展用地和就地工业化、城镇化用地后，将剩余指标用于跨县域、跨市域有偿调剂，实现指标价值最大化，增强反哺农村的能力。建立人地挂钩信息管理平台和人地挂钩指标交易平台，运用现代化的管理手段，统计人口流动及土地增减、功能变化、指标备案等情况，对指标的产生、流转、使用、核销以及收益返还分配等重点环节加强监管。

4. 建立严格的指标收益返还和分配使用制度

探索制订节余建设用地指标有偿使用最低保护价，县域内有偿使用节余建设用地指标的价格应不低于本市最低保护价。指标收益全额返还，集中到县级财政，专项用于人地挂钩试点项目的拆旧区复垦、新型农村社区基础设施建设、农民拆旧补偿与建新补贴、市民化成本分担等，逐步形成城市反哺农村、工业支持农业的良好机制。

（发改委第十一届中青年干部经济研讨会入围论文 2015 年）

对当前土地增减挂钩政策的几点再认识

——基于东北地区A镇土地增减挂钩的调查

吴 斌

土地增减挂钩政策已在全国探索推行近十年，自提出以来就被作为促进土地节约集约利用、统筹城乡发展的一项重要政策工具。各地实施过程中较好地处理了农民权益、发展用地需求和土地规划之间的矛盾，并不断尝试和探索，积累了较为丰富的经验，对于保护耕地、促进新农村建设、加快城镇化、工业化和农业现代化进程等方面都具有积极的意义。但目前随着农村集体土地制度改革的深入和农民各项权益维护的增强，土地挂钩政策正面临着瓶颈期，实施越来越难。

A镇是东北地区某区最大的古镇，也是重要的商贸集散地，为东北地区典型的农业大镇，处在工业化初期的发展阶段。这类城镇实施挂钩，无论从出发点、运作模式，还是所面临的难题，在全国都具有一定的普遍性。为此，笔者有幸对A镇实施的可行性进行了专题调研，望能为欠发达地区推行土地挂钩总结一些有益经验和做法，也为现行土地挂钩政策的困境寻求一些破题思路。

一、A镇推行土地增减挂钩的由来

A镇面积186平方公里（其中镇区面积1.73平方公里），总人口4.6万人（镇区1.7万人）。2012年，全镇国内生产总值46551万元，三次产业比为58：12.4：29.6，全口径财政收入达到1620万元，城镇居民人均可支配收入7989元，农民人均纯收入8700元，城乡差距不大。2012年A镇被列为东北地区省级重点镇，位于哈黑高速城镇发展轴上，这几年发展将面临一些机遇，加上其本身在区域内教育和文化资源的比较优势，具备了一定的发展潜力。区政府一向重视A镇的发展和建设，将其规划定位成区域性重点镇。

吴 斌：中国城市和小城镇改革发展中心副研究员。

区政府尝试通过土地增减挂钩给予A镇一些政策上的扶持，解决其未来在项目引进和产业发展中可能出现的用地瓶颈，拓展城镇发展空间，改善农民生产生活条件，促进当地经济发展，增强辐射带动效应。A镇领导为满足上级各类规划提出的发展定位，对自身发展的要求也很迫切，他们觉得土地增减挂钩是个机遇、是个“抓手”，可以用来招商引资，想把政策用好用足。但从调研来看，A镇实施挂钩的难度很大，尚未具备足够的条件，仍需谨慎推行。

二、A镇实施土地增减挂钩的难点

1. 区位优势不明显，土地开发价值不高

A镇距市区有31公里，境内没有高速，距离最近的哈黑高速出口有11公里。可见区位优势不是特别明显。市级各规划中，城区建设、环线交通、工业组团都没有规划到A镇，不利于其招商引资，未来难以形成较高土地级差地租。A镇现土地出让价格是住宅5.5万元/亩、工业用地10万元/亩、商业用地10.5万元/亩，和市区住宅14.5万元/亩、工业用地12.6万元/亩、商业用地34.4万元/亩相比，价格偏低。粗略计算，建安成本按每平方米1250元、每户宅基地占地大约1亩、拆迁补偿按80平方米每户计算，单安置房建设就需要6000万，土地出让收入根本无法平衡前期拆迁安置费用。

2. 土地指标并不紧张，且土地粗放利用并存

A镇是全区发展的中心镇、重点镇。区里在用地指标上给予了特别的倾斜。2010年，全区土地利用规划修编时，共规划280公顷新增建设用地指标，给A镇预留了16.3公顷。对A镇每年的用地计划也予以足够的保障，尽量保证其产业经济的发展，建设用地供需矛盾并不突出。2012年全区共有6.3公顷农转用计划指标，给了A镇1.5公顷。2013年区里只有6公顷农转用计划指标，又给了A镇3公顷。指标全部用于一家食品深加工企业，现正在施工建设。但A镇在享受区里给予优惠的同时，对指标的使用并不节约集约。调研发现，这家企业规模不大，投资1500万，建设占地不到1万平方米，却占用了45亩的指标，厂区周边还有大量的闲置土地未利用。

3. 现有生产生活方式造成农民上楼积极性不高

之前镇里对镇区周边拟拆迁村屯进行过摸底，同意拆迁的比例仅为80%左

右。真正到了实质性谈判签字阶段，比例可能会更低，而且会面对农民漫天要价的情形。北方农民习惯于居住平房，屋前的小院子里可以种点菜自家吃，厨房可以烧灶台，冬天用火炕，用水打深井。老百姓拆迁上楼后，居住方式发生很大变化，会有很大的不适应，物业费、取暖费、水费等都需要额外承担，生活成本会增加，特别是上了年纪的老人上楼爬楼梯很不方便，另外牲口饲养、农机具堆放等都是问题。目前A镇的农民对土地的依赖程度比较高，传统观念造成老百姓上楼意愿不强。

4. 镇政府财力吃紧，难以推动挂钩实施

A镇还处于“吃饭财政”的水平，财政现是统收统支。全镇税源少，每年财政收入不到1000万元，每年支出算上一般性转移支付和专项转移支付，能达到2000万元以上（2012年为2879万元），除去人员工资和日常开支，所剩无几。镇域内基础设施老化严重，道路、下水和供暖管网都不健全，政府已无钱对基础设施进行修建和完善。挂钩实施前期的过渡安置费、复垦费、安置房建设费等成本巨大，只能指望有实力雄厚的企业来运作，但在目前经济形势下行压力较大的环境下，吸引合适企业整体开发的可能性不大。且之前全区都没开展过土地增减挂钩工作，没有类似经验可供借鉴。

三、对推行土地增减挂钩的几点思考

1. 土地增减挂钩要量力而行，不要盲目跟风

可以看出实施挂钩需投入大量资金，同时应当具备以下条件：一是当地经济发展较快，具备较强的经济实力；二是农民搬迁上楼的意愿强烈，积极性较高；三是市场经济比较活跃，能吸引企业主体来参与运作；四是项目区要选择大中城市的近郊区。而目前发展项目的压力和土地增值的预期造成地方政府土地储备的欲望强烈，往往不切实际地盲目跟风推行土地挂钩。所以政府在土地利用中还需量力而行，尤其对处于工业化初中期的区域来说，一定要厘清发展思路，不要“病急乱投医”，不要与当地发展实际相“脱钩”，不要以此造成政府财政负债和老百姓生活水平下降。

2. 地方政府对挂钩理解存在偏差

多数政府还把土地增减挂钩简单理解为解决地方经济发展用地需求和降低土

地获取成本的手段，违背农民意愿强拆强建，大肆圈占农村集体土地，没有充分做好与当地农民就业、产业发展、新农村建设的整体协调，对挂钩周转指标的偿还难度估计不足。如A镇觉得有指标就是好事，能加快地方经济发展，没形成成熟完整的思路，拆哪些农村居民点、将来农民安置的形式、补偿的方式、建新指标如何使用等，都只有初步的想法，没有算好一笔笔的经济账。另外，区和镇也没成立相应的领导小组来保障土地增减挂钩的实施。

3. 挂钩政策的红利正逐步消失

目前，国土部推行的拓展建设用地新空间的八条途径中，挂钩政策是地方实施难度最大的一项。这项政策从刚开始的大家不了解，到后来地方政府热情高涨实施，再到现在的降温，甚至变成了一种上级任务考核指标，就是因为涉及农民拆迁补偿，带来了高成本投入和复杂的社会利益关系。同时，随着先期实施过程中的先易后难，以及集体土地征收成本的增高，农村居民点拆迁难度将越来越大，潜力非常有限。政策中的土地收益全额返还、税收的减免等，因缺少部门协调力度，有时也是一纸空文。现在地方政府的积极性明显消退，急需对政策进行重新评估和完善设计。

四、政策建议

1. 建立挂钩退出机制，适时止损

对于目前土地增减挂钩推行不下去的区域，要及时引导其退出，不能强行实施，不能造成社会矛盾。资金落实是实施挂钩工作的关键，但资金闭合的周期一般要长于土地平衡的周期，应充分评价近期筹资的潜力，要对金融风险能合理的预判，避免政府债务的产生，避免土地闲置。对被拆迁征地老百姓的生计缺乏考虑的项目要及时阻止。对已经先占后补的挂钩项目，一定要扣减年度计划指标。A镇这类情况，需慎用挂钩政策，或者可以中止实施，等条件完善成熟时再推行。

2. 充分考虑农民权益，保证被拆迁征地农民的就业

地方在实施土地挂钩过程中，像A镇这种农业型乡镇，一定要解决被拆迁征地农民的后顾之忧，考虑还迁农民的就业、社会保障等各项可持续措施。多引进劳动密集型企业落户，增加非农就业机会，注重农民就业培训，大力扶持和发展

农产品加工企业，解决好本地农民的就业问题，特别要依靠本镇优质教育资源，加强镇区服务业的发展。把维护农民合法权益放在第一位，充分尊重农民意愿，在拆迁补偿和安置还迁等方面，坚持公开、公正、公平，实施公示制度，使农民能够通过正常渠道表达利益诉求。

3. 增加规划用地指标，保障周转指标落地

全国土地利用总体规划已经实施到中期，本轮规划修编设定的规划建设用地新增指标几乎殆尽，而调整规划只能在现有规划建设预留指标内腾挪，即有条件建设区和允许建设区进行空间上的互调，规划指标并不增加，造成挂钩周转指标难以落地。A 镇 16. 3 公顷的新增建设用地规划指标这几年已经用了 10 公顷，剩余 6. 3 公顷，已无法消化挂钩周转指标。将来要使挂钩政策更有吸引力，应根据整理出来的新增耕地，按比例给其增加规划用地指标，增强其节约集约用地的动力，而不仅仅是对未来建设用地指标的提前使用。

4. 加快土地流转，提高农业规模化经营程度

A 镇耕地面积 21. 5 万亩，人均耕地达到 4. 6 亩，涉及流转的耕地有 17. 3 万亩①，土地多在以亲缘和家族关系为纽带的合作社范围内进行流转，80 ~ 100 亩的小规模流转为主，难以形成大规模的种粮大户和家庭农场，机械化代耕代收的情况较普遍，固有的生活生产方式造成农民对土地的依赖程度较高。下一步应鼓励土地充分流转，释放和转移农村劳动力，增加农民非农收入，解决被拆迁征地农民的后顾之忧，促进土地增减挂钩顺利推进。

5. 挂钩政策的制定应当考虑到区域发展差异

东部沿海发达地区，用地本来就已经很集约了，老百姓都是高层小楼，拆迁的成本巨大，腾地率有限，农民对土地的维权意识特别强。像珠三角地区，村集体经济的利益很牢固，可能城镇低效用地再开发或城市更新政策更适合这些地方，每年的挂钩指标用不完。中西部地区大城市周边，农民出于对进城和生活条件改善的迫切需要，会形成较大的土地级差收益，挂钩实施相对容易推进，如四川、重庆就容易出经验、出效果。但东北地区气候环境和地理位置限制挂钩政策实施，11 月到次年 4 月份都不能建设施工，挂钩的实施周期会很长，能做出特色更是很难。所以土地挂钩在政策设计上、每年的指标分配上、实施的周期上要

---

① 旱田每公顷每年流转费用平均是 6000 元，水田是 8000 元。

考虑区域发展的差异。这和当前国土部门推行的差别化的土地管理政策相适应。

6. 通过改革充分发挥政策余温

首先，做好和目前相关的改革试点的衔接，如土地金融政策的创新、集体土地流转的创新、土地和宅基地换股权及实施土地流转抵押、信托等，建立宅基地退出机制，降低拆迁补偿难度。其次，通过挂钩整合扶持各种新农村建设的专项资金，增加挂钩前期资金投入，提高投入效益，如结合现在的美丽乡村建设，打造区域特色。第三，要探索挂钩指标的跨区域调剂，让市场来决定资源配置方式，逐步推行“人地挂钩”，推进城乡要素平等交换。另外，挂钩工作在封闭运作的基础上，可以适当放开限制，对建新地块进行弱控制，允许时间和空间上的适当调整。

（2014 年 2 月）

江苏省建设用地利用效益区域差异及分区管制

吴　斌　郭　杰　欧名豪

[摘要] 研究目的：从经济、社会和生态效益三方面综合评价建设用地利用效益，为区域差别化的建设用地管理政策的制定提供科学依据。研究方法：综合评价法、改进熵值法、Moran' s I 指数分析法。研究结果：①江苏省建设用地利用效益区域差异性较大，建设用地利用效益呈现出区域聚集的特征；②根据建设用地利用效益的区域差异，可将江苏省分为调整优化区、重点发展区、适度发展区和生态保护区。研究结论：应根据不同区域建设利用效益差异、社会经济发展特征，构建区域差别化的建设用地管理政策。

[关键词] 建设用地利用效益；分区管制；改进熵值法；综合评价法；江苏省

一、引　言

经济发展阶段和资源禀赋具有明显的区域特征，是建设用地利用效益的重要影响因素。随着工业化和城市化的快速推进，统一的建设用地管理方式导致我国建设用地利用效益的区域效应差异明显，不利于社会经济的可持续发展。科学评价区域建设用地利用效益，据此制定区域差别化的建设用地管理政策，成为目前我国土地科学领域关注的重点问题。

建设用地利用效益是在一定的时间与区域内，单位建设用地利用直接产生的社会、经济与环境效益，其实质是单位面积土地投入在区域发展的经济、社会与环境等方面所实现的物质产出或有效成果。近年来，相关学者开展了大量的研究：强真等采用因子分析法对我国城市建设用地利用效益的空间差异进行评价；

吴　斌：中国城市和小城镇改革发展中心副研究员。

郭　杰、欧名豪：中国土地问题研究中心。

黄木易等分析了浙江省城市用地综合效益、协调度的时间特征；林坚等从功能分区角度提出建设用地节约集约利用评价的技术体系与思路；姜海等评价了江苏省县域建设用地集约水平及其影响因素。已有研究多关注建设用地的经济和社会效益评价，对建设用地的环境效益重视不足，评价指标体系的分歧、评价权重确定的主观性，使不同研究结果缺乏可比性，限制了建设用地利用效益评价在区域差别化管理中的推广应用。

鉴于此，本文从经济、社会和环境三方面构建建设用地利用效益评价指标体系，采用综合评价法和改进的熵值法，评价江苏省65个县（市、区）的建设用地利用效益，并结合基于Moran' s I指数的空间关联度分析划定建设用地管理区，明确分区建设用地管制措施，为建设用地区域差别化管理提供借鉴。

二、区域概况及数据处理

1. 区域概况

改革开放以来，江苏省经济持续快速增长，经济发展水平位于全国前列。江苏省用占全国1%的土地创造了全国10%的GDP。但与此同时，伴随着高速的经济增长，江苏省建设用地总量迅速增加，农用地特别是耕地面积不断减少。1996~2008年，全省建设用地总量累计增加23.44万公顷；同期，耕地累计减少24.47万公顷。从空间分布来看，土地利用变化剧烈地区与经济增长的中心高度重合：1996~2008年苏南地区建设用地增加14.21万公顷，占全省新增建设用地总量的60.61%；苏中地区建设用地增加4.26万公顷，占全省18.19%；苏北地区建设用地增加4.97万公顷，占21.20%。江苏省建设用地利用变化呈现出典型的区域特征，客观上要求开展建设用地利用效益的区域差异分析，并制定区域差别化的建设用地管制策略，以促进区域协调发展。

2. 数据来源及处理

评价单元为江苏省65个县（市、区）。数据来源于《江苏省统计年鉴2009》、江苏各地级市统计年鉴2009年版以及2008年江苏省土地利用变更调查数据。其中，评价单元2008年普通中学数量缺失，采用了2007年数据和2009年数据的平均值替代。

三、建设用地利用效益评价

1. 评价指标体系构建

考虑到建设用地利用效益评价是对建设用地利用结构和功能的评估。指标选择除遵循科学性、系统性、独立性、可比性、可量化性和数据可获取性等一般原则外，还应满足以下特点：①能体现建设用地的利用特征；②与建设用地的功能、产出和外部效益紧密相关。

结合相关文献，构建三层次建设用地评价指标体系：准则层、因子层和指标层。第一层为准则层，包括经济效益、社会效益和环境效益。经济效益指建设用地的投入强度和与投入相适应的产出；社会效益指建设用地的功能及产出能够满足社会需求的程度；环境效益指由建设用地利用的生态环境影响。第二层为因子层，经济、社会和环境效益细分为7项因子。其中，产出效率反映建设用地的经济产出；投入效率反映建设用地生产要素的投入；集约利用反映建设用地的利用强度；人口聚集反映建设用地承载的人口及劳动力；公用设施反映建设用地提供的公共服务功能；污染治理反映建设用地污染治理水平；绿化环保反映建设用地生态利用状况。第三层为指标层，包括地均第二、第三产业增加值等直接反映建设用地利用效益因子层的15项指标。详见表1。

表1　　建设用地利用效益评价指标体系

准则层	权重	因子层	指标层	指标计算	权重	单位	性质
经济效益	0.398	产出效率	地均第二、第三产业增加值	第二、第三产增加值/建设用地规模	0.172	万元/km²	正效
			地均财政收入	财政收入/建设用地规模	0.168	万元/km²	正效
		投入效率	固定资产投资回报率	第二、第三产固定资产投资/第二、第三产增加值	0.166	%	正效
			地均城镇建设资金投入	城镇建设资金总额/建设用地规模	0.152	万元/km²	正效
		集约利用	人均建设用地面积	建设用地规模/总人口	0.186	m²/人	负效
			农村居民点用地容积率	农村建筑总面积/农村居民点用地规模	0.155	—	正效

续表

准则层	权重	因子层	指标层	指标计算	权重	单位	性质
社会效益	0.365	人口聚集	地均人口负荷	常住人口/建设用地规模	0.185	人/km^2	正效
			地均第二、第三产业从业人员	第二、第三产业从业人数/建设用地规模	0.212	人/km^2	正效
		公共设施	交通运输用地比例	交通运输用地规模/建设用地规模	0.206	%	正效
			地均卫生机构床位数	卫生机构床位数/建设用地规模	0.176	张/km^2	正效
			地均普通中学数量	普通中学数量/建设用地规模	0.221	所/km^2	正效
环境效益	0.237	污染治理	地均工业废水处理量	达标工业废水排放量/建设用地规模	0.267	t/km^2	正效
			地均工业烟尘处理量	达标工业烟尘排放量/建设用地规模	0.253	t/km^2	正效
		绿化环保	地均工业固体废物利用量	处置工业固体废物量/建设用地规模	0.226	t/km^2	正效
			园林绿地面积比例	园林绿地面积/建设用地规模	0.255	%	正效

2. 指标标准化及权重确定

(1) 指标标准化。为消除不同指标单位的影响，对指标进行无量纲处理，即指标的标准化。本文采用极差标准化法对指标进行标准化：

$$X'_{ij}=\begin{cases}\dfrac{X_{ij}-X_{i,\min}}{X_{i,\max}-X_{i,\min}}\text{（正效益）}\\[2ex]\dfrac{X_{i,\max}-X_{ij}}{X_{i,\max}-X_{i,\min}}\text{（负效益）}\end{cases}$$

式中，X'_{ij} 为标准化后指标值，X_{ij} 为处理前指标值，$X_{i,\max}$ 为处理前第 j 指标的最大值，$X_{i,\min}$ 为处理前第 j 指标的最小值，i 为样本数，j 为指标数。

(2) 基于改进熵值法的指标权重确定。多指标综合评价中，确定指标权重的方法有两种：主观赋权法和客观赋权法。主观赋权法是一类根据评价者主观上对各指标的重要程度来决定权重的方法，客观赋权法所依据的赋权原始信息来源于客观环境，它根据各指标的联系程度或各指标所提供的信息量来决定指标的权重。本文选用客观赋权法中的熵值法，并针对熵值法在实际应用中遇到的问题对其进行合理改进。

第一，熵值法的基本原理。

设 n 个指标、m 个区域，形成原始数据矩阵 $X = (x_{ij})_{m,n}$，对于某项指标 x_j，若指标值 x_{ij} 差距越大，则该指标在综合评价中所起作用也就越大；反之就越小。若某项指标的指标值全部相等，则该指标在综合评价中不起作用。在信息论中，存在函数关系：$H(x) = -\sum f(x_i)Inf(x_i)$。式中，$H(x)$ 为信息熵，是系统无序程度的度量；$\sum f(x_i)Inf(x_i)$ 为信息，是系统有序程度的度量；两者绝对值相等，符号相反。某项指标的指标值离散程度越大，则 $H(x)$ 就越小，该指标所提供的信息量也就越大，故其权重也应越大；反之，指标间离散程度越小，信息熵就越大，其容纳的信息量也相应越小，权重理应越小。所以，我们根据指标间的离散程度，用信息熵来确定指标权重，为建设利用效益评估提供科学依据。

第二，熵值法的基本步骤。

第一步，将指标同度量化，计算第 j 项指标下第 i 区域指标值的比重：$P_{ij} = x_{ij}/\sum x_{ij}$；

第二步，计算第 j 项指标的熵值 e_{ij}：

$e_j = -k\sum p_{ij}Inp_{ij}$，令 $k = 1/Inm$，则：$e_j = -(1/Inm)\sum p_{ij}Inp_{ij}$；

第三步，计算第 j 项指标的权重：$a_j = (1 - e_j)/\sum_{n=1}^{j}(1 - e_j)$。

第三，改进的熵值法基本步骤。

在进行建设用地利用效益评价时，往往会遇到一些极端值，特别是在指标值为负数时不能直接计算比重，也不能取对数，因此我们需要对该项指标数据用标准化法进行变换。步骤如下：

第一步，标准化处理：$Z_{ij} = (X_{ij} - X_j)/S_j$，$Z_{ij}$ 为标准化后的指标值，X_j 为第 j 项指标的平均值，S_j 为第 j 项指标的标准差。

第二步，由于标准化处理后会出现负值，影响后期数据处理，需对标准化后的指标进行非负化处理：$Z'_{ij} = Z_{ij} + A$（Z'_{ij} 为平移后的指标值，A 为平移幅度）。

第三步，用 Z'_{ij} 替换原数据 X_{ij}，进行权重计算。

用改进的信息熵法确定指标权重不需要加入任何主观信息，是一种完全意义的客观赋权法，有利于缩小极端值对综合评价的影响，比传统方法更加有效、可靠。

3. 建设用地利用效益评价

运用综合评价法评价建设用地利用效益：$E_i = \sum_{n=1}^{j} W_{ij} \times X'_{ij} \times 100\%$ ，式中 E_i 为各市的单项效益，W_{ij} 为因子层权重；$E_{总} = \sum_{n=1}^{3} W_j \times E_i \times 100\%$ ，式中 $E_{总}$ 为各市的综合效益，W_j 为准则层的权重。

四、建设用地利用效益的空间差异及分区管制

1. 建设用地利用效益的空间差异分析

运用上述方法计算建设用地利用效益，江苏省建设用地利用效益区域差异较为显著（表2）。就综合效益而言，苏州市、无锡市、常州市等苏南地区建设用地利用综合效益较高，苏中地区的南通市、泰州市等次之，苏北的淮安市、盐城市、宿迁市和连云港市等综合效益较低。在各分项效益中，经济效益反映的是土地利用投入与产出的配比关系，指标值以苏州市、无锡市、常州市等经济发达地区较高，该地区先进制造业和现代服务业为支柱产业，土地集约利用水平较高；而盐城市、连云港市和宿迁市等苏北地市建设用地利用相对粗放，建设用地经济效益也较低。社会效益反映建设用地的社会承载力功能，建设用地有效支撑了人口集聚、公共基础设施建设，苏锡常等苏南地市、南京和徐州等都市圈中心城市，建设用地利用的社会效益均较高。环境效益用以衡量建设用地利用的生态环境影响，指标值以无锡、淮安等湖泊湿地布局城市，南通、盐城、连云港等沿海滩涂集聚城市较高，由于资源禀赋决定的城市发展定位促进了建设用地环境效益的提升；而徐州等资源型城市、镇江等重化工业城市，由于环境治理任务较重，影响了其环境效益评估结果。

表2　江苏省建设用地利用效益评价结果

行政区域	经济效益	社会效益	环境效益	综合效益
苏州市	0.999	0.828	0.527	0.825
无锡市	0.843	0.721	0.605	0.742
常州市	0.523	0.646	0.717	0.614
南京市	0.592	0.625	0.534	0.590

续表

行政区域	经济效益	社会效益	环境效益	综合效益
南通市	0.334	0.612	0.710	0.524
泰州市	0.362	0.571	0.381	0.442
徐州市	0.236	0.612	0.413	0.415
扬州市	0.268	0.360	0.561	0.371
淮安市	0.123	0.275	0.759	0.329
镇江市	0.363	0.272	0.249	0.303
盐城市	0.115	0.301	0.537	0.283
宿迁市	0.136	0.302	0.464	0.275
连云港市	0.044	0.125	0.639	0.214

2. 基于 Moran's I 指数的建设用地利用效益的空间关联性分析

基于县级单元建设用地利用效益数据，构建基于 Moran's I 指数的空间关联性模型，研究江苏省县级单元间的建设用地利用效益差异和空间关联性，为建设用地差别化管理提供依据。

（1）全局 Moran's I 指数。全局 Moran's I 指数反映空间邻接或邻近的区域单元属性值的相似程度，使用 GeoDa 软件计算全局 Moran's I 指数，空间权重系数矩阵根据 rook 法则自动生成。经计算，江苏省建设用地利用效益的全局 Moran's I 指数值为 0.58（图 1 直线斜率）。分别进行随机分布和近似正态分布显著性检验，两种检验的标准化 Z 值分别为 6.08 和 6.18，远大于正态分布 99% 置信区间双侧检验阈值 2.58。表明江苏省建设用地的利用效益整体上具有较强的正自相关性，呈现出显著的空间集聚模式。

引入 Moran 散点图分析江苏省建设用地利用效益的空间结构，Moran 散点图的四个象限分别对应于区域单元与其邻接单元之间的四种局部空间联系形式。其中，第一象限代表高观测值的区域单元被同是高值的区域所包围的空间联系形式，即 High - High 集聚型；第二象限代表低观测值的区域单元被高值的区域所包围的空间联系形式，即 Low - High 集聚型；第三象限代表低观测值的区域单元被同是低值的区域所包围的空间联系形式，即 Low - Low 集聚型；第四象限代表高观测值的区域单元被低值的区域所包围的空间联系形式，即 High - Low 集聚型。从图 1 可以看出，各县（市、区）的建设用地利用效益多分布在 High -

High 集聚型和 Low - Low 集聚型，区域均值与各县（市、区）的建设用地利用效益标准化值大致呈正相关。

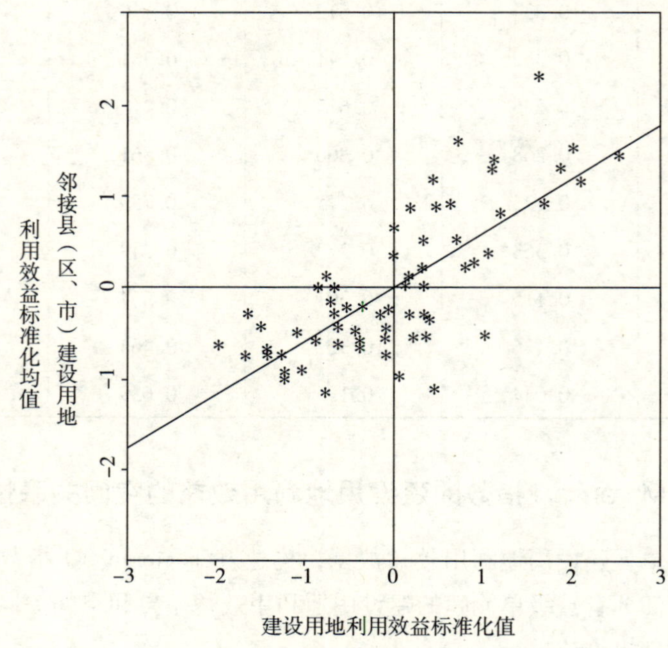

图 1　建设用地利用效益局部 Moran's I 指数散点图

（2）局部 Moran' s I 指数。尽管全局 Moran' s I 指数可以衡量整体集聚的程度，但无法分析评价单元与周边区域之间的联系，因而不能准确判断县（市、区）对周边地区的辐射效应或极化效应。局部 Moran' s I 指数描述某空间单元与其邻域的相似程度，表示每个局部单元服从全局总趋势的程度。经过 GeoDa 软件计算，得出江苏省各县（市、区）建设用地利用效益的局部 Moran' s I 指数，并以 $P \leqslant 0.01$ 为标准，将通过显著性检验的计算结果绘成 LISA 集聚图（图2）。属于 High - High 集聚型的为苏南地区，属于 Low - Low 集聚型的基本处于苏北地区。苏南地区的苏州市区、无锡市区等 8 个县级市形成了极化效应，对周边地区带动作用较大；苏北地区的徐州市区、淮安市区、宿迁市区和连云港市区等属于 High - Low 集聚型，说明苏北地区行政中心对周边地区的辐射力较小，没有有效发挥增长极作用；苏北的丰县、铜山县等 5 个县（市、区）属于 Low - Low 集聚型，则形成了建设用地利用较低的集中分布区域。

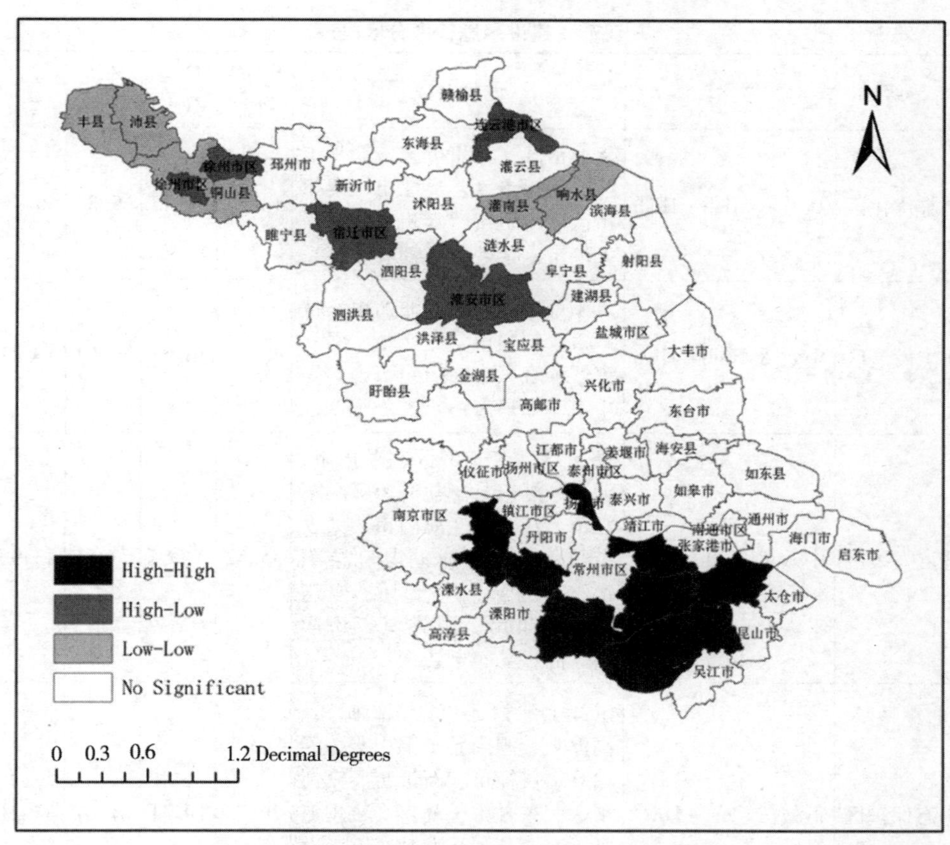

图 2 建设用地利用效益的 LISA 集聚图

3. 基于利用效益空间分异的建设用地分区管制

传统的苏南、苏中和苏北划分，忽视了县级单元之间的差异性，不利于建设用地的区域精细化管理。本文选择综合效益指标值的上、下三分位点，将江苏省分为三个效益等级；在此基础上，结合其空间关联性类型，构建建设用地管理分区的聚类分级矩阵，结合江苏省 65 个县（市、区）的建设用地利用状况，将江苏省划定为调整优化区、重点发展区、适度发展区、生态保护区四种建设用地差别化管制区。

（1）调整优化区：建设用地面积 3543.81 平方公里，占江苏省建设用地总面积的 18.63%。该区先进制造业和乡镇企业高度发达，建设用地利用效益较高，对周边地区的建设用地利用效益有明显的极化效应，土地开发强度已接近极限，外延扩展空间不足。

表 3　　江苏省建设用地管理分区表

等级	类型	评价对象	经济效益	社会效益	环境效益	综合效益
调整优化区	高效 & High – High	南通市区、苏州市区、徐州市区、无锡市区、吴江市、泰州市区、昆山市、常州市区、张家港市、泰兴市、启东市	48. 77	53. 42	69. 87	55. 46
重点发展区	中效 & High – High	丹阳市、姜堰市、通州市、常熟市、江阴市、金坛市、南京市区、宜兴市、扬州市区、扬中市、如皋市	40. 54	36. 95	70. 54	46. 33
适度发展区	中效 & High – Low	阜宁县、淮安市区、兴化市、沛县、灌南县、盐城市区、靖江市、江都市、海门市、太仓市、海安县、建湖县、溧阳市、宝应县、睢宁县、如东县、邳州市、泗洪县、沭阳县、涟水县、丰县	35. 52	34. 62	72. 54	43. 96
生态保护区	低效 & Low – Low	洪泽县、宿迁市区、高邮市、高淳县、泗阳县、铜山县、赣榆县、仪征市、新沂市、镇江市区、东台市、滨海县、东海县、灌云县、金湖县、连云港市区、大丰市、射阳县、盱眙县、溧水县、响水县、句容市	28. 74	19. 41	67. 07	34. 41

管制措施：①优化建设用地利用结构。合理划定建设用地功能区，严格建设用地空间管制，优化建设用地结构和布局；应注重建设用地内涵挖潜，通过旧城改造、城乡建设用地置换，盘活存量建设用地；强化闲置建设用地的管理，促进存量建设用地的二次开发。②积极探索门槛设置、集约利用管控和低效用地退出等建设用地的全过程管理，逐步减少划拨和协议出让供地的比例，充分发挥市场的作用，通过价格机制促进建设用地利用效益的提高。

（2）重点发展区：建设用地面积 3809. 74 平方公里，占江苏省建设用地总面积的 20. 03%。该区主要位于调整优化区的外围区域，经济发展与建设用地利用受调整优化区的正面影响，建设用地利用效益与外延拓展均有较大的提升空间，是未来江苏省经济发展的重点区域。

管制措施：①推动区域协调发展，通过合理的分工与协作提升经济发展与建设用地利用效率。依托与调整优化区相邻的区位优势，通过区域的土地利用合作与利益分享机制，解决重点发展区的技术、资金的制约问题和调整优化区建设用地资源的短缺问题，实现双赢。②推动高新技术产业和高端服务业的发展，促进产业转型与升级，并将受土地和成本限制的制造业向适度发展区转移，充分实现人力资源、土地资源和资本资源的区域间合理流动，最终实现区域协调发展。

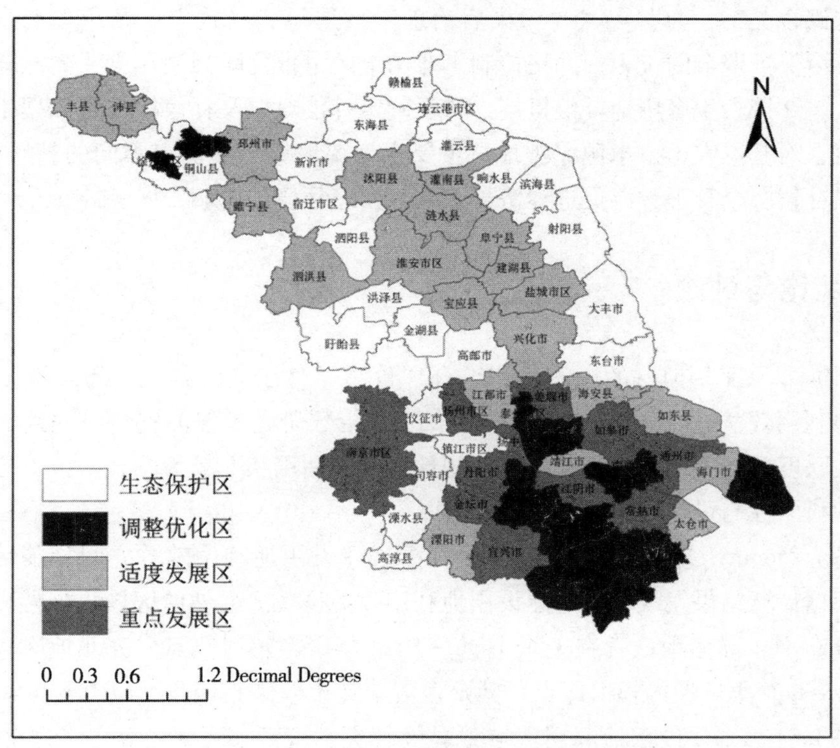

图 3　江苏省建设用地管理分区图

（3）适度发展区：建设用地面积 5494. 13 平方公里，占江苏省建设用地总面积的 28. 88%。该区经济发展水平在全省位居中游，主要集中于苏中、苏北地区。建设用地利用效益总体上也处于中等，受调整优化区的带动作用较小，对周边地区拉动作用也不明显。

管制措施：该区仍处于工业化中期阶段，土地城镇化速度显著高于人口城镇化速度，导致区域内农村劳动力富余，外来劳动力吸收能力较弱，极化效应不显著。①必须积极承接调整优化区、重点发展区的产业转移，优先发展劳动密集型产业，积极引导和安置农村剩余劳动力；②立足劳动密集型产业的基础，吸收资本、引进技术，逐步向技术密集型产业转型，促进建设用地利用效益的提升。

（4）生态保护区：建设用地面积6175.89平方公里，占江苏省建设用地总面积的32.46%。该区主要集中在响水、滨海等江苏省沿海地区和洪泽、盱眙等洪泽湖等里下河低洼区域。该区域滩涂等湿地资源丰富，生态敏感性较高，建设用地利用效益较低。

管制措施：①注重建设用地的环境治理与生态保护。环境效益与社会经济效益具有耦合关系，为避免“先污染后治理”发展模式导致生态系统失衡，必须加大环境保护资金的投入，严格控制工业用地的审批，限制高污染、高能耗企业的进入。②探索生态用地补偿机制，科学确定补偿对象及补偿标准，依据生态服务价值，对基本农田、水源保护地、重要生态湿地等分类确定不同的补偿标准，并加强补偿资金管理，以促进经济、社会与生态环境的协调发展。

五、结论与讨论

（1）本文采用改进的熵值法和综合评价法，对江苏省各县（市、区）的建设用地利用效益进行分析，并综合 Moran's I 指数研究了江苏省建设用地效益的空间关联度，计算结果与江苏省建设用地的实际利用状况较为吻合，该方法具有较高的科学性与可行性。

（2）Moran's I 指数较好地揭示了江苏省建设用地利用效益空间相关性的特征，根据计算结果发现江苏省建设用地利用效益呈现出强烈的区域集聚性。在极点的分布上，苏南地区存在1个 High－High 集聚型辐射热点，苏北地区存在两个 Low－Low 集聚型的辐射冷点，其余多数县（市、区）极化效应不明显。

（3）江苏省建设用地利用区域差异性较大，资源禀赋和经济社会发展阶段差异需要区域差别化的建设用地利用与管理模式。基于利用效益区域差异和 Moran's I 指数，将江苏省建设用地划分为调整优化区、重点发展区、适度发展区和生态保护区，并构建区域差别化的建设用地管理政策，可为建设用地区域精细化管理提供借鉴。

（4）由于建设用地利用的复杂性和各县（市、区）在区域的职能与发展方向的不同，该评价体系仍存在不够全面、指标区域可比性有缺陷等问题。对于如何建立更加有效、规范的建设用地效益评价体系有待进一步的研究。

（本文原载于《中国土地科学》2013年第12期）

做好“加减法”，推动土地节约集约利用

——关于河北崇礼县土地节约集约利用的研究报告

吴晓敏

我国人多地少的现状，让土地节约集约利用成为加快城市转型发展的必由之路。崇礼县隶属于河北省张家口市，距北京240公里，面积2334平方公里，人口12.6万，地理特点有“八山半水分半田”之说。近年来，崇礼高度重视国土资源节约集约利用，2013年被国土资源部授予“国土资源节约集约模范县”称号。

崇礼在土地节约集约利用方面的经验和具体做法可概括为“三增、一减、一分类”的模式，其中“三增”是指通过盘活闲置用地、规划调控土地、开发未利用地来增加建设用地量，提高土地利用效率；“一减”是指尝试小地块开发来降低城市更新成本；“一分类”则是根据区域现状和需求进行归类，不同区域土地整治同步推进。

一、基本做法

1. 盘活闲置用地“换”增量，推动低效用地再利用

建立定期清理和查处制度，对破产企业办公楼、院落、厂房等低效土地进行全面摸底，并依法进行合理处置。招拍挂形式进行出让，采取鼓励二次开发、协商收回、鼓励流转、协议置换、合作经营等多种措施盘活低效用地。2010年以来，600多亩闲置土地得到合理利用，如对经营不善的原黄金机械厂90亩闲置土地，出让拍卖所得的2320万元土地出让金优先用于安置企业职工，既盘活了闲置土地，政府取得出让收益，又维护了职工利益。

吴晓敏：中国城市和小城镇改革发展中心智慧城市发展联盟样板示范部副主任。

2. 规划调控“拓”增量，提高土地利用效率

通过土地利用规划的刚性制约，统筹各类用地，通过改造与拆迁，提升建设用地容积率，实现用地效率提高。如商贸新区通过城中村改造、土地置换等措施将零散、低效的用地得到了集中、集约利用，盘活了500亩土地，其中112.84亩用于居民安置房外，节约出387.16亩土地。规划新建的旅游商贸新区，新增建筑面积超过100万平方米，为县城商业配套提升奠定了基础，平均建筑容积率由原来的0.6提升至2.0，安置后居民住房面积由原来的每户20至50平方米，提高到60至90平方米，充分体现出规划调控“拓”增量的优势。

3. 未利用土地“寻”增量，挖掘山区地形潜在优势

保护耕地，充分挖掘山地、河沟、坡地等未利用土地潜力。通过签订土地管理和耕地保护责任状来强调落实，使全县耕地保有量一直控制在39.95万亩以上。将旅游产业项目和未利用地开发紧密结合，以云顶雪场为例，占地总面积308万平方米，其中70万平方米的雪道均是利用坡地建设，在生态环境上实现了冬天白雪覆盖，夏季绿草如茵。

4. 小块土地开发“减”成本，推动居民参与城市更新

目前小规模土地出让面积为106.48亩，其中74亩作为商业用地。开发方式归纳为四种。一是居民原址，协作开发。如生态湾小区占地面积25亩，由村中5户村民牵头申请联合开发，采用招拍挂的方式，建设成符合规划的住宅小区，总面积达27000平方米，既解决拆迁矛盾，又使分散、低效的土地得到有效利用。二是政府统建，异地置换。奇山宾馆2009年由政府统一拆迁建设，用原来1900平方米置换为4013平方米，70间客房的新宾馆，个人仅支付50万。三是自主开发，异地置换。2009年东沟门村卫生纸厂所有人刘彦林将3亩土地及附属600平方米建筑通过异地置换，获得7亩土地，在享受税收、手续减免及价格等优惠政策后，仅支付40万用于补齐土地面积差异，自主开发商品房6400平方米。四是政府统建，原址置换。海龙超龙2010年由政府统一拆迁原址新建超市，面积由1624平方米的破旧楼房变为1300平方米的高档商用楼，业主未花一分钱。

5. 项目分类，同步推进土地节约集约利用

根据区域现状和土地整治需求将项目分为三类同步推进，全面有效提高土地利用率。第一，争取省、市土地整治、矿山地质环境治理项目，2010年以来实

施土地整治项目 10 个，建设规模 9586. 77 公顷，新增耕地面积 233. 59 公顷。第二，开展城乡建设用地增减挂钩对空心村进行拆迁复垦。例如西湾子镇，涉及拆旧 10 个乡镇 30 个村庄，复垦耕地 1033 亩，置换出 1000 亩建设用地指标，目前按计划已完成复垦面积 625. 01 亩。第三，城区改造，加快旅游服务业配套。居民改善了居住环境，新建项目提高建筑容积率，旅游城市形象得以提升。如日韩风情街、英龙影剧院、汤 INN 温泉等项目环境优美，配套完善，为旅游业发展和申奥奠定了服务业基础。

二、成 效

1. 节约集约利用推动土地出让转变

以提升土地利用效率为目标，崇礼土地出让进入选择阶段，让旅游、民生及投资大、效益高、环境友好的项目优先落地。强化监督管理，使每一寸土地物尽其用。2008 ~ 2012 年平均供地率①达 87. 36% 以上，高于省、市 70% 的要求，2013 年更是达到 96. 66% 。

2. 小地块开发让居民受益

政府让利，允许居民参与采取小地块开发方式，既解决了拆迁难题，又使原居民受益，如生态湾小区原有 60 多户居民中的 50 多户，大多都只有两间看果园的小平房，面积不足 40 平方米，改建后面积最少的住户也能住上 90 多平方米的楼房，大部分人可置换获得两套楼房；又如海龙超市，政府统建后鼓励原商户回迁经营，居民在原址上实现零成本的改造升级，目前新超市房屋已大幅升值，底商价格上涨至 15000 元/平方米。

3. 荣获国土资源部土地节约集约利用模范县

崇礼荣获模范县的突出优势可具体分为以下几方面：一是宣传先行。崇礼通过报纸、音像、网络、广播等方式，开展宣传，促进全社会充分认识土地国情、国策，营造依法、依规、节约集约用地的社会氛围。二是严格遵守《国务院关于促进节约集约用地的通知》要求。围绕国土资源节约集约模范县（市）指标标准体系中土地资源、矿产资源和综合性三大类考核指标展开工作，积极盘活低效

---

① 已供土地/征收土地总数 = 供地率。

用地；通过规划管控优化布局与结构，全县拆迁改造总面积1480亩，500亩用于居民安置房建设，共节约出980亩的土地；加强矿业管理，通过编制矿产资源利用规划、合理设置采矿权、严格审批采矿权，积极推进矿业资源的合理开发、规范管理、资源利用率提升。三是完善办法及措施推动长效机制建设。制定《崇礼县创建国土资源节约集约模范县考核办法》，通过责任状、动态巡查监管、考核奖惩等措施及办法提高依法治理水平。四是崇礼土地节约集约利用经验具有推广价值。

4. 闲置用地盘活，推动传统产业整合

目前崇礼矿山企业占全县建设用地比例达27.88%，在闲置用地清查过程中采取兼并、联合、重组等方式，重新组织土地公开出让，盘活土地总面积300亩，同时停产及半停产的工矿企业得到清理，逐步实现了资源向优势企业集中。

三、启示和建议

1. 建立有利于小地块开发的支持政策

目前大规模土地开发较常见，由于建设标准高、拆迁难等原因推高了开发成本，造成：一是价格高涨，不利于服务业发展；二是拆迁难，补偿难以全面到位，导致社会矛盾易增多；三是开发门槛高，投资规模大，原居民难以参与开发。另一方面根据调研反馈，由于小地块开发总体成本低，具有一定的吸引力，开发成效也十分明显。因此建议，首先容许城市开发中部分地块分为小地块拍卖；其次确保小地块是在统一规划、明确要求、全程监管的前提下开发建设；最后配套优惠政策，例如小地块开发项目优先列入政府金融支持项目、置换项目容积率上给予照顾，允许合适提高等。

2. 健全集约节约用地制度

一是建立建设用地普查评价工作制度和节约集约用地考核评价制度，同时完善农村土地使用规划，解决部分农村地区无规可依的现状。二是加快土地利用总体规划修编，合理布局建设用地。三是强化建设用地监管，建立建设用地批后供应情况动态监管制度。

3. 建议崇礼做好建设用地储备

土地出让中进一步加强对产业和开发商的选择，提高土地利用率和土地价值；充分利用山地、坡地减少耕地占用；加大土地整理力度，增加建设用地空间，推进增减挂钩形式置换集体建设用地，甚至在集体建设用地上采取长期租赁的方式，允许农民和城市居民合股开发。

4. 建议允许崇礼参照“三旧改造”试点政策进行城市改造

建议允许崇礼参照“三旧改造”从税收减免、历史用地手续、土地收益返拨、特殊小地块方面给予政策优惠，控制层层加税。充分发挥本地居民自主参与建设的积极性，利用民间资本市场化运作有效降低政府在城市更新中的投入。同时，建议配套出台金融政策提高银行贷款审批速度，降低贷款门槛，针对不同贷款需求开发对应产品，尝试通过降低抵（质）押方式更加灵活地拓宽民间融资渠道，并鼓励更多本地金融机构进入是一个发展方向，利用其本地信誉优势，有效解决民间融资难的问题。

5. 建议允许崇礼参照国土资源部的低丘、缓坡、荒滩等未利用地开发利用试点政策，进一步挖掘未开发土地潜力

对宜建区块结合地形、地貌、水文条件合理确定开发强度。按照宜农则农、宜林则林、宜牧则牧、宜建则建的原则，合理确定低丘缓坡等未利用地开发利用的用途、规模和布局，严格执行国家供地政策和限制，提高项目用地准入门槛，将地质灾害和水土流失防治、生态环境保护置于优先位置，切实保护生态环境安全。

（2014 年 1 月）

关于中山市小榄镇政府和西区社区合作建设公共租赁住房项目的调查

张新民

公共租赁住房是解决外来务工人员居住问题的一个重要途径，但目前建设中存在着开发周期长、资金投入量大、资金回报率低等问题，投入不足是建设速度缓慢的主要制约因素。中山市小榄镇政府和西区社区合作建设公租房项目破解了公租房建设中的融资难题，取得了政府、企业、外来务工人员、社区多赢的效果，现就调研情况报告如下。

一、基本情况

中山市小榄镇地处广东省中山市西北部，总面积 75.4 平方公里，辖 15 个社区，户籍人口 16.4 万，流动人口 16 万。西区是小榄镇 15 个社区之一，户籍人口约 6500 人，流动人口约 2 万人。

为解决西区工业园外来务工人员的住宿问题，2008 年以来，由西区社区所属的股份合作公司投资，利用社区的集体建设用地，在工业园附近建设了西区生活园。生活园占地 334 亩，已建成员工宿舍楼共 11 栋，建筑面积约 7 万平方米，总投资 1.4 亿元。目前入住人口约 5000 人。

在西区生活园内有 2 栋是由小榄镇政府和西区社区股份合作公司于 2010 年合作建设的公租房项目。近年来，生活园的房屋出租收益率一直稳定在 10% 左右。

张新民：中国城市和小城镇改革发展中心学术委员会副秘书长、高级工程师、博士后。

二、合作建房的主要做法

1. 资金方面

项目总投资2100万元，其中小榄镇政府投资960万元，占比45.7%；西区社区出资1140万元，占比54.3%。

2. 用地方面

由西区社区提供集体建设用地。公租房项目占地1672平方米，建筑面积11866平方米，共有420套，于2012年3月通过工程竣工验收后投入使用。建成后的公租房，每套面积约20平方米，可住宿2~4人，有独立的卫生间，可以洗衣做饭，水、电都是单独的。

3. 收益分配

目前，西区两栋公租房项目统一包租给两家企业，作为外来务工人员的宿舍，月租金价格为10元/平方米，低于市场价格的20%左右。租金由两家企业承担，员工免费住宿，只负担水电费。结婚的可以申请夫妻房。目前出租率达到100%，入住外来务工人员800余人。

4. 分工管理

镇政府建设部门对公租房的管理进行指导监督，要求必须达到公租房管理的有关规定。镇流管部门负责外来务工人员的信息登记。西区社区负责公租房的物业管理和维修，每栋宿舍楼配有2名保洁员负责日常管理。租金收费按照《中山市公租房租金和物业服务收费标准》的要求执行，租金收益按投资比例分成。生活园内生活设施配套完善，设有大型的商场、幼儿园、篮球场等，周边配有社区医院、中小学校等基础设施。

三、主要效果

1. 有利于政府节约土地和资金

以往的公租房建设主要依靠市、镇两级财政投入，尚未吸引社会资金参与，建设资金缺口较大。政府通过与社会力量合作建设公租房，成功突破保障房建设中土地和资金的两大瓶颈问题。政府不用找地包建包管，不涉及征地搬迁，不改变集体建设用地的土地性质，节省了政府一半以上的财力；而且这种方式可以有效遏制居民违章建房现象，避免了盲目攀比和无序建设，促进了土地的集约利用。同时，政府统一规划有利于开展基础设施建设，优化城市形态，促进城镇化健康发展。

2. 解决了用工企业的后顾之忧

企业自建员工宿舍楼的模式，虽然能解决外来务工人员的居住问题，但也给企业的资金和管理带来一定的压力。政府与社区合作建设公租房后统一出租给企业，企业再以福利形式分配给员工居住，员工可以享受到统一的社区管理，以及配套的幼儿园、商场、医院、体育活动场所等物业服务，减少了企业的资金投入和后续管理负担。

3. 有利于社区发展壮大集体经济

社区与政府合作开发的模式，同样也减轻了社区投入压力，有利于发展壮大集体经济，相应地增加了居民的收入。虽然公租房项目按略低于市场价格定租，但在建设和运营中能享受税费优惠。社区通过整体包租给企业的模式，能保证租金的收取率。集体经济的壮大，使得西区社区股民分红逐年递增，由 2007 年的人均 2800 元增加到 2012 年的 5000 多元。未来几年，西区社区和小榄镇政府还要再建 4 栋公租房项目，其中 2013 年建设 2 栋。

四、有关政策建议

1. 扶持社会力量建管公租房

政府要鼓励各类企业、社会组织及个人在自有土地上投资、建设、运营公租房。在户型设计方面，应达到户型小、功能齐、环境优、安全好等标准，满足外来务工人员的基本需求。对公租房建设及建设后所涉及的多种税费按照国家规定予以免征。所建的公租房项目实行“谁投资、谁所有、谁受益”的原则，可优先用于解决本单位或机构的住房困难职工及外来务工人员。在城中村改造规划中要预留一定的比例建设公租房。政府应将工业园区集中配建的集体宿舍以及农村出租屋逐步纳入公租房管理并加以规范。将有限的财力着力解决好交通、供水、供电、垃圾处理、环境保护等基础设施建设，以及子女教育、医疗卫生、社会保障、社区管理等公共服务配套问题。

2. 将外来务工人员纳入社区服务管理

实行积分制申请公租房的方式，给予外来务工人员自由选择房源的空间，使得公租房的供给和需求达到有效对接。鼓励用人单位和个人缴存住房公积金，允许缴纳住房公积金一定年限的外来务工人员申请住房公积金贷款和用住房公积金支付租房的租金。要将外来务工人员纳入社区服务管理，增强社区对他们的凝聚力。扶持融合型社会组织发展，促进本地人和外地人在经济、生活、心理和文化方面深入交流，全面提高外来务工人员的社会融入能力。

（2013 年 6 月）

福建省德化县林权收益换限价房的探索

张新民

我国已经进入城镇化快速发展时期，农民到城镇长期就业生活已成为常态，解决其在务工地的住房问题越来越紧迫。国家发改委城市和小城镇改革发展中心调研组到福建省德化县调研时了解到，当地以林权收益换限价房的做法，既减轻了进城农民买房的经济压力，又盘活了荒废的林业资源，受到了进城农民的欢迎。现将有关做法汇报如下。

一、基本情况和主要做法

德化县土地面积 330.56 万亩，其中林地面积 265.25 万亩，占 80.24%，农民人均林地面积 10 余亩。2004 年林改时，德化县实行了分股不分山、分利不分林的形式，进城农民无法进行切割来处理自己的林权。但同时大多数村级股份林场管理粗放，盗伐林木现象时有发生，进城农民无法从中得到稳定可靠的资源性、财产性收入。德化县实施“小县城大城关”战略以来，90% 的陶瓷产业集中到了城区周边，全县 90% 以上的农村劳动力集中到了城区。为解决进城农民的住房问题，当地政府主要采取了以下措施。

1. 出台以林权收益置换进城农民工限价房购买指标的政策

经过广泛征求大多数群众的意见，德化县政府出台了林权收益换限价房的政策。文件规定，对村组将商品林地使用权和林木所有权、使用权（三权）有偿转让到县办林场的，给予进城农民工限价房（以下简称限价房）购买指标的扶持政策。限价房安排在城东保障房小区内，户型每套 50 ~ 90 平方米为主，近期（2013 ~ 2015 年）以 120 亩，中远期（2016 年以后）以 150 亩林地，流转 30 年

张新民：中国城市和小城镇改革发展中心学术委员会副秘书长、高级工程师、博士后。

分配1套50～90平方米的购买指标为参照，以每10套以上为换购基数。可换购套数和面积根据流转面积及年限，经县林业部门认定后进行测算换购。林权流转方案要求做到程序、方法、内容、结果四公开，依法有序自愿流转。

2. 实行林权收益换进城农民工限价房购买指标改革试点

德化县分别在南埕镇连山村、水口镇湖坂村、淳湖村、桂阳乡洪田村、龙门滩镇硕儒村等多个村开展了集体森林资源有偿转让换购进城农民工限价房购房指标改革试点，试点面积约2万亩，流转年限30～60年。目前，南埕镇连山村协议流转商品林8571亩，流转期限30年，将林地使用权、林木所有权和林木使用权流转至县办南埕林果场，置换进城农民工限价房购买指标71套。水口镇湖坂村向县竹木投资经营有限公司流转林地面积5578亩，流转期限40年，置换限价房40余套。限价房户型每套50～90平方米为主，限价房均价约为3300元/平方米。由于每家每户的林地都不足以换取一套限价房，所以林权流转是以村集体统一申报的，具体由谁购买限价房，由村集体各户协商解决。同时，今年德化县成立了农村产权交易中心，搭建了产权交易平台，所有的林权交易都要通过县农村产权交易中心进行。

3. 在城区统一建设进城农民集中安置点

德化县在城区周边安排169.7亩地作为建设用地，投入2.66亿元建设阳馨小区、宝美职工公寓、三班紫云社区、浔中旺内小区、坵埕小区、涌口移民小区等6个进城农民集中安置点，建成建筑面积21.67万平方米，安置进城务工农民1715户6558人。调研中了解到，远离城区35公里的美湖乡阳山村（福建省阳山铁矿所在地），被统一搬迁到阳馨小区，小区位于龙浔镇鹏祥工业园区内，占地面积40亩，总投资约8000多万元，有效转移阳山村城务工农民2035人。阳馨小区已获得市级“十佳社区”称号。

4. 对县办林场进行重点扶持

在林权流转中，农民对县办、镇办的林场比较放心，对民营和个人林场还心存疑虑。针对这种情况，县政府出台政策，从2013年起至2015年，对每年依法新流转森林资源（商品林）面积达3000亩、期限30年以上的县办公司林场（以下统称县办林场）给予采伐指标、资金、税收、财政贴息等重点扶持。

二、主要成效

1. 降低了进城农民的购房成本

以限价房每套 60 平方米为例，均价按 3300 元/平方米，每套房子价格为 19.8 万元，而当地市场价格要在 40 万元左右，节省了一半的钱。如果一家 2 人务工，每人每月工作按照 3000 元计算，每年全家收入为 7.2 万元，这样房价收入比仅为 2.75∶1，远低于发达国家的水平。这样的房价是进城农民完全可以承受的。

2. 保障了农民的权益

流转后，县办公司林场充分发挥其人员、技术、管理、资金优势，解决了村集体或生产组森林资源经营和管护不到位的问题，增加了当地村民资源性、财产性收入。统一流转到县办林场后，减少了林地林木权属纠纷，降低了农民随意及无序流转带来的失山失地等问题。同时，通过国有林场建立森林资源国有化收储机制，对将来返乡农民回家创业，回包林权预留了空间。

3. 壮大了县办林场的实力

通过流转，有效扩大了县办公司林场的经营规模，有利于整合现有森林资源，募集更多资金进行品牌运作，并能推进县办林场提前上市，进一步做大做强林业产业。

三、存在的问题

德化县林权收益换限价房的探索具有一定的地域性限制。因为流转的对象是国有或者镇办林场，限价房的建设也是政府投资建设的，是政府主导的林权流转，对于流转到民营企业和个人林场的还没有涉及。对于流转后的 30～40 年，国有林场状况到底如何，能否确保农民的利益？难以预料，而这些风险是政府必须承担的。

四、政策建议

建议推广完善林权收益换进城农民工限价房的经验。进城农民的宅基地、农地、林地、集体资产等，都能转化为可转移的资产，按照依法自愿有偿的方式进行流转，让沉睡的资产能够盘活起来，这样可以进一步降低进城农民工的成本，保障其相应的权益，使其进城没有后顾之忧。另外，应该给予民营企业或者个人平等竞争的权利，让农民与之进行谈判协商解决流转问题，政府只是负责交易平台建设，并监督交易是否公平即可。

（2014 年 5 月）

关于福建省德化县集中打造城区教育的调查

张新民

福建省德化县以生产陶瓷闻名。1985 年以来，该县逐步将陶瓷生产企业向城区集中，实行了以产聚人的“大城关”战略，目前全县 32 万人口，有 20 万集中在城区。为解决农村人口向县城转移带来的教育资源紧张问题，德化县因势利导，集中优势资源，重点打造城区教育，提高了农业转移人口子女在务工地接受教育的水平。现汇报如下。

一、主要做法

1. 对农村学校进行撤并整合

德化县原来 202 个行政村都有 1 所小学，有的还有分校，共有 300 多所小学，随着城镇化的推进，不少学校实行了撤并。2006 年以来，全县共撤并 93 所学校，现仅有 16 个教学点。据了解，2002 年，位于县域次中心的上涌镇德化县二中还有 2600 个学生，现仅有 77 个学生。针对农村学校学生少、缺乏课堂学习氛围的实际，德化县实行了片区化管理模式，即将全县中学划分为 4 个片区，小学划分为 7 个片区，确定每个片区的龙头学校，以龙头校联动片区内的一般校及教学点，实行了“师资互派、资源共享、统一教学、捆绑考核”的做法。

2. 加快城区学校建设

近年来，德化县不断加大教育投入，改善办学条件，实施了中职学校扩建、城区学校扩容扩建、“校安工程”建设项目，累计投入资金 3 亿余元，迁建了德化六中，新建了尚思小学、后所小学，扩建了实验小学、实验小学分校、第二实

张新民：中国城市和小城镇改革发展中心学术委员会副秘书长、高级工程师、博士后。

验小学分校、第三实验小学等10余所学校，有效缓解了教育压力。到2014年8月份，德化八中、二实小、浔北分校等扩建项目将竣工投入使用。同时，在旧城改造中，政府规定要留足教育用地，鼓励开发商配套建设各类学校。另外，学校还租用一些闲置的房子，用于发展教育。

3. 实行义务教育零门槛入学

德化县制定出台了有关进城农民工子女就学的指导性文件，从2004年起免收小学生借读费，2008年起免收初中生借读费，实现农民工子女义务教育“零门槛”入学，没有任何择学费。对申请在城区就读初中一年级和小学一年级的进城务工人员随迁子女采取“填报志愿+电脑派位”的方式，全部安排在城区公办学校就读，而且不分重点班和非重点班，实行均衡编班。

二、主要效果

1. 提高了城区教育资源集中度

全县现有公民办幼儿园54所（分办园11所），完全小学20所，教学点16个，中学11所（其中高级中学1所，完全中学2所，独立初中校8所），共有学生4.8万人，其中城区集中了幼儿园8所、小学8所、中学6所，城区就读的就达4.6万人，占全县学生总数的95.8%。全县93.4%的幼儿园学生、93.2%的小学生，92.4%的初中生、100%的高中生和职校学生全部集中在城区。

2. 提升了务工子女的受教育水平

现有进城务工人员随迁子女小学在校生11857人、中学在校生5368人，分别占城区小学、中学在校生人数的64.2%、62.4%，进城务工人员子女全部可以在县城入学。德化县山地面积占总面积的81.5%，至今还没有铁路交通，而且乡镇之间相距较远，山路崎岖，交通不便。目前除城区2个乡镇外，其他16个乡镇平均常住人口不到5000人。刚参加工作的年轻教师都不愿意到农村教学。一个学校仅有1~2名学生，就是前几年央视报道的德化县的真实写照。将学校集中于城区，迎合了大多数家长和年轻老师的需求。同时，学生集聚在一起，可以相互学习，共同进步。

3. 促进了城区建设

德化县在城区集中发展教育的方式，吸引了大量劳动力集聚在城区，使得劳动力稳定在城区就业、创业，降低了回流率。大部分家长为了子女就学在城区购买了住房，带动了房地产等第三产业的发展。据统计，近年来房地产业发展势头较快，2013 年商品房销售面积 27.38 万平方米，同比增长 97.7%；商品房销售额 15.88 亿元，同比增长 100.7%；房地产业实现增加值 9.34 亿元，同比增长 26%，对服务业增长贡献率为 55.6%。城区建成区面积由 1978 年的 1 平方公里发展到现在的 18 平方公里；城区常住人口从 1978 年的不足 1 万人增加到目前的近 20 万人，占全县常住人口 2/3 以上。

三、存在的问题

1. 城区容量不足的问题仍然存在

由于学生过快集中在城区，使得教育规划明显滞后，教育用地紧张，有的学校还在过渡房中上课。据统计，城区小学 15 所，有学生 18466 名，都是大班额的。按照规定，一个班不能超过 56 人，但大多数班级超过了 60 人。生均教学仪器配备值低于全省平均水平。未来几年，城区还要新增学位 1 万多个，加大了城区教育压力。

2. 财政压力大

近年来，高密集快速度建设城区学校，给财政并不富裕的德化县带来了巨大压力，2013 年全县公共财政预算收入 9.07 亿元，公共财政预算支出 17.52 亿元，属于典型的“吃饭财政”。教育部门除了每年争取专项资金 1000 万～2000 万元外，县财政每年还要投入 8000 万元左右，用于教育建设。随着原材料、人工成本涨价等原因，原来的校园工程建设是按照 1100 元/平方米拨付的，而实际需要 1800 元/平方米，目前德化县教育债务已达 1.7 亿元。据介绍，今后连续几年幼儿园、小学生总数每年都要递增 1000 人左右，将会迎来新一轮的就学高峰，城区学校扩容提质工程至少还需要投入 2 亿多元。

3. 农村学校处境堪忧

与城区办学容量不足相比，农村中小学办学规模严重萎缩，造成农村中小学校舍大量闲置。据统计，全县农村闲置校舍共有 254 所、总面积 19.94 万平方米，其中，乡镇、村委会借用 142 所，对外出租的 12 所，闲置无人使用的有 41 所。由于优质的教育资源集中到城区，农村教师年龄老化、结构不合理的问题十分突出，拉大了与城区教学质量的差距。同时，农村教学点分散，给以农业为主要来源的家庭，特别是困难家庭带来不便。调研组在水口镇了解到，该镇中学在 2009 年秋季就被合并到雷峰镇了，目前仅有 1 所小学及 1 所分校，共有 16 名学生，一所在镇区，另一所分校在 50 公里以外的山区，仅有 6 名学生。镇里的幼儿园也仅有学生 5 ~ 6 个。当地领导多年来就没有抓教育的概念了。

4. 国家对农村学校的扶持政策不适用于德化县的实际情况

现在国家对扶持农村学校，包括标准化、信息化学校建设，是有专项经费的。但作为德化县集中打造城区教育，就很难申请扶持农村学校建设方面的经费，即使申请下来，如果按照专款专用的话，建设的农村学校无人就学，就会造成国家资金的浪费。

四、政策建议

1. 国家对学校的扶持政策应该因地制宜

随着城镇化的推进，撤并农村学校已成为普遍现象，但撤并到什么程度，不能一刀切，一定要因地制宜，既能保证孩子能上学，又能保证上好学，但基本的原则是钱随人走。国家对学校特别是新扩建学校的扶持政策应该具有一定的针对性、实效性、长效性。对于县市区申请的教育经费，应该赋予其一定的自由权，让其统一安排教育资源，捆绑使用，以提高资金的使用效率，国家只需考核义务教育普及率等几个重点指标就行了。

2. 建立农村废弃学校和新建学校的处理机制

随着农村人口就业方式的改变、基础设施和交通条件的改善，农村学校的闲置已经成了一个普遍的问题。因此对农村闲置的学校要出台相应的政策，可以通过补偿调拨所有权、公开拍卖、转让、租赁、拆除复耕等方式盘活闲置校舍资源，回笼资金还应该用于教育建设。对于城区和镇区新建的学校，要充分考虑人口流向、规模、年龄结构等因素，进行合理的规划和论证，留足学校建设用地，并具有一定的弹性。要建立国家、省、市、县合理分担公共服务资金保障机制，提高国家财政义务教育阶段经费支出比例。采用发行债券、建设融资平台、鼓励社会办教育等方式，切实解决教育建设资金不足的问题。

3. 对特殊家庭子女教育出台一定的扶持政策

对生活在偏远农村，家庭困难的要给予学生一定的住宿、交通、生活和学习补贴，争取让每一个学生上得起学、上得好学。

（2014 年 5 月）

第五篇

低碳生态与智慧城市建设

新型城镇化背景下小城镇绿色发展之路

沈　迟

2014年9月23~24日，“第五届中国（天津滨海）国际生态城市论坛暨博览会、2014（第九届）城市发展与规划大会”在天津市滨海新区举行，主题是“生态城市，引领有机疏散”。

中国城市和小城镇改革发展中心总规划师、规划院院长沈迟作为特邀嘉宾出席了第一组分论坛“新型城镇化与中国生态城市建设（一）”，发表了主题演讲“新型城镇化背景下小城镇绿色发展之路”，全文如下。

国家新型城镇化会议对新型城镇化提出了要求，2014年7月国家发改委等11部门联合发出通知，开展国家新型城镇化综合试点工作，通过人、地、财、管理、体制这五个方面的要求推进新型城镇化进程。最近有一个比较重要的决定，就是出台《关于进一步推进户籍制度改革的意见》，我们也越来越体会到它对我们的城市发展和我们的社会变更起着深刻的作用，就像20世纪80年代初，中央出台文件允许农村的剩余劳动力自理口粮进城务工经商对我们产生的影响。

今天和大家主要交流四个方面：一是改革开放以来我国小城镇发展的政策和历程，二是新型城镇化背景下小城镇发展前景，三是怎样促进小城镇绿色健康发展，四是采用低成本模式推动小城镇绿色健康发展。

一、改革开放以来我国小城镇发展的政策和历程

改革开放以来我国小城镇发展的政策大概经历了五个阶段，可以分为三个时期。

第一个是1978年开始，是小城镇发展的黄金期，刚刚改革开放，农村联产

沈　迟：中国城市和小城镇改革发展中心总规划师、规划院院长。

承包责任制普遍推广，调动了农民的积极性。中央出了文件，农民可以离开土地进城务工经商，集体经济、乡镇企业发展，农民流动自由，大大激发了农村生产力，提供了自下而上的城镇化发展动力。小城镇成为我国农村地区经济总量提升、社会事业发展、综合实力增强的基地和服务载体。费孝通先生提出了“离土不离乡、进厂不进城”模式。建制镇数量也由 2000 多个增加到了 14182 个（1992 年）。

第二个是 20 世纪 90 年代以后，小城镇基本开始分化。80 年代的时候，和其生产形势是匹配的，乡镇企业当时占了半壁江山就与我们的小城镇发展有关。90 年代以后，随着中国对外开放的大门敞开，沿海地区的各类城镇都因为经济的迅速发展而迅速增长，中西部地区多数小城镇缺乏发展动力，增长缓慢。

第三个是 2000 年至今，小城镇可以说进入了一个瓶颈期。国家的经济发展进入重化工业阶段，小城镇所占的经济比重越来越少，发展的空间被规模大、级别高的城市挤占。小城镇和大中城市之间、不同地区小城镇之间的差距进一步拉大。城市是具有行政等级的，上级城市是管理下级城市的，城市是管理农村的。2013 年城市有 658 个，建制镇将近 2 万个。

1978 年全国只有建制镇 2173 个，以城关镇和工矿镇为主。2011 年末全国共有建制镇 19683 个，新兴的以建制镇镇区为基础的小城镇，正在发展成农业服务、商贸旅游、工矿开发等多种产业为依托、各具特色的新型小城市和农村公共服务中心。

第一个特点是小城镇规模扩大，经济实力显著增强。2012 年全国小城镇镇区人口占城镇总人口的比重由 1978 年的 20% 上升到 30% 以上。建制镇镇区总人口已经达到 2. 16 亿。小城镇财政总收入占全国地方财政收入总额的 23. 17%。但是，收入超过 20 亿的镇只有 76 个，超过 50 亿的只有 14 个。有一些镇的财政收入甚至超过一些县市的水平，说明我们有不少小城镇还是我国经济增长中最活跃的。

第二个特点，小城镇成为吸纳农村劳动力就业的重要载体。2012 年，全国建制镇（包括城关镇）总共吸纳 2. 31 亿的非农就业人口，占全国就业总量的 45. 4%。其中第二产业小城镇从业人员总量为 1. 24 亿，占全国第二产业就业人员的 53. 3%；第三产业小城镇从业人员总量为 1. 08 亿，占全国第二产业就业人员的 38. 9%。

第三个特点，小城镇已经成为农村公共服务的中心。

第四是全国小城镇的发展水平和区域分布极不平衡。从我国千强镇的分布可以看到，基本都分布在东部地区，江苏、上海、浙江、广东就占了一大半。

第五是小城镇改革为消除不利于城镇化的体制障碍积累了政策储备，包括放开户籍制度、利用市场机制进行基础设施建设、多渠道投资文教卫等公共事业和改革政府体制、土地整治、财政体制改革、社会保障制度改革、规划衔接协调和区域发展整合等。

当前小城镇存在的问题，最主要的就是动力不足、资金短缺。

第一，江浙地区有很多镇都有好几十万人口，但是按照镇一级别的行政资源配置，显然是严重不足的。

第二，东部地区一批发达小城镇政府职能不健全，削弱了政府公共事务的管理能力。我国目前分税制只实行到县，县级政府对小城镇大部分仍实行统收统支的财政体制，小城镇绝大部分财政金额上交到县级政府，而上级政府只是根据镇级政府的人头费下拨财政支出数额，财权与事权不匹配，造成小城镇无法提供所需要的公共服务和环境治理。

第三，中西部地区小城镇发展相对滞后，与东部地区相比，公共服务差距日益拉大。2012 年，东、中、西部小城镇在财政收入、企业从业人员以及农民人均纯收入方面相差较大，特别是前两项，东部是西部的五倍多。

第四，大城市城乡接合部的城中村现象比较突出。城乡接合部的小城镇在推进城镇化发展、低成本吸引外来农民工进城就业和定居的重要功能往往被忽视。

第五，社会上对小城镇发展在城镇化方面的作用上，认识还有待加深。

一是小城镇对我国城镇化的作用，既不可低估也不应夸大。有一段时间，我们的政策是对小城镇的作用是夸大了的，但是，上面的方针是夸大的，下面的具体做法又是低估的。

二是小城镇的作用应放到整个城镇体系中去评价。一研究小城镇，就把小城镇夸到无限大，还有的一研究农村就把农村夸得无限大，这个是要纠正的，我们还是要放到整个城镇体系中去评价。

三是不同地区小城镇的作用不同。总结起来，从认识上讲，不论大、中、小城市和小城镇划分的标准如何变化，国家对小城镇的发展是一贯重视的。各个时期都提大力发展小城镇，当所谓的方针不能适应经济发展规律时，就会与实际情况背离。实际发展过程中，小城镇的黄金时期也只有 20 世纪 80 年代。2000 年以后，大城市成为城市化的主流，牢牢地掌握了主导权、话语权、配置权，使原本处于弱势的小城镇更加难以获得本应在市场上能够得到的发展权。

二、新型城镇化背景下小城镇发展前景

首先，新户籍政策对小城镇的发展没有太大的影响。因为小城镇在户籍新政以前基本上都已经放开户籍了，但迁入人口并没有如想象得那么多；而且，中等以上城市的户籍也放开了，那么有一些本来因为进不了中等以上城市而在小城镇落户的人，就不来小城镇落户而到中等以上城市落户了。当然，省际人口转移的障碍还是比较大的，另外小城镇的就业和公共服务也确实是没办法和大城市相比。我们在浙江海宁作了1000份问卷调查，问新居民（也就是外来务工人员）的去留意愿，愿意留在海宁的占76%，确定会留在海宁甚至是永久定居的占45%，但是愿意迁入户口的只占20%。

最近有一项非常重要的措施就是进行新型城镇化的试点，试点就有“镇级市”的概念。撤镇而设立“镇级市”对释放当地生产力、增加全县（市）发展总量是有益的，但是也有以下几方面的隐忧，可能影响“镇级市”改革的成效：①上级县（市）能否真正分权、让利？②“镇级市”能否高效行使行政资源，更好地为居民和经济发展服务？③权力下放以后资源环境、公共利益能否得到保障？

从发展实力看，大致可以将小城镇分成两类，在新型城镇化过程中有着不同的发展前景。一类是财政不仅够养活自己还要对上级贡献很大比例的镇，这部分镇通过体制机制改革减少束缚，可以更自由地在市场中、竞争中求得发展；还有一类是经济上需要国家转移支付才能正常运行的镇，主要承担所辖农村地域公共服务。当然还有一类是基本能养活自己的镇，但这一类镇发展一段时间以后会向这两类分化。2012年，我国建制镇镇区常住人口10万以上的镇有201个，而镇区人口5万以上的镇有801个。据此可以估测第一类小城镇的个数大概在1000个左右，在我国19881个建制镇中只是一小部分，这也说明目前我国小城镇整体发展活力不足。

经济的活力和均等化的公共服务是小城镇发展的根本动力。世界银行发表的《2009年世界发展报告：重塑世界经济地理》提出，我们地方的发展最为突出的就是要做到提高密度、缩短距离、减少分割。不是通过限制其他地方发展来发展小城镇，而是按照市场规则还小城镇本来就应有的地位和作用。李克强总理在达沃斯论坛上一再强调要创业，要发展小微企业，民营企业、小微企业发展得好，那么我们的小城镇才能发展得好。

三、促进小城镇绿色健康发展景

我们讲的绿色健康发展大概就是分为三类：第一个是看得见的绿色，第二个是地理学上讲的绿色，第三个是经济上的绿色。真正的绿色健康发展应该是在宏观层面对资源最高效的配置，而不是靠钱去把那些绿色堆砌在一起。

小城镇绿色健康发展的目标应该是符合市场规律的，在国家城镇化格局中承担重要的角色、发挥应有的作用，并且适合自身条件，能够取得生态经济平衡。小城镇绿色健康发展的机制保障包括政策的、考核的和管理的，在这里就不作赘述了。

四、推动小城镇绿色健康发展应采用低成本模式

第一，在经济产业方面，调整小城镇产业结构，促进服务业发展。

第二，在规划建设方面，结合小城镇的特点树立低成本理念，杜绝从视觉绿色角度出发的浪费。

第三，小城镇的开发模式也要进行调整，减少采用大范围土地开发的模式。

第四，充分发挥小城镇对周边乡村地域的组织作用，更多地关注农业生产和农村生态，而不仅仅是关注小城镇镇区本身。

第五，小城镇绿色健康发展的政府治理方面也要实现低成本。

第六，小城镇绿色健康发展要采用低阻力的推进策略。

（2013 年）

生态文明导向下城市转型发展的路径探索

——建设绿色生态城区，促进城市转型发展

刘　琰

［摘要］随着生态文明上升为国家战略，未来，中国城市的发展方向必然更加坚定地朝着低碳、生态、绿色的方向迈进。本文以2012年11月对全国5个绿色生态城区的调研考察为基础，从建设成效、存在问题以及改进建议三个方面阐述了当前城市转型发展中的现状情况，以期为更多城市的转型发展提供借鉴和参考。

［关键词］绿色生态城区；建设成效；存在问题；改进建议

一、背景与现状

2012年4月27日，财政部与住房和城乡建设部联合下发《关于加快推动我国绿色建筑发展的实施意见》（财建［2012］167号）的文件，文件明确提出为推进绿色建筑的规模化发展，鼓励城市新区按照绿色、生态、低碳理念进行规划设计，发展绿色生态城区，中央财政对经审核满足条件的绿色生态城区给予基准为5000万元资金补助[①]。按照该文件的统一部署和指导，住房和城乡建设部将原低碳生态试点城镇的相关申报管理工作与绿色生态城区进行归并，并对申报绿色生态城区的部分试点城市进行了实地调研，以期尽快建立和完善绿色生态城区的审查、考核评估等管理办法。

笔者有幸参加上述调研考察工作，现结合本次考察所了解到的情况对中国低

刘　琰：中国城市和小城镇改革发展中心规划院。

① 首批获得5000万资金补助的绿色生态城区为8个，分别是中新天津生态城、唐山湾生态城、深圳光明新区、无锡太湖新区、长沙梅溪湖新城、重庆悦来生态城、昆明呈贡新区、贵阳中天未来方舟生态城。

碳生态城市的发展近况重新做一梳理评价，希望从中能够反映当前中国低碳生态城市的最新进展，为今后更多的城市进行低碳生态的相关实践探索提供借鉴和参考。

本次调研共实地考察了重庆、长沙、池州、贵阳、昆明五个城市的绿色生态城区，通过现场座谈和实地踏勘对各绿色生态城区的发展做了初步了解，现将考察的五个绿色生态城区的基本概况、发展定位以及建设进展情况总结如下。

1. 重庆悦来生态城

悦来生态城位于两江新区范围内，规划控制范围 3.44 平方公里，其中城市建设用地 2.46 平方公里，属于悦来公司的储备土地。选址这一区域主要考虑以下因素：①规模适宜；②符合总规，不占基本农田；③具备大运量公共交通支撑；④山地特征明显 ；⑤土地已储备，利于政府主导 。悦来生态城呈典型的滨江地形特征，地形变化丰富，最大高差 185 米，场地东南向西北逐渐降低。规划总建设用地 246 公顷，总建筑面积 315 万平方米，毛容积率 1.28。

规划以高品质居住为主，辅以商业服务、商务办公、科技研发、休闲游憩等城市功能的生态宜居综合社区。

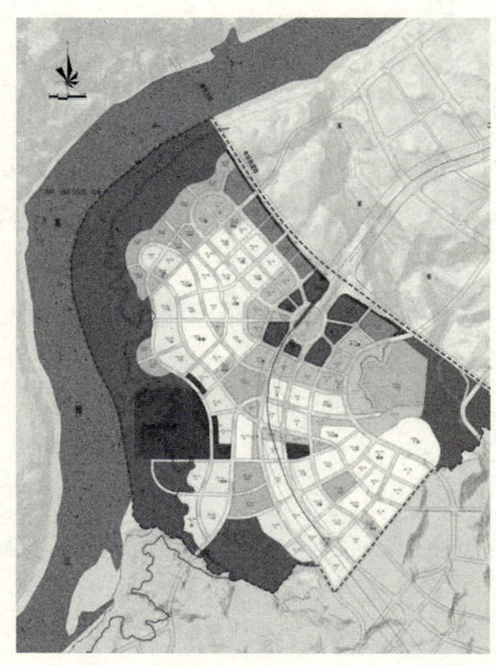

图 1　悦来生态城土地利用规划图

图 2　悦来生态城意向图

悦来生态城围绕重庆山地城市的特色开展了多项相关规划和研究工作，生态城的规划委托美国新城市主义的创始人彼得·卡尔索普先生的团队，规划以"TOD"为核心理念，体现公交导向的土地开发模式，强调"差异化容积率"、"小尺度地块开发"、"土地混合和职住平衡"、"集约节约利用土地"等特点，尤其在交通规划上结合地域特色提出了"提高交通效率"、"小格网街区"、"采取交通宁静化措施"、"提倡绿色出行"等措施。从调研现状来看，重庆悦来生态城目前尚未开始实质性的建设活动。

2. 长沙梅溪湖新城

梅溪湖新城是湖南省长沙市的重要项目，位于长沙大河西先导区的梅溪湖片区的核心位置，距市政府 6 公里，位于二、三环之间，距市中心约 8 公里，交通便利。梅溪湖新城占地面积为 7.6 平方公里，约 11452 亩；片区内包括约 3000 亩的湖面；经营性用地约 4214 亩，包括约 3910 亩住宅及商业公建用地、304 亩研发及配套用地；总建筑面积约 1040 万平方米。

梅溪湖新城以规划建设成为"国际化新城 + 科技创新城 + 绿色生态城"为发展目标。

在梅溪湖新城的规划建设中，构建了包含"碳排放总量指标 + 平行生态规划指标"相结合的适用于城区的指标体系，并针对低碳生态规划指标体系，建立相应的实施措施技术体系，以方案的形式明确各个指标的具体实施方法；从设计到施工制定相应的绿色建筑设计导则和绿色施工导则，全过程指导低碳生态城区的建设；运营管理阶段制定物业管理即运营管理导则，以指导城区建成后的运营维护工作。梅溪湖新城建设工期为 8 年，分三个阶段完成，采用分阶段多点启动、点到面全面开发的方式来推进，目前已完成地块内动拆工程。

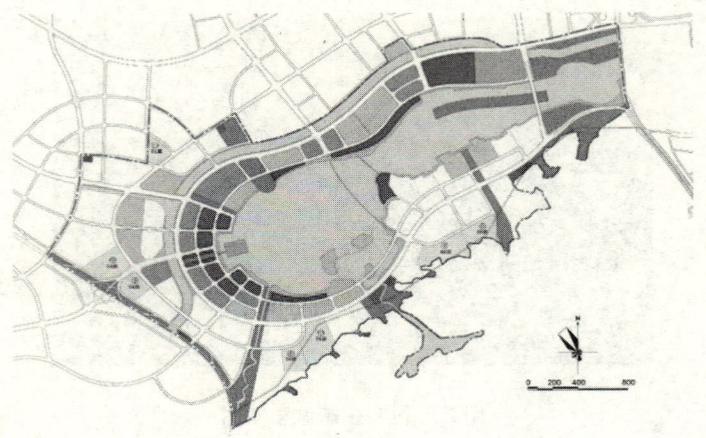

图 3　梅溪湖新城规划图

图 4　梅溪湖新城意向图

3. 池州天堂湖新区

天堂湖新区是安徽省池州市总体布局结构中的空间几何南翼站前区的主要组成部分，是池州市近期的重点建设区域。其优异的自然本底、便利的交通、良好的政策导向，使得天堂湖地区呈现良好的开发态势。天堂湖新区规划面积 14.53 平方公里，人口规模 14.55 万人。

天堂湖新区的发展定位为“生态之城 + 创智之区 + 时尚之都”。

池州市在天堂湖新区的规划建设中，首先建立了部省合作、皖台合作、省市共建的合作模式以及相应的组织机构来作为绿色生态城区的保障机构，在市域范围内同步启动“一城、一园、一村、二馆、三区”的规划建设，其中“天堂湖片区”是其中重要的子项。在天堂湖新区的规划中，对山体、水系、湿地、生态廊道等绿色生态元素进行了控制，在可建设用地上进行用地布局和空间构建；在控规和城市设计层面对开发强度、市政设施、绿色建筑、绿色交通、城区防灾等分别制定相应标准和要求，并配套制定各专项领域的建设实施方案。天堂湖新区的建设开发时序为 10 ~ 15 年，在总的建设开发时序指导下，分别对产业、能源、绿色建筑、交通及市政基础设施、环境治理和生态保护等领域相应也制订了不同时间段的开发时序。

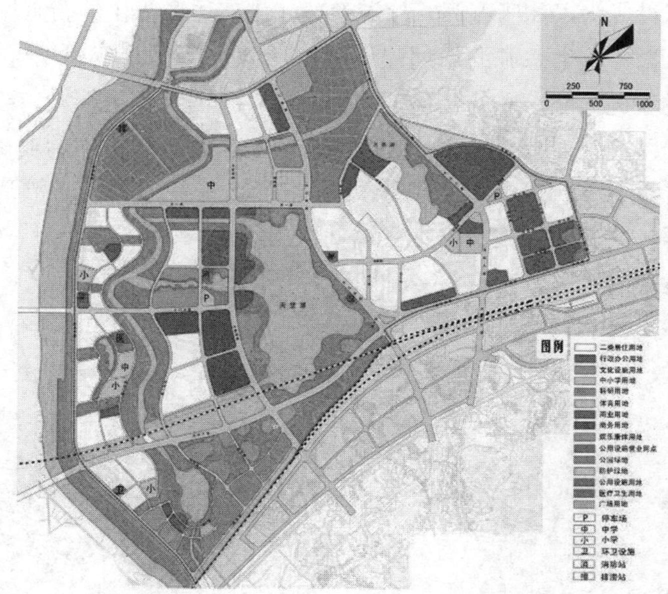

图 5　池州天堂湖新区规划图

图 6　池州天堂湖新区意向图

4. 贵阳中天未来方舟生态城

贵阳中天未来方舟生态城位于东二环中段东侧、贵阳市老城区东部、南明河下游北岸，总用地规划810公顷，其中规划建设用地595.43公顷。

中天未来方舟生态城总体定位为绿色低碳、生态宜居，“绿色低碳之城”、“生态宜居之城”、贵阳市建设低碳城市、发展生态文明、构建和谐社会的典范。功能定位按照《贵阳市云岩区渔安安井片区控制性详细规划》确定的用地功能和布局，将建设成为以休闲度假、旅游商务、生态居住为主的新兴城市功能区。

在中天未来方舟生态城的规划建设中，贯彻落实了“策划先行、规划先导、目标分解”的实施策略，总的建设工期为5年，目前开工量较大，建设规模已经初显成效，2012年总计已开工面积超过450万平方米，以沿河商业街及高层住宅为主；2012年底计划开工面积约150万平方米，主要以商业、酒店及IMAX影院、歌剧院等公共设施为主；同期还将重点建设计划2013年初投入使用的100万平方米的沿河商业区域和7.25公里的南明河水环境综合整治。

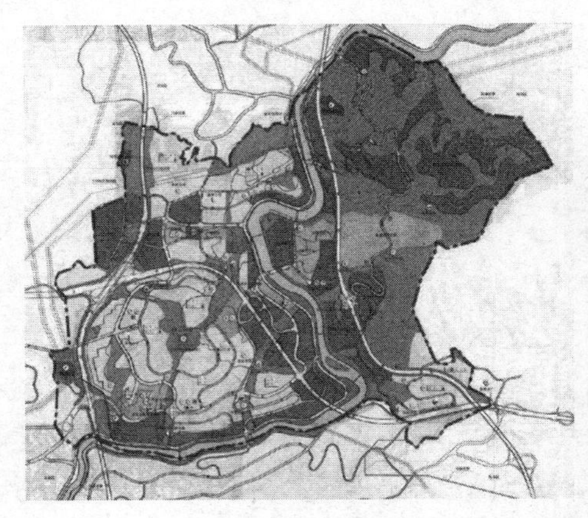

图7　贵阳中天未来方舟生态城规划图

图8　贵阳中天未来方舟生态城意向图

5. 昆明呈贡新区

呈贡新区是“云南省第二大城市”，距昆明老城区直线距离约为20公里，距昆明新机场直线距离约22公里。规划控制面积160平方公里，规划新城建设面积107平方公里（含约10平方公里禁建区）；近期人口95万，远期人口150万（含经开区、度假区、高新区托管区域）。

呈贡新区的发展定位是构建服务全省、面向西南、辐射东南亚、南亚的国际科教文化中心、国际金融商务中心、国际花卉交易中心、泛亚物流枢纽中心、新型产业基地和全国低碳城市示范窗口，建成滇中经济圈的重要增长极。其总体定位为自然天成、宜居呈贡，具有温和地区特色的绿色生态示范区，以绿色交通为主导的绿色生态示范区。

2010 年以来，呈贡新区邀请美国“新城市主义”理论创始人彼得·卡尔索普先生进行 10 平方公里的核心区规划优化调整。同期，在核心区的规划建设中还引进了波特兰的绿色建筑先进经验，力求在自然通风、建筑遮阳、太阳能光热建筑应用技术、立体绿化、绿化灌溉、透水地面等方面探寻适宜温和地区的绿色建筑技术，同时在绿色阳光学院、绿色保障用房、绿色综合体建筑方面进行绿色建筑和可再生能源重点工程的实践探索。2012 ~ 2014 年计划绿色建筑开工建设规模为 216.9 万平方米，绿色建筑二星级和三星级项目占绿色建筑规模比例达到 35%。

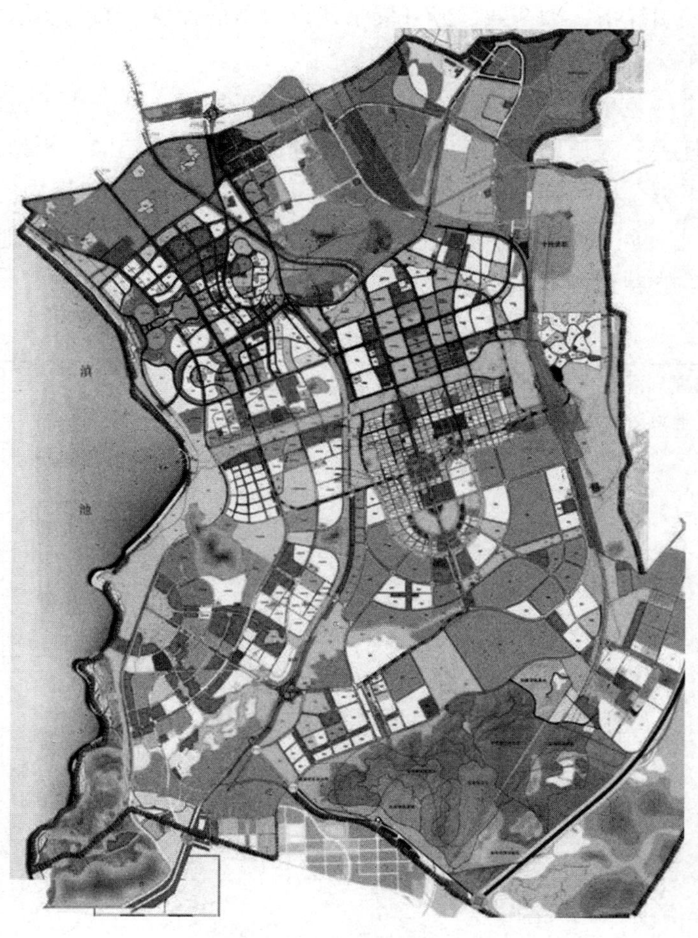

图 9　昆明呈贡新区生态城规划图

图 10　昆明呈贡新区生态城意向图

二、特征与评价

从整个调研情况来看，五个绿色生态城区作为先行先试的实践案例，在已有政策和规划的引导下，大多数已经开展了建设实践的探索，并初步取得了一定的成效，起到了一定的示范作用。

总结各个绿色生态城区的基本概况，如下表 1 所示。从表中可以看出，各城区诸如用地规模、人口密度和建设周期等方面的数据基本趋同，用地规模普遍控制在 3 ~ 10 平方公里，人口密度多数大于 1 万人/平方公里，建设周期基本为 5 ~ 10 年左右。由此可知，所调研的五个绿色生态城区均可以满足用地规模合理、土地利用集约和建设周期适宜的基本要求。

表 1　五个绿色生态城区基本概况对比

名称	规划面积（平方公里）	人口（万）	人均规划建设用地（平方公里）	发展目标	建设周期
重庆悦来生态城	3.44	5.7	43.16	以高品质居住为主，辅以商业服务、商务办公、科技研发、休闲游憩等城市功能的生态宜居综合社区	9 年 2011 ~ 2020
长沙梅溪湖新区	7.64	17.8	40.44	国际化新城 + 科技创新城 + 绿色生态城	8 年 2011 ~ 2017
池州天堂湖新区	14.53	14.55	85.03	生态之城 + 创智之区 + 时尚之都	10 ~ 15 年 2012 ~ 2030
贵阳中天未来方舟生态城	9.53	17.26	40.74	绿色低碳之城 生态宜居之城	5 年 2011 ~ 2016
昆明呈贡新区生态城	160 （核心区 10 平方公里）	150	107	具有温和地区特色的绿色生态示范区 以绿色交通为主导的绿色生态示范区	暂缺

另外，尽管目前五个绿色生态城区的规划建设进展速度不一，但在城区选址、规划编制、机构保障、政策扶持以及建设成效等方面已经取得了一些可供其他城市借鉴的经验，具体情况概括总结如下。

1. 依托城市，精心选址

五个绿色生态示范城区的选址均做到了结合城市整体空间拓展，处于城市的主要发展方向上，是城市近期重要开发地区，地理区位、交通条件以及自然本底较好、市场开发潜力大，具备较好的吸引人口集聚的潜力。如梅溪湖新城的基地选址距离长沙市区只有 15 分钟车程，且周边有山、河、湖等良好的自然资源基底，优越的地理位置为梅溪湖新城今后的规划建设发展奠定了良好的基础。

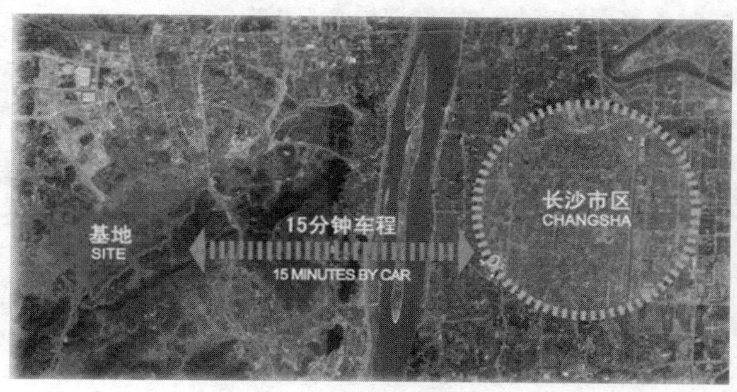

图 11　梅溪湖新城区位图

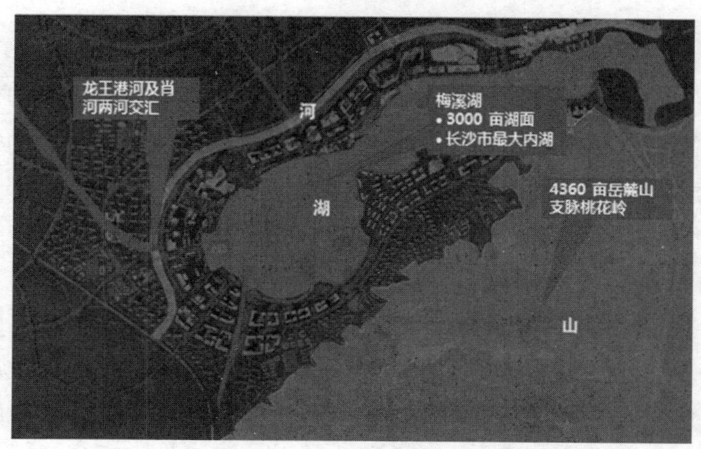

图 12　梅溪湖配套资源：山 + 河 + 湖

2. 统筹规划，引领发展

各城区的规划均按照低碳生态的理念进行编制，通过邀请国内外低碳生态城市、绿色建筑等方面的专业队伍，甚至开展国际咨询完成了城区总体规划、控制性详细规划、城市设计等，并把绿色建筑、可再生能源利用、绿色交通等指标作为控规内容来引导城区发展。如重庆悦来生态城和昆明呈贡新区核心区均由美国新城市主义创始人彼得·卡尔索普规划设计，在规划中采用了差异化容积率、小尺度地块开发等设计理念，尤其是在交通规划上做到了结合地域特色基础上的创新。呈贡新区 10 平方公里的核心区在进行了以路网加密为核心理念的规划优化调整后，核心区道路网承载力得到了增强，路网线密度由 6.7km/km^2 增加到 14km/km^2，同时道路面积率仅比原规划提高 7.1%。

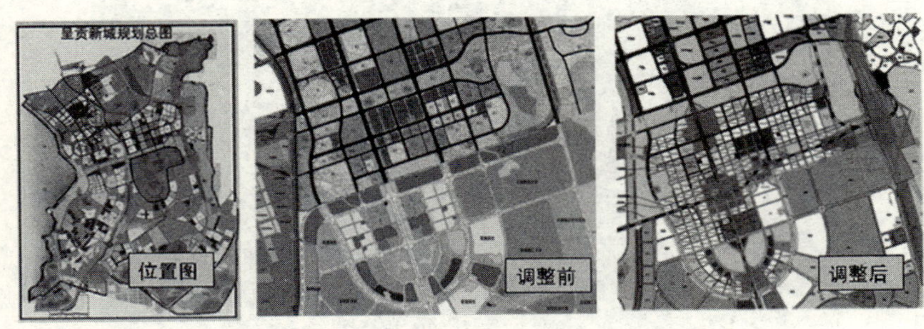

图 13　呈贡新区核心区调整前后的规划对比

3. 专设机构，加强组织

设置专门的组织机构是保障绿色生态城区能够长效、有序发展的重要因素之一。调研的各城市政府为了加快建设绿色生态城区，均成立了相应的管委会，并引入城投公司或房地产公司进行土地的整理、投融资、一级开发，部分城区还通过跨区域合作或专门设置由城市政府主要领导领衔的低碳绿色推进办公室或领导小组，来保障绿色生态城区的有序、健康发展。如池州市在 2011 年与安徽省政府签订了《省市合作共建池州低碳生态示范城市框架协议》，并成立了由市长作为组长的低碳生态示范城市工作领导小组，2012 年天堂湖新区所属的站前区又成立了绿色生态城区建设工作领导小组，这些充分显示出城市政府对创建绿色生态城区工作的支持和关注，也为绿色生态城区工作的顺利开展提供了政策保障。

池州市人民政府办公室

池政办秘〔2011〕116号

池州市人民政府办公室关于成立创建低碳生态示范城市工作领导小组的通知

各县、区人民政府，九华山风景区、开发区、站前区管委会，市政府有关部门：

为贯彻落实中央加快转变经济发展方式，建设资源节约型、环境友好型社会的战略部署，进一步加强城市生态环境建设，实现城市可持续发展，经市政府同意，成立池州市创建低碳生态示范城市工作领导小组，现将其组成人员名单通知如下：

组　长：赵馨群

副组长：严　琛

成　员：吴爱国

樊泽明　贵池区政府区长

左玉生　站前区管委会主任

丁志良　市发展改革委主任

张士平　市经信委主任

姚朝勇　市教体局局长

胡江华　市科技局局长

池州火车站站前区管理委员会文件

池站前委〔2012〕138号

关于成立天堂湖绿色生态城区建设工作领导小组的通知

管委会各局室、园区各企业：

为贯彻落实中央加快转变经济发展方式，建设资源节约型、环境友好型社会的战略部署，积极推进建设领域节能减排和城市生态环境建设，加快城乡建设事业发展方式转变，引导池州站前区绿色生态示范城区建设健康发展，现经研究决定成立天堂湖绿色生态城区建设工作领导小组，组成人员如下：

组　长：左玉生

副组长：洪　斌、赵　晖

成　员：李明刚、程　永、杜　江、刘志鹏、刘献波、章义松、陈懿宝

图 14　池州天堂湖新区成立绿色生态城区相关的组织机构

4. 政策扶持，加快推进

如前所述，绿色生态城区是在财政部和建设部联合下发的《关于加快推动我国绿色建筑发展的实施意见》（财建［2012］167 号）的文件中首次提出的，文件中对绿色生态城区的表述可以理解为绿色建筑规模化应用的一个空间载体对象，因此，相关的扶持政策和技术标准与绿色建筑有所不同，与前期开展低碳生态示范城市也有所区别，这就需要各城市在贯彻执行国家绿色建筑政策的基础上，针对绿色生态城区的特点出台因地制宜的扶持政策和技术标准。如重庆悦来生态城在前期的可行性研究和多项专题规划中，针对重庆的山地城市特色和悦来生态城的现状，在城市规划管理、土地指标、基础设施建设等方面，制定了相应的扶持政策和相关的技术标准，并动员各级政府和部门，在前期做好充分的可行性研究的基础上，分工负责，加强协调，强力推进绿色生态城区的规划建设。

5. 渐成规模，示范初显

由表 1 可知，此次调研的五个绿色生态城区不同于以往动辄几十平方公里的低碳生态城市，其用地规模均控制在 3 ~ 10 平方公里左右，因此相对较为容易形成具有示范效应的建设规模。目前，除重庆悦来生态城外，各地绿色生态城区的规划建设已经普遍展开。各城区都能按照城市综合开发模式，开展规划编制、基础设施建设、环境整治和各类地产项目开发，同时加强低碳生态技术的应用，部分城区主要的河湖景观、城市干道已经形成，大量楼盘正在建设，如开工面积超过 450 万平方米的贵阳中天未来方舟生态城目前已具有相当规模。

图 15　已开工面积超过 450 万平方米的贵阳中天未来方舟生态城

6. 小　结

从五个绿色生态城区的调研实际来看，低碳、生态、绿色的发展理念已经普遍得到地方政府认同和关注，并将其作为绿色生态城区的开发建设亮点，在规划建设中 100% 的绿色建筑标准已经基本落实；各地均编制了相应的指标体系来作为绿色生态城区的控制要求，并尝试结合自身特色进行指标体系的分解和落实。

三、误区与问题

尽管绿色生态城区是我国建设低碳生态城市过程中提出的一个更为切合实际的发展目标，但由于宏观指导政策的缺失以及内涵理解上的不充分等原因，在规划建设的实际中依然存在着不少的误区与问题，阻碍了绿色生态城区的发展。结合此次调研所了解到的情况，将目前存在的一些典型的共性问题总结如下。

1. 发展定位偏高，指标量化趋同

考察的五个城区多数属于城市重点发展的地区，多数也都定位为城市副中心等，但从实际区位条件、产业类型和可承担的城市功能而言，目前的发展定位和目标普遍存在偏高的问题，还需要结合城市现状和未来经济社会的发展需求进行发展定位的纠正和调整，力求定位和目标的科学合理、切合实际。

另外，五个城区当前制定的绿色生态城区规划建设指标体系过分参照中新天

津生态城和唐山湾生态城等一些先行的案例，指标内容存在趋同化的问题，未能做到结合本地气候条件、资源禀赋以及地域特色的创新；其次，由于过于关注不同绿色生态城区指标数值的横向比较，使得部分指标数值偏高，可操作性不强；最后，当前所制定的指标体系对碳排放的重视也尚显不足，有关碳排放计算和碳清单编制的工作尚未开展。

2. 地貌改造过度，开发强度过大

尽管多数城区的规划都是按照低碳生态的理念进行编制，但在实际的建设过程中，部分城区缺乏对原有地形地貌的充分尊重，还是按照一般的城市开发思路，进行了开山扩湖等建设行为，且人工环境比例过大，与低碳生态的发展理念相背离。另外，由于部分城区过于追求容积率，因此导致部分地块存在局部开发强度过大、建筑密度过高的问题，集约节约使用土地的理念在实施中“变形”。建设过程所表露出的这些背离或曲解低碳生态理念的做法是绿色生态城区发展初期很容易出现的问题，需要通过加强低碳生态内涵理解和相关技术规范引导来进行及时的纠正，避免出现打着生态的旗号干着反生态的事情或绿色“大跃进”的问题。

3. 绿建认识混乱，建设成本趋高

《绿色建筑评价标准》（GB50378－2006）自2006年颁布实施以来，其理念内涵已经被越来越多的政府、企业和公众所认可，但由于我国绿色建筑的起步相对较晚，目前仍属于探索的新兴事物。因此，在实际建设中，各地对绿色建筑的本质认识仍然较为模糊，未能严格执行绿色建筑的国家标准，且忽视地方气候特征，过于关注建筑内人工环境技术的应用；同时还存在着过于追逐超高层地标性建筑的问题，因此，尽管地方政府执行了100%绿色建筑的标准，但实际的建设过程中仍有不少值得改进和完善的地方。

从整个绿色生态城区来看，建设成本的控制也是一个不容忽视的问题。由于当前对成本效益分析的重视不够，且城区建设土方工程量大、过于依赖人工设施和设备，强调新技术新材料的应用，绿化过于景观化等问题，导致绿色生态城区的总体开发建设成本相对较高，不符合绿色生态城区低成本高效益的总体原则。

4. 城市特色不强，公共参与空白

当前城市中普遍存在的“千城一面”的问题在绿色生态城区的规划建设中也尚未得到根本性的扭转，由于对自身地域特色挖掘不足，调研中的多数绿色生

态城区未能做到充分结合当地资源环境特点进行规划建设，较为普遍地存在着对既有建筑“一拆了之”；对本土化技术、材料的应用不够；城市新型社区、邻里构成等不突出；慢行系统的规划建设缺乏新意等问题。

绿色生态城区的规划建设需要政府、企业、社会的共同参与和关注，公众作为城市的生产者、建设者、消费者和保护者，对于绿色生态城区的建设有着重要的作用，而从考察情况来看，目前的绿色生态城区多由政府牵头，属于自上而下的建设，反映公众参与、社会和谐的内容较为匮乏，未能在规划方案的制定、实际的建设推进过程和后续的监督监控中吸纳广泛的公众参与。

5. 小 结

由于绿色生态城区的规划建设尚处于起步阶段，因此，在具体的规划建设中，对绿色生态城区的认识过于狭义，主要还停留在绿色建筑层面；对城区全面的“碳排放”、节能降耗减排等核心问题关注不够，低碳、生态、绿色的发展理念还停留在宣传、炒作，实际落实尚未做到完全到位，未来可以提升和改善的空间较大。

四、对策与建议

推进低碳、绿色、生态发展是面向可持续发展的世界共识；建设绿色生态示范城区是贯彻生态文明思想，促进“五位一体”发展，推进促进城市转型发展，提高我国城镇化质量的重要手段；因此，在我国快速城镇化进程中，加快推进绿色生态城区示范工作具有重大现实意义。

绿色生态城区的示范试点工作是一项复杂的系统工程，目前仍处于起步阶段，未来还需要多部门、多方面的分工协作，开展大量的扶持和引导工作来协同推进。现结合本次考察情况，对绿色生态城区的未来发展提出以下改进建议。

1. 对管理部门的改进建议

（1）部委主管部门推进绿色生态城区发展的工作重点

住房和城乡建设部是推进绿色生态城区建设的主管部门，未来应当重点从宏观层面做好引导绿色生态城区发展的政策保障和标准规范工作。

首先，应当立足于我国地域辽阔、发展阶段不同的实际国情，研究整体的绿色生态城区发展趋势，并在研究中注重强调多元化、多渠道、多形式的特点，充分调动各级政府的积极性和主动性。

其次，应当建立健全绿色生态城区的配套管理办法，修改制定申报、监控和验收的全套考核制度和权威合理的考核评估办法，出台规划指导意见和技术标准，全面加强试点示范城区的规划管理工作。

另外，还应尽快组建稳定的专家队伍，加强对地方政府主管领导的培训和交流，加强对绿色生态城区规划建设的扶持力度。

最后，在今后的工作中有必要通过建立和完善实施考核，引入高新技术手段来辅助规划管理，加强对绿色生态城区规划建设情况的年度动态跟踪、指导和监督，及时发现其中的问题，并进行评估评价和总结推广。

（2）地方主管部门推进绿色生态城区发展的工作重点

地方政府是推进绿色生态城区发展的中坚力量，应当在贯彻落实各项政策制度的同时不断进行本地化创新。

未来在推进绿色生态城区发展时，应将工作重点放在以下方面。

首先是充分理解推进绿色生态城区工作的本质内涵，将规划建设工作落实到实处，避免一味地“理念炒作”和“口号宣传”。

其次是设置专门的组织机构，整合推进绿色生态城区工作的部门和单位，加强沟通，发挥协同作用，及时深化相关问题的研究和落实。

再次，分别从老旧城区改造、新城区发展和绿色建筑单体推进等多个层面，多类型的协同推动城市向低碳、生态、绿色的方向转型。

此外，还应当在宏观政策的指导下，不断出台地方性的指导政策文件和技术标准，因地制宜地指导绿色生态城区的发展，探索具有本地特色的低成本、高效益的发展之路。

最后，还应做到充分发挥公共参与的力量，加强绿色生态城区规划的监督和落实。

2. 对绿色生态城区的改进建议

（1）转变观念，调整思路

绿色生态城区是落实国家生态文明战略的空间载体，其规划建设要建立在全面认识和理解低碳生态城市和绿色建筑内涵的基础上。根据国内外目前较为成功的案例经验，绿色生态城区的建设不能贪大求全，应当划定合理的规模，并且做到产城互动、循环发展。具体来讲，就是应当以城市规划为先导，以土地混合使用、绿色建筑、绿色交通、循环产业、生物多样性和资源能源合理利用为重点方向，在绿色建筑推广工作基础上，进一步加强绿色生态城区的整体推进工作。

（2）规划先导，有序推进

低碳生态城市、绿色生态城区建设是城市重要的转型发展方向，但并不是城市发展的全部。因此，要发挥城市规划整体部署、统筹协调的作用，加强对各绿色生态城区的规划指导作用，结合地方经济社会发展实际和未来发展需求，确立科学合理的发展目标，并编制适应于当地发展且具有可操作性的规划建设指标体系，把握节奏，有序推进，分期、分阶段地安排规划建设项目，避免出现工作重复和脱离城市总规的问题。

（3）因地制宜，突显特色

由于地理位置、气候条件的不同，各地进行绿色生态城区建设的自然资源禀赋条件有很大的差别，因此，绿色生态城区既需要确定严格的准入门槛，同时也需要各地从实际情况出发，充分考虑地域特色，关注当地气候、特殊地形、资源条件、敏感生态要素等问题，关注本地技术、材料的就地化应用，因地制宜、因时制宜地制定合理的指标体系和实施方案，明确各地试点示范的建设亮点，力求示范实效，彰显城区特色，不求全责备。

（4）总结经验，示范推广

当前，全国至少有50个以上的城市在进行绿色生态城区的建设实践，各地实践探索的建设启动时间、建设方式和建设规模都不尽相同，在实践探索的过程中既取得了一定的成效，也存在着很多的不足，因此，各地应在进行规划建设的同时注意总结梳理实践过程中的经验和不足，及时发现和纠正出现的问题，并将成熟、适宜的低碳绿色技术进行推广应用，以期更好地促进我国城市的转型发展。

五、结 语

推进绿色生态城区发展是城乡规划建设领域落实国家生态文明战略的重要抓手。中国正处于快速城镇化与资源危机并存的阶段，未来要实现生态文明与新型城镇化的有机融合就必须树立“尊重自然、顺应自然、保护自然的生态文明理念”，改变原有粗放无序的生产生活方式，因此，绿色生态城区作为一种经济、社会、环境协调发展的城市发展模式，将有助于推进生态文明建设，并最终建成美丽中国。

（本文原载于《中国城市规划年会论文集》2013 年）

为了市民的智慧生活
——我国台湾地区智慧城市建设的实践与启示

钟笃粮　冯　奎

始终围绕市民的需求，以市场为主导，更好地发挥政府作用，把智能终端和物联网、互联网、大数据、云计算等新一代信息技术运用到行政管理、交通、教育、医疗、旅游、建筑、居家、生态环保和商业等与市民生活密切相关的各个领域，最大限度为市民提供便利、舒适、安全的产品和服务——这是我国台湾地区智慧城市建设的核心要义。

跳出新技术的视角看，台湾地区城市规划、建设、管理中很多地方体现出的“以人为本”理念本身即是城市的智慧所在。其较为丰富的智慧城市实践经验，对大陆地区正在如火如荼开展的智慧城市建设有一定的借鉴与启发意义。

一、台湾地区智慧城市建设的历程、概况与成效

1. ICT 支撑台湾地区的城市信息化

从 20 世纪 90 年代末开始，台湾地区把 ICT 技术充分运用到城市建设领域，推动城市建设和运营管理的信息化、智慧化。1998 年开始实施《信息通信发展方案》。2002 年推动“数字台湾”计划（E－Taiwan），2007 年实现“6 年 600 万户宽带到家”的目标。2005 年启动“移动台湾”计划（M－Taiwan），2006 年开始推动无线城市建设。2009 年开始实施以“发展优质网络化社会”为目标的

钟笃粮：中国城市和小城镇改革发展中心城市中国网副主编。

冯　奎：中国城市和小城镇改革发展中心学术委员会秘书长、研究员。

感谢台北市电脑公会邀请参观 2015 台湾地区智慧城市展，并在行程安排和有关材料方面给予的大力帮助。感谢台湾地区大同公司、秀传医疗财团法人彰滨秀传纪念医院、远雄左岸玫瑰园智慧社区对我们考察的热情接待和细致讲解。

“智能台湾（Intelligent - Taiwan）”计划。同年，台湾地区经济主管部门成立智慧生活科技运用计划推动办公室并发布《智慧生活科技运用计划》（又称为“i236计划”）。该计划以智慧小镇（Smart - Town）与智慧经贸园区（i - Park）为两大主轴，整合运用宽带网络、数字电视网络与传感网三种网络系统推动舒适便利、农业休闲、安全防灾、医疗照护、节能环保、智慧便捷等六大领域的智慧科技应用。

2. 新一代信息技术引领台湾地区智慧城市进入新阶段

随着近几年智能终端和物联网、互联网、大数据、云计算等新一代信息技术的发展，台湾地区城市建设领域及时跟进，进入到“智慧台湾”的新阶段。

在新技术企业、相关社会组织推动下，应市民对更好公共服务和更好生活品质的需求，台湾地区有关方面积极引入新一代资讯科技产品和技术，寄望有效解决许多民众关心的社会问题。譬如，把各种类型交通出行、旅游、购物、物业缴费、行政服务等功能整合到一张卡上，实现市民便利生活的“一卡通”；应用物联网等新技术建立灾害预警监控体系，降低灾害发生概率，防止灾情扩大；将建筑与物联网等新技术系统跨界互联，让建筑物有感知能力，收集即时资讯，加上各种分析工具，减少能源消耗，提高效能与价值；整合移动互联网与医疗资源，优化就医流程，降低就医等待时间和费用，减少医疗疏失，对付老龄化和少子化问题；在运输系统上，通过安装车载感应器和建设控制中心，增进行车安全，降低交通堵塞，提高停车效率；在居家生活上，推广儿童可穿戴定位追踪设备、智能家居等，让父母能随时随地掌握儿童的地理位置，或者了解家庭物品的使用状况；在社区事务上，通过远程连线，可随时随地参与到社区事务的决策中；等等。

其中涌现出一大批智慧城市的创新应用案例，比如一卡通、电子发票等。各个城市根据自身特点和资源，推出了不同的智慧化应用。台北市全方位推动智慧城市；新北市推出政府服务云系统、医疗精灵、防卫科技城计划、福利补助自己查等典型应用项目；台中市政府推出台中市地理及防灾资讯系统、台中市不动产资讯乐活网、幸福台中 - 乐龄行动导航计划、工业区需求反应式运输服务（DRTS）等典型应用项目等。

3. 新的探索和实践得到广泛认可

台湾地区各个城市正在进行的智慧城市探索和实践，取得了较好的效果。比如悠游卡，目前台湾地区已发行2500万张，超过了台湾地区总人口，在台北市民满意度调查中，对悠游卡的满意率超过了95%。

台湾地区智慧城市的实践也得到国际社会的广泛关注和肯定。在国际智能城市评核组织（ICF）进行的全球智慧城市评核的13年来，台湾地区城市拿过的TOP7奖项占亚洲地区的1/3，拿过TOP1全球首奖的亚洲城市只有3个，其中2个在台湾地区。

二、台湾地区智慧城市建设的做法与特点

1. 以人为本，紧密围绕市民日常的生活需求展开

不管是智慧政府、智慧交通、智慧医疗与健康照护、智慧旅游，还是智慧建筑、智慧社区、智慧居家，都是直接为响应市民对便利生活、对良好生态环境的需求而开展的，而且各个方面做得非常细致。

例如台湾地区的悠游卡，不仅可在台北捷运、各城市公交车、全岛铁路用悠游卡刷卡乘车，而且在许多便利店和学校也能派上用场，可用来缴费、消费等。岛上已有40多个商家12000多个店面开通了悠游卡使用功能，在台北市高中以下的学校和台湾地区一些高校，把悠游卡作为学生卡，学生能用它来借书、扣款和刷卡短信提醒家长等。同时，悠游卡开发了与信用卡合为一体的联名卡，联名卡在卡内余额不足时，会自动充值500元新台币或500元新台币的倍数。民众凭卡乘车还可享有优惠的价格。

2. 市场化为主导，企业是智慧城市建设主体

台湾地区各大ICT企业，在智慧城市建设过程中发挥了重要作用，这些公司根据城市政府和市场的需求，不断推出有竞争力的产品和服务，城市政府则通过政府采购、公开招标、协议合作等方式，选择最合适的公司参与到智慧政府、智慧基础设施和公共服务的建设和供给中来。

有关企业负责人介绍，智慧城市技术上其实不是问题，商业模式才是最关键的。有很多商业方面的智慧运用，因为暂时不能盈利而不被采纳，比如高级健康检查的医疗套餐服务。所以，即便是在城市基础设施和公共服务等领域，浪费的现象也不多见。

3. 台湾地区各城市政府高度重视，从自身职能的智慧化做起

台湾地区各个城市政府对智慧城市建设高度重视，在“2015台湾智慧城市

创新大会首长高峰会”上，台湾地区行政主管部门负责人毛治国出席并介绍了台湾地区建设智慧城市的总体部署。各市县也积极推动智慧城市的应用，结合自身特点开发出多个应用并取得很好的成效。

台湾地区在推动智慧城市建设的过程中，相比于对与此相关的产业进行直接的投资或政策干预，更多是积极推动物联网等新一代信息技术在行政管理、基础设施和公共服务等自身职能方面的具体运用，通过许多的应用实践计划逐渐带动、积累出当今的智慧城市建设成效。

4. 政府、企业、社会组织和市民协力共同推动

城市政府响应市民的需求，主动细致推动行政管理、基础设施和公共服务的智慧化。企业根据政府和市民的需求，创造出合乎市场需求的产品和服务。政府和企业在合作的过程中，权责划分明确，并建立起比较明确的投入成本分担机制。例如新北市的远雄左岸玫瑰园，由开发商与新北市政府达成协议，开发商承建社区内所有智慧基础设施，包括区域联防控制中心、道路及红绿灯、绿化设施、自行车停放设施，建好后交给市政府运营维护，政府通过调节整个社区的建蔽率和容积率来平衡企业收益与成本。

社会组织发挥的组织、沟通、协调作用，是台湾地区智慧城市建设的重要力量。第一，他们与城市政府和企业之间有频繁而深入的联系，建立了良好的关系，能够互通双方的信息，成为政府与企业间无障碍沟通的桥梁；第二，他们与社会、市民的需求有密切的衔接和研究，对所在领域的发展趋势有较强的把握，可以给政府和企业提供建设性的建议；第三，他们积极搭建智慧城市战略等各类平台，广泛联系境内外城市先进的理念、产品和专业人才参与，通过设立奖项等方式，推动交流智慧城市各专业领域的成功实践经验；第四，他们积极组织有关城市政府、企业、专家参与境内外智慧城市展览、论坛等活动，推广自身理念和产品，同时学习其他城市先进经验。

市民是台湾地区智慧城市建设的首要服务目标，他们可以通过多种比较顺畅的途径，参与到智慧城市建设中去，而且因为和他们的利益直接相关，参与积极性都比较高。

5. 跨界整合，强调“信息整合服务”的创新思维

新一代信息技术成熟后，资源整合变得相对容易，信息整合服务成为一大趋势，也突破了传统服务的概念和模式。台湾地区各市县政府和企业顺应了这一趋势，积极主动在整合服务方面进行创新，并把这种创新从新技术领域扩展到传统

服务领域。例如，位于彰化县的秀传医疗财团法人彰滨秀传纪念医院，建立起自身的资讯科技公司，把集团下属各个医院已有病历、保健预防资料等整合起来，在此基础上研发出一系列的医护移动应用软件。此外，医院内部还设有 7 - 11 便利店、义美食品超市、秀传人文艺术馆、乐活舒压中心等人性化的、综合性的功能设置。

三、两岸智慧城市建设的比较、借鉴与启示

当前，智慧城市建设处于很好的政策环境中。《国家新型城镇化规划(2014—2020 年)》明确提出推进智慧城市建设。《关于加快实施信息惠民工程有关工作的通知》《关于促进智慧城市健康发展的指导意见》先后出台，并成立了由 25 个部门组成的促进智慧城市健康发展部际协调工作组，将统筹推进智慧城市建设工作。从 2008 年起，智慧城市建设开始成为地方城市的目标，2014 年，在多重利好因素刺激下，各地建设智慧城市的热情再度高涨。据报道，目前超过 200 个城市开展了智慧城市建设，十多个省区市制定出台了省级总体规划。

不过，很多城市需要吸取多年来的教训，过去对所谓“生态城市”、“低碳城市”、“信息城市”、“数字城市”等各种概念一阵风似的盲目追逐，导致了大量公共资源的浪费，因此，需要遏制地方在智慧城市建设中思路不清、盲目建设的苗头。

1. 始终贯彻“以人为本”这一智慧的理念

人是城市的核心和最大的生产力，城市的规划、建设、管理等方面理应围绕人的需求而开展，也只有满足了人的需求，城市的经济、社会发展才有活力。虽然在当下的语境中，“智慧城市”指新一代信息技术在城市经济社会发展领域的深度创新应用，但是，如果缺乏了“以人为本”这一理念上的智慧，技术创新就缺乏目标、失去前提。

在过去三十多年城镇化快速发展过程中，城镇建设“重表象轻实质、重地上轻地下、重建设轻运维、重视觉轻实用、重短期轻长远”一直是被广为诟病的现象，其本质上是忽略了人的需求。至少在以下几个理念方面，台湾地区的发展经验值得大陆地区的城市对比和借鉴。

一是安全、高密度的人口聚集。台北市给人一个深刻的印象是，生活非常便利，出门很方便就能满足日常生活的吃饭、购物等消费，这主要得益于其较高的人口密度，几个核心老城区都达到了每平方公里 2 万多人。因为市民对日常生活

类小商品的需求受制于购买路程，在辐射范围内如果没有足够多的消费者支撑，商店经营会亏本。

大陆地区的绝大多数城市，旧城人口密度也不低，生活也普遍比较便利，但是在旧城改造和新城建设过程中，很多城市领导雄心勃勃、目标远大，为了吸引心目中的高端人群，把城市框架拉得很大，高标准进行基础设施建设，开发建设高端楼盘，但结果却是很多地方因密度太低，基础设施的投入和维护已给地方财政带来极大压力，更加不要说支撑起生活性服务业和公共服务配套设施，导致生活极为不方便，最后房子很难卖出去，即便卖出去了，买了房的市民也迟迟不愿入住，新城沦为“空城”、“鬼城”。

我们在旧城改造或新城建设中，应客观、科学地分析未来的人口需求，在建筑安全、消防安全、居住舒适、生态环保的大前提下，尽可能提高人口的密度，这样不但能支撑日常小商品店的运营，让生活更便利，另外人的密度高了，人与人的距离就拉近了，在所有的人际交流、商品和服务的交易方面，都能节省时间成本，省出来的是巨大的社会整体经济效应。

二是交通建设、管理方面的“以人为本”。交通拥堵是“大城市病”的核心病症之一，台北市过去也实施“以公路导向为主、行车效率最大化”的交通规划，长期忽略人行环境，导致行人安全问题。20 世纪 90 年代开始，台北萌芽“人本交通”概念，并逐渐蔚为风潮。他们提出新的交通愿景：以捷运为骨干，公车为面，步行、自行车、市民小巴与出租车为最后一公里。在步行方面，重点加强对良好人行环境的营造；鼓励自行车出行，推动公共自行车租赁系统示范计划；鼓励乘公交车出行，设立公交车专用车道，公共交通换乘可以刷卡优惠，在远离市区的高铁站设置公交免费接驳换乘等；对私人运输工具的使用限制非常严格。另外，台北市道路普遍较窄，大多为双向四车道甚至两车道，而且高架、跨区的双层快速路很常见，有效分流跨区的机动车流。这些注重细节的措施，优化了整个台北市的交通，提高了交通出行的安全、便利和效率。

三是注重对公共空间的优化和挖潜再利用。台北市土地面积有限，全市才 271.8 平方公里，平均人口密度达到 9949 人/平方公里，市区可利用土地非常稀少，因此，对现有空间的再挖潜就成了现实的选择。可以列举挺多相关的案例，比如在高架桥下建置篮球场等体育设施等。

类似的智慧理念，还体现在台湾地区城市其他诸多方面的细节中。正是因为对“以人为本”的一贯态度，当新一代信息技术发展起来后，他们充分利用这些技术来更好地为人的智慧生活服务。我们很多城市应首先在观念上改变长期以来热衷“以物为本”的倾向，转向“以人为本”。

2. 明确界定政府和市场在智慧城市建设中的角色

《中共中央关于全面深化改革若干重大问题的决定》指出，使市场在资源配置中起决定性作用和更好发挥政府作用。智慧城市建设同样要遵循，各城市政府应避免过去对政绩工程、形象工程的盲目追逐，明确自身在智慧城市建设中的角色。

现阶段，我国的物联网等新一代信息技术的发展水平在全世界都处于领先水平，在智慧城市建设的政策环境、主体积极性、技术支撑等各方面，都有了很好的条件，如果各城市严格依照国家政策进行智慧城市的建设，将能产生巨大的经济和社会效益。

一方面，应以市民的需求为核心导向，牢牢把握国家新型城镇规划中提出的智慧城市建设的六大方向，在通盘考虑和总体规划的前提下，通过政企合作、政府采购、公开招标等方式，大力引导社会力量和资本参与到政府的智慧行政、基础设施智慧化、公共服务智慧化当中，杜绝政府自身建设的低效和浪费。同时，要打通政府内部各部门之间的对接渠道，积极实施数据共享、功能对接，至少要协调好各部门的职能，避免建设过程中的重复、打架等现象。

另一方面，移动互联网应用不但已经在传统的商业领域风生水起，也正在逐步进入传统的公共服务领域，例如移动支付水电煤气费、移动打车、互联网金融、移动在线医疗和移动在线教育等。在新技术的创新突破下，市民的需求得到更多样化的满足，长期以来这些领域改革面临重重困难的局面似乎“柳暗花明又一村”。应按照中央高层“改革、创新”的精神，顺应新形势，鼓励和支持有利于资源更高效利用、有利于提高市民生活品质的产品和服务，同时做好监督和规范，预防其中可能存在的问题，也要确保信息安全。

3. 发挥社会组织的促进作用，加强国内外交流与合作

充分培育、引导、发挥各类社会组织在智慧城市建设中的作用，鼓励、支持社会组织通过举办展览、博览会、论坛、交流会、考察等交流活动，宣传推广智慧城市领域先进的理念、产品和服务，促成政府、企业、专家学者和消费者的直接对话，加快形成建设指挥城市的社会共识和合力。

国内外经验交流与务实合作十分必要。国内不少城市探索出了一些智慧城市建设的好经验，比如广州市番禺区的“四个民生”工程、武汉市市民之家、台湾地区的智慧城市项目，都具有推广的价值。另外，台湾地区相对过剩的医疗资源、教育资源和大陆地区紧张的医疗教育资源之间有着深入合作的巨大空间。国

外方面，日本的柏之叶智慧新城、丰田市智能社区都在探索以节能减排、低碳为基本目标的智慧城市，打造出较为成功的样板；欧洲各国也在积极探索，比如德国的工业 4.0 等。中日、中欧间，不但可以在智慧城市的理念上相互借鉴，在智慧城市技术、产品和市场上也有巨大的合作空间。

（本文原载于《中国发展观察》2015 年第 4 期）

法治应让专车跑得更稳

钟笃粮

近日，多个城市交通执法部门以非法运营之名，对多个互联网专车服务平台进行了查处，又一次在网上引起巨大争议。依照现行法律法规，查处行为合法合规。但是，从“以人为本”和经济社会发展的视角，专车是基于移动互联网的出行服务创新，优化了资源配置，缓解了出租车供需矛盾，有效地帮助市民出行，减少环境污染，也让市民出行更安全。所以，应尽快调整相应的法律法规，把专车服务纳入法治框架。

传统的出租车行业中，有一些被普遍接受的错误认识，例如放开出租车数量会导致出租车数量急剧增加引发交通拥堵、环境污染、挤占有限的道路资源等。这导致政府对出租车行业进行规划和管制，包括数量管制、价格管制、一些不合理的运营规范，扭曲了这个本可以完全让市场配置资源的领域，导致越来越难以解开的出租车死结，也使得私家车为主体的法外运营“黑车”屡禁不绝。

基于移动互联网的叫车平台有效解开了这个死结，提供出行服务的车辆和市民用车的需求在平台上实现了高效、便捷的对接。因为消除了信息不对称，供给方有条件根据不同时段需求的波动进行供给数量和价格的调整，也比传统出租车更容易监督司机的服务质量。

移动支付和评价系统让出租车公司一直头疼的监管问题迎刃而解，“份子钱”被固定的车辆使用费和运营现金流分成替代，公司还可以根据运营状况提供奖与惩的激励。没有了不合理规范，各类车型都可以提供服务，评价系统做得完善，方便乘客用脚投票，乘客的评价则是悬在司机头上的“达摩克利斯之剑”。所有这些，构建了一个充分竞争、安全、高效的打车市场。

在这个新的市场里，传统出租车专营权的垄断被打破，乘客能方便获取想要的服务，司机的运营被规范的同时，积极性也被调动起来。今天，在“专车”

钟笃粮：中国城市和小城镇改革发展中心城市中国网副主编。

模式下，人们看得更清楚，打车就是购买一项运输服务而已，乘客可以选不同平台的车，也可以选不同价位的车。突破数量管制、价格管制和不合理规范的“专车”，用优质的服务吸引了广大的市民，也在不经意间解救了处在尴尬中的相关管理部门，变革了让政府进退两难的传统出租车行业。

很多城市认定“专车”非法指向的是没有运营资格的私家车，这是有理有据的。任何从事商务运营的车辆，理应接受政府的合法监管，取得合法的运营手续，有纳税的责任，需要保障司机和乘客的信息安全、银行支付等财产安全和生命安全。政府则要制定促进市场健康有效的行业运营规则，以应对将来专车市场上出现的利益主体纠纷、行政导致的不公平等问题。

然而，现有合法运力与巨大的市场需求相比仍然不够，而且高峰期打车需求与平时段打车需求存在巨大差距，如果完全以专营车辆提供服务，满足高峰期需求则会导致非高峰期的运营车辆资源浪费。同时我们也要看到，高峰期出行的私家车，很多的车内只有一个人，如果准许并规范合乘、拼车、私家车接入专车平台等，一方面满足了市场需求，另一方面也缓解了交通拥堵。

北京已经迈出了这一步，去年初出台了小客车合乘的意见。更进一步，私家车接入专车平台，只要私家车符合运营车辆的要求，车主符合运营司机的要求就行。通过叫车平台，政府相关部门能进行安全、税收、运营规范等方面的有效监管，在此基础上也会形成有效的出行服务市场。

李克强总理在今年的政府工作报告中提出“互联网+”，推动大众创业、万众创新，互联网本质上是一次信息技术的变革，与其结合的许多领域，必然会触及传统运作模式和利益结构。对此，我们应该以发展的眼光看待，以改革的行动对待，尽快研究、改革不合理的法律法规，把专车服务纳入法治框架。

（本文原载于《新京报》2015年5月11日）

中国智慧城市发展的问题与思路

郑明媚　吴晓敏

一、智慧城市的起源

2008 年，IBM 公司总裁兼首席执行官彭明盛首次提出了“智慧地球”的概念，之后 IBM 公司一直积极倡导和推广“智慧城市”的理念和建设方案。尤其是借助上海世博会举办了“智慧城市的全球峰会”，在 IT 界、经济界、学术界引起巨大反响，引起社会各界的广泛关注和高度认同。2009 年奥巴马就任美国总统后对智慧城市给予了积极回应，并将其上升为国家战略。世界上其他国家和地区也认识到了智慧城市的前瞻性和先进性，相继提出了建设智慧城市的战略举措。据估计，全球已有 1200 多个与智慧城市相关的项目在实施。

二、对智慧城市的理解

从技术的角度理解：智慧城市是在城市全面数字化基础上建立的可视、可量测、可感知、可分析、可控制的智能化城市管理和运营机制，包括城市的网路、传感器、计算资源等基础设施，以及在此基础上通过对实时信息和数据的分析而建立的城市信息管理和综合决策支撑等平台。

从城市发展的角度理解：智慧城市是一种城市发展理念，一种城市发展模式。智慧城市是通过新技术、新手段、新方法，改善城市公共服务的供给水平，用来满足城市居民的需要。

在 2013 年“中国城镇化高层国际论坛”上，来自全球著名的智慧城市领域

郑明媚：中国城市和小城镇改革发展中心智慧城市发展联盟执行副秘书长、智慧低碳城市处处长。
吴晓敏：中国城市和小城镇改革发展中心智慧城市发展联盟样板示范部副主任。

的学者、企业家和官员，探讨了智慧城市的内涵。在此次论坛上，与会专家共同指出，智慧城市首先应该是宜居的城市，应该是理性的城市。智慧城市的重点不仅仅是技术，而是如何更加智慧地使用大数据，如何让技术更具有实践性，如何更合理地使用资源发展低碳经济，如何为公民提供全面完善的公共服务。专家还提出，智慧城市建设不仅仅是政府的事情，更不能忽视公众和市场的参与，应充分重视人在智慧城市中得到尊严和自由。

三、中国智慧城市建设现状和主要问题

近两年，中国地方城市纷纷提出要建设智慧城市。在2013年“中国城镇化高层国际论坛”上，有的学者提到，智慧城市是由美国发起的，但是真正热起来是在中国，全球其他国家只有几十个城市提出建设智慧城市，而中国对外宣称建成智慧城市的数量达到200多个。许多城市把打造智慧城市写入“十二五”规划当中，并安排数百亿的财政预算支持智慧城市建设的基础设施建设和系统开发。宁波“十二五”规划中提出将投资407亿元打造“智慧之城”；中国移动和中国联通分别投资130亿元和120亿元助推上海智慧城市建设。也有学者指出，中国的智慧城市建设存在盲目、跟风和“大跃进”等诸多问题。

（1）对智慧城市的理解存在偏差，发展智慧城市的定位不清。有的城市政府认为，建设智慧城市就是要配备和建设高质量的传感器、配备超级计算机、开发云计算和物联网，认为用高技术管理了海量信息，就是实现了智慧城市的目标。有的城市花巨资投入在光纤和软件的开发、系统的维护上。有的城市花巨资打造物联网产业园、软件产业园、云计算产业园、云计算数据中心。缺乏清晰的定位，对市场需求没有充分地了解，许多设备和技术配备启动之后，却面临着无处用的问题。有的园区兴建起来后，面临招商难的问题。

（2）重视智慧基础设施的硬件建设，忽视了与民生直接相关的服务提供。地方政府提出打造智慧城市，几乎都启动了覆盖城市各个领域的综合解决方案，并特别注重数字管网、可视化、处理平台终端等基础设施的建设；也特别注重综合解决方案的整体推进，动辄需要数百亿元的资金。在实际实施过程中，有的城市由于摊子铺得过大，投入了巨资用于前期建设，后期应用和维护也需要投入大量的人力、物力；有的城市做好了系统，只能用于演示，实际应用存在障碍。深圳提出打造智慧交通咨询，投入大量资金用于道路整体调控系统、交通运输管理系统、交通管理应急仿真决策支持系统。武汉实施八项智慧体系，包括智慧低碳环保经济体系、智慧城市管理体系、智慧环境监控体系等。广州提出到2015年，

建成国家知识创新和技术创新高地、亚洲领先的信息化都市和国际先进的区域创新发展引领示范区。类似的城市很多，都提出要突出技术、设备、系统等硬件的打造，重视智慧城市引领高新产业的发展。而与市民生活直接相关的出行、突发事件、公共设施的维修与完善、民生相关的教育、医疗等便捷式服务提及很少。特别是如何通过智慧的手段解决中低收入人群的生活、出行、社保等问题，并没有针对城市的实际情况进行深入的研究和分析，对关于民生的智慧城市建设考虑较少。

（3）城市之间各自为政，系统和数据之间难以整合，重复建设和投资浪费。许多城市政府是推动智慧城市建设的主体，而智慧城市发展规划主要是大型硬件或软件开发商制定的，智慧城市的重点也就自然侧重在技术和设备的覆盖上。在系统和数据的整合上，国家目前并没有针对智慧城市制订统一的标准，各个城市也是各自为政，不同城市之间、不同部门之间的数据难以共享和交换。有的系统限于部门内部，有的局限在条条之间。部门之间往往也要搭建不同的系统平台保障内部的正常运行，往往造成投资浪费。很多项目未经统一规划和可行性论证就仓促上马，也造成投入效率低下。

（4）缺乏顶层设计、统一规划和国家层面的部门协调。工信部、住建部都推出了在全国范围内开展智慧城市的试点工作。2011 年开始，工信部先后与浙江、江苏、上海、山东等数个省（市）签署战略合作协议，推动各省市开展智慧城市的试点工作，试点项目主要侧重在技术和硬件方面。2012 年 12 月，住建部发布了《国家智慧城市试点暂行管理办法》，并公布了首批 90 个智慧试点城市，包括 37 个地级市、50 个区（县）、3 个镇，同时还出台了《国家智慧城市（区、镇）试点指标体系（试行）》。但是，关于对智慧城市的概念和重点，国家层面并没有针对中国的国情加以明确，国家层面也没有形成针对智慧城市发展的规划，工信部出台的《指标体系（试行）》也只是框架性的名词，并没有形成相应的量化指标。各地在实施智慧城市过程中，仍然要加各自领会和发挥，许多城市对智慧城市的含义理解不一样，对智慧城市与本地城市发展战略的融合方面也缺少思考和研究，往往在引进和建设智慧城市项目中存在偏离本质的问题。

四、国际智慧城市的经验

通过对城市各种信息、数据的整合，促进政府在城市决策、城市治理、社会管理等方面发挥积极作用。

（1）提高对中低收入人群的公共服务水平。福特基金会总监麦卡锡（George McCarthy）指出，丹佛通过城市信息数据库的建设，能够在城市轻轨线路设计时充分考虑到低收入人群的需要。

（2）有利于城市政府更好的决策。丹佛市在智慧城市建设中，通过建立城市信息数据库，可以为城市规划、基础设施建设、公共服务供给、就业等提供支持和帮助。巴塞罗那首席建筑师维森特（Vicente Guallart）指出，巴塞罗那通过智慧城市建设，将城市供水、污水处理、能源网络、交通系统、绿色环保等各种基础设施、信息基础设施信息全部纳入数据库，能够对城市基础设施投资进行决策支持。

（3）更快捷地应对突发事件，加强城市治理。芝加哥市政府建立数据库，并对社会开放，可以及时了解到各种信息，如上周哪一条街上发生过最大的盗窃事件，哪一条街上逃学的孩子比较多，可以及时进行治理。伦敦利用数字智能系统对城市交通拥堵进行治理，有效缓解了城市交通拥堵的现状，提高了众多驾驶者的效率。

（4）城市政府与居民之间进行良好的互动。欧洲理工学院可持续发展学院院长肖特（Ian Short）指出，伦敦在智慧城市建设中，通过微工作平台的实施，建立了一个在线市场营销平台，为居民提供多样化、便捷化的各项服务，伦敦的微工作平台能够及时将居民的需求反映到政府和企业手中。这一平台在伦敦奥运会期间发挥了非常重要的作用。

五、如何打造智慧城市

智慧城市的建设是一项复杂的工程，需要多方面、多层次的投入和参与。

（1）智慧城市需要大数据的支持。各类数据是智慧城市构建的基础。在大数据时代，如何搜集和挖掘数据，是智慧城市建设的重要内容。政府通过构建数据库，建立大数据分析平台，了解居民的需求，提供针对性的服务，并有利于政府制定资源、产业、金融等方面的发展策略。大数据的开放、共享和相关标准的制定，是智慧城市建设的主要内容。

（2）创新引擎是智慧城市发展的动力。智慧城市的构建首先要源源不断地创新，无论是大数据的搜集和挖掘，还是智慧城市相关技术的应用、政府决策系统的开发与应用，从理论到技术，再到实用阶段的推广，都需要不断的创新。在创新引擎的打造上，需要政府主导，并鼓励企业和居民共同参与。

（3）信息共享是智慧城市发展的一个重要环节。信息共享是信息时代社会大众最殷切的期盼。智慧城市的建设，需要各类信息实现共享，社会各个实体会从公开的信息中寻找满足自己的行为目标，政府可以提高城市资源配置效率。智慧城市可以让整个城市成为一个大社区，信息的流动可以让人们距离更近。巴塞罗那通过城市基础设施信息共享，可以提高全城供水、能源、垃圾处理等的效率。

（4）发挥政府的主导作用。首先，数据的采集需要政府的主导才能完成。其次，智慧城市建设需要大量的资金，需要建设相应的基础设施，在投入方面政府也要发挥重要作用。另外，信息的共享同样离不开政府的推动，政府在获取数据方面具有特殊的地位，是信息共享标准的制定者。

六、中国智慧城市发展的思路

国务院提出了创新驱动发展、推动新型城镇化、全面建成小康社会的重要举措，把智慧城市作为新型城镇化的主要内容。在推行过程中，应避免照搬国外经验，避免盲目跟风，而要立足于中国国情，立足于发展的阶段，立足于民众的诉求，要坚定地发展具有中国特色的智慧城市模式。

（1）国家要制定智慧城市发展规划纲要。做好顶层设计，从国家层面确立中国智慧城市的概念、目标，制定相关的政策措施，建立相应的指标体系，部署数据搜集和开放的安排和时序。

（2）与城市自身发展需求相结合。2012 年，中国的城镇化率只有 52.57%，还不具备全面铺开建设智慧城市的条件。我们的重点还在于如何更好地促进农业人口有序地向城市转移，如何让更多的农民工融入城市。智慧城市的建设动辄投入数百亿，这些投入有的方便了政府的决策，提高了资源利用的效率，有的也成为形象工程、成为摆设，生活在城市的人们很难有切身的体会，他们自身的生活也没有得到实质的改进。关注民生、关注公共服务的提供、关注与市民生活息息相关的设施的"智慧"，是中国智慧城市建设需要调整的方向。同时，对于条件具备的发达地区，也要研究智慧城市与城市产业的发展、与区域的合作的引领和带动作用。

（3）大、中、小城市协同发展的格局。中国的大城市，基本上都在开展智慧城市的探索，智慧城市并不是大城市特有的发展模式。欧洲许多中小城市成为智慧城市建设的典范。中国的中小城市，特别是一些旅游型城市，可以在智慧城市领域做出很好的探索。当然，相比大城市，中小城市往往存在数据获取难的问题，今后要着重解决。

（4）注重对接公众的智慧。让城市更好地服务于大众，要把智慧城市的建设从偏重硬件到注重对接公众智慧转变。比如利用微博平台来建立民众与政府相互对接的窗口，民众对城市发展的诉求、对城市治理的应急信息，可以通过已有的平台实时向政府反馈，政府也能在第一时间采取措施解决各种问题。智慧城市的建设，也可以探索用小成本解决大问题。

（2013 年）

智慧社区开启智慧城市建设新路径

——“2014 崇礼中国城市发展论坛智慧城市发展联盟会议”综述

吴晓敏

[摘要] 本文总结了“2014 崇礼中国城市发展论坛智慧城市发展联盟会议”的主要内容，依据联盟理事长及参会嘉宾的主要观点，归纳出一条中国智慧城市建设的市场化新路径，即以企业为主体，以智慧社区为先导，以利益为纽带，通过跨界合作，实现低碳、方便、智慧、可持续发展，逐步形成具有中国特色的智慧城市建设模式。

“2014 崇礼中国城市发展国际论坛”于 2014 年 8 月 1 日在河北张家口市崇礼县召开，“智慧城市发展联盟会议”同期举行。会议期间，联盟确立了发挥成员单位优势，创新中国智慧城市发展模式的目标，并总结提出中国建设智慧城市应贴近百姓生活，以智慧社区先行先试，结合传统房地产业向城市运营商、服务商转型，开启智慧城市建设的新路径。

一、让市场承担起智慧城市建设的重任

智慧城市作为促进城市规划、城市建设、管理和服务的一种智慧化的新理念和新模式，是提升城市可持续发展能力，解决新型城镇化建设中的问题的有效抓手和载体。近期由国家发改委会同七个部委共同发布《促进智慧城市健康发展的指导意见》，重点解决了以下两个方面的问题：第一，中国智慧城市建设的定位，明确提出以市场为主，鼓励市场建设和运营模式的创新，建立可持续的智慧城市发展机制，鼓励社会资本参与运营和建设，杜绝政府大包大揽和不必要的干预行为；第二，如何建设智慧城市，将责任放在市场，政府只是搭建平台，重点是让市场承担推进智慧城市建设发展的重任。智慧城市发展联盟将致力于形成一支推

吴晓敏：中国城市和小城镇改革发展中心智慧城市发展联盟样板示范部副主任。

动智慧城市建设的市场力量。

二、从智慧社区入手，惠及于民，更接地气

智慧社区贴近生活，关系到居民最基本、最全面的生活要素，反映着居民的生活方式，是智慧城市落地化最直接面向民众的表现。通过政府开放部分信息端口，社区服务平台可以成为社会公共服务直接面向居民的便捷通道，同时也是居民公众参与的便捷反馈平台。智慧社区中通过运用智能技术进行信息整合，将围绕居民生活的吃、住、行、游、购、医、娱、学等生活服务实现互动化和协调化，短期内改变传统的生活方式为居民提供更安全、便捷、舒适的生活环境；未来社区服务可同城市整体实现智能对接，将成为政务高效、服务便捷、管理睿智、环境宜居的智慧城市的一个缩影。

三、形成以企业为主体的建设新模式

智慧城市发展联盟将倡导新的智慧城市建设模式，即“企业来建设，社区做载体，服务是重点，家庭为终端”的建设模式。新模式旨在同房地产项目紧密联结，由地产开发商连同各行业、各企业共同作为投资建设主体；以在新城、新区的地产项目中打造智慧社区作为切入点；重点围绕向家庭提供更便捷、更舒适的智能化应用来提升社区综合性服务；再通过家庭的终端设备，使各项社区智能服务入户到家。

四、跨界合作推动房地产商向城市运营商、服务商转型

跨界合作为传统房地产发展带来理念的转变。房地产推动城市发展是城镇化建设中的重要功能，过去是拉动经济增长的主要因素之一。随着国家新型城镇化战略的提出和实施，传统地产业已面临局部性、结构性过剩，项目概念滞后，目前房地产业正积极寻找新的建设理念。伴随互联网在社区的全面覆盖，开发商通过与 IT 领域合作，将金融、保险、健康、医疗、卫生、养老、文化、娱乐等多种生活要素，以互联网的方式植入社区，直接面向家庭提供更广泛的服务。这种互联网和地产的结合构建了一种跨界转型的趋势，将传统的房地产居住概念提升到一个综合的服务社区、智慧小城市的新概念。

五、以利益为纽带，创新智慧城市建设模式

目前智慧城市普遍的做法是将高科技运用到城市管理，在基础设施建设方面朝着数字化、智能化和信息化的方向发展，注重硬件设施的全面改善，存在着建设成本巨大、建设周期长、见效慢、居民受益不明显、实际推行难度较大等问题。从智慧社区入手，由小到大开展区域性建设的方式，从规模上大大降低了投入成本，并通过后期有偿服务的收益机制，未来可形成企业新的收入方向。

与传统社区项目相比，开发商需协同相关领域的多行业、多企业强强联手共同开发、共同建设，以有效提升土地销售价格和后期服务费用，项目投资主体从单一变为多元，盈利模式也从传统的单次销售变成销售收益和参与后期运营提供服务获得长期付费收益的模式，房地产商由短期建设者转变成为长期服务商，从土地收益转向服务收益，在区域范围内成为城市发展商和城市运营商。根据日本的建设经验，智慧社区投入成本约上升了15%，政府通过能耗补贴的形式承担了其中的5%，居民承担了一部分，剩余的大约5%～10%由企业通过后期服务来回收成本，具有良好的可行性。

六、借鉴日本经验，实现低碳、方便、智慧、可持续发展目标

日本智慧城市建设同样采用样板先行，市场主导，企业协同开发，以地产项目落地，实现运营收益的方式。以服务和满足家庭需求的社区建设作为切入点，通过使用各种现代化技术提高能源利用效率、实现低碳生活。例如三井不动产的柏之叶智慧城市、丰田汽车打造的智能低碳示范小区等。日本将“以人为本，方便实用”作为智慧城市的核心理念，与居民需求紧密结合，生活实用性强，充分说明了智慧社区是实现城市生活低碳、方便、智慧、可持续发展的一个很好的发展方向。因此，会议期间专家李铁特别指出：在我国的智慧城市建设思路中，应从资源节约利用的角度，充分吸收日本的能源资源节约技术和经验。这不仅符合国家的能源战略，也因为社区始终与居民需求相结合，接近市场需求。在学习日本的同时，我国的互联网以及社会服务、公共服务的优势和特点也应及早利用，通过智慧城市的方式进行信息整合，在智慧社区建设中率先落地。

七、智慧城市建设中智慧社区先行的三大实施优势

通过介绍思路、分析原因、联盟自身情况的分析，会议总结指出联盟所倡导新模式在具体实施中的优势。

（1）量身定制样板社区、样板新城

样板社区、样板新城具体实施中可根据现状及需求来量身打造，选择不同的重点，例如智慧交通、智慧安防等；或者将经济要素、金融和技术支持结合起来打造智慧产业等。量身打造的样板可以是综合性的或某领域重点突出性的，甚至是在某几个方面创新突破形成跨界融合具有独特性的，务求突出样板社区、样板新城的代表性和可推广性。

（2）凭借概念优势，市场化推动见效快

从智慧社区切入的智慧城市建设涵盖了几大亮点：一是跨界融合，打造更便捷舒适的生活配套服务；二是概念引领，高科技和城镇化的结合就是智慧城市，概念占领先机；三是符合“低碳、集约”的城市生态发展目标，通过规划设计将能源消耗及利用考虑在内。

（3）社区、新城建设规模更易打造“小而精”的样板

社区、新城规模有限，人口通常控制在10万以下，因此，联盟提出的这种跨界融合、概念领先、配套综合的样板建设模式在这里遇到的各方阻力较小。同时，智慧社区建设利用地产项目在短期内可取得突出成效的优势，配合有力的媒体宣传在一定时间内就可在全国迅速推广，形成中国智慧城市建设的新理念。

最后会议总结中再次强调，智慧城市的本质是追求智慧的生活。未来，联盟将积极推动智慧城市样板的建设进行试点，探索市场主体在建设智慧城市中的分工协作与盈利机制，逐渐形成具有中国特色的智慧城市发展模式。此外会议期间，许多参会嘉宾表示希望通过政府开放部分信息端口将公共服务和城市管理真正引入社区面向家庭，共同探索出一条适合中国国情的智慧城市推进模式。相信在不断完善智慧城市市场化建设模式中，样板经验会成为城市建设中的一条新的重要途径，在拓宽城市建设的新渠道中发挥出重要作用。

（2014年8月）

星级出租屋引入智能化技术，推动流动人口管理创新

——广州市番禺区智慧城市研究报告

吴晓敏

2012年广州番禺区登记在册出租屋172635栋、767026套，流动人口约134万，是本区户籍人口的1.3倍。大量流动人口涌入城市，在推动经济发展的同时，也给城市资源配置、社会治安、安全生产以及市容环境等带来一系列的问题。安居才能乐业，解决好流动人口的居住问题是流动人口管理的重要任务。番禺星级出租屋“以房管人”的模式在流动人口管理中的创新经验值得学习和推广。2012年星级出租屋引入智能化技术，推出二维码门牌和智能手机巡查系统，实现了对流动人口数据的及时采纳与更新，通过数据在统一管理平台上的共享，初步实现了部分公共服务向流动人口延伸。

一、星级出租屋管理办法及智能化技术运用

面对流动人口带来的城市管理难度，要实现人性化的有效管理、及时掌握流动人口的真实信息需要建立一套完整的体系对其进行记录、分析、追查，智能化的信息处理技术为城市管理提供了切实可行的依据。

1. 以居住需求作为切入点，以房管人

流动人口管理难度大，主要在于其信息难以及时准确掌握。传统管理是依托于公安部门暂住证的发放，但难以实现及时登记与更新以及全面有效的覆盖。从衣、食、住、行等基本需求入手，番禺区以“居住”作为流动人员管理的切入点，通过对星级出租屋采集有效的流动人口信息取代了传统暂住证为主的管理模式。

吴晓敏：中国城市和小城镇改革发展中心智慧城市发展联盟样板示范部副主任。

2. 延续星级评分和积分奖励，规范出租屋市场

为了对制假售假、安全生产隐患、黑窝点等社会隐患从源头上进行控制，营造安全的居住环境、和谐的社会环境，番禺区根据出租房的消防、治安、房屋结构安全、卫疫、房主诚信五方面情况进行评分，将其分成安全星级、监管和重点监管三大类，将评分结果以门牌形式标于出租屋外。对获得星级评分的出租屋实行积分制，即流动人员和出租人均可获得积分，且计算方式一致，积分可用于兑换部分公共服务。反之，被列入监管和重点监管的出租屋，其出租人和居住流动人员均不得积分，如若租住重点监管的出租屋，流动人员已获积分归零，从而引导流动人员入住安全星级出租屋，以市场调节倒逼出租人自觉开展安全整治。

图 1

3. 智能技术运用，助力数据采集和巡查

2012 年，出租屋管理技术行进了智能化升级，通过研发充分应用二维码、物联网、云搜索等先进信息技术手段，吸纳智能手机简便、高效和兼容性强的特点；投入 197 万元用于开发软件、购置智能巡查手机和蓝牙二代身份证读写器、制作“出租屋二维码。配套研发的“番禺区出租屋智能手机巡查系统”形成集数据及决策辅助于一体的巡查模式。出租屋智能手机通过扫描门牌二维码即可显示租住者的有关信息和房屋情况，并可随时通过手机操作更新信息，彻底改变了暂住证办理需本人现场办理的传统，管理人员还可通过短信将巡查中发现的隐患发送给屋主。

图 2

4. 统一管理平台，流动人口数据实现共享

首先通过制定统一的编码规则解决政府不同部门信息来源以及标准差异的问题，实现数据有效融合。将番禺区常住居民数据导入广东省全员人口信息库并进行初始化，通过比对初步构建人口基础数据库，并将其运用在社会管理各领域，实现了各个管理部门数据和管理的无缝对接。出租屋管理方面在广东省人口基础数据库基础上搭建了集“人屋”管理、安全巡查、数据监控和决策辅助等功能为一体的信息系统，形成公安、流管、计生三位一体的数据共享平台。

二、主要成效

1. 规范出租屋市场，营造安全居住环境

门牌显示的星级评分结果结合其他公示手段，避免流动人员在不知情的情况下入住了重点监管类出租屋，同时也给出租人进行警示和监督，对涉嫌违法犯罪的流动人员起到挤压作用。利用市场调节的作用，调动出租者的积极性，仅2012年主动整改率较上年提高了60%。双方积分制，通过正面引导结合市场调节实现了共建共享，通过福利兑现来推动部分公共服务均等，目前获得积分的人员可凭积分兑现政府13个职能部门及企业提供的待遇和公共服务，涵盖了教育、医疗、文娱、计生、人社、公安、民政、交通等部门。

2. 流动人员信息有效掌握，管理部门实现数据共享

番禺通过出租屋管理办法及时、有效、全面地采集了流动人员信息，利用统一的人口基础库和编码规则实现在各部门应用的数据共享，在广东省全员人口信息库的平台基础上，实现了在全省范围内对流动人员的移动情况提供连续性的全程数字化管理。同时，依托区、镇、村、企业各级流管机构来收集流动人员民意、受理诉求，形成完善有效的诉求表达机制，构建了畅通的沟通平台，充分保障流动人员依法享有的权益，使社会矛盾化解在萌芽状态，有效维护社会和谐稳定。

3. 智能化技术运用大幅提高工作效率

研发的“番禺区出租屋智能手机巡查系统”，安装于常见的安卓系统的智能手机，可实现无网络脱机操作，同时兼容原先的采集系统和工具，仅需定时数据上传，即可实现数据实时对接，有效便捷地完成了流动人员的信息采集及更新。以传统的办理暂住证为例，办证速度提高6倍，由原来的25分钟缩短至3～5分钟，并且不需亲自到现场办理；原先每个巡查员只能监管180个出租屋，通过采用智能手机巡查，每个巡查员可实现对700个出租屋的监管，大幅降低了管理员人数的年增长率。

表1　　番禺区流动人口管理技术发展阶段

阶段	主要技术	出租屋管理员人数（人）	管理员人数增长率（%）
第一代（2001～2004年）	固定式办证一体机	593	
第二代（2005～2006年）	流动人员信息采集车	813	37.10
第三代（2007～2008年）	便携式办证一体机	1083	33.21
第四代（2009～2011年）	3G无线手提式办证设备	1380	27.42
第五代（2012年至今）	二维码门牌、智能手机巡查系统	1532	11.01

有别于传统的上门巡查方式，番禺出租屋管理员上门巡查时仅用智能手机读取“二维码”，通过网络信息系统与“二维码”的数据关联，可及时查询机更改流动人员相关信息，如同为出租屋添上“第三代身份证”，提高“人屋”信息采集的准确度、鲜活度和便捷度，有望实现流动人员信息采集100%准确鲜活，仅2012年开始使用巡查密度就提升了52%。同时相对于传统巡查盘问所带来的逆

反情绪，智能化技术的运用使管理更为人性化，同时其经济成本在某些流动人员管理重点区域具有一定的推广性。此外，数据共享平台可使部门协同工作，仅2012年流管部门传送育龄妇女信息353万人次。公安部门通过流管系统数据比对，抓获犯罪嫌疑人619人。

三、当前存在的问题

1. 缺乏国家层面对出租屋管理的统一规定

流动人员和出租屋服务管理是一项复杂的综合性社会管理工作，目前还没有固定的管理模式和系统政策。番禺区建立了自己的出租屋管理机制和相关条款以及成立了专门的管理机构，但是在全省和国家层面上，仍然缺乏专门的统一机构，造成流动人口管理在对上和对下的层面上出现机构内部衔接不良的问题。

2. 出租屋巡查管理人员流动性大

通过反馈，尽管智能化技术运用大大降低了管理人员的劳动强度，但是受工资待遇的影响，番禺星级出租屋管理中基层巡查管理人员流动性较大。

3. 流动人口不断增加，管理工作压力不断加大

大量外来人口的不断涌入给管理工作不断加压，利益驱使下，不良出租屋反复出现。多数出租屋基础设施以及公共服务水平原先的基础就较薄弱，加上新生代农民工对居住环境、配套公共服务等需求要远高于父辈，人数和服务要求的不断提高增加了管理工作的复杂程度。

四、政策建议

通过智能化的技术、手段及方法来改善城市公共服务水平，满足居民需求，已经成为一种新型的城市发展模式。根据番禺区星级出租屋管理办法和智能技术运用后取得的成效，我们提出以下建议。

1. 制定国家级统一的数据整合标准，推动数据资源融合

制定国家统一的编码标准，充分运用物联网、云计算等智能化手段，全面采集、分析、综合各项关键信息，为社会管理提供准确的源头数据。搭建基础平台

为流动人口各管理部门数据整合提供依据，为共享平台的实现提供保障和支持，同时也为今后流动人口融入本地人口公共服务体系打下基础。

2. 充分利用流动人员和出租屋管理平台

进一步建立健全信息动态分析的决策辅助平台，逐步扩大积分兑换制的落实，将积分兑换制逐步增加在更多的民生领域服务兑换，加强流动人员出租屋管理平台和机构与职业培训相结合，促进低端流动人员就业，从源头上减少社会问题的隐患。

3. 推广番禺星级出租屋智能化技术运用经验

番禺出租屋管理中智能化手段能及时全面地采集、分析、综合各项关键信息，为社会管理提供准确的源头数据。通过数据平台进行统一管理和调度，使公共服务和管理更高效、更智能、更精细、更加人性化。同时，低成本的优势使得该项技术具有一定的推广性。

4. 成立流动人口管理的专门机构

不断涌入的流动人口背后是大量的管理及服务需求，需要从国家层面出台标准，完善出租屋和流动人口服务管理的法律法规，在流动人口众多的地区设置专门的管理机构，实现以人为本地对流动人口及时有效服务管理的目标。

（2013 年 12 月）

中国现代理想城市的构建与探索

刘　琰

[摘要] 起源于西方的理想城市代表着人类对美好城市家园的渴求和探索。本文在归纳总结中西方理想城市探索历史的基础上，结合当前中国宏观形势转变对城市发展的新诉求以及理想城市的探索实践，提出并阐释了构筑中国现代理想城市的要素和理想城市的本质内涵所在。

[关键词] 生态文明；理想城市；低碳；生态；绿色；宜居；智慧

城市是人类栖居的家园。自城市产生之日起，人类对理想城市的探索就从未停歇。然而，每一个时代都有其对理想社会和城市的想象。从柏拉图的理想国到霍华德的花园城市，从老子的寡国小民到陶渊明的世外桃花源，理想城市或乌托邦的存在，其意义或许正是给城市以想象力，促进社会的整体进步（吴缚龙、周岚，2011）。

一、理想城市的溯源

理想城市的设想在西方古代城市建设史上具有重要的地位，对其城市发展有着重要的意义和影响。从时间上来看，人类对理想城市的探索可以追溯到古希腊时期著名哲学家希波克拉底、柏拉图和亚里士多德的哲学思想和有关城市的论述；古罗马时期的建筑师维特鲁威在前人的基础上，第一次提出了古典理想城市的方案。从词源来看，理想城市（Ideal City）在英文中有两种写法 Utopia（乌托邦）和 Eutopia（理想城）。它们来源于两个不同的词根：Utopia 源于 ou + topos（乌有 + 地方）；Eutopia 源于 eu + topos（美好 + 地方）。

可以说，西方理想城市构想的出现并不是偶然，人类对田园式人居环境的向

刘　琰：中国城市和小城镇改革发展中心规划院。

往、对传统的怀念，自古以来就从未间断过，从最初的乌托邦、空想社会主义到霍华德的田园城市，再到战后的新城运动、紧凑城市、精明增长等，都是这一城市理想的反映。

二、西方理想城市的探索与启示

城市的出现距今大约有6000年的历史。从农业时代到工业时代、后工业时代数千年的西方城市发展中，涌现出一系列有关理想城市的理论及实践，对各个时期的城市发展产生了深刻的影响。如在近现代城市发展史上具有里程碑意义的《雅典宪章》和《马丘比丘宪章》，尽管两者体现着不同的城市规划理念——《雅典宪章》提出将居住、工作、游憩、交通作为城市的四大功能，《马丘比丘宪章》强调城市文化、有机组织以及公共参与的重要性，但后者并不是对前者的完全否定，而是批判、继承和发展，从中可以看出人们对城市这一生存空间从未间断的探索和追求。本文仅节选在城市发展史上具有典型代表意义的理想城市模式加以阐述。

1. 西方理想城市的代表模式

(1) 古典理想城市模式

西方古典理想城市的模式以维特鲁威的理想城市方案为代表（见图1），尽管发展到文艺复兴时期，又有多位学者提出了自己的理想城市方案（见图2），但这些方案的核心要素依然沿袭了维特鲁威早期的特征。总的来讲，西方古典理想城市的特征突出强调“秩序感”，主要体现在三个方面：①简单几何形状的城市外廓；②占据主导地位的设施位于城市图案的几何中心；③位于城市中央的设施与城楼或碉楼之间存在明确的视线或轴线关系。

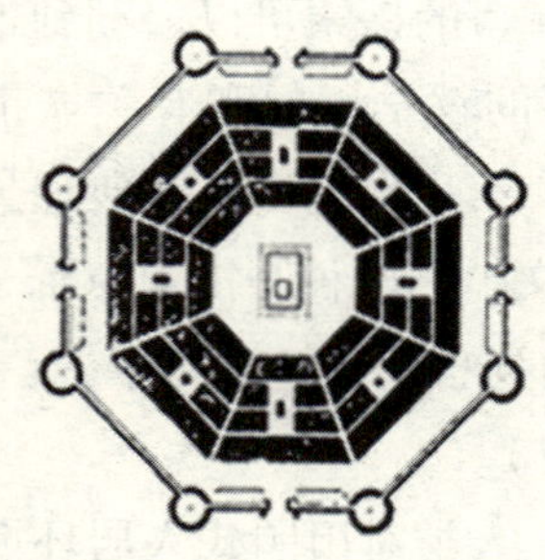

图1　维特鲁威的理想城市方案

图2　文艺复兴时期的理想城市方案

（2）近代理想城市模式——田园城市

18 世纪在英国实现的工业革命极大地改变了人类社会和经济发展的状态，城市化进程迅速推进，打破了农业文明下的城镇平衡状态，引发了城市无序蔓延、交通混乱、城乡脱离、居住环境恶化、土地私有等一系列的矛盾。城市规划师们不得不对工业革命后引发的城市问题进行不断的探索，试图寻找解决城市问题的方法。1898 年，英国的霍华德（E. Howard）提出了“田园城市”的基本设想（见图 3），这是建设一种兼有城市和乡村优点的理想模式。他指出“城市应与乡村结合”，希望用城镇—乡镇这种新型的城市结构形态和土地归社区所有，来代替现行的城乡对立的结构形态和土地私有，以实现社会的和平改革。霍华德所倡导的“田园城市”运动初步奠定了现代城市规划与设计理论的基础，田园城市的代表性理论对世界城市发展起到了重要的促进作用，且至今仍有一定的借鉴和学习价值。

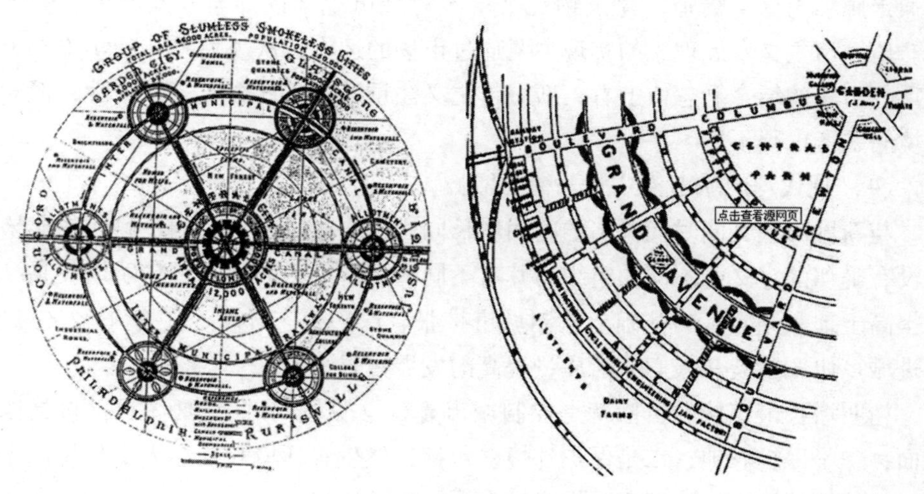

图 3　霍华德的田园城市构想

（3）现代理想城市模式——新城市主义

第二次世界大战后城市急速扩展，以美国为代表的西方国家以低密度的独立住宅和小汽车交通为主体的近郊发展模式，给城市带来了土地浪费、交通拥塞、空气污染、中心区衰落、场所感丧失和人际关系淡薄等问题。

在此背景下，自 20 世纪 80 年代以来产生了几种以人为本，并试图矫正这些“城市病”的理论和实践，统称为“新城市主义”，具体包括：安德雷斯·杜安尼与普拉特·齐伯克——传统邻里区开发（Traditional Neighborhood Development，TND）；彼得卡尔索普——公交导向的邻里区开发（Transit - Oriented Development, TOD); 内利森斯——小庄 (Hamlet); 麦克伯恩——都市村庄 (Metropolitan Purlieus) (见图 4)。

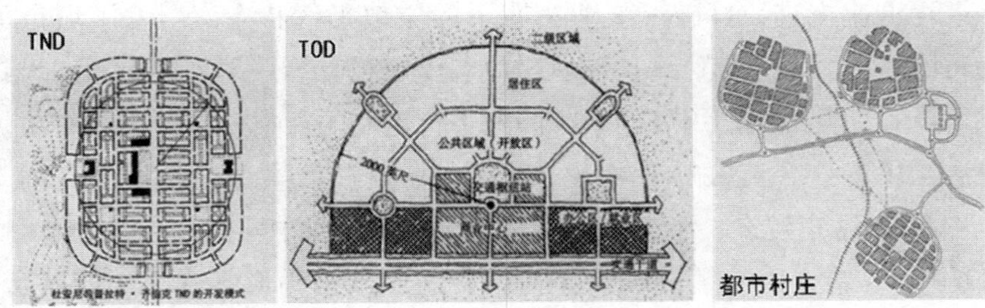

图 4　新城市主义的代表理论

新城市主义追求：紧凑、宜人的邻里社区模式，充满活力和人情味的城市空间，以《宪章》的形式提出 27 条原则，从区域、都市区、城市及邻里、分区、交通走廊和街区、街道、建筑物三个层次对城市规划设计与开发的理念给予阐述。新城市主义发展理念的实现主要通过市场的运作，从规划设计到实施都十分注重与市场的结合。总体上看，新城市主义注重经济、社会及社区特性，但对于环境问题考虑得不多。

(4) 现代理想城市模式——精明增长

与新城市主义同时代提出的精明增长同样是应对城市蔓延的产物。精明增长并没有确切的定义，不同的组织对其有不同的理解。总的来说，精明增长是一种在提高土地利用效率的基础上控制城市扩张、保护生态环境、服务于经济发展、促进城乡协调发展和人们生活质量提高的发展模式。

精明增长最直接的目标就是控制城市蔓延（见图 5），其具体目标包括四个方面：一是保护农地；二是保护环境，包括自然生态环境和社会人文环境两个方面；三是繁荣城市经济；四是提高城乡居民生活质量。

城市精明增长的实现途径：充分利用价格手段的引导作用；发挥政府的财政税收政策的指向作用和综合利用土地利用法规的控制作用。与新城市主义相比，精明增长对环境问题考虑得更多。

(5) 现代理想城市模式——紧凑城市

紧凑城市是西方国家进入后现代社会以来，为数不多的受到各国广泛关注并在理论和实践方面都已经产生极为深远影响的城市发展理念之一。紧凑型城市首先由 George B. Dantzig 和 Thomas ISaaty 于 1973 年在其出版的专著《紧缩城市——适于居住的城市环境计划》中提出。欧共体委员会（CEC）1990 年发布《城市环境绿皮书》，再次提出“紧凑城市”这一概念，并将其作为“一种解决居住和环境问题的途径”，认为它是符合可持续发展要求的。随后，紧凑城市的理念受到越来越多学者的关注。

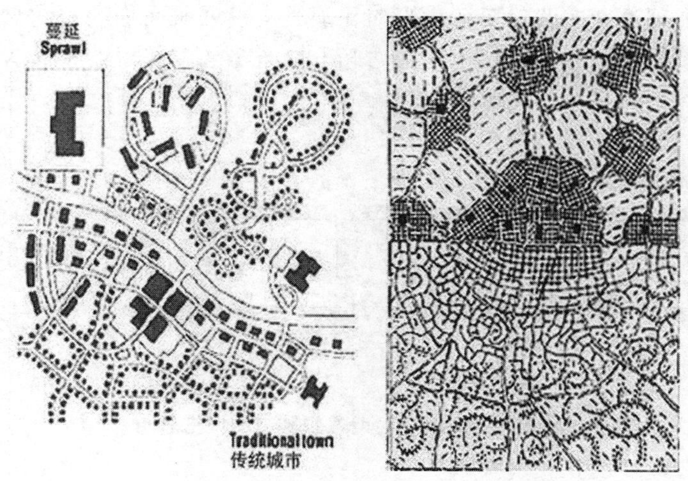

图 5　传统蔓延城市与精明增长倡导的传统社区模式的对比

紧凑城市的理论指出：一个仅仅强调高层、高密度开发的城市，并不是真正的紧凑城市。高密度的意义在于保护城市的经济活力与社会互动，提高公共交通等基础设施与公共服务的经济效率，并保留城市周边优良的自然环境。紧凑城市包含了三个核心特征：密集和邻近的开发模式、由公交系统连接的城市地区、本地服务与就业机会的可达性。

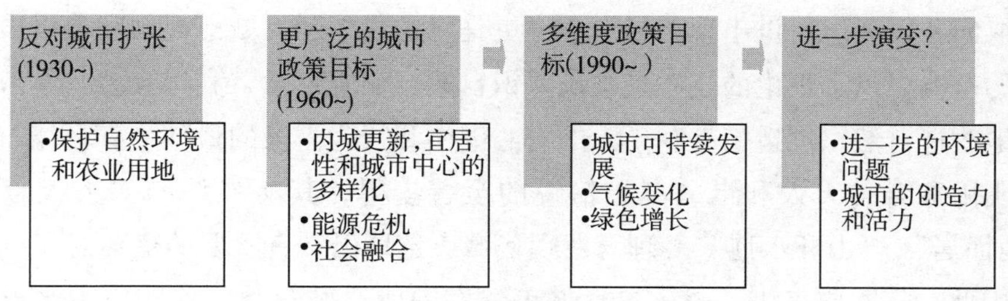

图 6　紧凑城市的政策演变

资料来源：经济合作与发展组织：《紧凑城市：OECD 国家实践经验的比较与评估》。

2. 对探索现代理想城市的启示

从上述西方理想城市的探索史中可以看出，不同时期理想城市的探索是针对当时的城市发展问题所提出的解决方案，带有鲜明的时代烙印和特征（见图 7）。

自欧洲兴起的紧凑城市模式，与美国规划学者提出的新城市主义（New Urbanism）和精明增长（Smart Growth）等相互呼应，构成西方现代理想城市模式的三大主流方向，共同推动着城市化时代下全球应对气候变化、建设低碳城市的浪潮，其发展理论和实践对于解决当前我国城市发展所面临的问题具有重要的借鉴作用，但我们也应意识到，由于国情和发展阶段的不同，对于西方理想城市的探索经验，我们应加以借鉴而不能照搬。

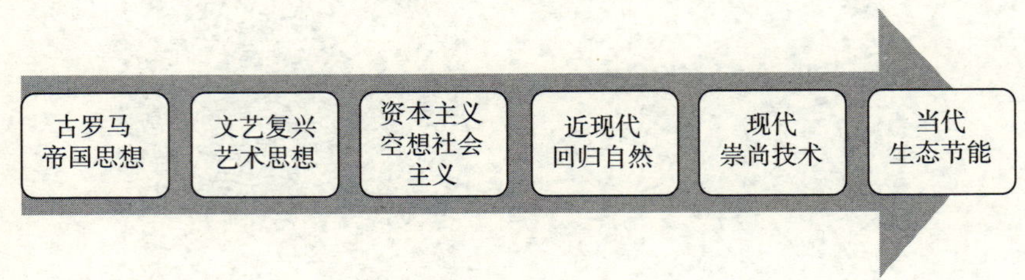

图7　西方不同时期理想城市的城市思想

三、中国理想城市的探索与实践

1. 中国古代理想城市的探索

尽管中国古代没有明确提出理想城市的理论，但重视人居环境是中国本土文化的重要内容之一。早在仰韶文化时期，聚居部落的选址就已经有了明显的环境选择取向，发展至后世出现的风水学说更是对古代中国的城市规划和建设产生了深刻的影响。风水理论的核心是强调认识自然、顺应自然、利用自然，有节制有选择地改造自然，创造出有利于人的身心健康和行为需求的最佳生存环境，从而达到阴阳和合、天人和谐、身心怡悦的至善境界，其所强调的“天人合一”、“面南而居”、“山环水抱”等理念对现代城市选址仍具有重要的借鉴意义（见图8）。因此，从本质来讲，我国古代城市建设中所遵循的既要“顺应山水形势”，又要“遵从典礼制度”的城市营造思想可以视作中国式的理想城市探索。而《周礼·考工记》所记载的早期王城营建模式——匠人营国，方九里，旁三门，面朝后市，市朝一夫，可以视作中国式的理想城市方案（见图9）。明朝北京城的建设思想就充分反映了《周礼·考工记》中描述的理想城市，并对我国的城市建设产生过长期的影响。

总体而言，中国古代理想城市的特征可归纳为5个方面：①与自然的结合；②追求社会和谐；③城乡统筹与建设秩序的治理；④人居环境营造的追求；⑤审美文化的综合集成。

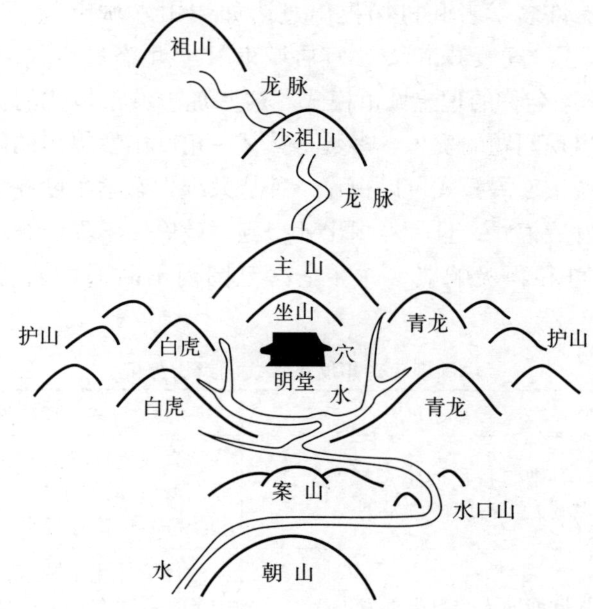

图 8 风水学中的理想空间布局

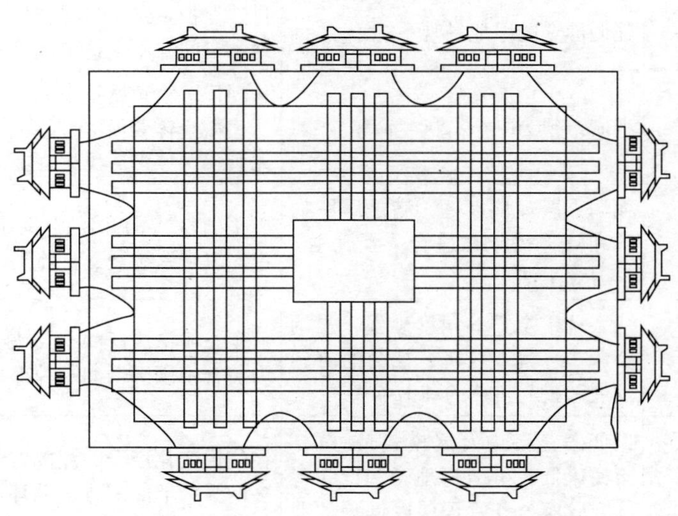

图 9 《周礼·考工记》的王城营建模式

2. 中国现代理想城市的探索

(1) 理论探索

如同西方对理想城市从未停止的追求一样，近年来随着我国社会经济的发展，人们对理想城市的要求也随之改变。综观我国城市的发展，随着城市发展思路的不同，先后有许多学者和机构提出过诸如“山水城市”、“可持续发展城市”、“绿色城市”、“健康城市”、“宜居城市”、“生态城市”、“低碳城市”和“智慧城市”等不同名称的理想城市模式。这些理想城市模式的提出，均是对城市发展过程中所出现问题的反思，多数是从某一角度出发提出的解决对策，而近年来出现的生态城市发展模式可以视作一种从系统生态学角度提出的综合解决城市问题的集成化发展模式，且一经提出就得到了政府、学界和企业等多方城市建设参与主体的认可和积极响应，并在全国范围内不断涌现出各具特色的实践探索。

表 1　　中国现代理想城市模式的对比分析

名称	关注点	局限性
山水城市	具有中国特色的生态城市，注重强调人与自然协调发展	钱学森先生倡导的“山水城市”更注重强调城市建设的“形”，对城市的社会和经济属性论述较少，内涵相对狭窄
可持续发展城市	强调面向人类自身的发展	自然环境外化于城市，作为城市的支持服务系统存在；缺乏对城市系统内部有机联系的关注
绿色城市	强调健全的绿地景观系统	自然保护主义学者强调通过简单的增加绿色空间，单纯追求优美的自然环境
健康城市	把城市视为一个有机生命体	从现代医学角度提出的“健康城市”从生命个体与环境的关系来看待城市；尤其强调城市居民生理上的健康
宜居城市	强调人居环境良好，满足居民物质和精神需求，适合人类工作、学习和生活	更多的从人的角度出发来规划建设城市，缺乏系统观、整体观
生态城市	从系统生态学的角度出发，强调资源、环境、经济、社会的协调发展和人与自然的和谐共生	从生态城市广泛的含义来讲，是目前最为契合中国国情的一种理想城市模式
低碳城市	以低碳经济为发展模式及方向、市民以低碳生活为理念和行为特征、政府公务管理层以低碳社会为建设标本和蓝图的城市	在气候变化广受关注的背景下提出，更多的强调节能减排、循环利用，降低二氧化碳的排放
智慧城市	基于物联网、云计算等新一代信息技术、工具和方法的新型城市形态	从信息技术智能化应用的角度对未来城市的一种探索

注：表中部分内容根据赵清等：《生态城市理论研究述评》，载于《生态经济》，2007（5）整理。

（2）实践探索

如前所述，生态城市作为目前最为契合中国国情的理想城市发展模式，在理论研究和实践探索方面都取得了丰硕的成果。

从政府层面来看，自2010年起，住房和城乡建设部会同财政部等部门先后出台了一系列的激励政策和奖励措施鼓励生态城市的发展。随着生态城市建设探索的深入，这些政策措施也逐渐从区域城市的宏观尺度逐渐过渡到小城镇和城区的中观尺度，从而更加深入的促进和引导城市的健康发展。在上述国家各部委有关政策的激励下，全国生态城市的发展正逐渐由“零星探索”转向“区域试验”，并呈现出逐年蓬勃发展、全面开花之势，相关规划建设工作在同步推进和积极探索当中。据笔者统计，截至2012年7月，全国97.6%地级（含）以上城市和80%的县级城市已经提出以“生态城市”或“低碳城市”等生态型的发展模式为城市发展目标。另据不完全统计，目前正在积极开展建设实践的生态城也已经超过百个。

表2　2010～2012年国家部委出台的促进生态城市发展的政策措施

类别	激励政策和奖励措施
低碳生态示范市	2010年1月，住房和城乡建设部与深圳市政府共同签署了共建“国家低碳生态示范市”的合作框架协议
	2010年7月，住房城乡建设部与江苏省无锡市人民政府签署《共建国家低碳生态城示范区——无锡太湖新城合作框架协议》
	2010年10月，住房和城乡建设部与河北省共同签署《关于推进河北省生态示范城市建设促进城镇化健康发展合作备忘录》
	2011年1月，住房和城乡建设部成立低碳生态城市建设领导小组，组织研究低碳生态城市的发展规划、政策建议、指标体系、示范技术等工作，引导国内低碳生态城市的健康发展
	2011年6月，低碳生态城市建设领导小组下发了“关于印发《住房和城乡建设部低碳生态试点城（镇）申报管理暂行办法》的通知”（建规［2011］78号），启动新建低碳生态城镇示范工作
绿色低碳重点小城镇	2011年6月，财政部与住房和城乡建设部联合下发“关于绿色重点小城镇试点示范的实施意见”（财建［2011］341号），在“十二五”期间积极开展绿色重点小城镇试点示范
	2011年9月，财政部与住房和城乡建设部联合下发了“关于开展第一批绿色低碳重点小城镇试点示范工作的通知”（财建［2011］867号），公布了第一批试点示范绿色低碳重点小城镇名单，推进绿色小城镇工作的组织实施和监督考核工作

续表

类别	激励政策和奖励措施
绿色生态城区	2012 年 4 月，财政部与住房和城乡建设部联合下发《关于加快推动我国绿色建筑发展的实施意见（财建［2012］167 号）》的文件，文件明确提出为推进绿色建筑的规模化发展，鼓励城市新区按照绿色、生态、低碳理念进行规划设计，发展绿色生态城区，中央财政对经审核满足条件的绿色生态城区给予基准为 5000 万元资金补助
	2012 年 12 月，首批 8 个绿色生态城区获得 5000 万资金补助，分别是中新天津生态城、唐山湾生态城、深圳光明新区、无锡太湖新区、长沙梅溪湖新城、重庆悦来生态城、昆明呈贡新区、贵阳中天未来方舟生态城

除了政府主导的建设实践之外，有着超前创新意识的企业也在积极进行着中国式理想城市模式的探索，其中以万通地产提出的立体城市和远大集团提出的天空城市为例简要说明（见图 10）。

图 10　万通地产提出的立体城市和远大集团提出的天空城市

立体城市是中国知名企业家、商界思想家万通集团董事长冯仑于 2009 年 12 月 8 日晚在哥本哈根“中国商界气候变化国际论坛”上阐述的新型城市建设计划。立体城市坚持竖向发展、大疏大密、产城一体、资源集约、绿色交通、智慧管理六大规划策略，完善城市化布局和形态，改善城市的低密度分散化倾向，提升城市密集度，提高城市土地使用效率。立体城市将在 1 平方公里内，打造 600 万平方米的建筑面积，常住 10 万 ~15 万人，实现城市中 50% 劳动人口本地就业，实现节地、节能、中密度、高强度投资、产业先导、自主就业的中国未来集约高效、生态宜居的理想城市。

远大集团 2012 年公布了建造世界最高摩天楼“天空城市”的计划，高度达到不可思议的2749英尺（约合838米）。按照计划，这座名为“天空城市”的世界最高楼将建在长沙，共有220层，建有酒店、医院、学校和办公室，安装104部高速电梯，可容纳1.74万名居民。这座摩天楼将建造5000多座住宅，可容纳1.74万人，同时还将建造1座可容纳1000人的酒店、1所医院、5所学校以及大量办公室，总容量将达到3.1万人。天空城市倡导实现“最高建筑科技、最高能源效率、最高空气品质、最高土地效率、最高生活享受”的理想目标。

3. 当前国家宏观形势的转变对城市发展的诉求

2012年11月召开的十八大明确了“生态文明”作为国家战略的核心地位，2012年12月召开的中央经济工作会议提出要把生态文明理念和原则全面融入城镇化全过程，对城镇化提出了“集约、智能、绿色、低碳”的新要求，这些都预示着目前国家宏观形势向生态文明和新型城镇化的巨大转变。另一方面，国内的快速城镇化进程及其相伴生的资源瓶颈等问题也使得当前城市发展面临巨大的障碍和严峻的挑战，因此未来要从根本上解决上述城镇化过程中出现的问题，关键是推动城市转型发展，走中国特色的新型城镇化道路，从而构建中国现代理想城市的范式。这既是当前唯一可行的缓解发展与生存矛盾、优化城镇化与生态环境关系的路径，也是中国转变经济社会发展方式和调整经济结构的重要机遇。

结合现状需求和未来发展趋势，中国的城市转型发展重在实现四大转变，也即增长方式实现从以“高耗能、高排放、高污染”为特征的褐色发展转向以“低耗能、低排放、低污染”为特征的绿色发展，发展方式实现由“从摇篮到坟墓”的线性发展转向“从摇篮到摇篮”的循环发展，城乡空间布局实现从粗放、无序、非均衡转向集约、有序、均衡的发展方向，发展模式实现从对A、B模式的扬弃转向新型C模式的探索（李迅、刘琰，2011）。

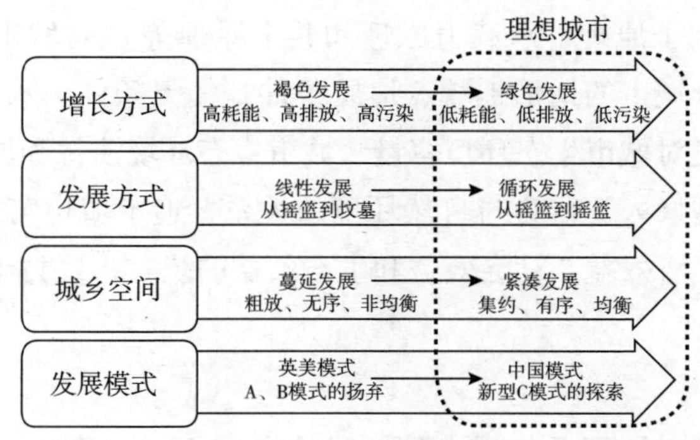

图11 新型城镇化背景下中国城市转型发展的四大方向

4. 构筑中国现代理想城市的要素

结合上述四大城市转型方向和当前城市发展所遇到的核心问题，笔者归纳总结出中国现代理想城市范式的五大核心构成要素：绿色、生态、低碳、智慧和宜居。

（1）绿色

绿色（green）是自然界中常见的颜色，是一种比刚长的嫩草的颜色深些的颜色或呈艳绿，或在光谱中介于蓝与黄之间的那种颜色。绿色是在中国文化中有生命的含义，也是春天的象征。性格色彩中绿色代表和平、友善、善于倾听、不希望发生冲突性格。绿色与大自然和植物密切相关，因而关注生态环境的组织也多以绿色作为代表色。随着绿色一词在文化、技术、行动、环保等方面应用的广泛化，其内涵可引申为和平、健康、平衡、安全、自然、和谐等。因此，我们将"绿色"在现代理想城市构筑中的内涵引申为人与自然间的和谐关系。进一步来讲，就是在遵循人与自然协调发展的基础上，通过引导居民日常生活方式，倡导健康、适度的消费习惯和生活理念①来逐步调整城市的生产结构和消费结构；通过重塑公共空间、交流空间等倡导社会共融和谐，加强人与人、人与自然之间的共生发展。

（2）生态

生态（Eco－）一词源于古希腊，意思是指家（house）或者我们的环境。简单地说，生态就是指一切生物的生存状态，以及它们之间和它与环境之间环环相扣的关系。生态学（Ecology）的产生最早也是从研究生物个体而开始的。城市作为人工——自然的复合生态系统，"生态"一词在现代理想城市构筑中的内涵引申为：生态学原理（城市生态位原理、多样性保持稳定原理、食物链（物质流）原理、限制因子原理、承载力原理和共生原理等）对城市规划建设的指导作用，也即在结合城市的地形地貌、地质条件、气象条件、水文条件的基础上，充分考虑规划建设对城市生态环境容量、城市生态环境演替和城市生态环境质量的影响，研究处理好人类行为与自然环境的关系，追求城市与自然的共生融合，最大限度地寻求经济效益、社会效益和生态效益的统一，致力于人地关系的可持续发展。

---

① 目前国际上倡导的绿色生活方式要求遵循"5R 原则"，"Reduce"节约资源，减少污染；"Reevaluate"绿色生活，环保选购；"Reuse"重复使用，多次利用；"Recycle"分类回收，循环再生；"Rescue"保护自然，万物共存。

（3）低碳

低碳（low carbon）意指较低（更低）的温室气体（二氧化碳为主）排放，我们将其在现代理想城市构筑中的内涵引申为：通过在城市发展低碳经济，应用低碳技术，改变生活方式，最大限度地减少城市温室气体的排放，最大限度地减少城市对自然环境的破坏，彻底摆脱以往以高能耗、高污染、高消费为特征的社会经济运行模式，致力于形成能源输入低碳化、能源利用高效化的循环经济体系，倡导健康、节约、适度消费的生活方式和消费模式，最终实现经济发展以低碳为方向、市民生活以低碳为理念、政府管理以低碳为蓝图的复合发展目标。

（4）智慧

智慧城市理念最初由 IBM 于 2008 年提出，其特征是更透彻感知、更广泛互联互通和更深入智能化，其实质是寻找金融危机后的新经济增长点，但很快被世界各大城市作为推进经济发展方式转变、促进产业升级和振兴经济的重大战略。智慧城市的理念将城市中各类设施有效联系在一起，使得城市管理、生产制造以及个人生活全面实现互联互通，是未来城市发展的一种全新理念（巫细波、杨再高，2010）。我国于 2013 年 1 月公布了首批 90 个智慧城市试点，其中地市 37 个，区（县）50 个，镇 3 个，正式开启了智慧城市的规划建设探索。因而，在现代理想城市构筑中智慧的内涵引申为：依托先进的信息技术和全新的城市运营离理念，通过智慧化城市管理，全面提高城市的综合管理效率，从而促进实现新型城镇化道路“精细化管理”的建设要求。

（5）宜居

宜居顾名思义，意指人居环境良好，能够满足居民物质和精神生活需求，适宜人类工作、生活和居住的城市，更多的是从城市作为人类居住场所的角度出发来诠释城市。1996 年联合国第二次人居大会提出了城市应当是适宜居住的人类居住地的概念，此概念一经提出就在国际社会形成了广泛共识。而我国是在 2005 年国务院批复的《北京城市总体规划》中首次出现“宜居城市”概念。此外，中国城市竞争力研究会也连续多年发布中国十大宜居城市排行榜。当前随着人们对居住生活要求的日益提高，宜居也将发展成为城市的基本职能和永恒主题（邹德慈，2010）。因而，在现代理想城市构筑中宜居的内涵引申为：通过合理的规划建设，能够为人类提供舒适、方便的自然环境和人文环境的城市家园，也即整个城市巨系统运行良好，能够起到改善优化人类生存状态，促进人的可持续发展，从而使得人们在此工作、生活和居住都感到满意，并愿意长期继续居住下去。

四、结语：理想城市是人类的永恒追求

亚里士多德曾说过：“人们来到城市是为了生活，人们居住在城市是为了生活得更好”。理想城市代表着人类对美好城市家园永无止境的追求和探索。根据世界银行1989年的《世界发展报告》，早在20世纪90年代初，世界上就已有50%的人口居住在城市，而我国也在2011年实现城镇化率首次超过50%，正式进入城市社会。在未来的20～30年，中国城镇化率将依然保持每年1%的速度增长。可以说，不论是世界还是中国，城市正成为越来越多的人居住生活工作的地方，探索理想城市也将必然成为更受人们关注和重视的问题。只有在秉持可持续发展理念的前提下，以解决城市发展中所遇到的问题为目标的城市发展模式才能成为人类追求的理想城市。

对于生活在同一个地球上的人们来说，梦想在前，路在脚下。

（本文原载于《城市发展研究》2013年第11期）

立体城市：一个探索中的高密度混合使用城市模型

秦　静　顾永涛

［**摘要**］通过立体城市的研究，探索了紧凑型、高就业、高效率、低成本、可持续的理想城市模式，以解决目前城市发展中粗放、低效以及城市病等各种问题。实践证明，立体城市在解决用地紧缺问题和重新塑造城市生活魅力方面具有重要意义。立体城市的两大内涵——高密度和混合使用具有重要意义，一方面保证了高密度、连续性的紧凑式发展比低密度、蔓延式发展更有优越性，而另一方面混合使用会带来更有活力的有组织的复杂性空间。但是目前立体城市在中国的推行并没有像在日本和中国香港等地区的顺利，最重要的原因当属于制度上的障碍，主要体现在三方面：一是没有确立分层建设用地使用权，二是混合使用的法规规定不够弹性，三是轨道交通与土地使用一体化难以开展。只有充分意识到立体城市的优越性，并尽量减少制度成本，才能充分利用其优势，实现城市绿色紧凑发展。

［**关键词**］高密度；混合使用；分层建设用地使用权；轨道交通与土地开发一体化

一、引　言

立体城市并不是一个新鲜的事物，它是20世纪初电影幻想家们影像中的乌托邦，是新锐建筑事务所以现实数据和行为为基础的乌托邦色彩浓厚的城市模型。当然，随着当代技术尤其是电梯、新能源、智能管理等体系的发展，立体城市也已在不同层面上得到了一定的实践，在日本、中国香港等地都有一定的成功

秦　静：中国城市和小城镇改革发展中心规划院。

顾永涛：中国城市和小城镇改革发展中心规划院综合所所长。

案例，如六本木新城，九龙站的开发等。笔者在近年的工作中作为设计方也参与了某地产商主持的一系列立体城项目，对其理念及实践也进行了较为深入的思索，以期对未来的城市高密度混合开发有一定的启发。

图1 1927年电影《大都会（Metropolis)》中的场景，导演：Fritz lang（德国）

针对当前国内城市过度粗放发展的现状，立体城市是一种极具前瞻性和革命性的城市理念。当前国内城市发展粗放问题严重，根据《中国统计年鉴》的数据，2000～2013年间全国城市建成区面积增加的比例和市辖区人口增加的比例分别是113%和55%，城区人口增长的速度远低于城区土地扩张的速度。这带来了一系列的问题。首先，盲目扩大的土地开发规模，使政府债务负担加大，并制造了各种各样的“鬼城”。其次，城市低密度“摊大饼”式的蔓延使得人们通勤距离增大，过度依赖小汽车，大大增加了交通的能源消耗和配套基础设施的浪费。再次，城市尺度过大，集聚度不够，马路过宽，路网密度很小，导致人口出行依赖开车，服务业难以获得发展的支撑。另外，过去30年的城镇化往往因城市空间的无序扩张和粗放发展牺牲了居民生活的便利，给每个人的生活带来了如出行拥堵、职住分离、环境污染等问题。目前社会各界对这种粗放发展的严重形势逐渐重视起来，在推进节约集约用地的方向上也得到了共识。近日，国土部副部长胡存智建议运用“立体城市”的理念和建造方式以及发展轨道交通导向型的土地综合开发等，以打造新型的节地模式。立体城市这种建设方式，可节约大量的建设用地和空间资源。这一理念对于建设紧凑型的高就业、高效率、低成本、可持续的理想城市，解决当前城市发展过于粗放等各种问题具有重要意义。

二、立体城市的内涵

立体城市由两个主导特征构成，具有高密度、高强度的开发和功能的混合使用等特点。

对于高密度，简·雅各布斯认为它们是“维持城市服务的多样性和深度所需要的”，这种模式“可达性高”、“时距低”，突出了交流的重要性。而且在东亚地区，高密度也往往与根深蒂固的中国文化之亲密生活传统联系在一起，市民更易于接受。表1 中所列的三个立体城市类的项目的容积率都处于较高水平，笔者参与的西部某市立体城项目虽然整体容积率为 4，相对较低，但是面积是另外两个项目 10 倍以上，也是属于高密度的开发项目。此外，管道、电力、邮电和道路网络等重要公共服务具有单位距离的固定成本，高密度、连续性的紧凑式发展比低密度、蔓延式发展更有优越性。通过促进城市的集约、紧凑发展，可以减少基础设施的过度建设，降低投资成本和运营管理成本。

但是仅有高密度并不一定能保证城市的活力，密度至少需要城市功能，如商业和其他企业的混合，以及良好交通形式的配套，以便形成动态的整体。克利斯朵夫·亚历山大曾经举例阐述过密度与混合功能发酵的成果——一种有组织的复杂性空间：城市服务和设施是共生的，它们不可能彼此孤立的存在。一间公寓、一个把卖咖啡作为副业的面包店、一个报刊出售亭、一家干洗店以及一个车站，如果相距很远，它们之间不会相互影响。不过，如果它们或远或近地相邻和联系在一起，那么一个人就有可能脱下他的脏外套、买一份外卖的拿铁、拿一张早报，然后坐下来读报直到电车到来。所有这些使得生活和出行过程更加便利和愉快。

表 1　　三个立体城市类的项目基本数据的对比

	面积	容积率	总建筑面积	功能
西部某城立体城项目	144 公顷	4	500 万平方米	办公、居住、酒店、医院、教育、体检中心、健身中心、立体农业、购物中心、交通集散中心等
东京六本木新城	11.6 公顷	6.24	72.4 万平方米	办公楼、住宅、酒店、购物中心、美术馆、电视台、影城、轨道交通枢纽等
香港九龙站	13.5 公顷	11.1	150 万平方米	办公楼、住宅、酒店、购物中心、轨道交通枢纽等

在笔者参与的西部某市立体城项目中，根据某地产商的设想，将容纳常住人口10万人，提供就业岗位4万~5万个。这个立体城市的项目将会在中国创建一种“低消耗、中密度、高效率”的全新的立体综合建筑体系。它与目前中国城市普遍存在的“摊大饼”的蔓延模式不同，创造了一种新的城市生活模式。它集绿色低碳、和谐生活、持续发展、功能齐全、技术领先于一体，是绿色集约紧凑的现代化小型城市，涵盖精装公寓、医疗、商业、体育设施、娱乐、农业、制造业、教育、办公、酒店、文化设施、生产设施等50多种城市功能。东京六本木新城和香港九龙站也同样涵盖多种功能，不仅在平面上延伸，在立体空间中也是有效而丰富的结合。

图2 西部某市立体城项目——局部鸟瞰

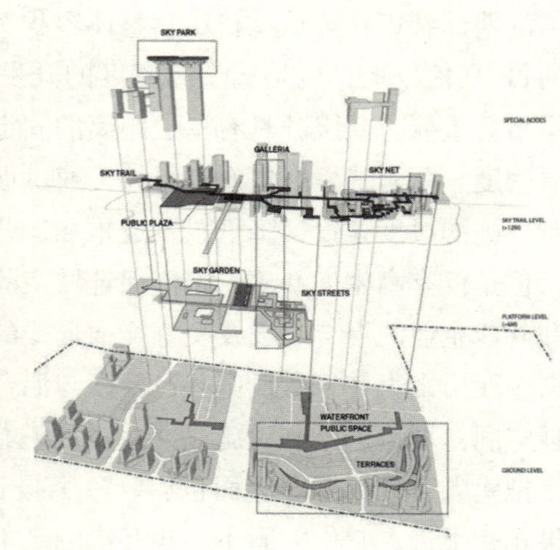

图3 西部某市立体城项目——立体公共空间系统

图4 西部某市立体城项目——立体交通系统

三、立体城市的意义

立体城市的理念对于解决特大城市用地紧缺的问题，实现城市绿色紧凑发展，提供更有魅力的城市生活，增添城市生活的多样性，都具有重要的意义。

目前国内的特大城市中都不同程度地出现了用地紧缺的现象。有的城市如深圳，受地形限制，适宜建设用地几乎已经用尽；此外，国土资源部在 2014 年发布的《节约集约利用土地规定》中明确规定严格控制特大城市的新增建设用地。但是由于我国城镇化进程远未结束，城市仍将继续吸引人口。特别是特大城市（城区常住人口 500 万～1000 万）和超大城市（城区常住人口 1000 万以上），由于其强大的集聚效应，吸引人口的能力更强，根据专家预测，在十年后（到 2025 年），中国将拥有人口总量更大的不少于 15 座的超级城市，每一座都将有 2500 万或者以上的居民。对这些城市来讲，用地紧缺将是极大的挑战。

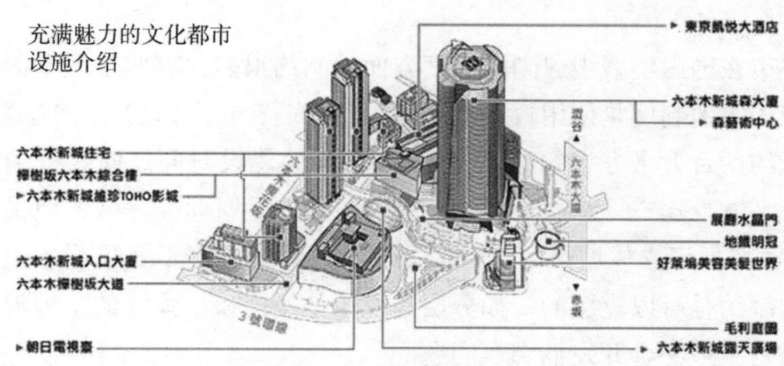

图 5　日本六本木新城——充满魅力的文化都市

另一方面，在当代生活中，效率不再作为唯一受重视的内容，而城市生活的魅力则越来越受到关注，而且这一难以量化的指标也被视为新兴的经济复苏和城市振兴的动力。日本六本木新城在开发理念上是基于实施“城市复兴新政策”，其目的是在东京作为国际大都市的吸引力日趋减弱的大背景下，通过对土地进行重新梳理划分和通过高层建筑构建起立体环境的方法，把东京建设成为一个在核心区更紧凑、环境更绿色的城市。因此在六本木新城建成后，东京当前时期所缺乏的一些国际水平的综合性功能场所和富有当代生活的吸引力的设施都将在这个场所中出现，不仅可以提升市民们生活环境的舒适度，并且城市功能的集中还可以吸引部分当前通勤的人士落户此地，从而提升他们的工作效率，进而获得更多的私人时间。

四、立体城市目前受到的制约

立体城市，无论是在过去还是现在，都是超常规的建设城市的方式，自然会受到技术和制度等多方面因素的制约。整体上来讲，技术上的制约因素是可以随着技术的不断进步而克服的，但是制度上的制约因素则需要法律法规一定的变革才可以实现。

20 世纪初期，建筑往上“长”的三大技术支撑是钢结构、电梯和玻璃。有了三大技术以后，建筑往高盖就变成可能，在 1929 年到 1956 年的近 30 年间，曼哈顿地区的建筑高度平均长了 100 米左右。此外，通信技术保证了在复杂功能里能准确定位，而能源技术则保证不管在多大的空间里，人造空间的舒适度不因为功能多样化程度的提高而降低。但是，当立体城市接近于一个建筑体的时候，如消防、水电等方面的技术成本会越来越高，从而会对立体城市的整体效率产生影响。

立体城市在国内实践中遇到的制度方面的制约很多，有些是源于国家的根本制度，如我国土地制度是使用权，不是永久产权。在日本，建设一座容纳 2 万人左右、面积约两百万平方米的建筑，需要 20 年的建设时间。而在中国一平方公里做 500 万平方米建筑，承载 4 万 ~ 5 万的人口，规划标准一样，但是要在 5 到 7 年做完，才能保证立体城市的运营的盈利，这势必会降低其质量。但是，有些制度因素的制约是可以克服的，如分层建设用地使用权、弹性的土地混合使用以及轨道交通与土地综合开发捆绑等问题。

1. 分层建设用地使用权

因为立体城市是三维方向上的空间建设，对土地的立体式开发使得同一片土地上下空间在不同的相关权利人、权利范围之间紧密联系，因此有必要探索空间中的分层建设用地使用权。据学者称，到 2020 年左右，我国城市的地下空间总规模和总数量将排在世界首位。同样的，随着越来越多的城市应用立体城市的理念改造或建设城市，城市地面以上空间使用权的分层也成为必需。目前，许多国家都已经在法律法规中将土地空间权纳入了土地的权利系统。

目前，我国《物权法》的 136 条已然正式的将空间建设用地使用权纳入我国用益物权体系，具体规定：“建设用地使用权可以在土地的地表、地上或者地下分别设立。新设立的建设用地使用权，不得损害已设立的用益物权。”但是，《物权法》对分层建设用地使用权的很多问题未能明确，例如，应该遵循哪些基本原则，设立主体是谁，即由谁来设立使用权、设立范围、设立目的、使用权的转让、权属的登记问题，新相邻关系如何建立，都没有清晰表述，导致这条实际上无法实施。另外，分层建设用地使用权其他法律体系不完善，相关法律效力普遍较低，建设部的《城市地下空间开发利用管理规定》只是一部管理法规，其管理的范围也仅限于地下，且对于建设部权利以外的内容该规定无权管理。

所以我们需要借鉴日本等国家的经验。日本是一个国土面积相对狭小的国家，人地矛盾很尖锐。这似乎是东亚各个国家都要面临的问题，由于东亚地区人口密度普遍偏高，尤其是在大城市和特大城市，不得不充分利用每一寸土地，地上与地下空间都得到了最大程度的开发。这些需求需要法律的支持才可以合法而有序地得到满足。1966 年日本政府对《民法典》予以修正的时候，对空间权即区分地上权进行了明确规定。按照这条规定，区分地上权就是指对离开地表的、地上和地下有独立的利用价值的这部分空间的特殊空间权。由此，日本法律上的地上权就分为两种，分别是传统的普通地上权和区分的地上权，即空间地上权，而设立区分地上权的目的就是为了能够充分、合法和有序地利用地上和地下的空间。

借鉴其他国家的经验，建议在我国的建设实践中可以尝试普通的传统建设用地使用权和三维空间中的建设用地使用权相互分离。当然，按照我国的法律规定，土地归国家所有，而目前国家在设立普通建设用地使用权时并未将地表上、下空间的使用权一起计入。因此，可以探索将国有土地上的地表上、下空间建设用地使用权由国家依法通过出让、租赁、作价出资或入股等有偿方式提供给空间建设用地使用权人。在具体规定中应该先将普通建设用地使用权人可支配的依附于其土地使用权的空间范围予以明确规定，而在此范围之外的空间则属于独立意义上的“空间建设用地使用权”的客体。自然地，为了尽量减少互相干扰和纠纷，对于空间建设用地使用权客体的确定应该谨慎，应兼顾土地上已有用益物权人的利益。

最后一条，也是对于建设立体城市非常有意义的一条，就是空间建设用地使用权的登记不能再像普通建设用地使用权那样是平面的、二维的，而应该更加符合“空间”的特性，采取三维立体的登记方法。总之，分层建设用地使用权是对“空间”而不仅是“土地”的用途进行有效的控制。

2. 土地混合使用的弹性

混合使用对城市的可持续性可以提供巨大的支持，但是在国内的实践中并不是很顺畅，需要在法定体系中进一步拓展空间。

在笔者参与规划设计某立体城项目时，该项目所在城市的城市规划管理条例中并没有关于土地混合使用的规定。目前，全国仅有北京、上海、南京、深圳等少数城市出台了土地混合使用的有关条例，但是据悉，在执行过程中，北京要求在土地出让的时候把地块的具体分割做好，上海、深圳相对灵活一些，只是对出让地块内混合用地各用途建筑量比例做出规定，这样更有利于提高土地利用效率以及城市整体建设品质和服务管理功能的提升。

目前大陆出台的有关混合用地的都过于简陋粗糙，在较为成熟的香港地区，1974 年《香港城市规划条例》（TPO）的修订提出了两个主要的规划机制：编制法定图则和对不符合图则的开发附加特殊的限制。他们认识到对于城市发展和建设的控制来说，相比于控制，更应该重视其灵活程度，所以香港地区的法定规划系统尽管是发展控制的一个重要工具，却采用了一种较为弹性和灵活的办法，从而适应土地使用的最大化和最优化原则，在城市的每一个分区甚至某个具体的地块通过平衡不同的用途，来容纳、促进和保证混合用途。例如，香港法定分区计划大纲中“住宅（甲类）”用地分类中，第一栏属于经常准许的用途，包括邮政局、小贩中心等，转换用途不需要向规委会申请。但是第二栏属于须先向城市规划委员会申请，可能在有附带条件或无附带条件下获准的用途，如附属停车场、教育机构、医院等。但是，现有的建筑在应用时则要慎重对待，尤其是出于建筑安全如防火等的考虑。所以，适当的用途分隔在建筑中还是要考虑的，否则就要详细列出具体的用途，以防止发生可能的灾害。这种规定对于城市自然形成的立体城市尤其有效。

在美国的法定图则中，混合使用则更加多元化，定义的也更加细致。除了混合使用区 MXD（Mixed Use Development District），还有特殊地区 SD（Special District）、规划单元发展区 PUD（Planning Unit Development）等多种地区的形式，城市复兴区 RDD（Revitalization Development District）也一般都是混合用途，这些具体用途的弹性使用在法定图则配的文本里都有相当详细的说明。

在新加坡的规划体系中，也有用途弹性较大的“白色地段”（White Site），根据新加坡在 1964 年颁布的《规划法令修正案》，在《规划》允许的框架下，开发活动可以适当超过规定的开发强度，在一定的情况下也可以变更规定的区划用途，但是必须支付一定的开发费，使得土地增值的一部分收归国有，进而使得开发控制具有较强的适应性与针对性。

在国内还在大规模的建设和铺开“全覆盖”控规的进程中时，对未来地块的混合使用考虑得如此细致和富有弹性确实不太现实，也非常不准确。但是在“全覆盖”控规基本已经完成、城市规划进入更为精细发展的阶段，对法定图则体系的提升可以充分促进土地的混合使用。

3. 轨道交通与土地捆绑综合开发

在配套有轨道交通的立体城市建设中，为了使得开发是一个有效的整体，需实现轨道交通与土地综合开发捆绑招标，轨道交通与土地利用规划同步以及轨道公司有效统筹轨道建设、运营及沿线土地综合利用。但是在目前大陆的法律框架中，这些都很难实现，主要是受制于《土地管理法》中关于非公益性用地必须经过出让而不是划拨的方式。但是，这样极大地割裂了轨道与周边土地的综合利用。目前，国家和地方都做了一定的努力，如国家层面，2014 年8 月国务院公布了《关于支持铁路建设实施土地综合开发的意见》；地方层面，上海市于2014 年4 月出台《关于推进上海市轨道交通场站及周边土地综合开发利用的实施意见（暂行）》（沪发改城〔2014〕37 号），规定了既有的轨道交通场站综合建设用地，在完成轨道交通场站本体工程后，由综合开发主体负责经营性“上盖”建设，在轨道交通与土地综合开发相结合的道路上向前迈了一大步；而且规定在明确规划和形成“净地”或“上盖”后，可以以协议出让方式，出让给综合开发主体。但是到目前为止，国内还没有在这方面较为成功的案例。当前市场中已经有一些企业想做出突破，以轨道综合物业开发著称的港铁（香港铁路有限公司）已于2013 年3 月份向国务院和李克强总理提交建议，希望尽快出台有关“轨道+物业”的具体实施细则，允许在特定条件下突破招拍挂限制，向轨道交通企业定向出让沿线土地。国家层面的肯定和地方政府的支持都是轨道交通与土地捆绑综合开发的必不可少的前提条件。

图6　轨道交通与土地综合开发相结合的典范——香港九龙站

五、结　语

立体城市的理念对于解决现代城市的粗放发展和用地紧缺是一个较为高阶的解决方式，可以顺应城市的自然生长规律，也可以在城市的特定区位主动策划设计，丰富城市生活的多样性。但是城市的建设尤其是立体城市的建设需要法律和规划层面制度的进一步探索，这样使得立体城市的建设更合理合法，减少了制度成本和外部负效应，将更多的城市建设成为更绿色更紧凑的城市。

参考文献

[1] 简·雅各布斯，美国大城市的死与生［M］. 南京：译林出版社，2005

[2] Barrie Shelton，JustynaKarakiewicz，ThomasKvan. 胡大平，吴静译. 香港造城记：从垂直之城到立体之城［M］. 北京：电子工业出版社，2013

[3] 陈伟，张帆，日本东京六本木新城建设的启示与反思. 规划师［J］. 2007（10），第23卷

[4] 王利明，物权法研究［M］. 北京：中国人民大学出版社，2013

[5] 黄亚伟，空间建设用地使用权制度研究［D］. 西南财经大学民商法. 2009

[6] 李杨艺. 浅议城市土地的权利系统——借鉴日本关于空间地上权的规定. 法制与社会［J］. 2013（10）

[7] 黄鹭新，香港特区的混合用途与法定规划. 国外城市规划［J］. 2002（6）

[8] 孙翔，新加坡“白色地段”概念解析. 城市规划［J］. 2003（07）

（本文原载于《中国城市规划年会论文集》2015年）

智慧电商：智慧城市3.0时代新逻辑

段心凯

2014年是中国电商史上颇为浓墨重彩的一年：聚美、京东、阿里巴巴先后赴美IPO，C2B、P2P、大数据、云计算等新概念不断轰炸公众的眼球，互联网和电商正在深刻地影响着每一个普通人的生活。那么，电商与智慧城市之间又有怎样的联系？电商也可以让我们的生活更智慧吗？

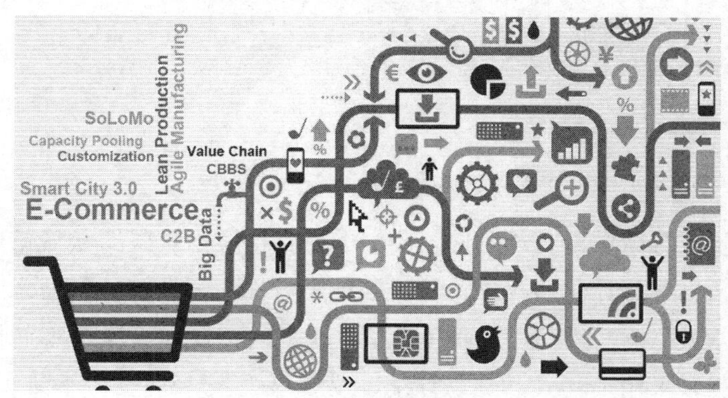

图1

一、当我们谈起智慧城市3.0时，我们在谈论什么？

最早提出“智慧地球”理念的IBM研究中心在《智慧城市3.0时代》报告中指出：“中国智慧城市建设经历了数字城市、无线城市两代雏形阶段，在这两个阶段中，由于体制和技术的双重因素影响，中国智慧城市形成了垂直化、条块化强，扁平化、融合化弱的特点。城市管理者应通过顶层设计把握发展方向，跨

段心凯：中国城市和小城镇改革发展中心综合交通研究院高级规划师。

越式进入 3.0 时代：通过大数据、云计算、移动互联和社交媒体等技术强化城市支撑，通过创新模式推动城市的可持续发展。”

也就是说，智慧城市 1.0、2.0 时代，我们的着眼点更多地停留在铺设先进的 ICT 基础设施，强调构建城市物联网络、无线城市网络、互联网和政务外网等无所不在的高速传输光纤网络。而步入智慧城市 3.0 时代，我们更注重人的智慧在决策中的最大化应用，也就是说，物的智能、大数据的挖掘和分析都是为了让人更好地作出决策，解决城市中各种各样的问题。

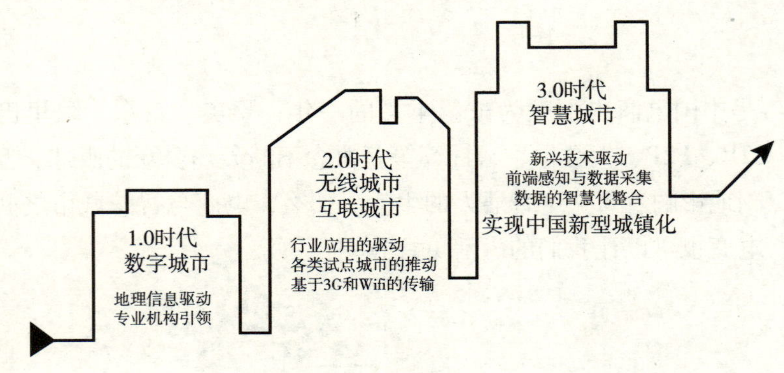

图 2

资料来源：IBM 研究中心《智慧城市 3.0 时代》。

当城市步入智慧城市 3.0 时代，我们的思路也应当着眼于从城市中存在的各类问题出发，思考差异化的解决路径。各种大数据、云计算的高技术手段，不应当停留于“炫技”和“概念”，而是要基于城市内企业和市民等不同用户的需求进行深度定制，采用“易互动、易伸缩、易扩展的技术手段”来改善管理效率，将数据和信息的价值最大化。

IBM 研究院指出，通过云服务和大数据技术的结合，可以实现基础设施智能化和社会管理的精细化；通过社交网络、移动互联来运营和推送有价值的数据，实现公共服务便捷化，从而形成覆盖数据全生命周期的城市智能化并最终实现以智慧运营带动城市的产业进步和经济结构转型。智慧城市在智慧建筑、智慧能源、智慧政务、智慧社区、智慧商务等诸多运营服务领域都大有可为，“智慧”的理念可以渗透入市民生活的方方面面。

二、从电商到智慧电商，商务可以更智慧

电商，普通市民并不陌生。网购的触角早已深入人们生活的方方面面，小到

日用百货，大到家具电器，一键下单轻松送货到家，在近十年来对人们传统的消费方式和生活方式产生了许多改变。

然而，我们所说的智慧电商，并不止于“网购”的概念。电子商务（E－Commerce ，Electronic Commerce），依据联合国国际贸易程序简化工作组的定义，是指“采用电子形式开展商务活动，它包括在供应商、客户、政府及其他参与方之间通过任何电子工具。如 EDI、Web 技术、电子邮件等共享非结构化商务信息，并管理和完成在商务活动、管理活动和消费活动中的各种交易。”也就是说，电子商务是基于互联网和服务器等，消费者和商家之家进行的各种网上交易、在线电子支付、金融活动和相关的综合服务，是一种基于互联网的新型商业运营模式。

那么在建设智慧城市的时代背景下，电商如何变得更加智慧呢？

IBM 的另一份研究报告《零售业的商务智慧》指出，IBM 将从战略上影响客户的品牌交互和战略上提高运营效率的平衡方法定义为“智慧商务”。具体来说，一方面智慧商务关注消费者的高度期望和购物曲线复杂性，并积极作出响应，以建立起差异化的品牌体验，加强品牌忠诚度并驱动增长；另一方面智慧商务关注以最大限度地降低成本和提高盈利能力为主要表现的运营效率，例如通过优化库存利用率，提升店铺执行力，自动化供应链，支持跨渠道零售，对数据进行深度分析等以实现简化流程，提高资产回报的目标。

从这段定义我们可以发现，智慧商务和智慧城市的理念一脉相承，都是充分地利用今天可用的互联化信息，更好地理解和控制运营（一个是城市层面，另一个是商务这样具体的分支），优化有限资源的使用。其核心都在于借助技术，实现资源的优化使用。因此，笔者认为，智慧电商将是一种决策更综合灵活、交付更智慧、管理效率更高、参与度更强、数据和信息价值更大化的基于电子商务生态系统的商业模式。

三、智慧电商，在挑战中突围

IBM 研究院在《电子商务：协调您的全方位渠道销售环境》报告中指出，极具破坏性的现象正在重塑商务：全球移动应用飞速增长，企业为提高全渠道收入增长和客户忠诚度选择加大对移动交互的支持程度；用户要求包含触点、web 商店界面、移动设备和实体店购买等多样的“参与式体验”，企业需要随时随地了解各个渠道的库存情况、购买方式的灵活性及退换货等信息；用户可以将对产品和服务的评论实时发送到社交网络上，企业需要维持 B2C 和 B2B 客户对目前价格透明度的心理需求；在线交互、移动设备、社交媒体等生成越来越多的实时大数据，企业需要对客户偏好等信息进行基于大数据的全方位综合性分析等。

2013 年，63 岁的张瑞敏在海尔商业模式创新全球论坛上宣称：“你要么是破坏性创新，要么你被别人破坏。”创新已经成为智慧电商无法回避的课题。在这样的背景之下，笔者将讨论智慧城市 3. 0 时代，电商过渡到智慧电商需要应对的挑战和创新策略。

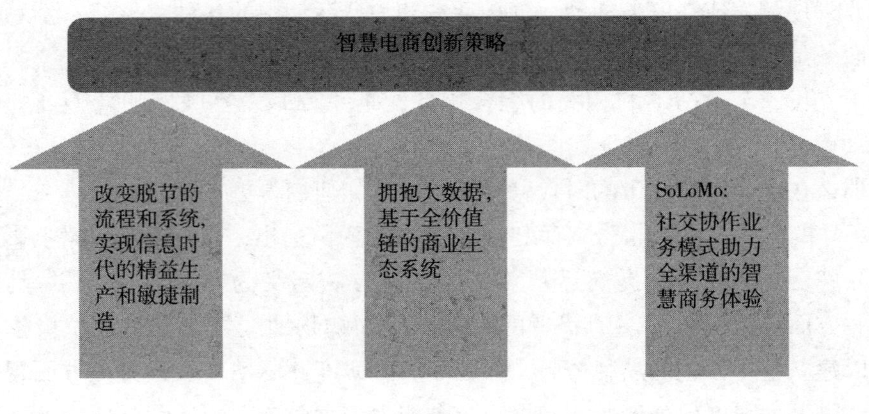

图 3

四、改变脱节的流程和系统，实现信息时代的精益生产和敏捷制造

电商时代与传统零售商线下供应链有较大区别，比如，传统零售商更注重商品毛利率考核，多为大批量订单，采用分布式配送，对补货周期的要求较高；电商的特点则表现为以价低量多取胜的利率考核，大批量小批量混合的订单模式，交互式配送，对补货周期要求较低等。

缺乏实时和共享数据会造成不准确的库存信息、订单履行延迟等令客户难以满意的用户体验，会大大降低客户的满意度和品牌忠诚度。因此，智慧电商要求必须改进传统的流程和系统，重视系统的复杂性和反应敏捷性，并随着客户期望随时做出调整。这就要求企业将 web 前后端与库存、订单管理、履行和企业资源规划（ERP，Enterprise Resource Planning）应用程序之间进行实时整合，对整个供应链进行集成性、统一性、信息数据化的管理，以实现“企业跨所有数字和物理接触点交付协调一致的客户体验”。例如 IBM 研究院提到，“户外商品零售商 Cabela’s 就利用 IBM 的技术简化了跨电子商务、实体店、目录和呼叫中心渠道的订单管理生命周期的每一步。"①

信息时代的供应链管理和ERP系统同时体现了精益生产（LP，Lean Production）、敏捷制造（Agile Manufacturing，又称为"柔性生产模式"）等思想。

精益生产是由MIT提出的一种将客户、代理商、供应商和协作单位共同纳入生产体系，组成统一的供应链的一种企业经营战略体。其前身是日本丰田准时化生产JIT（Just In Time）。其主要表现为以需定供，即产品供应方根据需求方的要求（如品种、规格、质量、数量、送货时间、地点等），将物品在准确的时间以准确的方式送到指定地点。这种方式可以实现零库存、零废品和最大节约。

反映在电商领域，可以表现为通过建立网上销售平台和匹配的物流渠道，进行精准的物流配送。例如用JIT技术做B2B配送时应当充分考虑需求方所在地域范围、每次采购的数量和规模等，合理安排实体物流配送。例如京东的精益供应链（Lean Supply Chain）模式，自己安排物流配送时，根据物品特性，在包装、分拣、装卸、配货、送货、选择运输方式、分配运输能力等方面做出准确安排，委托第三方（专业物流公司、供应商等）时，则对第三方进行JIT相关理念的培训，保证物品在规定的时间送到客户手中。再比如聚美等电子商务公司随着市场拓展、客户订购数量的增加，平台商与大型零售商之间采用集体议价（Group Buy）等方式建立长期战略合作关系。同时建立有效的信息交换系统，选用国家或国际统一规定的商品编码，建立所销商品数据库，以便于参与各方对相关项目（如商品名称、品种规格、数量、生产作业计划、需求计划、产品设计、工程数据、质量、成本、交货期、商品保存方式及有关注意事项等）统一进行使用、增加、查询和维护。

敏捷制造是由美国国防部提出的一种应对市场变化的策略，指当市场发生变化时，企业组成一个由特定的供应商和销售渠道组成的一次性或短期供应链作为"虚拟工厂"，通过信息处理、产品制造、柔性生产技术和现代通信技术的集成，来实现人力、资金和设备等要素的几种管理和优化利用。其"柔性"的概念来源于"柔性制造系统"（Flexible Manufacturing System），主要思想是通过混同能力（Capacity Pooling）和定制（Customization）来增强企业抵御不确定性风险的能力。

混同能力是指通过灵活调整生产不同产品的生产线的生产能力、电商销售的品类等，针对用户需求、市场反馈形成一定的弹性。所谓定制，则是依据消费者的需求，进行个性化的订购。电商的C2B模式（消费者对企业，customers to

---

① 来源：IBM研究院《电子商务：协调您的全方位渠道销售环境》。

business）就是典型的用户需求驱动的定制模式。百度百科对其解释为：消费者根据自身需求定制产品和价格，或主动参与产品设计、生产和定价，产品、价格等彰显消费者的个性化需求，生产企业进行定制化生产。

例如戴尔公司，通过直销网站进行用户定制方案，用户可以自行选择手机配置、外壳颜色、预装应用等。这种方式又称为“模块化定制”，即厂家的逻辑是在短时间内收集一定数量的某类需求快速进行生产满足，满足某一类群体的需求。

再如上汽的 MG5 极客版汽车，颠覆了传统的“进店、交钱、提车”的 4S 店购车模式，用户可以通过在线系统，对爱车的配置、座椅、系统、保险、车贷，甚至语音助手对主人的“称呼”等内容进行深度定制。这种对人性心理、个性需求的深度挖掘，称之为“个性化定制”。

又如海尔在天猫组织过一次投票活动，让用户对冰箱的候选功能进行投票选择，这是让潜在用户参与到产品设计之中的“群体调研定制”模式，本质上是一种对需求调研的用户样本扩大。此外还有先收集需求再生产的“预售模式”。如众筹网站作为智能硬件的预售网站、小米的官网预售等，都是提前得到货款同时最大化降低库存的模式。

通过一系列对电子商务流程和系统的改进，智慧电商可以在互联信息化时代充分挖掘个性化营销模式，促进跨渠道的协作以创造无缝品牌体验，优化跨渠道库存部署，完善跨渠道的供应链流程协作，提供更为快速精确的订单履行，创造更卓越的客户体验。

五、拥抱大数据，建立基于全价值链的商业生态系统

我们提到智慧城市，必谈大数据，智慧电商也不例外。当前，数据分析、数据运营能力已经日渐成为考核电商核心竞争能力及构建智慧消费体验、商品和供应链管理的重要指标。

随着商业模式的进化，智慧电商之间的竞争已经从后台越来越多地转向前台。例如，IBM 在一份名为《电商时代传统零售商的转型之路》研究报告中指出，传统零售商更偏重于后端供应链的优化，如“强调补货速度、货架有货率、仓储式布局和优化、零供数据一致性和同步等”。而当我们从 IT 互联网时代步入 DT 大数据时代，零售商之间的竞争重点则转为通过大数据分析、前后台协同来满足消费者个性化的产品和服务需求，这与前文所说的包含了混同能力和定制理念的“柔性”思想是一致的。商家可以“通过多种手段追踪消费者行为和变化，

在消费者决定购买之前对其行为进行判断和预测”。例如 Gartner 的分析师 Doug Laney 在讲解大数据案例时提到，梅西百货利用大数据进行实时定价，根据需求和库存的情况，基于 SAS 的系统对多达 7300 万种货品进行实时调价。Tipp24 AG 针对欧洲博彩业构建的下注和预测平台。该公司用 KXEN 软件来分析数十亿计的交易以及客户的特性，然后通过预测模型对特定用户进行动态的营销活动。

讨论大数据在智慧电商领域的应用前景，笔者认为包括以下几个方面。

第一，通过对价值链上多方数据的分析挖掘，支持大数据运营。

“价值链”（value chain）是由哈佛大学商学院迈克尔波特教授在《竞争优势》一书中提出的一个用来描述企业创造价值的一系列动态过程的概念。他认为：“任何一个企业都是其产品在设计、生产、销售、交货和售后服务方面所进行的各项活动的聚合体。每一项经营管理活动就是这一价值链条上的一个环节。企业的价值链及其进行单个活动的方式，反映了该企业的历史、战略、实施战略的方式以及活动自身的主要经济状况。”

大数据时代的到来，使得全价值链上数据的深度挖掘成为可能，反过来进一步促进了企业在价值链上将更多环节转换为战略优势。例如卡夫食品通过采用大数据挖掘与分析方案中发现，他们在 10.5 亿条博客、论坛和讨论版的内容中抓取了 47.9 万条关于 Vegemite 新产品的讨论信息，并对之进行语义分析结果发现消费者的讨论热点并非他们设想的产品口味、保质期、包装设计等问题，而是关于健康、素食主义和食品安全这三大议题。同时他们还在数据分析中发现叶酸作为孕妇需要的维生素补充剂被频繁提及。基于对数据的一系列深层分析，他们高效地完成了产品升级，并根据市场需求调整策略，打开孕妇消费市场。利用大数据挖掘和分析，智慧电商在提高供应链、市场决策、物流等运营效率等层面变得更具效率。

第二，通过对海量数据的整合及分析形成大数据产品。

所谓“大数据产品”（big data products），是指提供以“4V”即数量（volume）、多样性（variety）、速度（velocity）和价值（value）为特征的数据信息服务。目前，世界上有许多独立的数据运营商和集成互联网企业都在提供大数据产品，如提供以数据存储、分析和资源管理平台为主的数据仓库、行业数据研究报告、数据解决方案等。《麻省理工学院斯隆管理评论》和 IBM 商业价值研究院联合举行的新智能企业全球高管调查和研究项目就曾经指出：“2011 年，58% 的企业已将分析技术用于在市场或行业内创造竞争优势，实现业务价值，比 2010 年增加了 21%。”

基于这些大数据产品，智慧电商可以实现几个层面的数据运营。第一，在市场层面，分析用户行为，改进产品设计，强化用户关怀，改善用户体验，增加用户黏度。第二，在网络层面，通过分析数据流量、流向变化，及时调整资源配置，提升网络质量和利用率。第三，在企业经营层面，通过业务、资源、财务等各类数据的综合分析，快速准确地确定公司经营管理和市场竞争策略。第四，在业务创新层面，在确保用户隐私不被侵犯的前提下，对数据进行深度加工，为企业提供信息服务创造新价值。这样一系列数据整合、分析、运营，构成了智慧电商时代的大数据运营策略。

例如，阿里巴巴 2005 年开发了供内部运营人员使用的运营数据分析产品“淘数据”，2010 年之后又陆续推出为客户提供行业定位、店铺数据分析、买家行为偏好分析的“数据魔方”，为卖家实现数据化运营提供的“卖家云图”，帮助卖家监测淘宝类目变动和销售业绩评估工作效率的“类目 350”，可以提供数据存储、数据推送、加速订单处理等数据商用服务的“聚石塔”等。阿里巴巴通过收集这些结构化与非结构化的数据，建立了强大的零售大数据洞察能力，进而为构建基于大数据分析的大后台运营平台提供了可能。

第三，部分电商通过大数据平台战略，从大数据运营进化到运营大数据。

运营大数据与大数据运营，其区别在于，前者是通过对数据的整合分析提高运营效率，即数据辅助运营；后者是深度挖掘全价值链的数据价值，在大数据产业流中实现“二次创收”。

例如，阿里巴巴在制订了基于阿里云的大数据平台战略后，入股以 UC 为代表的搜索浏览器，以新浪微博为代表的社交媒体，以高德、快的为代表的定位及出行软件，以优酷为代表的视频网站，以天弘基金为代表的金融产品等，配合自家淘宝、天猫、支付宝，通过底层数据的打通，在用户的生活、娱乐、出行、购物、理财等全方面提供个性化的分析服务，创造用户体验的完整性，并互相捆绑形成转换壁垒，从而加大用户的使用黏性，构建了从消费者到渠道商，再到制造商的 CBBS① 完整的生态系统闭环。

六、SoLoMo：社交协作业务模式助力全渠道的智慧商务体验

SoLoMo 可以分解为三个要素：So——social，社交；Lo——local，本地位置；Mo——mobile，移动网络。这个概念最早由美国 KPCB 风险投资公司合伙人约翰·杜尔在 2011 年提出，用社交本地移动的概念描述互联网发展的趋势。

---

① 注：CBBS 指消费者－渠道商－制造商－电子商务服务提供商一体化的电子商务服务模式。

图 4

资料来源：http：//wearesocialpeople. com/wp – content/uploads/2012/05/solomo. png

IBM 研究院在《电商时代传统零售商的转型之路》研究报告中指出，近年来，传统的此消彼长的价值链业务模式正在转变，协作共赢的社交化协作业务模式正在兴起。报告中指出，传统的四方参与者：企业、个人消费者、企业员工、企业供应商的作用都发生这种转变，具体表现为：企业“由控制并实施价值交付向搭建环境、协同各方完成价值交付的组织者转化”；个人消费者“由被动接受者向主动参与者转化，价值交付控制权向消费者转移”；企业员工“由基于组织和指责工作向基于兴趣和专长进行工作和协作转化”；企业供应商“由上下游供应商关系向协作共赢的合作伙伴转化”。普华永道也在研究中提出，未来的商业模式将是“简单、方便、个性化交易体验的客户分析；整合技术、平台和系统，随时随地提供无缝交易服务；优化供应链，随时随地进行交易；以客户为本，取代以渠道为本的组织架构。”

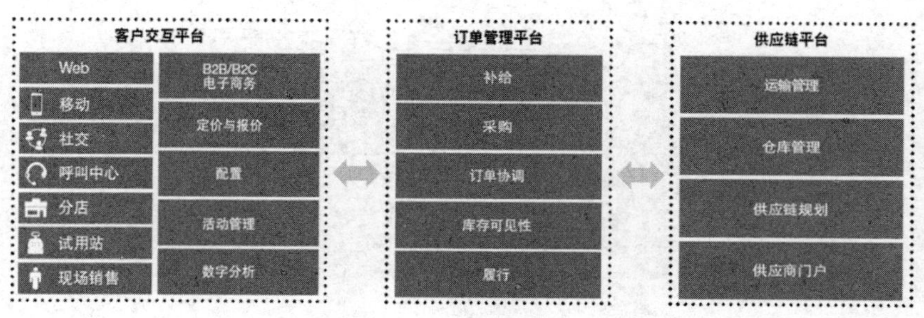

图 5　全方位渠道商务要求跨多个职能开展协作

资料来源：IBM 研究院《智慧电子商务——协调您的全方位销售渠道》。

这种模式的兴起与移动电话、泛在的互联网技术和消费者的日常行为模式等诸多因素的演化有关。例如，根据 IDC 全球每季度手机追踪报告，Nielsen Study 美国青少年的移动数据习惯报告等研究发现，“随着购物技术的使用不断增长，智慧消费者与其他人互联的程度比以往任何时候都更高。全球移动电话用户相当于世界人口的 87%。除了单纯的连接和获得更多智能工具之外，技术在日常生活中的渗透程度也不断提高。例如，91% 的移动用户 24/7 保持其手机距离自己一米范围以内。美国青少年每月平均发送或接收 3339 条短信（比上年增长 8%）。”而依据 Avenue A/Razorfish《数字消费行为研究》、Internet 零售商《网上购物者调查》和 Bazaarvoice《附有联合评论的产品的转化率高 26%》的报告内容，“91% 的消费者喜欢在线与其他消费者分享他们有关品牌体验的意见。智慧消费者会关注这些由用户生成的内容（例如，61% 的消费者在确定购买决策之前，都依赖于产品信息的用户评论；67% 的购物者在网上阅读完建议后，会在网上发生更多消费；并且有联合评论的产品与没有评论的产品相比，前者的转化率高 26%）。”

这些变化都在证明，“零售商已不再是消费者感知及偏爱其品牌的主要影响点。消费者的购买决策已不再主要受零售商的影响。今天的智慧消费者比以往任何时候都对其他消费者有着更大的影响力，也更容易受到其他消费者的影响。并且，因为不断获得技术，在日常生活中更频繁地使用技术，特别是在购物过程中增加技术的使用，所以今天的智慧消费者可以即时访问成千上万来源的大量有影响力的意见——其中大部分都远远超出了零售商的控制。”①

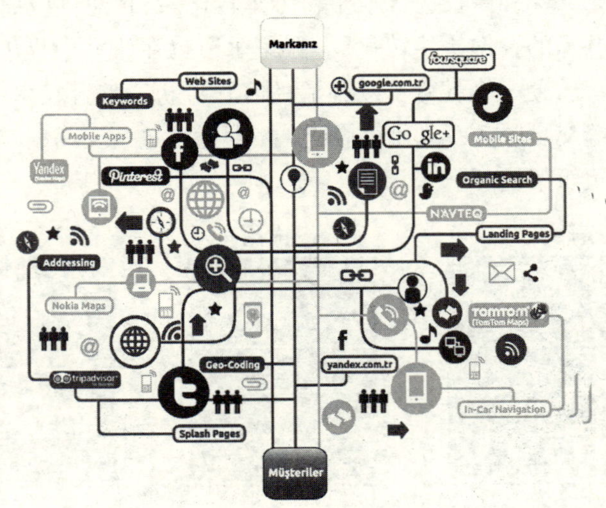

图 6　“社交化 + 本地化 + 移动化”三位一体概念图解

资料来源：http：//images. gelecekonline. com/Yellow_ Medya_ Solomo_ Kapak. jpg

对于智慧电商而言，SoLoMo 的意义在于创造线上、线下无缝衔接的消费体验，以满足用户的全渠道消费需求，巩固品牌忠诚度。所谓“全渠道消费”，是指涵盖了线上、线下各种消费渠道，并且所有渠道拥有一个“统一的品牌故事，

① 资料来源：IBM 研究院《零售业的智慧商务——在智慧消费者不断发展的时代打造品牌亲密度》。

以保证一贯的卓越客户体验”，同时拥有“充分整合的后台运营模式，并配以灵活创新的技术”。在普华永道2014年发布的一份名为《实现全零售——消费者的期望推动未来零售商业模式的发展》研究报告中，又将零售商的全渠道消费运营模式称之为“全零售”（Achieving Total Retail）。

这种全渠道消费模式的提出，主要是基于目前隶属于同一品牌的线上商店和实体门店之间的相对对立对运营效率和消费体验都有不同程度的负面影响。

对于运营商而言，主要是两方面的问题：其一是电子商务与实体店分异的渠道管理模式，涉及“庞杂的营销、采购和供应链团队；过度复杂、彼此孤立的损益表，甚至基于销售的渠道来源采用不同的会计处理方法”；其二是线上线下消费渠道之间存在着森严的壁垒，例如，“不同渠道的促销方案并不一致；产品从配送中心发出以满足网络订单，导致门店无货可售；各种渠道随意运用客户忠诚度信息，甚至连基本的客户付款信息都需要重复输入。”①

对于消费者而言，线上线下分离的销售模式也会影响消费体验。依据2014年IBV全球零售调查，在中国，排名前五的全渠道消费需求包括：跟踪订单状态、线上线下优惠券通用、门店脱销商品可以在线上找到并轻松送货到户、忠诚度计划的收益（如VIP积分）可以在不同渠道通用，网点购买商品可在门店退货等。普华永道通过对全球五大洲15个地区的15000多名网上消费者进行了调研，也发现消费者事实上对从何种渠道消费并不感兴趣，他们更在意线上线下一致的客户体验，在“私人定制”、“跨越各种设备”、“透明实时了解零售商的库存”、“社交媒体双向交流”等方面都有着异于传统消费时代的客户期望。

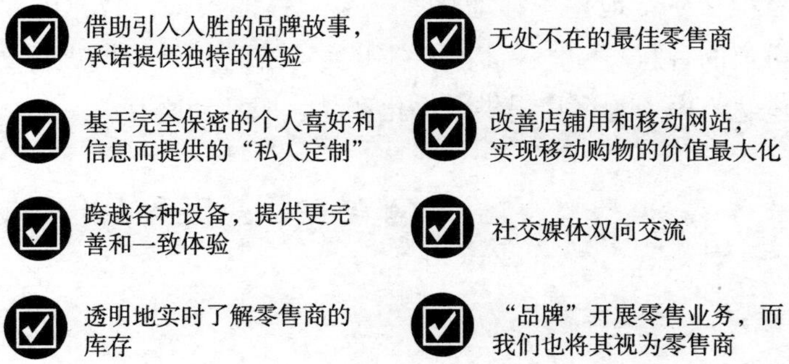

图7

资料来源：普华永道《实现全零售——消费者的期望推动未来零售商业模式的发展》研究报告。

---

① 资料来源：普华永道《实现全零售——消费者的期望推动未来零售商业模式的发展》研究报告。

例如，前文所述的阿里巴巴频频收购高德地图、新浪微博等股份，就是建立了基于 SoLoMo 模式的完整生态系统。入股新浪微博，让阿里巴巴以大陆最具人气、发展最成熟的社交媒体为切入点实现“So”（Social，社会化）；入股高德地图，让阿里巴巴获得了参与地图服务、位置服务的机会。这两类服务已经成为移动互联网最重要的两类基础服务，并成为搭建 O2O 的重要桥梁之一，从而实现“Lo”（Local，本地化）；阿里自身研发的云 OS 及云手机旨在实现“Mo”（Mobile，移动化）。

再如著名的梅西百货，其“泛渠道（Omni – Channel）策略”也是一种广义上的 SoLoMo 模式，旨在打造线上线下无缝衔接的全渠道购物体验。

一方面，对于实体店铺层面，梅西百货提供多项互动性的自助服务技术，如在门店配置“电子屏”（Tablets）、“美容小站（Beauty Spot）”等设备，便于顾客在机器上搜索化妆品等商品的库存、自主检索产品功能、下单购买，以加速购物结算流程和“移植网上购物体验”，还可以用于辅助送货服务（如礼宾助理通过使用全球定位系统和数字签名套件来更有效和准确地管理送货流程）。又如，梅西百货提供“搜索与递送服务（Search & Send）”，即大概实体店缺货时，销售人员可以从网上搜索合适的商品并且下订单，把商品直接递送到顾客家里。

另一方面，在线上商城，梅西百货试图融入典型的“实体店特性”，如提供“真试衣（True Fit）”在线模拟试衣工具，帮助女性顾客在梅西网上商场精准地选择最适合她们“独特的身体和喜好的风格”的牛仔裤。在 Twitter、Facebook 上开设账户，便于顾客就感兴趣的话题进行讨论，同时抓取讨论内容进行语义分析，进一步整合大数据运营。

通过“社交化 + 本地化 + 移动化”三位一体的模式，智慧电商有可能建立起创新的全渠道的智慧商务体验，通过 360 度全方位渠道视图进行客户细分，在适当时间通过适当渠道为客户提供个性化产品、服务和交互。

（本文原载于《现代智慧城市》2015 年第 4 期）

智慧城市：从城市问题出发优化城市治理

杜竞强

[摘要] IBM 等 IT 厂商主导的智慧城市发展让我国走了弯路。智慧城市的发展应从解决城市问题出发。历史经验表明，在探索城市治理优化的过程中，一方面应该进一步加深对城市系统的理解，让决策者、规划师对基层的现实有更准确的认识；另一方面，技术本身并不能解决任何城市问题，但先进的技术能成为城市问题解决方案的优良手段与工具。从城市问题出发优化城市治理要以人为核心，一方面需要更好地发现问题，通过众包、开放数据等方式更准确地了解城市问题所在，另一方面需要更好地寻找解决方案的机制帮助城市找到优化的解决方案，这包括让利益相关方参与解决方案的制定与决策，也包括在更大范围内寻求解决方案。在发展智慧城市的过程中，政府应充分认识到 ICT 技术的优势与局限，同时为中小企业参与智慧城市发展建设创造条件。

[关键词] 智慧城市；城市治理；众包；开放数据；公众参与

一、智慧城市的概念

"'智慧城市'是 IBM 提出的营销概念……让我们国家走了一个极大的弯路，任何一个新的科技的应用或者新概念的推广必须是能解决问题，但是我们相当长的一段时间被'智慧城市'的概念所误导。" 仇保兴教授①的这一表述在某种意义上是对我国智慧城市前期发展一个较中肯的概括。

过去几年智慧城市在中国的发展确实更像是一个由 IBM 等大型 IT 厂商主导的营销活动，而非对城市发展新理念的探索。IBM②将智慧城市的概念描述为

杜竞强：中国城市和小城镇改革发展中心综合交通研究院经济师、公共政策硕士。

① 仇保兴："智慧城市" 只是营销概念。

② Dirks S & Keeling M, "A vision of smarter cities", p2.

“城市需要运用新力量变得更智慧……利用新技术革新其核心系统以优化其对有限资源的运用。” 而 Cisco[①] 认为 “通过采用应用信息通信技术的解决方案提高效率、减少开支、提高生活质量的城市被称为智慧城市。” 从这些 IT 厂商的定义看来，智慧城市似乎跟之前的 “智能城市”、“信息城市” 等侧重于信息系统硬件升级的概念没有太大区别，确实有概念营销的嫌疑。

但同时，西方发达国家的城市政府、城市研究者们也对 “智慧” 这个能引发诸多关于城市的美好联想的词汇产生了兴趣，给出了他们对智慧城市的定义。这其中最具有代表性的是来自纽约大学的 Anthony Townsend 博士，在其专著《智慧城市》中，智慧城市被定义为 “一个将信息技术与基础设施、建筑、日常生活用品、甚至我们的身体相结合来解决社会、经济和环境问题的城市。” 这个定义赋予了智慧城市一个切实的优越性——通过更好的手段更好地解决城市问题。而这无疑是一个能吸引市长们的定义。

二、理想城市理论的经验与教训

纵观历史上的理想城市理论，其在被提出当时无不是在时代的技术进步基础上提出的认为能更好地解决问题的城市理论模型。“花园城市” 希望利用刚成熟不久的输电技术通过铺设电网来拯救被上百万煤炉搞得乌烟瘴气的伦敦，而 “汽车主导的城市” 则基于汽车的大量普及，期望通过修建大量连接城市与郊区的高速公路保持城市活力。这些尝试的出发点都是在寻求解决当时迫切的问题，但最终这些模式效果的不理想以及后来带来的更多问题，总结起来有两大原因。

第一个原因 Jane Jacobs 已经在她的各大著作中详细地总结过了：这些模式都是由当时的城市规划与决策的精英们出于自己对于理想城市的理解、出于对于技术带来的可能性的想象创造出来的城市建设模式，而忽略了城市系统的复杂性，特别是这其中人与社区对于城市生态的重要性。为了建设理想城市，人们拆掉了原本生机勃勃的社区，毁掉了天然的田园，造出了许多 “没人要的（no one wanted）”[②] 的建筑群落。

第二个原因往往更容易被忽视，那就是每当有新的技术突破出现，就会有人认为新技术的出现本身就能解决以往解决不了的城市问题，而且人们总是倾向于相信 “这一次不一样”（this time is different）。ICT 技术的飞跃看起来正像是一次

---

① Falconer G & Mitchell S，“Smart City Framework”，p3.

② Fainstein S S. “Planning Theory and the City”，p125.

"不一样"的技术突破，IBM、Cisco 等 IT 企业的智慧城市系统解决方案几乎都建立在这样的假设上：更大的数据、更大的电脑、更大的模型能解决以前解决不了的问题。而著名的反对通过数字建模寻求城市问题解决方案的道格拉斯．李在 1973 年[①]就写道："计算机速度和容量都飞速提升，于是一些学者相信以前城市建模的失败都是因为硬件的限制，而现在问题可以解决了。这样的相信是毫无依据的：更大的电脑只是允许更大的错误。"事实上，利用计算机技术的进步、基于数理建模的城市管理系统的尝试最早在 20 世纪 60 年代就有了，而至今都没有一个理想的成果。究其原因，全球研究城市建模的领军人物——英国伦敦大学的 Michael Batty 教授[②]解释道："因为（过去的研究者）把城市当作一个自上而下的封闭系统，而忽略了更广泛的外部环境的影响。"

历史的教训应该被吸取。在探索城市治理优化的过程中，一方面应该进一步加深对城市系统的理解，让决策者、规划师对基层的现实有更准确的认识；另一方面，技术本身并不能解决任何城市问题，但先进的技术能成为城市问题解决方案的优良手段与工具。

ICT 技术的迅速发展在上述两个方面都毫无疑问地给城市治理的优化带来了诸多的可能。首先，大数据及大数据分析工具有助于更好地了解城市的现实状况、分析问题、解决问题。但更重要的是，ICT 技术的发展让沟通变得前所未有的容易，让决策者和规划师与一个社区、乃至一个城市的民众进行有效的沟通在技术上提供了可能，而这方面的尝试的成功可能才是智慧城市真正的智慧所在。

不可否认，已经有很多 ICT 技术应用有效地改善了城市治理，但同时在国内外各大 IT 企业的猛烈营销攻势下，也出现了诸如各地扎堆建设云计算中心、纷纷上马智慧城市管理系统的乱象。在这样的情况下，我们应该回到城市治理的本源——城市之所以需要治理，是因为有复杂的城市问题不能通过个体行为简单的解决——从城市问题出发，寻求解决方案优化之道。

三、从城市问题出发

1. 更好地发现问题

从城市问题出发，指智慧城市的发展与建设的目的是更好地解决现有的城市

---

① Anthony Townsend, "Smart Cities", p90.

② Michael Batty, "Building a science of cities", p1.

问题。要合理、高效地解决问题，首先需要准确地发现问题，其次需要有良好的寻找解决方案的机制，这样才能得出最优的解决方案。

（1）以人为核心

发现问题是解决一切问题的基础。准确地发现问题及问题的原因所在能为解决问题带来极大的便利。城市的问题归根结底是城市里生活的人的问题。所以要更好地发现问题，首先是要以人为核心。

以人为核心，不是从顶层帮“人”规划、替人解决问题，而是需要把人纳入到城市治理的体系中，让其参与问题发现、参与解决方案制订的过程。伦敦市的智慧城市规划《智慧伦敦 2020》的第一句话就是“伦敦市民是核心”（Londoners at the core），指出：“要成功，‘智慧伦敦’必须把市民和企业放在中心——这样伦敦市民才能驱动那些让伦敦成为一个更伟大的城市的创新。”如果能实现让市民驱动城市的创新，这样的城市被称为有智慧也不为过。《国家新型城镇化规划（2014—2020 年）》也强调以人为本，智慧城市的发展要坚持这一原则。

（2）众包——更好地发现看得见的问题

ICT 技术的发展对人类社会最重要的贡献之一就是让沟通变得前所未有的畅通。如果原来政府要与基层民众沟通，除了制度上的因素之外，技术上也存在障碍。现在这一障碍被大大减小了，基层城市问题准确及时地向政府反馈成为现实。而众包无疑是反映、发现城市问题一个高效可行的方式。

西方多个国家已出现了多种基于 ICT 技术的众包城市问题反馈的应用。美国康涅狄格州纽黑文的 Ben Berkowitz 创建 See Click Fix（看见、点击、修理），一个基于网络地图的 APP 和网站，利用移动设备的定位和拍照功能供居民报告非紧急的公共服务设施的问题（比如某条街上的窨井盖丢了），以告知政府对其进行修复。

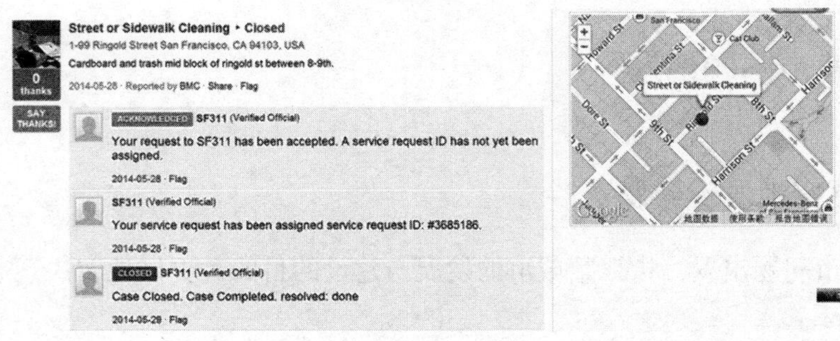

图 1　See Click Fix 页面截图

图1是 See Click Fix 在旧金山市一个街道垃圾清理报告的截图。从图中可以看到，该报告题目是“街道或人行道清理”，旁边是该报告的处理情况“已关闭(Closed)”（若已处理则显示“已关闭”，若未处理则会显示“开放（Open）”）。通报内容是“在第八街和第九街之间的 Ringold 街中部街上有纸板箱和垃圾”，并附上了现场拍下的图片。在屏幕右侧的地图上显示的是由移动设备提供的精确位置信息。在报告下方给出的是相关部门的回应。第一条显示的是旧金山的城管服务账号 SF311 回复的：“您的报告已被 SF311 接受。服务编号待发出。”第二条是 SF311 告知报告用户其报告处理的服务编号为“#3685186”。第三条是 SF311 在处理完报告的情况后回复用户：“处理完毕。问题已解决。”

See Click Fix 实现的城市治理的优化真正体现了“以人为核心”的原则。首先，让用户积极参与到城市治理的过程中，发现问题能通过该平台报告，提供了一个良好地发现城市问题的机制；其次，在平台上，政府和用户的地位平等化了，从图中的回复可感受到，政府是以一个“人化”的用户对报告问题的用户进行回复，这样让人更愿意为政府提供相关信息，促进城市治理的优化；而更深层次上，这样的设置能增进政府与公众之间的沟通的顺畅与信任，为更广泛的城市治理上的沟通与合作创造了有利的条件；再次，通过在网上公开报修信息，会给予政府一定的压力去及时应对问题。在上图中，用户在5月28号报告的垃圾问题，SF311 在当天就给予了回复并报告了服务编号，并在5月29号就处理了该问题。

See Click Fix 针对的是城市问题中较简单的“看得见的问题”——发现就能明确解决方案，如窨井盖没了应该补上、路上有垃圾应该清理等，所以通过 See Click Fix 这样一个“报告-处理”的众包方式就可以较好地实现相关城市治理的优化。但针对更复杂的涉及更多人利益的城市问题，这些问题的成因往往错综复杂，需要在表象之下进行更深入的探究，众包就不是很适用了。因为众包本质上来讲还是一个由外包方—政府与接包方—公众之间“一对多”的模式，而缺乏所有参与方之间相互沟通、协调、统一意见的机制。所以在众包模式应用的过程中应充分考虑到其功能上的局限性。

（3）开放数据——更好地发现“看不见的问题”

与智慧城市同时兴起的概念还有开放数据。根据开放数据中国①给出的定义：“开放数据是可以被任何人自由与免费使用、重用以及重新发布的数据，唯一可能的限制便是要求你署名和以相同授权方式分发。”开放数据有着广泛的价

① 开放数据中国 Open data China，“定义开放数据”。

值和意义，在这里仅讨论开放政府数据对于城市治理的价值。

政府开放数据在中国对于发现城市问题有着巨大的意义。由于制度与历史的原因，我国的大量政府数据，特别是空间尺度较小的社会经济数据并未向公众公开（通常只公布到区县一级），这对于发现及时、准确地发现城市问题设置了极大的阻碍。经过改革开放三十多年来的发展，我国城镇化已具有一定规模，北京、上海等城市已跻身国际化大都市行列，人口超过千万的特大城市超过十个，超过百万的城市超过三百个。这些城市内部出现的各种问题往往是在远远小于区县这一尺度的。要准确地分析问题的根源所在，则需要与问题存在的空间尺度相对应，甚至需要更小的尺度的数据作为支持。

政府开放数据的一大益处在于能更好地发现“看不见的问题”。首先，由于政府人力、资源及专业知识的有限，无法对其掌握的所有数据进行充分的研究分析，所以会“看不到”很多城市问题。例如将城市小空间尺度的数据开放，能让各个学科的学者、研究机构对其专注的领域进行深入的数据分析与挖掘，从而发现以往未被关注的问题，支持城市问题的解决。

其次，“看不见的问题”的另一个方面是许多城市问题的根本原因并不能直接从其体现的表象中看出，而需要深入的研究分析才能得出。例如，纽约市政府主管市民服务热线“311”的部门曾经发现，在某些地区拨打311的频率特别高，其直接的理解就是在这些地区公共服务的问题较其他地区更多，于是需要更多的城市管理资源。但是一位大学教授通过研究发现，其实与拨打频率最相关的因素是一个区域中英语使用者的比率，那些拨打频率低的地区并不是因为公共服务与设施更优良，而是因为那些地区有较多的少数族裔，其中很多人不能熟练使用英语，所以很少拨打311。而这些区域反而是最需要公共服务提高的区域。这个教授的研究的结果直接调转了纽约市政府应对策略的方向，一方面增加了311服务中多种少数族裔语言的支持，另一方面特别针对那些拨打很少的少数族裔地区增加了公共服务的力度与资源。

开放数据有利于更好地发现城市中“看不见的问题”，同时也是政府体现其公正透明、增进与民众互信的有力手段，这间接为更好地与民众沟通、解决城市问题创造了优良的条件。

2. 更好地寻找解决方案的机制

通常来说，由于政府不愿意公开其问题所在，往往会自行拿出解决方案，即使要征求专业意见，也仅由工作人员在其小范围的社交网络内咨询后得出解决方案。这样的模式的弊端显而易见，一方面，没有征求问题利益相关方的意见——

通常是生活在受影响的区域的公众——往往难以得出符合各方利益的解决方案；另一方面，没有在更大的范围内寻求优化解决方案，也影响最终方案的质量。一个非最优的解决方案不能最高效地利用有限资源，对政府财政造成浪费，而次优的解决方案也是对民众福祉的损害。

所以，城市问题需要有更好的机制来寻找解决方案。什么是寻找城市问题解决方案的好机制？在面对城市这样一个复杂得人们还未能充分理解其运作的系统中，很难得出一个放之四海皆准的模式或理论，但有两个基本思路是可行的：让各利益相关方参与解决方案的制订与决策，让各方意见与诉求得到充分的表达与考虑；在更广大的范围内寻找现实可行的解决方案。而这两点，都是 ICT 技术的发展能够极大提供帮助与便利的领域。

（1）与利益相关方一起寻找解决办法

城市问题往往涉及复杂的利益相关方，各方的诉求又各不相同。在这样的情况下，一个可行的寻找解决方案的途径是将所有的利益相关方联系起来，对涉及的问题进行充分的讨论，对各自的利益诉求进行表述，在考虑了各方需求后得出解决方案。

让利益相关方参与城市问题决策不是一个新的概念，事实上，美国地方政府议事通常都会有法律规定的民众参与流程。例如，纽约市规划最核心的统一土地使用审议过程（Uniform Land Use Review Process，ULURP）中就明确规定了在分区（约相当于街道办事处一级）、区和市一级民众参与到规划过程的部分，甚至赋予了受项目影响的分区民众否决项目提案的程序。而 1989 年[①]，规划理论家 John Forester 提出的联络性规划（Communicative Planning）的理论也强调了“使参与决策的各个方面得以沟通、联络、协商、协调，达成一致意见”的重要性。

但在实践上，这些制度的实施却往往由于时间和空间的限制等未能最好地发挥其效用，而同时，面对面的表达公众往往无法跟经验丰富的政府或企业律师等进行平等的沟通，也减弱了制度的公平性。而 ICT 技术发展到今天，能很好地解决这样的问题。若将让公众表达看法的平台移到网上，就突破了空间的间隔造成的障碍，同时将讨论不局限于一个固定的时间点而是一段时间，就能很好地将更广泛的公众意见进行收集。而由于网络沟通可以有更多的时间思考与寻求观点的支撑，也能让各方地位更平等，有利于各利益相关方的意见都能被充分体现。这样的平台并不是凭空的构想，而是已经有现实的应用，且效果显著。

旧金山市政府、议会、市科技局、市长社区服务办公室及旧金山本地的非营

---

① 张庭伟：《从“向权力讲授真理”到“参与决策权力”》。

利组织——旧金山规划与城市更新会（SPUR）共同建立了一个让政府和市民能共同协作，为社区问题找到解决方案的网络平台——“改善旧金山（Improve SF）”。

Improve SF 的运作模式是由社区组织或机构在 Improve SF 网站上创建一个基于具体社区的项目且对项目执行有发言权的社区领袖会在项目页下阐释问题、主持并促进社区成员们对于问题的讨论，征集问题解决方案，最后社区领袖评估各项方案，选出最优方案并实施。Improve SF 一经推出便受到了各方、特别是通过其解决了社区问题的公众的好评。

（2）在全世界寻找问题解决方案

互联网的兴起革新了人们寻求问题答案的方式，能够在毫秒之间获得全球范围内信息的网络搜索成了人们默认的寻找信息与答案的方式——Google 甚至成了牛津英语字典上的一个新的表示“搜索”的动词。在这个 Google 和维基百科的时代很难想象有人依然只靠私人社交圈的信息做决策——但政府多多少少正是这样。由于前述原因，政府在寻求解决方案的时候通常将其信息源限制在了一个较窄的范围内。通过这样的方式虽然也能得到解决方案，但通常不是优秀的解决方案。

要寻找更好的解决方案，一个简单的办法便是扩大寻找解决方案的范围——在全世界寻找城市问题的解决方案。这包括两个方面的内容，一是在全世界的城市中寻找可参考借鉴的解决方案，二是向全世界征求解决方案。

首先，全球各地的城市虽然在规模、形态、文化上各异，但往往面临着类似的城市问题。主要的城市问题也通常已经有了若干优秀的被证明可行的解决方案，但由于该类信息受众较小，政府本身也往往没有非常深入地进行相关信息的搜索，信息传播的速度很慢，这样的信息不对称会造成许多优秀的解决方案无法快速在世界范围内进行分享，而面临同样的问题的城市不得不进行二次研究开发，造成时间和资源上的浪费。例如，快速公交（BRT）于 1974 年诞生于巴西库里巴里，但中国直到 1999 年才在昆明有了第一条 BRT 线路。试想如果能早些年引进 BRT，中国是否会有许多城市少修一些核心区的高架路或封闭路进而改善城市交通呢?

现在已经有不少国际机构开始致力于促进城市间优秀的城市问题解决方案的分享与交流。世界银行、联合国人居署等都有专门的页面推荐其认为优秀的解决方案。西班牙巴塞罗那的 Citymart. com 则更进一步，希望建立一个城市问题解决方案的淘宝——搜集全世界各地的优秀解决方案，让政府在平台上像在淘宝网购物一样针对其具体的问题寻求解决方案。这些网站和平台都为中国城市更好地寻找解决城市问题解决方案提供了便利。

另外，除了城市在更大的范围内自己搜索信息外，也可通过类似众包的方式公开自己面临的问题，向全世界征集问题解决方案。巴塞罗那市政府受到Citymart. com的启发，已经将Citymart. com的模式内置到其政府运作中，在其网站上公开问题并公开征集解决方案。但巴塞罗那这样的方式对于大部分城市来说可能过于超前，城市政府很多时候并不希望公开自己的具体问题。于是许多城市通过间接的方式向社会征集解决方案，例如纽约、新加坡等城市开展的公开数据APP竞赛就是一种典型的方式。但开始几年的APP竞赛都未能得到太多令人满意的作品，就如IT主导的智慧城市项目一样，没有从问题出发的APP竞赛本末倒置了——给出海量的数据，然后让开发者探索这些数据能解决什么问题。这显然是行不通的，因为解决问题首先要准确地发现问题。纽约市意识到了这个问题，从2013年开始在其APP竞赛中给出了期望得到解决方案的领域。

四、其他政策建议

1. 了解ICT技术的优势与局限

智慧城市的建设要避免从技术出发——先决定要采用一个技术，再寻找技术可能解决什么问题——技术只是解决问题的手段而不是目的。在智慧城市的建设中，首先要从具体问题出发，在技术选择上“只买对的、不选贵的”，如果一个基础的ICT应用能解决问题，那就没有必要采用一个复杂的应用。例如，纽约市曾通过开通一个公共邮箱账号就解决了一个保障房改造项目由于信息沟通不畅造成的政府与居民矛盾激化的问题。

政府应该意识到ICT技术的局限性。例如，智慧城市技术可能在治理交通拥堵、打击犯罪领域有较高效率，而在降低能耗领域的效果不那么明显①。为了对ICT技术的使用提供有价值的指导，政府可对各种ICT技术进行一次评估，了解技术的优势及局限，为各个部门提供一个“推荐”及“不推荐”清单，指导各部门在智慧城市建设中对技术应用的决策。

2. 为中小企业创造条件

从城市问题出发的智慧城市发展，要求具体的问题解决方案要针对具体问题

① Anthony Townsend，“Smart Cities”，p279.

的特别定制，同时许多问题的解决需要的并不是高速的运算能力、巨大的管理系统，而是以较低成本实现的更优秀的交互设计带来的沟通效率的提高，而在这两个领域，ICT 中小企业相对大企业都通常具有优势。首先，中小企业比大企业更能灵活地针对具体需求定制产品；其次，中小企业在成本上有着显而易见的优势，这不仅体现在单个项目的报价，同时也体现在中小企业不会由于维持整体运营的需要倾向于向政府推荐大项目，避免不必要的资源浪费。

事实上，世界各国都意识到中小企业将是智慧城市建设的中坚力量，从政府采购、资金支持等多个领域鼓励中小企业参与智慧城市建设。例如，波士顿改革了政府采购流程，在一定数额以下的政府采购项目将不必走政府采购的默认程序，而可以较灵活地获得批准；纽约市的 APP 竞赛引入了更多的投资方对获奖的开发者提供全方位的资金与技术上的指导；伦敦的《智慧伦敦计划》更是提出了具体的“在 2016 年前投资 2400 万英镑以上以提供廉价超高速宽带给中小企业，并帮助 22000 个以上中小企业获得该宽带；在 2020 年前支持 20 万个科技就业岗位”等具体的政策目标。如果中国想要建设在世界上有竞争力的智慧城市，不能忽视对中小企业的扶持。

五、小　结

智慧城市能为中国的新型城镇化带来新的思路与有益的提升，但需要从城市问题出发采用适用的技术。从城市问题出发优化城市治理要从更好地发现问题与更好地寻找问题解决方案的机制两个方面入手。最重要的一点是：以人为核心，让城市中的各利益相关方能充分的交流，让人参与到城市问题的解决过程中。正如 Jane Jacobs① 所说：“城市能为每个人都提供其所需，是因为，且只有当每个人都参与了城市的创造。”

参考文献

[1] 仇保兴．“智慧城市”只是营销概念．新华网，2014 年 1 月 15 日

[2] 开放数据中国．“定义开放数据”http：//landing. opendatachina. com/

[3] 张庭伟．从“向权力讲授真理”到“参与决策权力”——当前美国规划理论界的一个动向：“联络性规划”[J]．城市规划，1999，6

[4] Dirks S，Keeling M. A vision of smarter cities：How cities can lead the way into a prosperous and sustainable future [J]. IBM Institute for Business Value. June，2009

---

① Jane Jacobs，“The Death and Life of Great American Cities”，p238.

[5] Falconer G, Mitchell S. Smart City Framework: A Systemic Process for Enabling Smart + Connected Communities [J]. 2012
[6] Fainstein S S. Planning theory and the city [J]. Journal of Planning Education and Research, 2005, 25 (2)
[7] Townsend A M. Smart cities: Big data, civic hackers, and the quest for a new utopia [M]. WW Norton & Company, 2013
[8] Batty M. Building a science of cities [J]. Cities, 2012, 29
[9] Jacobs J. The death and life of great American cities [M]. Random House LLC, 1961

(本文原载于《中国城市规划年会论文集》2014 年)

第六篇

海外经验借鉴

东京都市圈多摩新城的教训与借鉴

顾永涛

在大都市周围，营建新城并完善其基础设施是否就能达到分流中心城区居民的效果？从日本的过往经验看，这个答案非常不确定。以多摩新城为例，当下实际的人口和用地规模只达到当初规划的一半左右，其中有外部环境因素，也有当初未能考虑到的老龄化等因素。

这里介绍下日本都市圈的新城开发。第二次世界大战后的日本政府，为解决人口和产业在城市中心区过度集中带来的严重城市问题，并为阻止城市过度膨胀所导致的建成区无序蔓延，于 1956 年制定了《首都圈第一次基本规划》，之后分别于 1963 年和 1966 年制定了《近畿圈整备法》和《中部城市圈整备法》，并以此为依据，在东京都市圈开展了地域整治规划与新城开发活动。特别是到了 20 世纪 60 年代，日本经济有了较大发展，东京、大阪、横滨等都市圈人口急剧增加，在国土规划和大都市圈的地区规划指引下，日本加快了新城建设步伐。

东京都市圈有代表性的新城有多摩新城、千叶新城和筑波科学城等。日本期望通过这些新城的建设，改变东京单一集中型的城市结构，实现多中心型结构的规划意图。多摩新城位于东京西部，距离东京都中心——银座约 30 公里。新城建设范围为东西长 14 公里、南北宽 2 ~ 4 公里的丘陵地带，规划面积为 29. 8 平方公里，规划人口 30 万人。多摩新城于 1965 年制定规划，1966 年开始建设，其公交设计细致、基础设施完善、住宅多元化，但实际规模并没有达到计划预期。

一、公共交通引导开发（TOD）的模式

为推进多摩新城的开发建设，接受东京都的辐射，构筑区域交通网络，多摩新城规划建设有小田急线和京王线两条快速铁路，可便捷通达东京都市圈的任何

顾永涛：中国城市和小城镇改革发展中心规划院综合所所长。

地方。新城沿轨道交通呈带状布局，新城内规划有三个轨道交通站点，在站点周边高强度开发，建设新城商业中心及居住区中心。这种公共交通引导开发（TOD）的模式，使得交通的功能和服务业的功能高度重合，带动了地价升值，并增加了就业机会。

为支持新城的轨道建设，政府制订了多种计划，如“新城铁路建设计划”。这个计划用于促进新城的铁路建设，中央和地方政府将给予高达 18% 的补贴，达到工程全部合理建设费用的 36%。对乘客，政府制定了交通补助政策，大部分日本公司承担居住在新城的员工乘坐公共交通的通勤成本。这些政策促进了公共交通的发展，抑制了多摩新城居民乘坐私家车上下班的通勤交通，避免了路面交通拥堵。

二、完善的公共服务设施配套

多摩新城最初的规划目标是作为东京的“卧城”，主要满足部分东京人口的居住需求，20 世纪 70 年代调整为建设工作居住平衡的城市。如今，多摩新城具有完整的城市功能，拥有完善的商业、文化、娱乐、教育、医院等公共服务设施。这些公共服务设施的档次、标准可以与东京都相媲美，甚至更优。高品质的公共服务设施，无疑对于新城吸引人口和产业入驻至关重要。

多摩新城有两条主要的商业步行街贯穿城市的中心地区，沿街布置有大型的综合性超市和品牌购物店，满足居民多方面的购物需求；在居住区中心，有各种专门商店，便利居民日常生活。重要的文化娱乐设施包括有图书馆 3 处、综合博物馆 1 处以及一座 Sanrio Puroland 主题活动乐园，乐园是 Hello Kitty 粉丝的天堂，也是孩子们温馨的家园。这些设施不仅为多摩市民带来丰富的文化娱乐生活，也同样吸引着来自周边东京地区以及全国，乃至世界各地的游客观光。同时，新城拥有多所现代化、高品质的小学、中学和成人教育学校，学生可在新城就近完成全部基础教育，根本不用去东京都择校上学。此外，完善的综合性医院为新城居民提供有保障的、高质量的医疗服务。为了满足市民精神方面的需求新城，还兴建了多座寺庙、神社、教堂等。

三、多元化的住宅产品

多摩新城为居民提供了优美的居住环境和多元化、高质量的住宅产品，对于东京都的居民具有很强的吸引力。在多摩新城规划了 23 个近邻住区，平均每个近邻住区面积约100公顷左右，住宅户数约3300户，人口规模约12000人（实际开发了21个近邻住区，大部分住区实际住宅户数和人口规模没有达到规划的规模）。每个近邻住区都是独立的单元，原则上有1所初级中学、2所小学、2所幼儿园、2所保育院，设有诊疗所、商店、邮局、图书馆、储蓄所、体育设施和儿童乐园等公共设施。步行道把各个住宅片区同近邻住区中心、幼儿园和学校等连接起来。每四到六个近邻住区构成一社区，每一社区内设有社区中心、综合医院、公园等，各社区再组合为新城，形成“邻里–社区–新城”的结构。

多摩新城开发之初，首先开发的是面向中低收入家庭的小户型的中高层住宅群，利用售价便宜来吸引“人气”。1973年以后，住宅设计倾向于较大面积户型，以五层公寓为主。1976年以后，走向多样化的住宅类型，如高层住宅楼中楼等。1984年以后，大多数住宅是带有自家庭院的独栋和双拼住宅。1996年，新城共有2.6万套住宅。从所有形式看，私有占52.9%，租赁占47.1%；从建筑形式看，约75%的住宅是4~5层的集合住宅，5%为3层或3层以下，余下的20%是高层住宅。多元化的住宅产品基本满足了不同人群的需求。

四、新城实际的开发规模没有达到规划的预期

多摩新城最初的规划规模为：人口规模30万人，建设用地规模29.8平方公里。目前，实际的人口和用地规模只达到规划的一半左右。1966年之前，多摩市大部分地区都是农村，人口稀少，自1966年多摩新城开发以来，不断有人口入住，使人口数量快速增加，虽然1995年之后人口曾经一度减少，近年来平稳并有略微增加的倾向。2009年统计显示，多摩市总人口14.5万人，其中男性7.2万人，女性7.3万人。多摩新城建成区面积约16平方公里，远没有达到规划的用地规模，目前仍有大量的空地待开发。

其主要原因有：一是新城住房的吸引力不断下降，主要体现在两个方面：①住房产品和结构的不尽合理：大约一半的集合住宅采用拥挤的2房和3房设计，这些集合住宅大多是5层建筑，没有电梯，这样的住宅产品不太适合老年人、单身家庭及丁克家庭（单身和丁克家庭数量持续增加，在2005年占到总家庭数量的一半）。②住房的价格优势逐渐减小：日本经济持续低迷，东京中心区的房价下降较快，中心区和外围的住房价格差变小，造成部分新城的居住人口回流中心区。二是新城提供的就业岗位仍然有限，难以满足职住平衡要求。新城的规划理念是强调均衡发展、自给自足，不仅为居民提供足够的居住设施、商业设施和康乐设施，而且还能为居民创造充足的就业机会。但新城的产业发展动力略

显不足，可以提供的就业岗位有限，不少居民就业仍要到东京中心区。

五、结 语

当前国内的新城新区建设，呈现风起云涌、愈演愈烈之势，根据中国城市和小城镇改革发展中心调查，所调查的156个地级以上城市，其中提出新城新区建设的有145个，占比90%以上。纵观国内新城新区的规划建设，存在诸多问题。

一是国内新城新区建设往往是大手笔、大尺度，规划面积和人口超越现实需求。145个提出建设新城新区的城市，规划的新城新区人口约80万，与其现有城市人口相当。对比多摩新城，其位于拥有3000万人口的东京都市圈，发展至今才15万人，没有达到规划预期的规模，而且多摩新城在东京都市圈内属于规模较大的新城。所以，应该更加理性、更加合理地确定新城新区的规模。

二是国内新城新区建设以房地产开发、土地财政为导向，而相应的公共服务设施配套建设滞后，缺乏便捷的公共交通支撑，缺少就业岗位。人们只能把新城新区的住房用来居住或是投资，新城新区不能提供完整的城市功能，因此冷冷清清缺乏活力，常常沦为“卧城”、“空城”。反观多摩新城则是功能完备、公共交通发达、服务设施齐全的城市。

三是国内新城新区建设急功近利，急于求成。为了尽快出政绩、出形象，拉开框架铺路修桥，指望用几年的时间建成新城新区，殊不知“罗马不是一天建成的”。多摩新城用了二十多年时间才基本建成，短期内建成一个新城新区的想法是不切实际的，超前建设的基础设施会造成很大的资源闲置和浪费。

通过对多摩新城的剖析，提醒我们必须冷静地看待新城新区的开发热。新城新区建设要遵循城市发展规律和经济发展规律，必须走低碳、集约、可持续的发展道路，任何违背客观规律的做法，势必会导致可悲的下场。

（本文原载于《东方早报》2014年12月16日）

美国“完整街道”的思想内涵及启示

顾永涛

[摘要]“完整街道”(Complete Streets)理念是美国对“车本位”发展模式的反思，是新世纪交通发展理念的重大转变。本文分析了“完整街道”理念产生的背景和设计原则，总结了“完整街道”对我国城市街道设计和建设的四点启示：提倡交通的公平性，鼓励传统绿色交通出行，塑造有活力的街道，建设低冲击模式的街道。

[关键词]完整街道；街道；启示

一、引　言

长期以来，美国的城市街道主要是为机动车服务的，街道设计的首要目标是如何提高单位时间内机动车的通行能力，而对行人和自行车的出行关注甚少，许多美国街道缺乏人行道和自行车道，因而行人和骑车人的安全得不到保障，步行、自行车和公共交通难以发展。近年来，这种“车本位”的发展模式受到了广泛质疑，2003年美国精明增长联盟负责人David Goldberg提出了“完整街道”(Complete Streets)的概念，倡导完善行人和自行车设施，鼓励人们步行、骑车或乘坐公共交通出行。2005年，美国“全国完整街道联盟”(The National Complete Streets Coalition)成立，完整街道运动在全美迅速扩散开。截至2011年，美国23个州出台了支持完整街道的政策或法律，例如2008年加州颁布了《加州完整街道法案》(The California Complete Streets Act)。

顾永涛：中国城市和小城镇改革发展中心规划院综合所所长。

二、美国完整街道理念概述

1. 完整街道的定义

美国“全国完整街道联盟”给出的定义是：“完整街道的设计和运行应为全部使用者提供安全的通道。各个年龄段的行人、骑车人、机动车驾驶员和公交乘客，以及所有残疾人都能够安全出行和安全过街。建设完整街道意味着交通部门必须改变过去优先考虑小汽车的做法，确保所有人出行的安全”。

2. 完整街道的发展目标

发展完整街道主要有以下三个方面的目标。

(1) 安全街道：机动化是一种手段，而不是结果，不能因为机动化影响步行、自行车交通的安全；确保行人、自行车和汽车各行其道，提高街道的安全性。

(2) 绿色街道：减少硬化路面面积；减少能源消耗；减少温室气体排放和空气污染；最大限度地让雨水渗透和雨水再利用；鼓励人们步行、骑自行车和乘坐公共交通出行，少开车，改善人们的健康。

(3) 活力街道：创建宜居社区；增加公共活动空间，增进人与人之间的交流；增强街道的吸引力，提高街道两侧土地的价值。

三、美国完整街道设计原则

结合美国各地完整街道的设计模式要求和具体做法，简要介绍完整街道相关要素的设计原则和方法。

1. 街道网络

良好的街道网络是可持续的，由连续的街道和尺度较小的街区构成。可持续的街道网络一方面可以提高街道的安全性，减少交通事故的发生；另一方面，可以促进人们选择步行和自行车出行。美国相关研究表明，一个精心设计的街道网络不但能保障交通的安全，而且会带来环境、社会和经济方面的效益。可持续的街道网络促进土地的合理使用，支持紧凑的发展，从而降低交通成本和基础设施的投入，也可以适应不断变化的技术、生活方式和出行模式，并能保护动物栖息地和重要的生态区。

可持续的街道网络应遵循以下原则：适应自然和已建的环境；优先保证行人、自行车和公交的出行，因为它们是最可持续的出行方式；按照步行距离进行规划建设，建议最大地块的周长小于488米（如152米×92米）；保护、尊重和提高一个城市的自然特点和生态系统；最大限度地提高社会和经济活动。

2. 街道结构

（1）人行道

人行道应该是安全的、友好的，适合所有年龄和身体机能的人。

步行环境应该很容易使用和理解。

步行环境无缝连接人与出行目的地。其应该是连续的、完整的人行道，精心设计的路边斜坡和人行过街横道。

（2）交叉口

路口设计应紧凑合理，避免不必要的冲突点。

简单的十字路口是最方便使用的，避免异形交叉口。

信号灯时间应考虑所有用户的安全和方便，不应让自行车、步行交通等待太久或通过时间不足。理想情况下，机动车道宽度超过12米时，街道中间应设置安全岛。

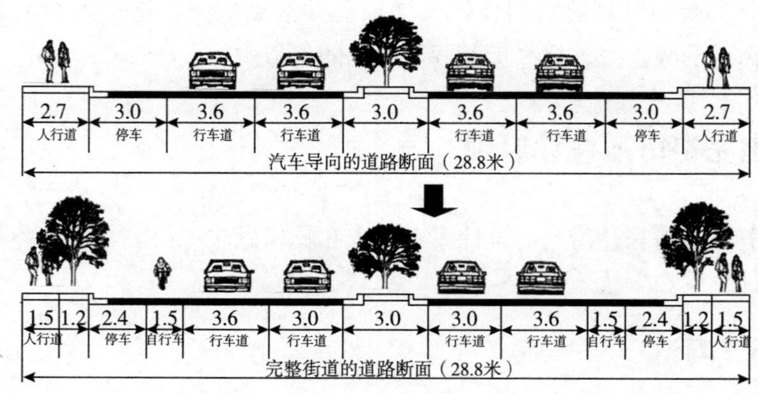

图1 基于完整街道理念的道路断面设计（作者自绘）

（3）自行车道

骑车人应享有安全、方便和舒适的通道到达所有目的地。

街道的设计应适合所有类型、层次和年龄段的骑车人使用，在道路断面设计上，将自行车道与人行道分开。

自行车道的设计应考虑到机动车的速度和数量：在车少、低速道路上可以和机动车道共用；在车多、速度较快道路上应与机动车道分开。

由于大多数自行车出行距离较短，一个完整的自行车网络由约 800 米的格网组成。

（4）公交

公交应与其他交通工具无缝连接。

在城市街道上，公交有较高的服务优先权。在某些街道上，公交的服务优先权应该高于私家车。最繁忙的公交线路应有公交专用车道。

公交车站应有较高的可达性，并方便行人过街。

公交车站是积极的、有吸引力的公共空间，其位置的选择会影响人们的出行方式。

（5）交通稳静化

采取交通稳静化措施（主要是物理措施），对街道实施截流、限速，从而起到如下作用。

减少机动车使用的负面影响：改变街道的作用和设计，改善机动车对社会和环境的消极影响。

改变驾驶行为：街道设计应帮助汽车司机降低车速，尽量避免对行人和骑车人造成伤害。

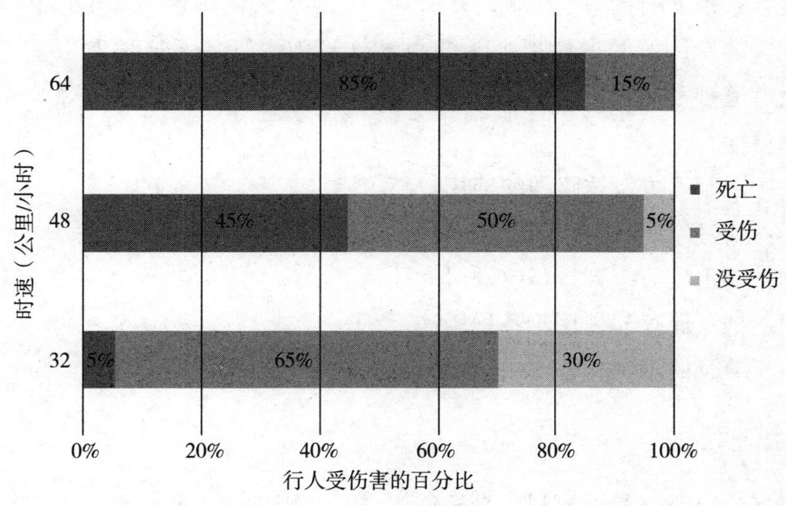

图 2　碰撞情况下行人受伤害程度与车速的关系

资料来源：Los Angeles County Model Design Manual for Living Streets.

改善慢行交通的出行环境：鼓励步行和骑自行车，支持街道的公平使用，提高安全性和舒适性，改善街道美学。

3. 街道生态系统

街道既是交通系统，又是生态系统，同时也是社会和经济的互动系统。理想的街道生态系统应建立一个紧密相连的网络，可持续地提高当地的环境、资源和经济。具有良好生态系统的街道也应反映地方特色和文化，是社区的共享客厅。

图3　街边用于雨水收集的小花园

资料来源：作者自摄。

街道生态系统的核心是街道的水管理，包括一般的雨水、暴雨水和其他来源的水。过去的设计强调尽快把街头的雨水排到雨水管，但这种做法是不合时宜的，应把街道排走的水作为一种资源回收利用，用于滋养树木和土壤。街道水管理的主要目标为：

减少：限制不可渗透路面的使用。

减缓：通过摩擦减缓水的流动。

渗透：让水流放缓到有足够的时间往地下渗透。

储存：把水保存起来用于各种用途。

使用：灌溉树木和花草等用途。

4. 土地利用

街道与街道两侧的土地利用是相辅相成的，街道应为两侧的土地提供最高效和最佳的服务和机动性，提高土地的价值，同时土地的利用方式应反映街道的区位和特性，提升地区的品质和居民的生活质量。评估土地利用效率的指标包括以下内容。

使用公共交通、自行车或步行，15 分钟内到达上班地点。

在步行或骑自行车的距离内，舒适地到达购物场所。

孩子们可以步行到学校或公园。

通过整合公交、土地利用和建筑设计，提高土地的价值。

创造舒适宜人的街道场所，使人们愿意在此停留或住在附近。

四、对我国的启示

美国完整街道理念是重新认识汽车在城市中扮演的角色，对过去街道设计的反思，也是新世纪交通观念的重大转变，它对我国城市街道设计和建设具有重要的启示意义。

1. 提倡交通的公平性

在城市街道上并不只有机动车，街道是属于每一个人的，每个交通参与者应公平占有交通资源，彰显社会的平等性。当前，国内城市街道设计中，更多地体现“车本位”的思想——以满足机动车交通需求为核心，随着城市机动车保有量的迅速增长，街道日益拥堵，为了治堵，拓宽街道，侵占慢行交通的空间，漠视行人、骑车人、老人和残疾人的出行需要，交通环境急剧恶化，出行安全难以保证，“以人为本”何以体现？完整街道理念为我们指明了方向。在路权分配上，根据街道等级和服务对象的不同，合理分配街道空间资源（如在次干路和支路级别的街道上，慢行交通具有服务优先权），保障各种交通主体的出行安全。而且，在现阶段国内拥有小汽车的人群收入相对较高，而慢行出行的人在经济上处于弱势地位，关爱这些弱势群体也体现了社会的正义感。

2. 鼓励传统绿色交通出行

绿色交通出行已得到社会的广泛关注，若对交通工具进行“绿色”方面的优先级排序，依次为步行、自行车、公共交通、共乘小汽车，最后是单独驾驶小汽车（Chris Bradshaw，1994），完整街道建设本质上是对步行、自行车、公共交通等传统绿色交通的一种追认和回归。

国内城市里人行道和自行车道被小汽车停车大量占用，交通环境和大气污染的恶化，使人们放弃了步行和骑车出行，更加剧了交通的拥堵。步行是既健康又环保的出行方式，其碳足迹几乎可以忽略，步行者人均动态占用道路空间仅为小汽车驾乘者的 1/50。自行车交通对道路资源的占用仅为小汽车驾乘者的 1/6，对环境几乎没有影响。国外的实践表明，倡导步行和自行车出行成为既经济又有效缓解交通拥堵的方式。因此，应充分认识步行、自行车交通方式的重要性，构建完整、友好的步行和自行车交通系统，对自行车交通与公交的衔接、自行车停车等方面予以充分的考虑，缓解城市交通拥堵。

3. 塑造有活力的街道

完整街道强调街道设计的安全、舒适、活力等原则，鼓励混合功能开发，为居民提供更多休闲、游憩的场所，提升街道的活力和魅力，吸引人们参与公共活动，从而改善邻里关系。

在过去，国内很多城市的街道不仅具有交通功能，还具有多种社会交往功能，是城市生活的重要场所。但如今机动化的发展，破坏了街道空间的活力和多样化的活动，导致城市环境碎片化，城市生活品质下降。采取适宜的道路宽度，减小开发地块的尺度，步行空间与绿化系统、开敞空间相结合，为居民提供更多的娱乐设施和场所；鼓励混合用地模式，建设业态多元的商服设施，进而形成活动多元、有吸引力的街道空间，成为人们户外活动和商业活动的重要场所。

4. 建设低冲击模式的街道

城市规划建设对大自然造成一定的冲击，过去规划师们擅长在规划和建设中用钢筋、水泥、砖土等人工材料取代大自然的地表和土壤，街道设计也是如此。所带来的后果就是城市和街道中出现了大量不透水地面、路面，破坏了大自然的生态系统，特别是雨水生态系统，近年来国内很多城市因为短时间强降雨而引发的大面积城市内涝便是这种行为的直接后果。

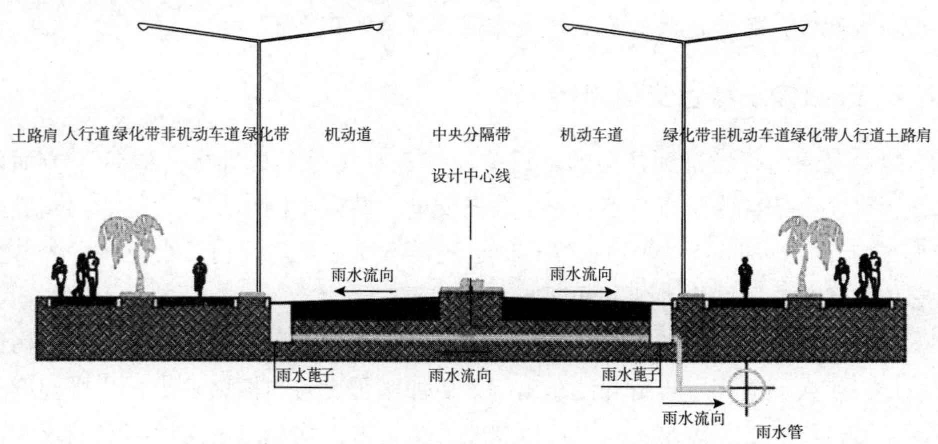

图4　常规街道断面设计与街道雨水收集系统（作者自绘）

从这个角度，完整街道为我们规划、设计低冲击的街道提供了很好的理念和方法，如在道路断面中增加绿化面积、局部道路绿化下沉、使用雨水可渗透路面材质，以及为减少温室气体排放采用浅色路面等措施。下图为低冲击街道断面设计和街道雨水收集系统的概念示意。

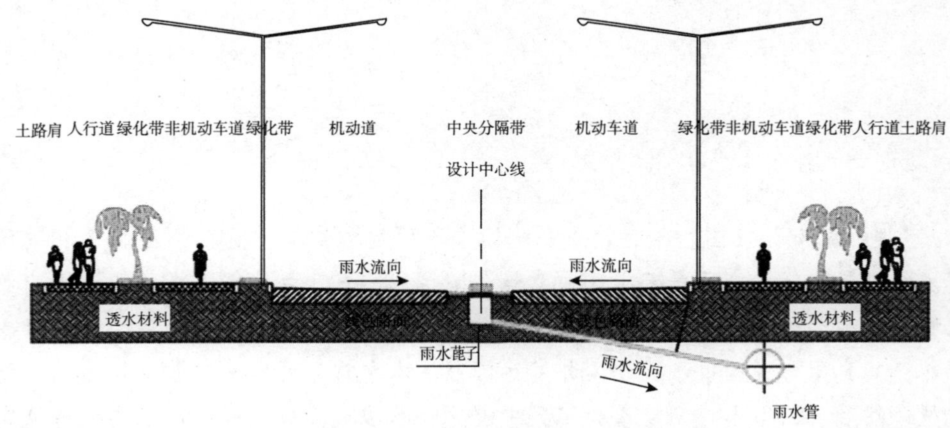

图 4 低冲击街道断面设计与街道雨水收集系统（作者自绘）

五、结 语

机动化与现代城市生活紧密相连的，是社会经济发展和生活水平提高的需要和必然结果。在 20 世纪 20 年代，汽车首先在美国成为主导交通工具，但伴随便捷而来的是许多城市问题。机动化改变了美国街道设计的定位、理念和方法，如今矫枉过正，从“车本位”走向“人本位”，人车共享完整街道是社会进步和发展的必然趋势。我国正处在机动化的快速发展时期，不应重复美国走过的弯路，如果犯方向性的错误，后果将会很严重。美国完整街道的设计哲学和设计方法对于我国城市的可持续发展提供了很好的借鉴。

参考文献

[1] 吴海俊，朱胜跃. 新时期下我国城市道路设计思路探讨——以深圳市为例［J］. 2011 中国城市规划年会论文集，2011

[2] 桂昆鹏等. 基于道路共享理论的慢行交通系统规划研究［J］. 2011 中国城市规划年会论文集，2011

[3] 林磊. 从《美国城市规划和设计标准》解读美国街道设计趋势［J］. 规划师，2009（12）

[4] Los Angeles County Model Design Manual for Living Streets. Los Angeles County，2011

（本文原载于《中国城市规划年会论文集》2013 年）

基于中、日、韩实例研究的收缩城市应对思辨

姜 鹏 周 静 崔 勋

“收缩城市”在国外早有较为系统的理论研究和实证探讨，而国内的相关研究才刚刚起步。本文正是基于这一背景，围绕中、日、韩实例分析，开展的“收缩城市”探讨性研究。伴随着城镇化的快速发展，我国的城市收缩现象开始日益凸显，其类型与成因也不同于国外发达国家。本文首先列出三种收缩城市的典型类型；然后尝试用人口密度重新定义中国的收缩城市；最后强调以正视收缩城市作为发展的前提，建议从土地开发、区域产业和人口政策以及规划建设等角度出发，积极应对城市收缩，谋求更好发展机遇。

一、引 言

“收缩城市”的概念源于20世纪中期的人口流失研究，其术语（Schrumpfende Städte）由德国学者 Häußermann and Siebel 在 1988 年首先提出。德国联邦文化基金会支持的“收缩的城市”计划首次在全球范围内对城市收缩过程的成因和变化进行了探讨，其研究成果《收缩的城市》一书影响颇为深远。2000 年以后，收缩城市逐渐获得研究文献和公众讨论的关注，但至今未形成国际公认的准确定义。

长久以来，国内只有对城市扩张的讨论，而缺乏对收缩城市的系统关注。随着资源枯竭、地区发展失衡和规划不合理等问题的加剧，我国的城市收缩现象也日益凸显。国内的收缩城市相关研究始于 2014 年，一些学者共同发起了“中国收缩城市研究网络”。本文正是基于这一背景，围绕中、日、韩实例分析，开展的“收缩城市”探讨性研究。

我国尚处于工业化和城镇化的快速发展阶段，“收缩城市”的类型与成因与

姜 鹏、周 静、崔 勋：中国城市和小城镇改革发展中心规划院。

欧美国家存在较大差异。国内对资源枯竭型收缩城市的研究较多，此处不再详述。本文总结分析了扩张失控型、人口衰退型、区域流失型等其他类型收缩城市的成因、特征，并有针对性地提出应对和止损方法。

二、扩张失控型：人为扩张加剧城市收缩

西方收缩城市普遍是人口下降伴随空间扩张乏力，而我国的收缩城市依然可以扩张和蔓延。2000 年以来，我国的人口密度和城镇化格局发生着剧烈的结构性变迁，一些城市已经出现了不同程度的收缩问题，只是被城市整体快速扩张的表象所掩盖。根据龙瀛等人的研究，2000～2010 年间，全国 654 个城市中已有 180 个出现了人口收缩。

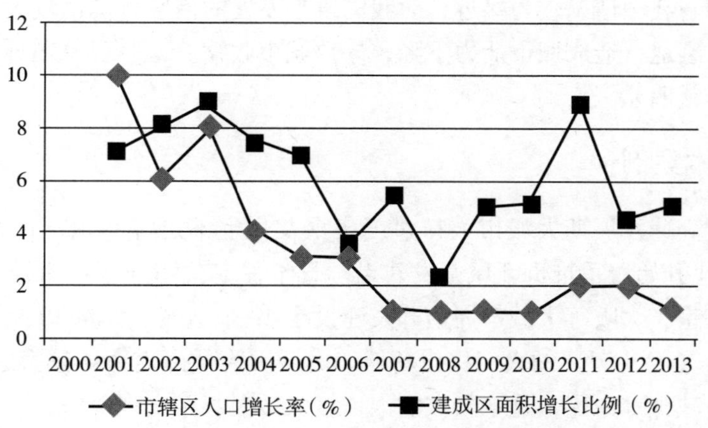

图 1　我国城市建成区面积增长比例与市辖区人口增长率（1999～2013 年）

粗放的城镇化发展模式造成我国城市用地的快速扩张。如图 1 所示，1999～2013 年间，全国城市建成区面积增加了 113%，而市辖区人口总量仅增长了 55%，城市扩张速度两倍于人口增速。根据 BCL 的研究，2000～2010 年间，44 个城镇建设用地面积翻了 4 倍以上的地级市里，有 8 个出现人口密度下降。其中，山西吕梁是人口密度减少幅度最大的几个城市之一，城市面积扩大了 10 倍，而人口密度却下降了 69%。

截至 2014 年底，我国县级及以上新城新区的数量超过 3000 个，县级以下的各类产业园数以万计；另据国土资源部 2013 年的一项调查显示，全国 391 个城市的新区规划人均城市建设用地 197 平方米，高出国家标准 88%。新城无序建设、以“极低人口密度”向外扩展造成的“鬼城现象”，已引发了国内部分城市

较为严重的收缩现象，《人民日报》也撰文警示中国城镇化要避免“收缩城市”。这样既浪费建设用地，也容易带来恶性影响，引发社会问题。

当前我国部分城市盲目开展的新城建设运动，本质上与美国针对城市外围增长地区的刺激性投资做法一致。例如芝加哥在1970～1990的20年间，城区扩张了45%，而人口只增长了4%①。对于增长的过分关注使美国不得不应对更加棘手的收缩问题。中国高速发展是通过城市空间扩张来完成的，城市空间正是美国式增长主义实现资本增值、积累以及资源、财富分配的核心载体，导致了大量尖锐问题与矛盾。

三、人口衰退型：日、韩新城的老龄化桎梏

日、韩与我国情况较为接近，对我国未来发展的借鉴意义也较大。人口老龄化引发人口衰退，造成城市活力下降，导致城市收缩。这一现象在日、韩首都圈的新城中非常明显。

1. 日本案例

为解决高速发展期大城市人口过度集聚及住宅不足等问题，日本政府于20世纪60年代开始着手推进新城开发建设。日本住宅公团（现都市再生局）和地方政府在东京、大阪等大城市周边开发建设了49个新城。大量1949年前后出生的团块时代（婴儿潮）的人们移居新城。之后因为低出生率导致家庭规模萎缩，新迁入人口减少等原因，这些新城的人口增长缓慢甚至出现负增长。很多新城正在和它初期落户于此的居民一同老去。

以多摩新城为例，这是东京都市圈最早建设的新城，距离东京约30千里，规划人口34.22万人，开发面积28.53平方公里，于1967年开始建设，1971年实现入住。然后，多摩新城实际的建成区面积只有16平方公里，目前仍有大量空地尚未开发。多摩新城高峰时入住曾达到87566户（214520人），但在1995年之后开始出现人口的持续减少。据2009年末的统计数据显示，多摩新城的总人口已经下降至14.5万人②，城市收缩现象明显。

根据日本国土交通省公布的数据显示，多摩新城当前的住宅均价约为184000日元/平方米（约9000元人民币/平方米），这一价格仅为最高点时的1/3左右，

---

① A lternatives to Sprawl，林肯土地政策学院，1995。

② 资料来源：日本国土交通省，东京政府。

房子已经成为很多居民的拖累[①]。20 年前多摩新城的商店主要售卖针对学生及三四十岁人的商品，现在已经大多转向服务六七十岁的老人，而居民退休后的消费却缩减为退休前的 1/3，整个城市的活力开始暗淡。

2. 韩国案例

20 世纪 70 年代起，大量韩国人口向首尔聚集。为解决人口聚集带来的住房和交通等问题，韩国政府效仿日本在首尔周边开发建设新城，促使疏解首尔部分人口。首尔的新城开发大致分为三期，一期新城在持续不断的人口流入下趋于饱和。但因随后出生率降低，人口增速放缓等原因，二期、三期新城一直未能达到规划人口目标。

与城市中心区各阶段年龄人口聚集不一样，新城往往聚集的是同年龄阶段的人口，这些人在同一时期一起进入新城，也会在同一时期步入老年，因而首尔新城的老龄化问题很快便集中显现出来。再加上后来新城人口回流城市更新区等原因，导致首尔新城的人口减少、房价下跌、城市开始收缩。如果这种现象无法遏制，大部分新城将会沦为“鬼城”。

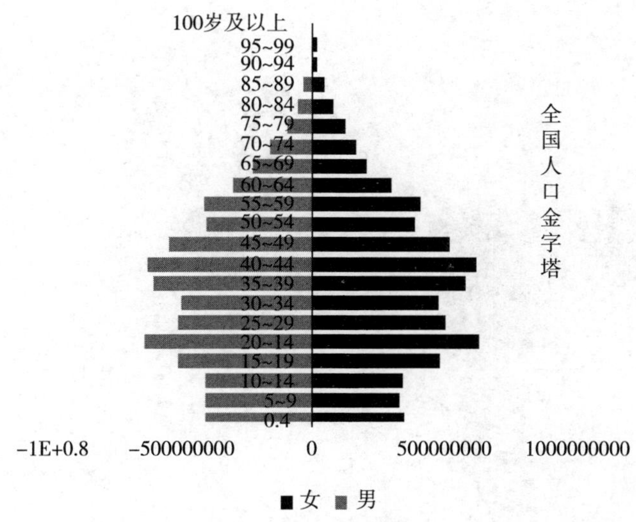

图 2　根据第六次全国人口普查数据绘制的我国人口金字塔

研究发现，新城政策仅在国家经济处于高速成长期且带来居民收入增加时才见效；而在经济不景气时，城市核心区外围的新城建设，可能会因维持费用的增

① 见《关于多摩新城再生的调查——检讨报告书（概要版）》。

加，造成收入较低的人口向更偏远的地区迁徙，进而诱发城市收缩的现象。根据韩国政府的一项研究，2018 年是韩国人口结构的转型期，经济活动人口将开始下降；预计人口总量将于 2031 年到达顶峰（20315215 人 ~ 20604396 人），之后开始减少①。这无疑加剧了韩国收缩城市的治理难度。

人口老龄化导致的城市收缩现象，使越来越多的日韩居民看不到城市的未来。而我国的人口金字塔已接近于“收缩型”（如图 2）。

有专家预测，未来十多年后中国的人口总量将进入下行期；2025 年前后中国老龄人口将达 3.04 亿，会面临劳动力资源缺乏的问题。届时，城市扩张的内在需求将进一步消减，收缩问题将直接暴露出来。参考日韩案例复杂性和严重性，现在就开始着手研究应对并不为早。

四、区域流失型：异地城镇化下加剧收缩

在我国中西部很多地区，人口大量外流背景下的异地城镇化，正在加剧原有地区的城镇收缩，地处四川盆地东北部的阆中便是如此。

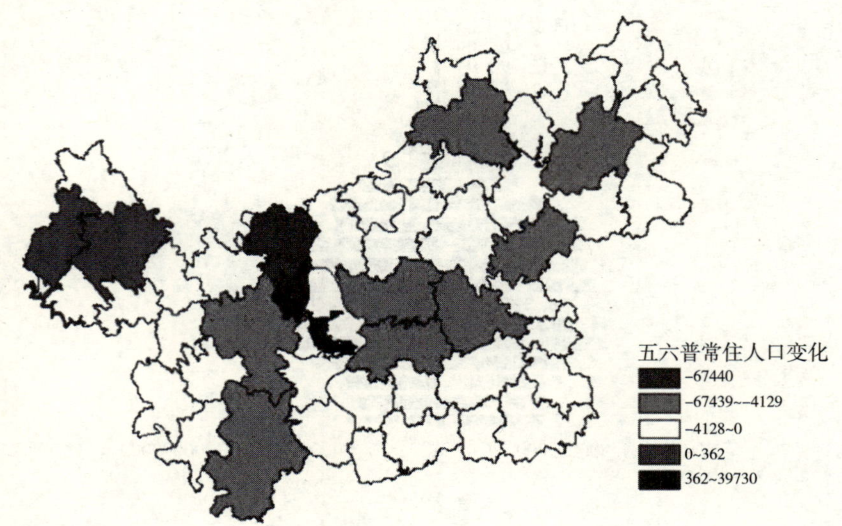

图 3　阆中市 2000 ~ 2010 年间常住人口数量变化

依据第五次全国人口普查和第六次全国人口普查数据对比发现，阆中市整体呈现人口下降趋势。除中心城区及个别乡镇外，大部分乡镇的常住人口，在十年

① 资料来源：韩国统计厅。

间普遍呈现负增长态势，部分乡镇的下降趋势异常明显。阆中市产业基础薄弱，就业岗位不足，造成了大量人员外出至沿海、新疆、西藏等地区务工，异地城镇化率极高。2012 年，27% 的户籍人口离开了阆中市①，常住人口大大低于户籍人口。

第六次全国人口普查数据显示，2010 年阆中市 60 岁以上人口占比已经接近 13%，近年来保持上涨趋势，老龄化问题不容小视。以该市 2013 年的外出人口调查为例②（见图 4），外出人口总计 23.8 万，占全市劳动力总数的 53.4%，45% 的外出务工人员在 31～40 岁之间，75% 的人在 20～40 岁之间，超过 50 岁基本就不再外出务工。大量青壮年人口的外流，加剧了该市的人口老龄化问题，相较经济发展水平，“未富先老”成为现实的发展难题。

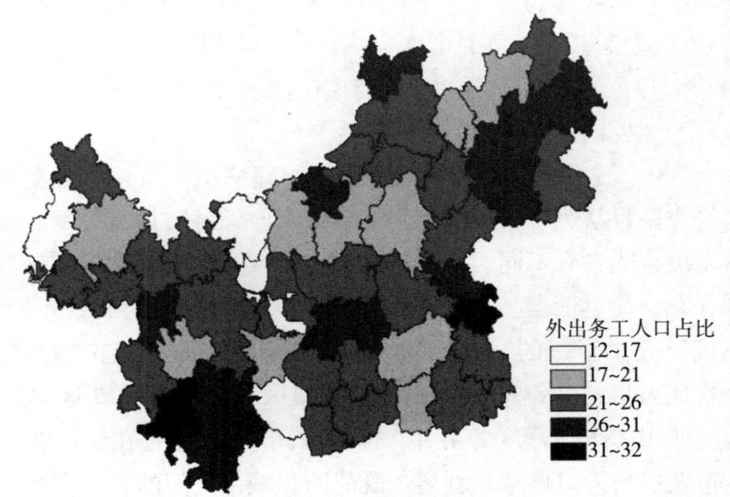

图 4 阆中市 2013 年各乡镇外出务工人口比例

此外，在很多人口大量外流的地区，城市人口规模的统计和预测面临现实尴尬，以户籍人口来进行城市规模核算导致严重的建设浪费和需求过剩，客观上也助推了收缩城市的蔓延。还以阆中市为例，近十余年间的城市建成区人口密度③呈现出明显的下降趋势：2001 年 1.42 万人/平方公里，2007 年 1.09 万人/平方公里，2014 年 0.86 万人/平方公里，收缩比率较大。

---

① 资料来源：阆中市政府部门提供的基础资料。

② 资料来源：阆中市政府部门提供的基础资料。

③ 依据阆中市《政府工作报告》和《城市总体规划》中相关年份的建成区面积及城市人口数据计算获得。

五、中国“收缩城市”的定义和应对建议

1. 研究符合国情的收缩城市新定义

根据周恺等人的研究①，学术界对于“收缩城市”的定义主要有“因果关系”和“人口变化的速度和规模”两种视角。以人口变化视角为例，各国学者在定义收缩城市的人口基数、收缩年限和规模等标准上还存在争议；“收缩城市”代表着一种新的发展思路和运行机制。也有国外学者提出，城市收缩最终将会被认为是与城市增长一样的常规发展过程。

正确处理扩张与收缩的关系，全局统筹现实与发展的问题，需要创造性的探索和研究“收缩城市”在中国的重新定义。基于因果关系和人口变化两种视角的“收缩城市”定义，都不适用也不利于中国城镇的健康有序发展。笔者建议将人口密度作为重要的评判标准。

Lötscher 认为，城市收缩不是城市版图的物理缩小，而是体现在人口密度的下降；澎湃研究院也认为，人口密度指标是衡量收缩城市最直观的一项标准。在中国，由于发展模式各有不同、行政区划调整较多及城区范围界定标准不统一等因素的客观存在，简单依据“人口总量”经常无法实现横向或纵向的有效比对，而“人口密度”是个很好的替代标准。建议将中国式收缩城市初步定义为：城乡行政单元常住人口的持续减少，或特定城镇区域（老城、新区等）人口密度的大幅降低。使用“人口密度”界定“收缩城市”的好处在于，符合存量规划理念，将城市发展与人口增减相剥离，既能防止城市空间的无序蔓延，也有利于收缩城市的治理效果检验。

由于发展阶段和路径的不同，我国“收缩的城市”与国外存在较大差异，其研究更多地体现在对城镇化发展的借鉴和警示意义。城镇化不仅是城市的事情，城市收缩也不是单个城市可以克服的，防治收缩城市应该在城乡全域视角进行统筹。我们提出的应对建议主要包括更新区域政策、改变发展模式、应对人口老龄化和提高规划建设水平。

2. 新常态下约束性发展模式的思辨

扩张失控型收缩城市并非一定表现为人口总量的减少，因为会借助城区扩大

---

① 周恺，钱芳芳：《收缩城市：逆增长情景下的城市发展路径研究进展》，国家教育部博士点基金项目（20130161120047）。

或区划调整获得新的人口补充，但其人口密度一定是大幅下降的，这是旧常态下难以克服的顽疾。城市蔓延与收缩城市具有一定的相互协同作用。一方面，我国收缩城市较普遍地呈现人口流失与空间扩张并存的悖论现象，另一方面，城市蔓延或者直接导致部分区域的收缩，或者埋下隐患。总之，城市蔓延加剧了收缩城市的产生和治理难度。

以人为本的城镇化政策，往往被地方政府理解为城镇建设，地方财政对土地出让收入的过度依赖是造成城市无序扩张的主要动因。这种模式恶果已然显现。回到原点，城市的发展是为了使居民生活得更好，我们需要改变经营城市的旧理念，告别“土地换发展”的旧模式，让城市约束性发展成为新常态。

美国经验表明，局部增长型项目的拉动无益于收缩现象的应对。而德国近年来倡导的“少即是多”精简主义策略，不再以通过投资带来经济增长作为城市发展的前提，转而关注城市“更少”存量空间的生活质量，使得对收缩的认识进入“新开端”。

国家也提出了严控增量、盘活存量、优化结构、提升效率，切实提高城镇建设用地集约化程度，引导城市发展由“扩张型”向“约束型”转型。但是要改变粗放发展、盲目扩张的现实，简单限制是低效和无用的，体制机制的变革和创新才是关键，涉及土地政策、财税制度、政府事权等难题。同时，约束性发展并不能等同于限制正常发展地区的合理扩张和健康发展，任何“一刀切”的政策都是无效的，比如人口控制政策，矫枉过正只会引发新问题。

3. 积极研究和应对人口老龄化问题

人口衰减型收缩城市同时表现为人口总量的减少和人口密度的下降，处理不当便将陷入住宅空置、土地荒废、经济进一步恶化的“恶性循环”，然后在不断强化的循环中走向衰亡。日、韩的案例使我们清晰地看到，老龄化正在加剧部分城市现在或未来的收缩，日、韩政府甚至将人口老龄化作为关乎国家生死存亡的重大问题进行研究。

根据国内学者的预测，中国的老龄化一直到2100年都不会改善，其高峰将出现在2055年左右，届时老年人口将接近4.5亿。由此可能引发的局部地区城市收缩问题，需要从现在就开始着手准备并积极应对。另据北京市计生委发布的2014年度《北京市卫生与人群健康状况报告》，北京市人口老龄化特征愈发明显，60岁及以上老年人口为301万人，占户籍人口的22.6%，人口老龄化加速发展已经成为北京市未来人口变动的基本特征。上海等其他特大城市的状况也不容乐观。

就我国整体而言，改革计划生育政策，优化我国人口结构，可以改善老龄化，更好地应对城市收缩现象。而就城市而言，合理吸纳外来人口也能改善老龄化，因为外来人口的年轻化的年龄结构可以给城市注入活力。相关研究也表明，按照目前的常住人口发展趋势来看，未来中国老龄化最严重的城市并不在北京、上海这样的东部城市，而是在重庆和四川。因为大量外来人口的涌入，在促进了东部城市发展的同时，也极大地改善了北京、上海这样特大城市的人口年龄结构。以北京为例，2013 年末的常住人口已经超过 2100 万，近 10 年新增人口 622 万，其中超过三分之二是外来人口①。

但是，从去年开始，北京市开始严控增量，2014 年底的常住人口仅比 2013 年增加了 36. 8 万人②，增速明显放缓。2015 年年初，北京市政府明确表示要继续控制增量，并将与 16 区县签订人口调控指标责任书。可以想象，如果北京未来采取更加严格的户籍政策，同时大力疏解功能和限制外来人口进入，很难保证不会成为老龄化最严重的城市，而发生严重收缩。

4. 注重区域发展政策的制定与更新

促进我国区域的均衡协调发展始终是一大挑战。国内有学者研究提出，当前的区域政策复兴并不是区域均衡发展政策的复兴，而是不均衡发展战略的延续，可能进一步加剧区域不均衡性，导致更多区域流失型收缩城市的产生。当前我国的政策干预有从城市内部转向更大区域尺度的趋势，有助于城市间的统筹与协调发展，但同时也可能加剧城市或城市群之间的竞争、拉大主要城市或城市群与其他普通城市和区域的发展差距。种种迹象表明，资源向重点地区的集聚仍在加强，非重点地区的发展滞缓甚至收缩随时可能发生，愿景的均衡并不代表现实发展的同质化，还是需要正确预判不同区域的发展前景，积极合理应对。

第一，人口的跨区域流动与在不同城市的增减同时客观存在，户籍制度的改革应该与城镇实际发展相适应，切实避免人地失调。第二，从日、韩的发展进程来看，人口向首都、特大城市集聚的态势非常明显。我国的区域城镇布局应该多尊重客观规律，避免“一刀切”甚至盲目限制，发挥市场化对资源的配置作用，防止政策体制更替过程中引发的局部地区城市收缩。第三，地方城市要处理好竞争和互补的关系，竞争是必然的，差距也是正常的，发展要从自身条件出发，避免盲目赶超造成同构竞争加剧，浪费优势互补机会，造成未来的被动收缩。

---

① 北京市统计局、国家统计局和北京调查总队联合发布的《北京市 2013 年经济运行情况》。

② 北京市计生委发布的 2014 年度《北京市卫生与人群健康状况报告》。

5. 规划建设的理论和实践需要革新

除了政策方面的大胆创新，我们认为应该对当前我国空间规划的理论和实际操作方法做出相应的调整。主要从以下三个方面：第一，坚持绿色发展。通过产业结构调整、土地合理利用、城市精细管理以及财税制度创新，推动生态低碳城市建设，实现人口高度聚集、人和自然高度融合、资源高效利用的集约紧凑型开发模式，推动新型城镇化，注重应对城市收缩。第二，建设紧凑城市。坚持可持续发展理念，避免城市无序蔓延，强调高密度和功能混用，注重解决居住和环境问题，关注“城市中心的重生和复兴”，积极应对城市收缩。第三，发展智慧城市。建设智慧城市，是当今世界城市发展不可逆转的历史潮流，可以更好地解决城市发展难题，在实现城市可持续发展的同时，承载更多人口，提供更方便的服务。但要避免智慧城市在国内的盲目发展和超前发展。

六、小　结

扩张失控型、人口衰退型、区域流失型和资源枯竭型收缩城市，是我国现阶段收缩城市的四种典型类型。一个城市可能同时兼具不止一种的收缩类型，未来还可能产生更多类型和数量的收缩城市。城镇化的发展必然造成资源的局部集中，必然引发一些地区的发展滞缓甚至收缩，收缩引发资源的重新配置，重复着“分配—集中—再分配”的过程。即便是在大力实施市场化的西方国家，也无法避免收缩城市的大量产生，我们需要立足实际，去除发展包袱，正视城市收缩，从土地开发模式、区域产业和人口政策以及城市规划手法等角度出发，研究应对各种类型的收缩城市的创新战略。除了避免建设浪费，还要探索在保障必要设施的前提下，盘活既定收缩城市的人口、土地及其他资源，使之进入市场进行重新分配，在造福其他城市的同时也更好的谋求自身机遇。收缩伴随发展而来，承认是正视的前提，可以收缩，但要可控。

（本文原载于《现代城市研究》2016 年 02 期）

日本经验对新常态下我国新城新区建设的启示

连　欣　周　君　赵蕃蕃

[摘要] 本文在梳理日本新城新区发展历程的基础上，对比分析了我国和日本在新城新区实践上的不同，包括数量与分布、规模与开发周期、开发主体与方式、功能与用地结构，以及土地开发与交通的配合，并探讨了引发这些不同的深层次原因。最后，总结了日本新城新区建设的重要启示，为我国在新常态下的新城新区发展提供参考依据。

[关键词] 日本；新城新区；新常态；启示

2014 年我国城镇化率达到 54.77%，在近些年的快速城镇化进程中，中国的新城新区建设成为工业化和城镇化发展的重要支撑，截至 2014 年 10 月，我国县及县以上的新城新区数量超过 3000 个，据不完全统计，超过 1000 平方公里的新城新区达到 25 个之多（冯奎、郑明媚，2015）。新城新区成为中国经济的重要增长极和城镇化的重要载体，形成异常庞大的系统。

然而，近年来新城新区发展的问题和矛盾逐渐显现，关于新城新区的争议层出不穷。2014 年媒体发布“中国大陆城市‘鬼城’指数排行榜”，直指大量不顾实际，盲目建设的有城无产或有城无人的新城新区。

新城新区并非中国独有，与我国毗邻的日本，在其高速城镇化时期也规划建设了大量新城，其新城的开发已经走过了 50 余年历程，并创造了诸如多摩新城、港北新城等较为成功的案例。日本的新城新区开发经历了哪些阶段，具备怎样的特征，遇到了哪些问题与挑战，采取了怎样的引导措施，这些都将为我国的新城新区开发建设提供借鉴与参考。

连　欣、周　君：中国城市和小城镇改革发展中心规划院。
赵蕃蕃：中国城市和小城镇改革发展中心智慧低碳城市处。

一、日本新城新区发展历程

日本的新城政策开始于20世纪60年代，伴随战后日本经济的恢复和迅猛发展，日本进入高速城镇化时期，制造业在三大都市圈高度集中，创造了大量的就业岗位，为解决住房需求高涨和缓解大城市人口聚集压力，开始在大阪、东京都市圈内开展地域整治规划和新城开发建设活动（大阪府千里新城、东京都多摩新城）。1970～1975年是日本新城建设最为迅速，也是经济和城镇化发展最为迅猛时期。

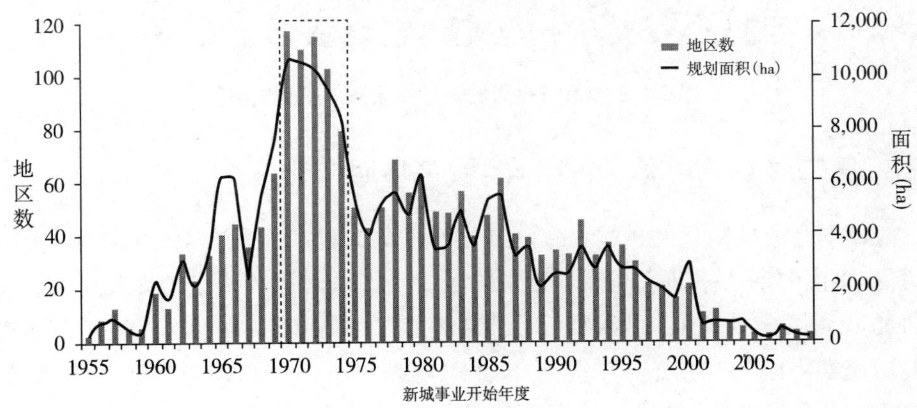

图1　日本全国新城开发的数量和面积（1955～2010年，每5年为期）

伴随经济周期的变化和城镇化进程推进，日本新城的开发建设大致可划分为五个阶段。

1. 第一时期（1955～1965年）：启动期

战后的经济崛起使东京都和大阪府出现人口急剧增加，1962年东京圈人口迁入达到39万人/年的顶峰状态，大阪府年均迁入约20万人。这一批新城建设的主要目的在于给大都市郊区提供大量、快速住房供给，解决住宅拥挤与不足，并保证良好的居住环境。由于新城开发初期基本未考虑就业岗位的提供，形成一些卧城。规划新城也往往在农田和森林地区或是由几个分散的工程地点组成，较为分散。

图 2　日本第一代新城代表—大阪府千里新城

2. 第二时期（1965～1975 年）：高峰期

与日本高速城镇化的进程一致，新城开发的数量和面积在 20 世纪 60 年代中期到 70 年代中期之间迎来高峰。这一阶段受到人口增长和城市边界蔓延的推动，特别是 1968 年第二次首都圈整备计划调整了以“抑制”为主的人口控制策略，提出“充实郊区”、“形成多核心复合体”等新的首都圈地域整备策略，鼓励人口向特大城市外围地区疏散。与此相对应，一新城建设来推动大城市近郊区的开发愈演愈烈。1965 年之后建设的新城面积有较大增加，1965～1969 年期间建设的新城平均面积最大，达到 121 公顷。1970～1974 年间新城建设达到高峰，共建设新城 526 个。代表性新城例如规模最大的多摩新城，以及西神新城、千叶新城、成田新城、北摄·神户新城和筑波研究学园都市等。

3. 第三时期（1975～1980 年）：调整期

前一阶段的新城开发大量的建设住房和扩展建设用地，很快导致当地政府财政不足，开发业务停滞。东京都市圈最大的多摩新城自 1965 年规划方案审议通过开始，最终建设赤字高达 134 亿元，尚有已征购但未开发土地 244 公顷，建设资金赤字由东京都的划拨财政资金予以填补（邓奕，2006）。此外，日本高速经济增长时期以 1973 年的石油危机为标志结束，经济开始下行，人口向大都市区的迁移开始减速，新城开发的速度开始下降，住宅供给从追求数量转向追求品质的转变。追求品质提升、个性化和多样性的时代，成为这一时期新城的主要目标，代表性新城为港北新城等。

4. 第四时期（1980 ~ 1995 年）：拓展期

伴随社会经济发展从重大产业向高附加值的产业转型和产业结构的巨大调整，新城开发类型发生转变，在新城中开始注入附近的就业场所和形成新的产业。同时作为区域新型增长极的科学园区、研究园区、科技城等复合型的新城开发在各地开始相继出现。代表性新城例如筑波研究学园都市、关西文化学术研究都市、长冈新城、磐城新城等。

5. 第五时期（1995 年至今）：收缩期

20 世纪 90 年代日本泡沫经济破灭之后，建设用地供给停滞导致不良资产和利息负担的加重。此外，日本的老龄化程度加重，2000 年人口开始出现负增长，对新增住房和宅地的需求下降。更重要的是，日本从 20 世纪 90 年代中期开始大举推行“都市再生”计划，旨在通过恢复东京等大城市核心区的活力来提升整个地区乃至全国的国际竞争力。这些都造成城市边缘地带的新城新区逐步走向衰落，出现少子老龄化和基础设施老旧化等诸多问题。

二、中日新城新区实践对比

1. 数量和分布

（1）中国：遍地开花

据不完全统计，截至 2014 年 10 月，我国县及县以上的新城新区数量总共超过了 3000 个。其中国家级新区成为新城新区的龙头，加上 2015 年 4 月批复的湖南湘江新区，全国国家级新区总数达到 12 个。此外，国家级的经济技术开发区、高新区工 330 个（截止到 2014 年 10 月）。省级层面的各类新城新区多达 1650 个（冯奎，2015）。

从分布上看，我国新城新区呈现全国范围内遍地开花的局面。东部各省新城新区总量 1291 个，中部各省新城新区总量 1011 个，西部各省新城新区总量 872 个。近年来，中西部地区新城新区数量增加明显。截止到 2014 年底，四川省新城新区总数高达 190 个，排名全国第 3，贵州省新城新区也多达 121 个，高于东部沿海地区的一些省份。

（2）日本：集中在大都市圈的 30 公里范围内

日本从开始开发新城已走过 50 余年历程，截止到 2009 年，全国范围内共建设新城 1828 个，总开发面积达 1890 平方公里，相当于整个大阪府的面积（1900 平方公里），占全国城市化用地总面积（14450 平方公里）的 13. 1%，占全国住宅用地总面积（12510 平方公里）的 15. 1%；全国人口集中地区（DID，相当于国内城市建成区）总面积的 14. 8 %。

与中国的情况有所不同，日本在 1975 年之后首都圈新增新城开发逐渐趋于平缓，但即便是在大规模的城镇化推进时期，日本新城新区建设始终没有出现全国遍地开花的局面，而是集中于几大都市圈之内。除了首都圈、中京圈和近畿圈之外，其他都市圈内的新城建设数量相对很少。从三大主要都市圈来看，新城新区的建设主要分布于距离中心城市 30 千米的范围之内。

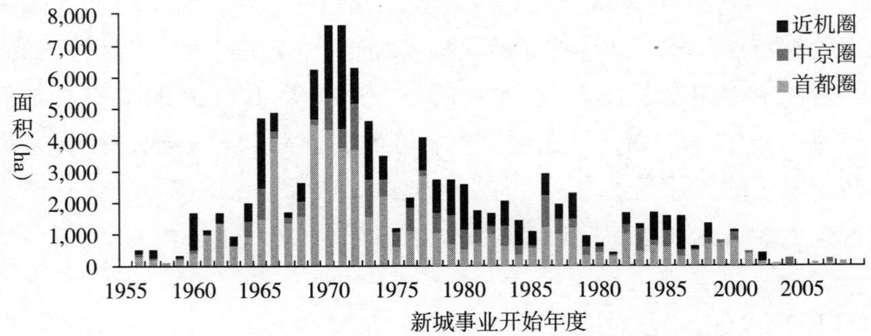

图 3　三大都市圈内的新城建设

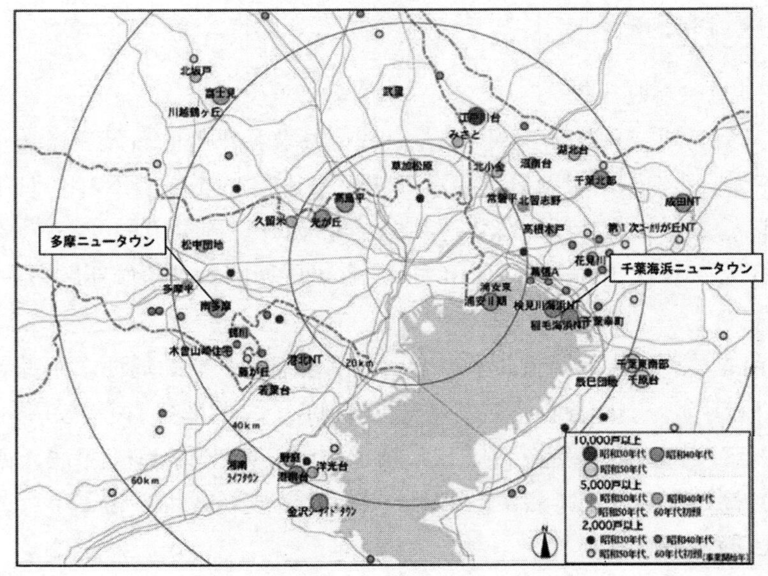

图 4　东京都市圈内新城建设与分布情况

2. 建设规模与开发周期

（1）中国：规模过大、速度过快

据不完全统计，截至 2014 年 10 月，全国超 1000 平方公里的新城新区数量约 25 个。武夷新区、新疆米东新区、大连金普新区的面积分别达到 4132 平方公里、3407 平方公里、3358 平方公里，而日本东京都的市域总面积才 2188 平方公里。尤其值得关注的是，2014 年全年，4 个国家级新区相继获批，总面积超过 8650 平方公里，超过 1992 ~ 2012 年所有获批其他新城新区面积总和。

盲目建设新城的现象较为普遍，导致许多新城有城无人，或有城无产。新城新区的人口密度普遍偏低。对我国 31 个省份面积排名第一的新城新区的人口进行统计，有 25 个新城新区人口密度低于每平方公里 1000 人，其中有 10 个新城新区每平方公里不到 500 人。兰州新区 806 平方公里，人口 10 万人，曹妃甸新区 1869 平方公里，人口 22 万人，这些新城新区每平方公里都只有 100 多人，远达不到预期规划的人口规模。

过度超前的建设导致“空城”、“鬼城”、“死城”的出现。据统计，2000 ~ 2010 年，城市土地扩张了 83.41%，人口仅仅增加了 45%，土地城镇化是人口城镇化的 1.85 倍。有城无产的现象比比皆是，大量新城的开发建设以大面积楼盘项目开发为主题，只具备居住功能，没有相应产业导入，沦为“卧城”。新城新区的产业发展和人口不相融合，造成产城分离、职住不平衡现象。

大部分新城新区的建设周期短、速度快，在规划和建设理念上照搬照抄的现象严重，而且缺乏历史文化沉淀，造成千城一面的情况。例如，鄂尔多斯市的康巴什新区建设周期为 6 年，格尔木市的滨河新城建设周期为 5 年，昆明呈贡新区花卉产业区的建设周期为 3 年，西咸新区临空产业区建设周期仅 16 个月。新城新区建设贪大求快，导致配套设施与服务不健全，工作、生活、交通不便利，对人口的实际吸纳作用十分有限。

（2）日本：规模较小，开发周期较长

日本新城的建设规模都较小。目前单个规划面积超过 300 公顷的新城总共有 63 个；规划面积 500 公顷以上，规划人口 5 万人以上的仅 18 个。最大的新城是距离东京都 30 余公里的多摩新城，规划面积 31.6 平方公里，规划人口规模 42 万人。接近 1900 个新城中，平均的规划建设面积仅有 94.6 公顷，约有 10% 的新城规划开发面积小于 150 公顷，最小的仅 100 公顷左右。

日本新城的规划和开发建设通常都预留较长的时间周期，可以逐渐进行基础设施的配套完善，人气逐步聚集从而形成增长中心。距离东京都约 25 公里的港北新城从1965年规划开始，预计人口规模22万，1974年开发项目获得批复，20世纪80年代开始建设，90年代末期初具规模，到2010年人口达到14.7万人，从开始规划到规模初显共经历40余年时间，直到现在仍在不断进行建设。

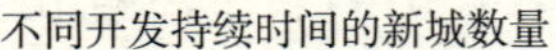

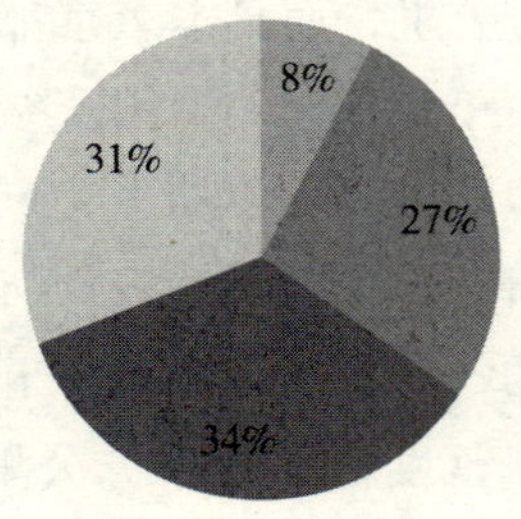

图5　不同开发持续时间的新城数量

3. 开发主体与开发方式

（1）中国：政府主导色彩浓重

我国在新城新区开发过程中，政府主导型色彩较浓。具体而言，新城新区的开发，政府采用从有关职能部门派出人员或机构组建管委会的模式。由于管委会实际为政府的派出机构，而政府具有统筹协调各类资源的巨大优势，使得在新城新区建设中不计成本、责任不清等现象十分突出。此外，政府为筹备新城新区开发所需的大量资金，会选择由政府实际控制的国有企业出资，建立新的城投公司进行市场化融资，并负责新城新区开发建设的实际经营性管理（顾朝林，2015）。

融资平台虽然注入了大量社会资本，但地方政府仍然是主要投资方。高额的新城新区开发建设需求，使地方政府的负债规模急剧攀升，地方债务性风险不断加大。例如长沙2009年启动的高铁新城建设，截至2013年累计投入90多亿元，未来三年还要再投入100亿元，而这座新城2013年财务收入仅为879万元（鲍小栋等，2014）。

（2）日本：开发主体多元化

日本新城建设中的开发主体较为多元，包括都道府县住房、市町村级政府、地方公共团体/都市再生机构、民间力量等，铁路公司、房地产公司等民间企业均有所参与。例如多摩新城以市场开发为主导，与东京都政府、东京都住宅供给公社的通力合作。关西文化学术研究都市由京都、奈良和大阪政府以及都市开发公司、民间企业共同实施。从开发方式来看，68%的新城是通过区划整理的方式完成建设的；其次为在新住宅市街地开发法和土地区画整理事业法指引下，以开发许可方式建设的新城，占全部新城数量的 13%。1965 年之后日本新城的住宅开发主要由新城开发公司承担，负责征收土地和建设工程施工，推动了土地区划整治成为新城开发的主要手段。这一时期主要是推动土地发展权的交换、交易，将基础设施配置与住宅用地开发建设进行统一的调整建设，提升新城区域内的完备的城市功能。其中，给排水和道路基础设施的建设费用由国民政府、都道府县政府和开发公司机构分别承担三分之一，建设费用的分担也往往成为需要重点协调的问题之一。

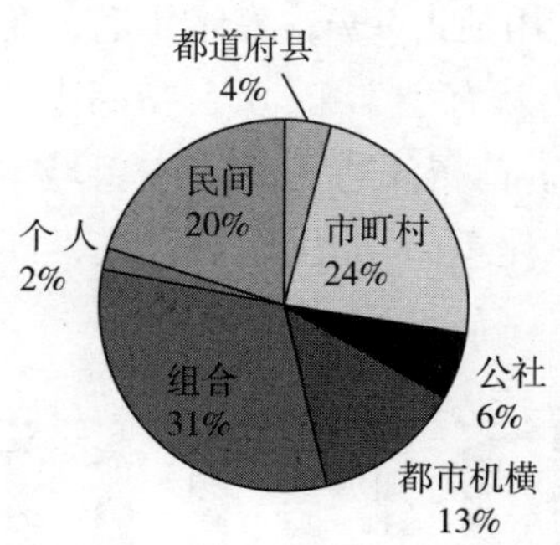

图 6　不同开发主体实施的新城建设数量

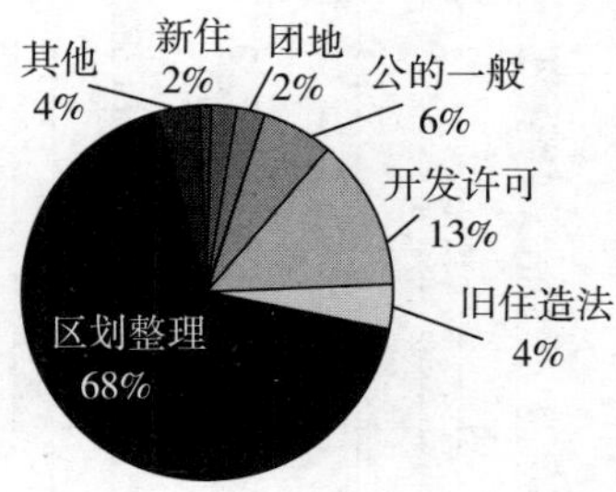

图 7　不同开发方式下建成的新城数量结构

4. 功能与用地结构

（1）中国：工矿用地比例高、公共设施用地比例偏低，配套不完善

新城新区普遍存在工矿用地比例过高、公共设施用地比例过低的问题。较早开发建设的普通新区工业仓储用地达到 29%，居住用地 38%，而公共设施用地不到 7%（郝娟等，2011）。时间较近的武汉东湖高新区等新区，虽然努力提高居住用地，减少工业用地，促进复合型新区发展，但其工业用地仍然高达 39%，居住用地 19%，而公共设施用地仅 11%（刘玉辉，2012）。这直接造成新城新区

的配套设施不完善，医疗、教育以及交通的成本都比较高。天津的中新生态城用 5 年时间在盐碱滩上建造起来，居民形容在生态城的生活“出门基本靠步行，看病基本靠百度，‘六、日’基本靠沙发，假期基本靠网络”。

（2）日本：公共事业和道路设施用地比重高，配套设施完备

日本的新城建设规模虽然较小，但是新城内部的公共服务和配套基础设施十分齐全。下图中的 16 个新城用地结构中，可以明显看出各类公共用地在总用地面积中的比重较高。特别是以新住中心方式开发的新城，较之以区划调整方式进行开发的新城，公共用地的比重更高。港北新城中公共用地的面积占比超过 30%，公共服务与教育设施用地占 9%，集体住宅、商品房等用地超过 20%，在 13 平方公里的新城范围之内就有小学 15 所，初高中 8 所，大学 3 所，大规模商业设施 7 处（文辉，2014）。值得注意的是日本新城中道路设施用地的比重相对较高，这与日本新城开发中注重采用 TOD 的方式，即利用公共交通为前提的开发有关。

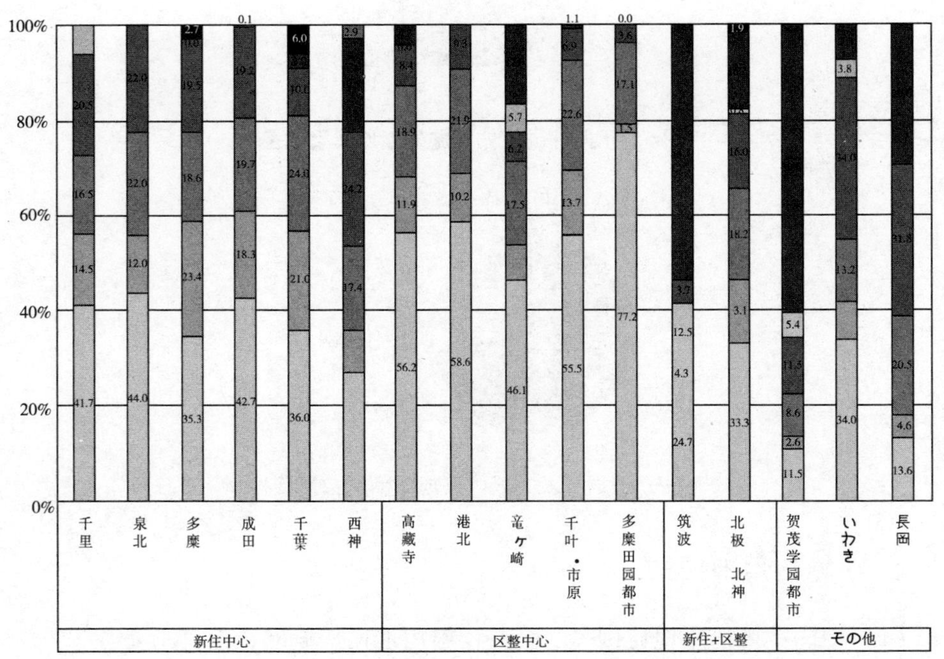

图 8 日本新城各类用地结构比重

多摩新城为例，商业用地占 3.5%，教育设施用地占 96%，公园绿地占 19.4%，道路用地占 19%。多摩新城有多项文化娱乐设施配套，包括三处图书馆、一处综合博物馆，以及一座 Sanrio Puroland 主题活动乐园。乐园是 Hello Kitty

粉丝的天堂，也是孩子们温馨的家园。这些设施不仅为多摩市民带来丰富的文化娱乐生活，也同样吸引着周边东京地区、全国乃至世界各地的游客观光。同时，新城拥有多所现代化、高品质的小学、中学和成人教育学校，学生可在新城就近完成全部基础教育，不必去东京都择校上学。完善的综合性医院为新城居民提供有保障的、高质量的医疗服务。为了满足市民精神方面的需求，还兴建了多座寺庙、神社、教堂等。

图9　多摩新城公共服务配套设施齐全

5. 土地开发与交通的配合

（1）中国：缺乏高速、大运量的交通连接

我国的新城新区开发普遍存在交通不便、出行困难、与主城联络较弱的问题。例如，上海浦东临港新区距离主城区40公里，与市区的交通联络不容乐观。连接临港与市区的关键基础设施之一——16号线地铁原本计划开建时间为2006年，最迟世博会前投入运营，但实际上到了2013年8月仍未开通，导致人口集聚缓慢，“人荒”现象突出。无独有偶，天津宝坻区启动建设的京津新城于2002年启动，以“地处北京、天津、唐山三大城市核心区域”为选址依据，然而，宝坻人期待的京唐高铁至今尚无实质性动作，京唐新城宣传的拥有3000栋别墅的“亚洲最大别墅区”如今已荒草丛生。

（2）日本：交通与土地开发一体化

日本在推进大城市圈内的新城新区开发时，利用轨道交通把新城与市中心联结起来。这不仅有助于提升经济活动的集约性和土地的有效利用，同时利于建立工作区和生活区的交通联系，提升公共服务配套设施的可达性，以及降低环境负荷。

图 10 京津新城在建别墅区内荒草丛生

为支持新城的轨道建设，日本政府制订了多项计划，如“新城铁路建设计划”，中央和地方政府将给予高达 18% 的补贴，达到工程全部合理建设费用的 36%。同时，政府对乘客制定了交通补助政策，大部分日本公司承担居住在新城的员工乘坐公共交通的通勤成本。

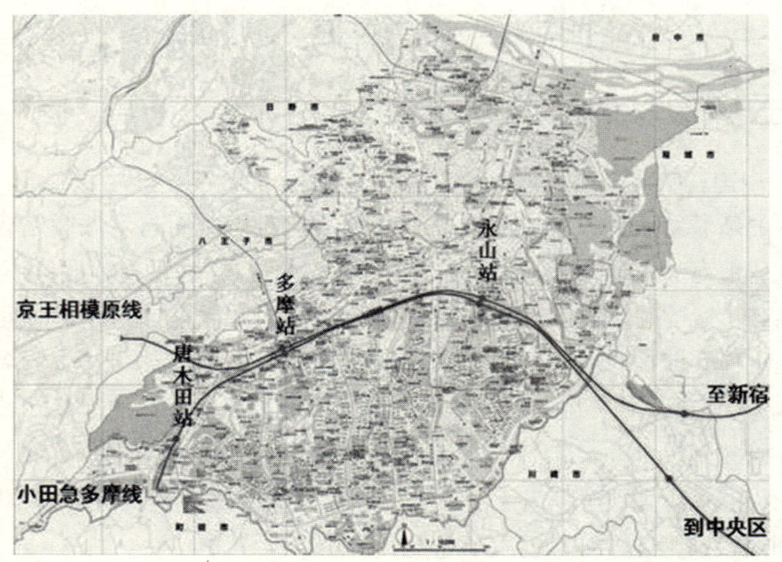

图 11 多摩新城轨道交通

东京都市圈的多摩新城、筑波科学城等都体现了轨道交通与新城开发的一体化建设。多摩新城位于东京都市圈内，为更好地接受东京都的辐射，多摩新城规划建设了小田急线和京王线两条新的快速铁路，使得人们可以便捷通达东京都市圈的任何地方。多摩新城沿轨道交通呈带状布局，新城内规划有三个轨道交通站点，在站点周边实施高强度开发，建设新城商业中心及居住区中心。这种公共交通引导开发（TOD）的模式，使得交通的功能和服务业的功能高度重合，带动了地价升值，并增加了就业机会。

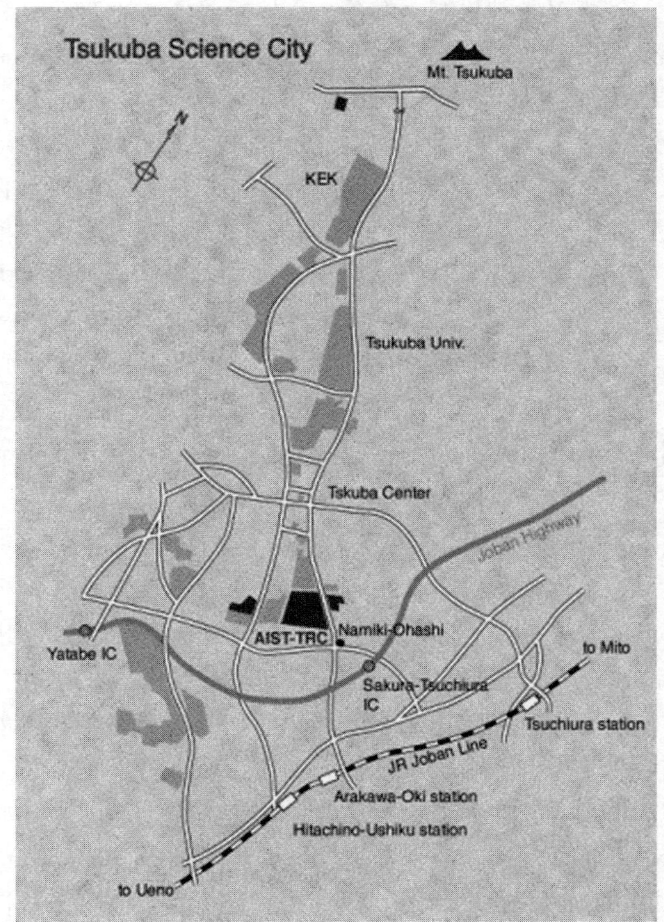

图 12　筑波科学城与筑波快线

筑波科学城位于离日本东京东北约 60 公里的筑波山麓，总面积 284 平方公里，现有人口约 20 万。筑波快线是连接东京都市圈核心区与筑波科学城的一条市域快线，线路全长 58. 3 公里，共设车站 20 座，其中 7 座换乘站。筑波快线已成为东京主要通勤线路之一。

三、中、日新城新区建设的驱动因素与体制机制比较

中国新城新区近年来在数量和面积上的快速扩张，同时又面临活力不足、规划过于超前等问题，除了城镇化发展的客观需要之外，也存在地方政府的行政激励、新城新区建设规范管理机制不健全、土地财政体制驱使等因素的影响。相反，日本新城开发之所以能够保证稳定、高效、高质的进行，与其在体制机制方面的很多探索创新密不可分。

我国的新城新区建设缺乏市场引导，过于注重政府行政主导，这就极容易导致走上投资驱动、土地扩张的城镇化道路。同时也受到地方政府与官员的行为激励，新城新区开发投资多是由政府统筹协调各类资源来完成，大规模的建设能够体现大气魄、大手笔，进而凸显地方官员政绩。政府则可以通过大力主导新城投资开发，以低地价吸引工业产业落户，促进 GDP 增长，这就造成新城新区开发中工矿用地比例极高。继而形成通过高价的房地产开发补贴工业的城市经营模式，城市的财务成本和建设成本最终将转嫁到为高额的房地产价格上，形成循环效应，工矿用地不断增加，公共服务设施配套不完善、人气不足更为严重。

相反，日本的新城建设过程中较好地运用了市场化合作力量，政府统筹规划，开发建设主体既有私人企业主导（占比达到 20%），也有政府和公共社团机构主导，也有多方主体合作的形式（1/3 以上）。在多摩新城建设中，中央和地方政府对小田急线、京王线的开发给以 18% 的财政支持，占工程开发建设费用的 36%。在后期运营中，铁道公司为与公路等其他交通方式获取竞争优势，千方百计进行多功能混合开发利用，增加空间的多样性与趣味性，例如与大型商业综合体、娱乐中心、美术馆甚至神社等相连接的情况屡见不鲜。

我国新城建设与当下“土地财政”模式相得益彰，地方政府对土地财政高度依赖，相比成本很高的旧城改造而言，地方政府可以低价获得农民手中的土地，通过片面实施超前的城市规划，扩大土地开发规模和加大基础设施投入，短期内实现发展的提速和财政上的创收。

而日本通过制度的变革和创新探索出新城开发与轨道交通的建设同步一体化推进，专门出台的“宅铁法”，解决新城开发主体与轨道交通的开发主体最初并不统一的问题，此后轨道交通开发商往往成为私营的新城开发主体，在进行轨道交通和站点建设时，同步考虑站点周边的居住、商业、公共配套服务业功能，带动地块的升值，补贴轨道交通的建设和运营成本。

从根本上讲，两国新城建设方式的不同与国家税收制度、城市规划开发公众

参与机制的差异也有一定关系。我国由于依靠自上而下的行政等级制度层层配置资源，导致优势的教育、医疗，甚至商服办公等资源往往集中分布于城市中心既有建成区，新城新区开发中的公共服务设施往往得不到政府的重视与倾斜支持，而已建成的新区入驻人口通常缺乏参与发声的渠道，造成大量新城楼宇林立而配套不足，严重缺乏吸引力。而日本在公民意识和公众话语权方面与中国有着显著的不同，这也是其规划建设更多考虑居民实际诉求的重要原因。

四、日本新城新区建设的启示

1. 新城新区的盛与衰和宏观社会经济环境直接相关

高速城镇化所带来的人口集聚是新城新区建设的初始动因，而其后的发展受到宏观经济环境和各个阶段的社会特征直接影响。从日本的经验来看，从 20 世纪 60 年代发展至今，分别经历了城镇化集聚发展、郊区化和城市再生三个主要阶段，人口结构更是从战后婴儿潮引起的人口快速增长转变为现在的老龄化和人口负增长。相应的，新城发展也经历了高峰期、调整期和衰落期。对于我国而言，在审视新城新区问题时同样不应脱离客观的宏观环境，应尊重新城新区发展的内在规律、发展时序和周期，并有针对性地解决不同阶段新城新区所面临的不同问题。

2. 新城新区建设应切实做到以人为本

新城新区的建设要以能为人提供美好生活为原则，以人的实际需求作为规划建设的根本出发点，注重功能配套和软环境建设。日本政府考虑到大多数居民在中心城区就业，通勤时间不能太长，因此新城都选址在距离中心城区核心地带 30 公里左右的区域。同样，考虑到居民以轨道交通作为主要的出行手段，商业、文体、邮局、绿地等公共服务设施都以城铁车站为核心圈来布置，尽最大可能为居民提供便利。这与目前我国新城新区大量实用性差的大广场、大马路、仅供观赏的大草坪等形象工程形成了鲜明对比。

3. 应以刚性需求为支撑，逐步投入建设

新城新区的发展必须有刚性需求的支撑，在需求的引导下，合理开展建设，如此构建的城市才有其生命力和持久性。相比我国新城新区较为普遍的超前规划和过度开发，日本的新城建设有两个重要特征：一是规模较小，二是建设周期长

达几十年，开发逐步推进，基础设施逐步配套。我国的新城新区开发也应当尊重客观的规律和需求，建设规模当与人口规模相匹配，以点带轴，以轴带面，循序渐进地进行开发。

4. 应以充分运用市场的力量

一方面，通过市场化的力量引入多元化主体对新区新城进行规划建设，可以分担政府的资金压力、投资风险和管理负担；另一方面，行政主导本身存在诸多弊端，可以通过市场化力量矫正政府推进过程中的不理性行为。在城镇化的实践中，缺乏市场引导，过于注重行政主导的城镇化，最后很可能走上投资驱动、土地扩张的城镇化道路。相反，市场机制可以提升公共服务质量，增加新城新区对市民的吸引力。

5. 新城建设要与轨道交通建设一体化推进

以轨道交通引导新城建设是日本新城发展的最显著特征，绝大多数的新城沿着轨道交通线路进行布局。这很大程度加强了新城与中心城区的联络效率，促进了人口向新城的集聚，提高了居民的出行便捷度。此外，日本轨道交通建设与土地开发相结合的开发模式促进了轨道交通建设和新城建设的一体化推进，以土地开发的回报来补贴轨道交通的建设和运营，资金的投入产出效率和土地利用效率得到提高。反过来，高的投资回报率激励了更多非政府主体参与到轨道交通和新城开发建设中，形成多赢的良性循环。

参考文献

[1] 国土交通省，土地・水资源局，土地政策课等，わが国のニュータウンの総括に関する調査研究报告书 [R]. 2004 年 3 月

[2] 国土交通省，ニュータウンの分析 [EB/OL]，2010

[3] 土地総合情報ライブラリー，全国のニュータウンリスト [DB/OL]，2014. tochi. mlit. go. jp/wp - content/uploads/2013/08/

[4] 株式会社・野村総合研究所，社会システムコンサルティング部，毛利一貴，ニュータウンは「新たな郊外まちづくり」

[5] 鲍小栋，李雅娟，孙然，杨国要．新城傍高铁：“死城”隐忧，南方周末．2014. 8. 15

[6] 邓奕．反思日本新城建设 50 年 [J]，北京规划建设，2006

[7] 冯奎，郑明媚．中国新城新区发展报告 [M]，北京：中国发展出版社，2015

[8] 顾朝林．中国新城新区概述 [R]，2015

[9] 顾永涛．日本多摩新城建得这么好，为何还是人口太少？澎湃研究所，2014

[10] 郝娟，雷鸿君，冉凌风，李战军．浦东新区土地使用结构研究 [R]，2011

[11] 李铁，文辉. 东京都市圈发展对我国特大城市发展的启示，2014

[12] 刘宇辉，严慧慧，刘晖. 高新区空间发展趋势及结构模式选择，多元与包容——中国城市规划年会，2012：11

[13] 文辉. 日本是如何建新城的，经济观察网，2014. 7

[14] Hideo Nakazawa，Aged Newtown Problems on Greater Tokyo Outskirts：How Can Policymakers and Movements Cope with the Compressed Cycle of Urban Growth and Decline. [J] ISA - RC21 The Struggle to Belong，2011. 9

（本文原载于《中国城市规划年会论文集》2015 年）